Reinhard Baumgart

SELBSTVERGESSENHEIT

Drei Wege zum Werk:
Thomas Mann
Franz Kafka
Bertolt Brecht

Carl Hanser Verlag

ISBN 3-446-15744-1
Alle Rechte vorbehalten
© Carl Hanser Verlag München Wien 1989
Satz: LibroSatz, Kriftel
Gesetzt aus der Walbaum-Antiqua
Druck und Bindung: F. Pustet, Regensburg
Printed in Germany

Meiner Frau

Inhalt

7

ZWEITER TEIL: AM ZIEL

ANHANG

8

Vorwort

»Ich halte also Thomas Mann, Kafka, Brecht für die einzigen kanonischen Schriftsteller deutscher Sprache in diesem Jahrhundert – bis jetzt«, so steht es auf zwei inzwischen vergilbten Blättern, auf denen im Jahr 1981 unter der Überschrift »Diese Drei« ein Buch entworfen wurde, das gerade dieses »kanonische«, dieses »weltweite Sicheinleuchtend-Machen« untersuchen und wohl auch erklären wollte. Damit war eine fixe Idee formuliert, die mich über Jahre begleitet hat, ohne daß mich, wie bei einer fixen Idee üblich, das Ob und Wie ihrer Realisierung oder ihre genauere Herkunft sonderlich gekümmert hätten.

Erst als 1986 mein Essayband »Glücksgeist und Jammerseele« erschienen war, dämmerte mir die Ahnung, daß in dem skizzierten Projekt meine bisher zerstreuten Erkundungen über Leben und Schreiben endlich einmal konzentriert und damit systematischer fortgesetzt werden könnten. Die bewegende Frage dabei sollte lauten, unverkennbar provoziert durch die in unserer Literatur der siebziger Jahre losgetretene autobiographische Beichtlawine: In welchen Prozessen entstehen fiktive Werke statt »nur« Selbstzeugnisse?

Die Lese- und Schreibarbeit begann im Herbst 1987 als eine Reise ins Ungewisse, aber immer wieder auch in jenen Zustand der Konzentration, der bald zu einem Leitbegriff des Buches werden sollte und ihm schließlich den Titel lieferte, in Selbstvergessenheit also. Was auch bedeuten soll, daß der entstehende Essay in einer allmählichen Verfertigung der Gedanken beim Schreiben seinen Ergebnissen immer hinterherlaufen mußte, statt sie als vorher erarbeitete und gewonnene nachträglich nur noch »darzustellen«. Folglich dauerte es ein gutes halbes Jahr, bis ich endlich eine allgemeine und doch einigermaßen zutreffende Formel für mein Vorhaben wußte: Lebensgeschichte als Produktionsgeschichte. Ausgehend jeweils von einem kritischen Jahrzehnt ihrer schriftstellerischen Laufbahn, begann ich zu erzählen, gegen welche Widerstände, auf welchen Wegen und Umwegen, mit welcher gewaltsamen Reduktion ursprünglicher Möglichkeiten sich Brecht, mit welcher sorgfältig gesteuerten Implosion einer einzigen intensiven Grunderfahrung sich Mann zu Klassikern der Moderne hochgeschrieben hatten, und warum Krise für Kafka mehr als eine Entwicklungsbedingung, etwa für sein virtuos gehemmtes Schreiben, sondern eine Lebensbedingung bleiben mußte.

Doch die Fragen, die in den einzelnen Kapiteln federführend waren, lassen sich auch schlichter und handgreiflicher formulieren. Zum Beispiel diese: Wie und warum gerät Hans Castorp in die Arme von Madame Chauchat? Was verkünden die Sterbegesichter der frühen Brechtschen Helden? Warum treten Frauen in Kafkas Prosa zunächst kaum in Erscheinung, um sie später zu überschwemmen? In klipp und klare Resultate lassen sich solche Fragezeichen schwerlich auflösen. Oft habe ich, als mir das immer klarer wurde, den schief gehaltenen Kopf eines weltkundigen Autorenkollegen vor mir gesehen, der sich meinen damals noch gestammelten Plan eines Buches über noch einmal diese drei freundlich anhörte, um dann leise, aber bestimmt zu sagen: »Das muß aber auf ein paar starke Thesen hinauslaufen.« Dieser Einladung, deren Attraktivität mir durchaus einleuchtet, habe ich also widerstehen müssen.

Entstanden wäre dieses Buch kaum ohne ein Jahr am Wissenschaftskolleg zu Berlin. Dafür schulde ich Peter Wapnewski, Wolf Lepenies und allen Mitarbeitern dieses freundlichen Hauses meinen herzlichen Dank.

Reinhard Baumgart   März 1989

Erster Teil

DIE WEGE

Thomas Mann

»Begrenzen, ausschalten, gestalten,
fertigwerden . . .«

Frühe Krise

Im Mai 1905, pünktlich zu Schillers einhundertstem Todestag, veröffentlicht Thomas Mann »Schwere Stunde«, eine Nacht-, Nah- und Innenaufnahme des siebenunddreißigjährigen Schiller während der Krise seiner Arbeit am »Wallenstein«. Selbst der aufmerksamste Leser hätte damals an dieser knapp anerzählten, monologisch-essayistischen Studie kaum mehr erkennen und bewundern können als eben eine hommage, einen Akt kluger Einempfindung, mit dem nach Jena zurückprojizierten Senator Thomas Buddenbrook als Medium. Denn dessen Lebensprogramm des Durchhaltens, des Trotzdem, eines in Heroismus hinüberveredelten Leidens am Leben erscheint nun als produktive Existenzbedingung eines Schreibgenies.

Fahl beleuchtete und sich hochreckende Motive durchzucken die knappe Erzählung: Größe! Außerordentlichkeit! Unsterblichkeit! Leiden! Sehnsucht! Ringen! Heldentum! Und als Kernsätze leuchten düster auf: »Glauben, an den Schmerz glauben können . . .« und »Soll das Leiden umsonst gewesen sein? Groß muß es mich machen!« Das sind, in einer Gelegenheits-, einer Auftragsarbeit, Töne, an deren Expressivität sich Virtuosentum und Bekenntnis schwer unterscheiden lassen. Heute wissen wir, daß in dieser pathetischen Skizze tatsächlich Briefe Schillers und Briefe Thomas Manns an die Braut Katia Pringsheim meisterhaft ineinander geblendet worden sind. Heute wissen wir aber auch, daß mit diesem knappen »Stimmungsbild« eine Linie einsetzt, die sich fortsetzen wird zum »Tod in Venedig« und schließlich zum »Doktor Faustus«: zum ersten Mal wagt Thomas Mann hier, die Problematisierung der eigenen schriftstellerischen Existenz, diesen Reizstoff seines ganzen sechzigjährigen Schreiblebens, pathetisch, oder, in Schillers und seines Jahrhunderts Terminologie, »erhaben« darzustellen, statt satirisch, elegisch, grotesk, was er vorher schon einige Male gewagt und geübt hatte. Möglich war das offenbar nur im Schutz eines großen Namens, weil die Beispielfigur eben Schiller und nicht Spinell oder Kröger oder Axel Martini hieß. Auch dieser später immer wieder, erzählend oder essayistisch, unternommene Versuch, in fremder Größe das eigene, vorher hineinprojizierte Spiegelbild wiederzuentdecken, wird hier zum ersten Mal angestrengt.

Ein Nebenwerk scheinbar, ein Produkt der Gelegenheit und Gefälligkeit, in dem aber doch zentrale Motive und wesentliche Strategien des Gesamtwerks ihre Premiere feiern, in dem Thomas Mann die sein

Frühwerk beherrschenden Kontrollinstanzen der Kühle, Ironie, geschmacksicheren Diskretion durchbricht und ein Lieblingsthema mit vollem Risiko und Pedal ausspielt. So sind Nebenwerke: weder vollkommen kontrolliert noch integriert, schutzloser, also verräterischer als die durch Autonomie und Hermetik abgedichteten Haupt- und Meisterstücke, offener sowohl zum Autor hin wie zu seinen anderen Werken und deshalb so ergiebig für alle Fragen nach dem Verhältnis von Leben und Schreiben, um die es hier geht.

Wie läßlich zum Beispiel, wie treuherzig und naiv bringt Thomas Mann seine heroische Skizze zum idyllischen Abschluß, wenn er Schiller, den ringenden, leidenden Schreibhelden, mitten im Monolog aus dem Kalten ins Warme, aus dem Arbeits- ins Schlafzimmer gehen läßt: zum »Weibe«, zur »Geliebten«, zum »Glück«. Nun verschmilzt endgültig das Historische mit dem Privaten, das Jahr 1796 und das Jahr 1905, Jena und die Münchener Franz-Joseph-Straße 2: der eben mit der geborenen Pringsheim Verheiratete versucht sich öffentlich und heimlich zu bekennen zu dieser Rettung. Rettung vor was und wohin? Schillers »schwere Stunde« jedenfalls ist mit einem Kuß für die schlafende Ehefrau in der »lieblichen Wärme ihres Schlummers« überstanden: »Nicht ins Chaos hinabsteigen, sich wenigstens nicht dort aufhalten! Sondern aus dem Chaos, welches die Fülle ist, ans Licht emporheben, was fähig und reif ist, Form gewinnen. Nicht grübeln: Arbeiten! Begrenzen, ausschalten, gestalten, fertig werden . . .« Aber der sich das alles aus dem Munde eines hundert Jahre lang Toten zurief, der durch eine Ehe scheinbar Gerettete (»Trachte ich nach dem Glück? Ich trachte – nach dem Leben; und *damit* wahrscheinlich ›nach meinem Werke‹«, schreibt er an Bruder Heinrich), er sollte noch lange ins »Grübeln« geraten, denn alles ihm Wichtige wollte und wollte durchaus nicht »fertig werden«, und aus der Misere eines über fast zwei Jahrzehnte sich hinziehenden Schreibkampfs (»Soll das Leiden umsonst gewesen sein? Groß muß es mich machen!«), in dem immer nur alles Kleingehaltene gelingt und alles Großangelegte scheitert oder liegen bleibt, ragt ein einziger Text heraus, der auch heute noch zum Kanon seiner Hauptwerke zählt, weil er das Verbotene oder Gescheute wagt, eben den Abstieg ins »Chaos«: der »Tod in Venedig«.

Die Rede ist von Thomas Manns Lebens- und Schreibkrise zwischen der Veröffentlichung des »Tonio Kröger« und des »Zauberberg«, eine Krise, die er vor sich und erst recht vor seinen Interpreten schon durch sein »Trotzdem«-Schreiben und -Leiden während dieser langen Jahre zu verbergen wußte. Und hatte er nicht, außer der Venedig-Novelle, immerhin »Fiorenza« und »Königliche Hoheit« und »Die Betrachtungen eines Unpolitischen« als bedeutende Arbeitsergebnisse vorzuweisen? Nur hält alles damals Erreichte keinen Vergleich aus mit den seit dem »Zauberberg« in fast lückenloser Folge durchgesetzten Hauptwerken und keinen auch mit »Buddenbrooks« und den meisterhaften Erzählungen in ihrem Umkreis. Noch bedenklicher sieht die Bilanz dieses mit Mitte zwanzig Berühmten und dann erst mit fünfzig alle Erwartungen wieder einlösenden Autors aus, wenn man das in den Jahren nach dem »Tonio Kröger« Realisierte vergleicht mit dem Geplanten, Umkämpften, Gescheiterten.

Der Trümmerhaufen dieser steckengebliebenen Projekte wird bekanntlich zu Beginn des zweiten Kapitels der Venedig-Novelle aufgeführt als Liste der vollendeten und berühmten Werke Gustav von Aschenbachs: »Der Autor der klaren und mächtigen Prosa-Epopöe vom Leben Friedrichs von Preußen; der geduldige Künstler, der in langem Fleiß den figurenreichen, so vielerlei Menschenschicksale im Schatten einer Idee versammelnden Romanteppich, ›Maja‹ mit Namen wob; der Schöpfer jener starken Erzählung, die ›Ein Elender‹ überschrieben ist und einer ganzen dankbaren Jugend die Möglichkeit sittlicher Entschlossenheit jenseits der tiefsten Erkenntnisse zeigte; der Verfasser endlich (und damit sind die Werke seiner Reifezeit kurz bezeichnet) der leidenschaftlichen Abhandlung über ›Geist und Kunst‹, deren ordnende Kraft und antithetische Beredsamkeit ernste Beurteiler vermochte, sie unmittelbar neben Schillers Raisonnement über naive und sentimentalische Dichtung zu stellen . . .« Niemand konnte, als diese feierliche Bibliographie 1912 veröffentlicht wurde, den schwermütigen Scherz ahnen, den Thomas Mann sich hier mit sich selbst erlaubte: der Friedrich-Roman und ein Münchener Gesellschaftsroman unter dem Titel »Maja«, ein möglicher Gegenentwurf zu »Buddenbrooks«, ebenso wie das Anti-Tonio-Kröger-Projekt »Ein Elender« oder das ergebnislos essayistische Gewühle um »Geist und Kunst«, diese in seinen Münchener Notizbüchern unendlich anvisierten und kläglich steckengebliebenen Schreibvorhaben sollten tatsächlich die »Werke seiner Reifezeit« werden. Stattdessen also »Fiorenza« – ein Essay mit verteilten Rollen, ein hilflos eleganter Seitensprung in die ihm lebenslang verschlossene Gattung des Dramas. Stattdessen »Königliche Hoheit« – ein Stück Eheprogramm-Musik, ein Versuch, sich mit der Dramaturgie des happy end, gekonnt und überzeugungslos, zu Optimismus zu überreden. Und statt »Geist und

Kunst« schließlich noch »Die Betrachtungen eines Unpolitischen« –
sechshundert Seiten Feuilleton, seine Ohnmacht und Vergeblichkeit
schon im Titel bekanntgebend.

Wir sind beim Rückblick auf große Lebenswerke zu sehr im Banne der
Vorstellung, daß alles schließlich doch Gelungene notwendig auch gelingen mußte. Hätte aber die Grippeepidemie den Unpolitischen 1918 oder
1919 weggerafft, bevor er also im »Zauberberg« wieder und jetzt endgültig zu sich zurückfinden sollte, wir stünden betroffen und ratlos vor einem
Werktorso, in dem nach frühem oder zu frühem Erfolg nur noch ein
beharrliches Sich-Verrennen und Sich-Verlieren und Sich-Ermüden in
nicht zu bewältigenden Schreibaufgaben zu erkennen wäre.

Eine Ahnung davon, wie gefährlich seine Krise war, wie lange seine
»schwere Stunde« dauern sollte, ja daß er auch in ihr hätte untergehen
können, scheint ihn früh erfaßt zu haben. Im gleichen Jahr 1905, in
dem er Schillers Krise zur Episode rundet, notiert er als Idee zu einer
Erzählung: »Das Leid und die tragische Verirrung eines Künstlers ist zu
zeigen, der Phantasie und ›Ernst im Spiel‹ genug hat, um an den ehrgeizigen Ansprüchen, zu denen der Erfolg ihn verleitet und denen er
zuletzt nicht gewachsen ist, *zu Grunde geht«*. Letzteres also unterstri-
chen: das ist das erste Zeichen dafür, daß er die Konsequenz einer »erhabenen« Stilisierung des eigenen Problems ahnte, nämlich den Untergang, die Katastrophe. Als er sie schriftlich dann an Gustav von Aschenbach zu vollziehen wagte, war er genauso alt wie sein Schiller in
»Schwere Stunde«: siebenunddreißig. Aber er hatte noch zwölf Jahre zu
warten und zu arbeiten, bis endlich auch sein »Wallenstein«, bis »Der
Zauberberg« fertig war.

Bleibt offen die nicht oder doch nur spekulativ zu beantwortende
Frage, warum der Autor des »Tod in Venedig« seinem Opfer Aschenbach
die Serie seiner begrabenen Projekte als Perlenkette von Meisterwerken
überschrieben hat –, etwa nur in einer unbedenklichen Laune? Oder
wollte er mindestens sich, wenn nicht uns, bewußt oder halbbewußt oder
gar unbewußt suggerieren: Hätte ich mir diese Werke, statt an ihnen zu
scheitern, abgezwungen, abgekämpft, mit meinem und Aschenbachs
(und Schillers) »Heroismus der Schwäche«, dann wäre ich wie er reif für
einen Tod in Venedig, zu schwach zum Weiterleben und Weiterschreiben,
also dem Untergang, dem Chaos, der Orgie, der Auflösung ins Formlose
geweiht wie er. Das, wie gesagt, bleibt vorerst nur Spekulation. Ihre
Formel hieße, ins Positive gewendet und in der Sprache der »Schweren

Stunde«: Soll meine Krise, dieses fortlaufende Scheitern umsonst gewesen sein? Gesund muß ich daran werden!

Spekulativ, aber deshalb nicht müßig, ist auch die Frage nach den Ursachen dieser langwierigen, durch fortwährende Arbeit so sorgfältig vor sich selbst, für die Mitwelt und noch für die Nachwelt verdeckten Schreibkrise. Der durch »Buddenbrooks« gewonnene Ruhm, der für einen noch nicht dreißigjährigen Autor eher belastende Prestige- und Erwartungsdruck mögen dafür mitverantwortlich gewesen sein. Auch die Rettung in die Ehe, ins »strenge Glück«, die in der Verlobungszeit mit einer Strategie der blinden Entschlossenheit betrieben wird, war offenbar leichter durchzusetzen als auszuhalten, vor allem am Schreibtisch. Sicher, gemeint war »Liebe« als sorgfältig und energisch geplante »Erlösung« und zwar auf allen Ebenen, nicht nur aus sexuellem Druck (wofür die Chiffre »Erlösung« in den frühen Briefen an Freund Grautoff stand), nicht nur aus homoerotischer Schmachterei, nicht nur als Aufstieg aus Junggesellentum und Boheme, aus aller Schwabingerei hinauf in die besten Kreise, sondern als Abschied auch von allen literarischen Attributen oder Attitüden der décadence, von Erkenntnisekel, Asozialität, Impassibilität. Kurz, ein Bekenntnis zum »Leben« (das er immer wieder, bis zum Lebensende, in Anführungszeichen setzen wird, als handle es sich um ein Gerücht, eine Illusion, etwas Unerreich- und Unfaßbares), und das hieß in diesem letzten wilhelminischen Jahrzehnt: ein Bekenntnis zum Bürgertum, notfalls als Mimikry, mit »königlicher Hoheit«, mit Aschenbachs »Trotzdem«-Geste der krampfhaft geschlossenen Faust. Doch der Mißmut, die Niedergeschlagenheit gleich in den Briefen aus dem ersten Ehejahr deuten schon an, daß ein in Euphorie erwartetes irdisches Wunder sich so nicht realisieren wollte.

Das literarische Denkmal, das er diesem Wunderglauben setzen wollte, der zäh um Heiterkeit kämpfende, vielleicht liebenswürdigste und sicher schwächste seiner Romane, das »Lustspiel« von der »Königlichen Hoheit«, gibt er gleich nach dem ersten kritischen Gegenwind verloren: »Auch die Wohlwollendsten bezweifeln den Lustspielschluß . . . Nachgerade glaube ich selbst nicht mehr daran . . . Was nicht hindert, daß man praktisch daran glauben kann«, so resümiert er an den Bruder Heinrich. Der sicherste und entscheidende seiner Kunstgriffe, die Übersetzung einer autobiographischen Konstellation in eine fiktive Struktur, geübt von den Friedemann-Novellen über die »Buddenbrooks« bis zum »Tonio Kröger«, hatte hier offenbar krampfhaft fehlgegriffen. Mit einer gewissen Vereinfachung und Übertreibung läßt sich behaupten, daß alle dem Umfang und Arbeitsaufwand nach groß angelegten und trotzdem vollendeten Werke in diesen kritischen zwei Jahrzehnten entweder die Gattung verfehlen oder die Möglichkeiten des eigenen Talents oder womöglich beides.

Erst vor diesem grob und entschieden skizzierten Hintergrund wird verständlich, warum von »Tristan« bis zum »Tod in Venedig« die erzählten Erkundungen des eigenen Schriftstellerberufs nicht abreißen wollen, was eine konventionelle Germanistik sich nur erklären konnte als Faszination durch Nietzschesche Künstlerpsychologie, Schopenhauerische Willensmetaphysik oder gar als Kundendienst für ein Publikum, das um die Jahrhundertwende eingelesen war auf die schonungslose bis kostbarliche Durchleuchtung des Ästheten als odd man out der bürgerlichen Gesellschaft. Einleuchtender scheint aber doch, daß ein Talent, das sich gleich nach der ersten, kräftigen Resonanz als so unstabil erfährt, sich notgedrungen immer neu in Frage stellen muß, und zwar möglichst in dem Medium, in dem es sich einmal bewiesen hat, also erzählend. Denn wer diesen Autor allzu bequem nur mit Hilfe seiner im Verlauf der Jahre immer reichlicher sprudelnden essayistischen Selbstinterpretation lesen will, übersieht in aller Bequemlichkeit, daß der Essayist mit seiner Selbstreflexion immer schon Hausmachtpolitik betreibt, daß seine Rhetorik im Essay auch leichter taktischen und strategischen Interessen dienstbar gemacht werden kann als die verschwiegeneren, weniger manipulierbaren, authentischeren Bewegungen des Erzählens.

Die Künstlererzählungen des jungen Thomas Mann nämlich entfalten sich wie unwillkürlich fast immer als Liebesgeschichten. Selbst Schillers »Schwere Stunde« rundet sich als eine solche, ja, pointiert ließe sich behaupten, daß Schiller sich rettet in der Anschauung der schlafenden Ehefrau, genau wie Aschenbach sich verlieren wird im Anblick des verbotenen Knaben. Spinell wiederum, »wirklichkeitsgierig« und weltscheu, riskiert aus reiner, also rücksichtsloser Schwärmerei Gabriele Klöterjahns Tod, während Tonio Kröger, der Schonende und Verschonte, den »Wonnen der Gewöhnlichkeit« und ihren Geschöpfen lieber nicht zu nahe tritt, zärtlich zugleich und ironisch, um sie und sich schön getrennt am Leben zu erhalten (beziehungsweise am »Leben«). Gespielt wird da immer wieder ein gefährliches Ritual von Anziehung und Distanzierung, von peinlicher Grenzüberschreitung und schonender Abgrenzung, ein Spiel mit sich aufladenden, sich verringernden, sich aufhebenden Spannungen. Simuliert wird also Schreiben und schriftstellerisches Verhalten als – Erotik. Wenn deren Spiel aber erkaltet, bleibt nur noch, wie Aschenbach vor seiner Abreise nach Venedig an sich diagnostiziert, eine gelassene Meisterschaft, die ihre Gegenstände nicht mehr ergreift und sich von ihnen nicht ergreifen läßt: »Dies wenigstens war der Vorteil seiner Jahre, daß er sich seiner Meisterschaft jeden Augenblick in Gelassenheit sicher fühlte. Aber er selbst, während die Nation sie ehrte, er ward ihrer nicht froh, und es schien ihm, als ermangele sein Werk jener Merkmale feurig spielender Laune, die . . .« Während uns angesichts so akademisch glatter Sprachführung scheinen will, als ermangele diese Aschenbach-Poesie auch der Einsicht in ihren Mangel wie der Mittel zu dessen Behebung. Genau diese Paradoxie gelingt ja dem »Tod in Venedig« wie hinter dem eigenen Rücken: mit Meisterwerkgestus hebt die Novelle den steifen und faulen Zauber aller Meisterwerkhaftigkeit in sich auf, und das in der dreifachen Bedeutung des Wortes »aufheben«.

Am Ende seines ersten Ehejahres, bürgerlich in endlich geordneten Verhältnissen und damit scheinbar auch emotional und artistisch stabilisiert, so daß er seine »schwere Stunde« schon hinter sich zu haben glaubte, am Ende dieses Entscheidungsjahrs 1905 schreibt er an den Bruder Schriftsteller: »Ich bin nun dreißig. Es ist Zeit, auf ein Meisterstück zu sinnen.« Sieben Jahre später war es ihm endlich gelungen, aber eben dadurch, daß er dieses Sinnen auf Meisterstücke als eine Falle erkennt, in die er an Autors statt nun seinen Gustav von Aschenbach hineinschickt. In seinem Lebensrückblick von 1940 wird er dann wahrhaft gelassen erklären: »Nicht immer sind es die größten Werke, die mit den größten Absichten geschrieben werden . . . Der Ehrgeiz darf nicht am Anfang stehen, nicht *vor* dem Werk . . . Es ist nichts falscher als der abstrakte und vorsachliche Ehrgeiz, der Ehrgeiz an sich und unabhängig vom Werke, der bleiche Ehrgeiz des Ich.« Das ist, weise und spät, seine Lehre aus der »schweren Stunde«, die seine besten Jahre beschattet hatte.

Triebdruck als Schreibdruck

Zweimal nur, ab Mitte der neunziger Jahre in den Briefen an den Lübecker Pennälerfreund Grautoff und dann in den Notiz- und Arbeitsbüchern der Jahre vor der Verlobung 1904, gewinnen wir einen unmittelbaren Einblick in Zusammenhänge zwischen Trieb- und Schreibdruck, ein Thema, das mittelbar, in gebildeter Reflexion bis zum Lebensende immer wieder aufgenommen, durchgenommen wird. Doch mit Anfang oder Ende zwanzig sind Thomas Mann diese Konflikte noch nicht zu einer Problemmusik geworden, die immer neu instrumentiert, moduliert werden kann. In diesen Anfangsjahren, unbeobachtet von einem Publikum, formuliert er in seinen Briefen und Notizen aus Not Lösungen, Notlösungen also.

Gefangen in einem Pennälerton, krampfhaft heiter, mühen sich die Briefe an Grautoff durch ein Spannungsfeld, das sie recht etepetete mit »Geschlechtlichkeit« und »Erlösung« umschreiben. Als Grautoff sich mit Heiratsabsichten trägt, werden ihm diese »Wonnen der Gewöhnlichkeit« mit deutlicher Herablassung als pragmatische, hygienische und spießige Konfliktlösung, eben als »Erlösung« zwar zugestanden, aber Freund Mann selbst schwört auf seinen eigenen, einsameren, produktiveren Weg, was er auch schonungsvoll schonungslos andeutet: »Du bist ja, was das Leben betrifft, viel tüchtiger und menschlicher ausgestattet als ich . . . Und item, – bist du ›erlösungsfähig‹, ›erlösungs*bedürftig*‹, so lasse dich in des dreieinigen Gottes Namen ›erlösen‹. Wahrscheinlich ist dir dein Weg viel klarer und solider vorgezeichnet als mir . . .«

Welche womöglich unsoliden, aber interessanteren und hoffentlich kreativen Auswege ihm selbst vorschwebten, hat er gerade Grautoff mehr als einmal vorgepredigt: ». . . im Unterleib liegt doch eine ganze Menge Poesie, man muß ihn nur hübsch mit Gemüt und Stimmung umwickeln . . . Ich schwärme, in meinen schönen Stunden, für reine ästhetische Sinnlichkeit, für die Sinnlichkeit des Geistes, für den Geist, die Seele, das Gemüt überhaupt. Ich sage, trennen wir den Unterleib von der Liebe! Und so weiter.« Das verlegene, flotte Ende der schnoddrig feierlichen Argumentation macht deutlich: er ist vielleicht schon zu weit gegangen mit seiner Offenheit. In weniger »schönen Stunden« wird auch eingestanden, welche Gewaltmaßnahmen »das Ausrotten eines schlechten Triebes« erfordert: »Es ist ein langsames, behutsames Schwächen und Abdorrenlassen des Triebes nötig, wobei alle möglichen intellektuellen

Kunstgriffe mithelfen, die einem der Selbsterhaltungstrieb suggeriert. Schließlich ist man viel zu sehr homme de lettres und Psycholog, als daß man nicht nebenbei seine überlegene Freude an solcher Selbstbehandlung haben sollte . . .« Kurz: »der Trieb zur Ruhe und Selbsterhaltung wird die Hunde im Souterrain schon an die Kette bringen.« So doziert der Verfasser des »Kleinen Herrn Friedemann«, dessen Kellerhunde, kaum daß er Gerda von Rinnlingen gesehen hat, sich doch mächtig von der Kette reißen. Man erkennt, im ersten, groben Umriß, eine später immer wieder, und immer filigraner durchvariierte, fatale Dialektik: Ruhe muß herrschen »im Souterrain«, damit die Vorgänge dort unten, dunkel und sprachlos, behutsam in die Schatten- und Lichtspiele einer Erzählung gehoben werden können. Wenn aber die Ruhe erst einmal erstarrt ist zur Friedhofsruhe, droht Aschenbachs Untergang, in erst Erstarrung, dann Auflösung.

Schon über dem Zweiundzwanzigjährigen hängt der Schatten dieser Aporie, wenn er aus Neapel schreibt, daß er sich von beidem, vom Kälte- und Hitzetod bedroht fühlt: »Ich sehe allem zu, still, nachdenklich und ein wenig müde vor Einsamkeit . . . Ich denke an mein Leiden, an das Problem meines Leidens. Woran leide ich? An der Wissenschaft . . . wird sie mich zu Grunde richten? Woran leide ich? An der Geschlechtlichkeit . . . wird sie mich zu Grunde richten? − Wie ich sie hasse, diese Wissenschaft, die selbst die Kunst noch zwingt, sich ihr anzuschließen! Wie ich sie hasse, diese Geschlechtlichkeit, die alles Schöne als ihre Folge und Wirkung für sich in Anspruch nimmt! Ach, sie ist das *Gift*, das in aller Schönheit lauert! . . . Wie komme ich von der Wissenschaft los? Durch die Religion? Wie komme ich von der Geschlechtlichkeit los? Durch Reisessen? −« Die angebotenen Lösungen sind bare Rhetorik, die aufgeworfenen Fragen sicher nicht. »Erkenntnisekel« und »Wonnen der Gewöhnlichkeit« wird das hier noch grob und abstrakt als »Wissenschaft« und »Geschlechtlichkeit« benannte Problempaar im »Tonio Kröger« heißen, als es, wie der Briefschreiber das nennt, endlich »öffentlichkeitsfähig« geworden ist. Weder Reisessen noch Religion haben das Leiden entschärft oder verdorren lassen: im Schreiben von Erzählungen wurde es durchgearbeitet.

»Seit dem ›Kleinen Herrn Friedemann‹«, so meldet er Freund Grautoff, »vermag ich plötzlich die diskreten Formen und Masken zu finden, in denen ich mit meinen Erlebnissen unter die Leute gehen kann.« Damit war eine andere »Erlösung« vollzogen als die durch bürgerliche Heirat.

Der bürgerliche Schriftsteller geht »unter die Leute«, tauscht die Klammheimlichkeit des Tagebuchs aus gegen seine *novellistischen*, öffentlichkeitsfähigen Formen und Masken«. Er hat sich integriert, wenn auch als ein Fremder. Vielleicht sogar: durch seine Fremdheit. Denn Thomas Manns frühe Erzählungen sind ja eher geschmacksicher als »diskret«. Sie inszenieren kühl, unterirdisch auch mokant, dämonisch heiter, ihre gewagten Triebspiele, sanfte Exzesse in Masochismus und Sadismus, und neutralisieren alle Zumutungen doch durch einen gepflegten Vortragston. So betont bewahren sie Haltung und Form, Gelassenheit, daß sie wie im Salon vorgetragene Botenberichte von den Schrecken einer dort eigentlich nicht zugelassenen Welt der Triebgewalt und des Leidensdrucks wirken. Welche Partei aber nimmt dieser Bote, die des Salons, auf dessen Haltung der Distanz und Diskretion er sich verpflichtet zu haben scheint, oder die des durchaus indiskreten, indezenten Lebens, von dem er doch so fasziniert wie befremdet berichtet? Er wird sich die Doppeldeutigkeit seiner Position, die innere Spannung seiner Erzählungen durch eine eindeutige Antwort nicht verderben. Formal korrekt bis überkorrekt, thematisch gewagt bis provokant, hat er mit den »Buddenbrooks« und den um sie gelagerten frühen Erzählungen seine eigene Position sozial und ästhetisch begründet und gefestigt, mit einer Gesellschaftskunst, die am Rande steht, dazu gehörend und doch nicht vollkommen integrierbar, kühl, unbestechlich einerseits, konziliant und höflich andererseits, also verbindlich unverbindlich. Aber gleich nach ihrer Eroberung, bald nach Erscheinen der »Buddenbrooks« gerät diese zweideutige Position zum ersten Mal, zunächst noch sanft und unscheinbar in Krise.

In diese Zeit fällt ein anderes Gespräch über »Geschlechtlichkeit« und »Erlösung«, das auffallend ernst und steif absticht gegen die grellen Töne, den »tertianerhaften Styl« der Grautoff-Briefe: »Wir sprachen über Geschlechtlichkeit, über die prekäre Lage, wenn man Weiber nicht mag sondern höchstens Frauen und ein appetitliches Verhältnis zu teuer ist . . . Ich möchte ihm, von hier ausgehend, meine Empfindungen für ihn beleuchten, möchte ihm sagen . . ., daß diese Freundschaft . . . als Purgativ, als Reinigungs- und Erlösungsmittel von der Geschlechtlichkeit auf mich gewirkt hat.«

Wir befinden uns mitten in dem gelebten Roman der Jahre 1901 bis 1903, in der, wie Thomas Mann 1934 feierlich in sein Tagebuch eintragen wird, »zentralen Herzenserfahrung« seines Lebens, in der Geschichte einer Neigung zu dem netten und wohl auch unerreichbar netten Schwabinger Maler Paul Ehrenberg. Gestehen wollte er dem Freund offenbar in dem skizzierten Gespräch, daß ihm in dieser Neigung eine Triebsublimierung geschenkt worden oder gelungen war wie vorher nur – so darf man wohl ergänzen –, in den diskreten Maskenspielen seines Erzählens. Das Leben (ganz ohne Anführungsstriche!) scheint ihn ergriffen zu haben, mit allen »Wonnen der Gewöhnlichkeit«, bevor sie so doppeldeutig, abwertend und zärtlich, benannt worden waren. Ganz folgerichtig bricht er in einem emphatischen Brief an den Bruder Heinrich, in dem die »zentrale Herzenserfahrung« fragmentarisch gestanden wird, nach dem Bekenntnis zum »Ehrlichen, Warmen und Guten« dieser »sehr unlitterarischen, sehr schlichten und lebendigen Erlebnisse« aus in ein paar wehe, wütende Ausfälle gegen die »verfluchte Litteratur«, die Gott sei Dank noch nicht alles in ihm »verödet, verkünstelt und zerfressen hat«: »Ach, die Litteratur ist der Tod! Ich werde niemals begreifen, wie man von ihr beherrscht sein kann, *ohne* sie bitterlich zu hassen! . . . Mir graut vor dem Tage, und er ist ja nicht fern, wo ich wieder allein mit ihr eingeschlossen sein werde . . .« So im Februar 1901 an Heinrich, doch im November des gleichen Jahres, als die Saison und also auch die Serie der Wiedersehen mit Paul Ehrenberg wieder eingesetzt hat, heißt es an Grautoff: »Auch ich bin immer noch der Alte: Noch immer so schwach, so leicht verführt, so unzuverlässig und wenig ernst zu nehmen in meiner Philosophie, daß ich des Lebens Hand ergreife, sobald es mir sie lachend entgegenstreckt . . . Ich lasse es geschehen. Ich bin Künstler genug, Alles mit mir geschehen zu lassen, denn ich kann Alles gebrauchen.«

Das genau ist die Situation, die wir in den gleichzeitigen Notizbüchern beobachten können: fest hält er mit der Linken »des Lebens lachend ausgestreckte Hand« und zitternd, begierig um den richtigen Ausdruck des »ehrlich, warm und gut« Erlebten, verwandelt er mit der Rechten Leben in Literatur, Erfahrung in Schrift: »denn ich kann Alles gebrauchen«. Ein Idealzustand scheint erreicht: mitten am Rande des Lebens eingeschlossen in Literatur, einsam, doch eben nicht allein. Es ist genau diese schwebende und auch gefühlvoll verschwommene Lage, die der »Tonio Kröger« dann auratisch und doch genau festzuhalten sucht. Dieses Prosastück, an dem er über die Jahre hin verzweifelt und unermüdlich laboriert, wird im zitierten Brief an Heinrich zum ersten Mal erwähnt unter dem bezeichnenden Arbeitstitel: »Litteratur!«

Doch das »Leben« hatte sich einmal noch dazwischen gedrängt, es lenkt ab von der programmatischen Novelle und hin auf einen anderen,

ähnlichen, doch dramatischeren und ehrgeizigeren Stoff: in den Notizbüchern beginnt ein jahrelanges Tasten und Sammeln für ein Erzählprojekt, das erst als Novelle »Die Liebenden«, dann als Romanentwurf
»Maja« genannt wird (und so auch im Aschenbachschen Werkverzeich-
nis figuriert), und dessen Materialien erst vierzig Jahre später in die
München-Kapitel des »Doktor Faustus« eingehen sollten. Die Frage,
wie und warum dieses Projekt scheiterte und damit die Möglichkeit des
einzigen großen Romans zwischen »Buddenbrooks« und »Zauberberg«,
warum und wie der Autor stattdessen aus den Paul-Ehrenberg-Jahren doch
nur mit der »kleinen Lösung« des »Tonio Kröger« auftauchen sollte –,
diese Frage gehört zu denen, die mit Sicherheit und Endgültigkeit nicht
beantwortet werden können und die genau deshalb gestellt zu werden
lohnen. Nur so läßt sich nämlich Thomas Manns tapfer und zäh zugear-
beitete Krise etwas näher und schärfer bestimmen.

In drei entscheidenden Punkten zeigt sich, wie vollkommen sich das
»Liebenden«- und »Maja«-Projekt von der lyrisch-essayistischen »Kröger«-Novelle unterscheidet:

Geplant war von Anfang an ein jäher, ein gewaltsamer und tödlicher
Schluß statt ein elegisch versöhnlicher.

Der Stoff drängte offenbar sehr bald ins Breite, in ein gesellschaftliches
Panorama, in ein Münchener Pendant zu den »Buddenbrooks«.

Die Nähe zu dem täglich mit Paul Ehrenberg Erlebten erzwang einen
wie instinktiv vollzogenen Rollenwechsel, denn in der Kernfabel erkennen wir zwar unschwer den netten Maler Ehrenberg wieder in dem
ebenso netten und unerreichbaren Musiker Rudolf Müller, aber in den
Erzählentwürfen ist der um ihn Leidende – eine Frau, Adelaide.

Versucht man diese drei Unterschiede zusammenzuziehen, so wird klar,
daß hier ein Erzählunternehmen zu bewältigen gewesen wäre, das einmal
unter einem radikal subjektiven Leidensdruck stand und zugleich und
gerade deswegen nach gnadenloser ästhetischer Kontrolle verlangte. Der
Autor der »Buddenbrooks« hätte, um diese Aufgabe zu lösen, die Freihei-
ten des »Zauberberg« und die Risikobereitschaft des »Doktor Faustus«
schon damals in sich mobilisieren müssen. Kein Wunder, daß er sich auf
die kleinere Lösung zurückzog. Auf Gelingen, und das heißt immer auch,
auf Freundlichkeit gegen sich selbst und das Publikum, war er damals
programmiert. Als dann aber »Königliche Hoheit« so rund wie nett
gelungen war, erwies sich gerade das als Katastrophe.

Beim Blick in die Briefe dieser Jahre, an Grautoff, an Heinrich oder

Paul Ehrenberg, in die Zitate, die aus diesen Briefen in den Schwabinger Notizbüchern auftauchen, in die Notizbücher selbst mit ihren ineinandergeblendeten Tagebucheinträgen und Erzählentwürfen, die manchmal auf den großen Roman, dann wieder auf eine kleine Novelle zulaufen –, bei diesem Blick gerät das Orientierungs-, ja das Realitätsgefühl leicht ins Schwindeln: wir wissen nicht immer, was da schreibend festgehalten wird, Erfahrung oder Fiktion, noch genau, wer spricht und von wem die Rede ist, von Adelaide oder Thomas Mann, von Thomas Mann als Autor oder doch nur als einem traurig und wütend Verliebten in der Schwabinger Ungerer- oder Feilitzschstraße, noch läßt sich immer genau bestimmen, wohin diese Lebensinszenierung (oder das Leidensexperiment oder die Formulierungsübung) laufen soll, in das Maja- oder das Kröger-Projekt. Es ist alles in einem unsicheren Aggregat-Zustand, ja in einem Schwindelzustand begriffen, zwei- bis dreideutig: Leben ganz ohne und schon in Anführungszeichen, aber doch noch nicht ganz hineininstrumentiert, -musiziert in Kunst. Wir beobachten aus einer Nähe, die sich nie wieder einstellen wird, Thomas Manns Einbildungskraft bei ihrer Entwicklungs-, ihrer Befreiungsarbeit, zäh und in Sprüngen.

Der grellste Befreiungsschlag steht ganz am Anfang dieser Notizschübe: es ist, inspiriert durch eine (bis heute nicht aufgefundene) Zeitungsnachricht aus Dresden, ein Mord. Adelaide hat den netten Unerreichbaren, das schriftliche Spiegelbild Paul Ehrenbergs erschossen. Die Zeilen, in denen Thomas Mann diese finale Lösung halluziniert, passen in ihrer zitternd jähen Fassung nicht in die gepflegte Kulturlandschaft seiner Prosa. Das wirkt, durchaus nicht »diskret«, wie von fremder Hand geschrieben:

> Als ihr die Pistole aus der Hand geschlagen ist, drückt sie rasend mit den bloßen Fingern gegen ihre Schläfe wie auf einen Hahn, mit geschlossenen Augen und einem Gesicht, das die Erwartung der Kugel verzerrt.

Hier sollte also, wie offenbar in der Zeitungsnachricht, auf einen vollzogenen Mord der Versuch eines Selbstmords folgen. Doch in einer frei erfundenen Variante kehrt sich diese Reihenfolge noch einmal um, und der Selbstmord verrät sich als das, was er ja heimlich immer auch ist, als verhinderter, als invertierter Mord:

Nachdem ich mir die Kugel in die Schläfe gejagt, noch die Kraft haben, dir die Pistole ins Gesicht zu werfen . . .

Wer das so süchtig phantasiert, den Schuß ins eigene Hirn und danach noch eine letzte aggressive Geste gegen den Schuldigen – ob das Thomas Mann sich wünscht oder Adelaide, ob Paul Ehrenberg von einem Sterbenden noch einmal verletzt und markiert, also endlich erreicht werden sollte oder doch nur, auf dem Papier der Fiktion, der nette Verräter Rudolf Müller –, womöglich hätte das der kühle Autor im Augenblick der Niederschrift auch nicht mehr genau unterscheiden können und mögen. Dieser große Veröffentlicher seiner selbst hatte viel zu verbergen, sicher auch Rach- und Mordlust.

Paul Ehrenberg also wurde damals nicht oder doch nur probeweise schriftlich und von einer Frau erschossen. Aber getreu dem Wahlspruch »Ich kann Alles gebrauchen« wird dieser Eifersuchtsmord im »Doktor Faustus« dann doch noch vollstreckt: Rudi Schwerdtfeger, der allseitig nette, herzlich unverbindliche, bricht zusammen vor Ines Rodde, vor der Pistole der wiederauferstandenen Adelaide, aber als spiritus rector ist für die Tat mitverantwortlich Adrian Leverkühn. Der unausstehlich und unwiderstehlich nette Rudi alias Paul ist in dem Augenblick verloren, da sein Autor als Frau und als Mann, kopflos passioniert und kühl kalkuliert endlich abrechnet mit allen in dem Geliebten blond und zutraulich verkörperten »Wonnen der Gewöhnlichkeit«. Erst wenn man einsieht, wie finster und genau diese Konsequenz, dieser Mord mit doppelter, männlich-weiblicher Autorschaft in den Faustus-Roman eingepaßt ist, läßt sich auch verstehen, was Thomas Mann vierzig Jahre vorher sich und uns, aber womöglich auch seiner »zentralen Herzenserfahrung« nicht zumuten wollte.

Während ihm ein anderer literarischer Frevel, die Ausbeutung nämlich des eben Erlebten für eine sofortige literarische Verwendung, damals bemerkenswert leicht und selbstverständlich von der Hand geht. Denn in den Notizbüchern wird nicht nur Ehrenberg dauernd hinüberverraten in die Figur Müller, sondern auch Thomas Mann benutzt und bearbeitet sich selbst samt allem seinem Leiden, Sehnen, Schmachten und den genußvollen Erniedrigungen der Selbstanalyse fortlaufend als Material für Adelaide. »Sein Herz lebte«, wird es von Tonio Kröger leitmotivisch heißen, und in diesem Zustand, auch das will uns dort die Leitmotivik betörend beteuern, soll es nicht möglich sein, »eine Sache rund zu formen und etwas Ganzes daraus zu schmieden«. Wir aber müssen annehmen, daß Thomas Manns Herz in seiner Ehrenberg-Zeit lebte wie nur drei- oder viermal in seinem Leben, und doch sehen wir ihm dabei zu, wie er unermüdlich an diesem Erlebnis formt, rundet, schmiedet, bis als Ganzes, wenn auch nicht das größere Projekt, so doch der »Tonio Kröger« daraus geworden ist, in dem gerade dieser Verrat des Lebens an die Kunst, dem er sich doch verdankt, mit weher Überzeugungskraft beklagt wird. Woran sollen wir glauben: an die schön geschmiedete und gerundete Prosa oder an die ehrliche Klage? Eros und Ironie halten die Frage in einer heiklen Balance.

Denn ohne alle Herkunftsnachweise bei Sokrates, Kierkegaard, Nietzsche oder Paul Bourget, nur durch diesen Einblick in Thomas Manns Lebens- und Arbeitswerkstatt läßt sich nun begreifen, warum er seine Prosastrategie so gern unter dem Doppelzeichen von Eros und Ironie begreifen wollte. Sie betreibt dauernd ein Doppelspiel von Annäherung und Distanzierung, entzaubert jede Aura, die sie eben noch hergestellt hat, sie belagert, belauert das Leben neugierig, auch zärtlich und leidend, um es dann doch, schon im gleichen Atemzug, herzlich resigniert, verabschiedend, mit einer klaglosen, einer vergifteten Trauer fallen zu lassen.

Auf diesem zarten Niveau einer entschlossenen Unentschiedenheit sind die Erfahrungen der Ehrenberg-Zeit zur Sprache gekommen, aufgehoben nämlich im Tonio-Kröger-Ton, in dem Eros und Ironie sich gegenseitig zart schonend in Schach halten und es zum Äußersten nicht kommen lassen, jenem Äußersten, das Adelaides Schüsse markieren. Frieden soll herrschen zwischen Liebenden und »Geliebten«, zwischen Außenseitern und Normalen, zwischen Erkenntnisekel und Gewöhnlichkeitswonnen, ein schöner, zarter, fauler Frieden. In seinem Zeichen war der Maja-Roman nicht zu schreiben.

Was mit dem »Tonio Kröger« erreicht wurde, läßt sich noch genauer verstehen, wenn man beobachtet, wie Wort- und Motivreihen aus den Münchener Notizbüchern zunächst in der Stimmungsstudie »Die Hungernden« eingesetzt werden, wo sie nackt, sentimental, eben wie durch einen Erzählungszusammenhang noch nicht aufgehobene Tagebuchergüsse erscheinen, und wie sie dann hinübergerettet werden in das Zwielicht der Kröger-Prosa, essayistisch unterminiert, von Lyrismen zum Schwingen gebracht, um in dieser perfekten und doch innigen Zweideutigkeit sich vollkommen zu verändern, als hätte hier Heine kollaboriert mit Theodor Storm.

Was aber im »Tonio Kröger« nicht erreicht werden konnte und wohl auch nicht sollte, verraten andere Umschmelzungen von Lebensstoff in Kunstmaterial, manchmal nur durch winzige, unscheinbare Abweichungen. So muß sich Kröger im berühmten Lisaweta-Gespräch beschweren über den Frühling, diesen lächerlichen, lästigen Ausbruch von »Leben« in der Natur, der die »kalten Ekstasen« künstlerischer Arbeit stört: »Man arbeitet schlecht im Frühling, gewiß, und warum? Weil man empfindet.« Doch in seiner leidenden Liebe zu Ehrenberg war Thomas Mann, wie wir aus einem Grautoff-Brief wissen, etwas ganz anderes widerfahren: »Sonderbar! Alljährlich, um die Zeit, wenn die Natur erstarrt, bricht in die sommerliche Vereisung und Verödung meiner Seele das Leben ein und gießt Ströme von Gefühl und Wärme in meine Adern!«, so berichtet ein Novemberbrief 1901. Hier benimmt sich das »Leben« also origineller als das provokant gemeinte, kalte Künstler-Sätzchen Krögers. Doch er und seine Geschichte müssen in allem, in Eros und Ironie, in Leidensdruck oder Provokation, eben immer im Rahmen des Schicklichen bleiben. »Ein menschlicher Freund!« ruft Tonio aus, den nämlich wünscht er sich: »Aber bislang habe ich nur unter Dämonen, Kobolden, tiefen Unholden und erkenntnisstummen Gespenstern, das heißt: unter Literaten Freunde gehabt.« In Thomas Manns Notizbuch aber liest man etwas ganz anderes: »P. (d. i. Paul Ehrenberg) ist mein erster und einziger menschlicher Freund. Bislang habe ich nur unter Dämonen, Kobolden . . .« undsoweiter druckreif bis zum Ende des Satzes.

Diese Verleugnung der »zentralen Herzenserfahrung« kennzeichnet die vorsichtige Kunst der Kröger-Novelle endgültig. Adelaide hätte auf den Unerreichbaren schießen müssen, Kröger dagegen schluchzt, in Dänemark heimgekehrt in die Urszenen seiner Kindheit, die vor ihm vorübergleiten wie großes Kino, schluchzt glücklich-unglücklich gerade über die Unerreichbarkeit seiner Sehnsuchtsziele, die ja beides sind: richtig und falsch. Adelaide hätte ihre Forderung männlich, also aggressiv, unversöhnt durchsetzen müssen. Tonio Kröger dagegen bewährt sich, den Schmerz sanft nach innen wendend, sozusagen als die bessere Frau. In seiner sonst so makellos sicher durchgeschriebenen Geschichte fällt peinlich ins Auge, daß die männlich gemeinten unter seinen Erfahrungen, diese »wüsten Abenteuer der Sinne, der Nerven und der Gedanken«, die üppigen »Abenteuer des Fleisches«, gesalzen von »Wollust und heißer Schuld«, daß dies alles so ungelebt wie ungeschrieben tönt, Wortdampf bleibt und schwüle Behauptungsrhetorik.

Wir werden, über Thomas Mann nachdenkend, auch ohne Schlüssellocheinblick in autobiographische Schlüsseldokumente, nur in die Widersprüche der Erzähltexte eindringend, immer wieder in ein Zwielicht uneindeutiger Geschlechterrollen geraten. Vorerst genügt die Vermutung, kompliziert genug, daß Adelaide, in der eine homoerotische, verzweifelte »Herzenserfahrung« sich weiblich verkörpern sollte, auf sie radikaler und männlicher hätte reagieren müssen als Tonio Kröger, der schließlich realisierte Repräsentant dieser Münchener Erfahrungen, der sie gerettet, besänftigt hat und zwar ins Weibliche. Gerettet ist damit auch, um noch einmal das Vokabular des Geständnisbriefs an Heinrich aufklingen zu lassen, das »Ehrliche, Warme und Gute« dieses Schlüsselerlebnisses, das »erledigt« worden wäre in einer von Ironie und Geist »verödeten, verkünstelten und zerfressenen« Literatur. Tonio dagegen schluchzt am Ende des 8. Abschnitts, in dem diese kalten Reizworte noch einmal in Variationen heruntermusiziert werden, »vor Reue und Heimweh«.

Thomas Mann wiederum, als er im sogenannten wirklichen Leben einen Werbebrief an Paul Ehrenberg schreibt und ihn unter dem 28. Januar 1902 fragt: »*Wo* ist der Mensch, der zu mir, dem Menschen, dem nicht sehr liebenswürdigen, launenhaften, selbstquälerischen, ungläubigen, argwöhnischen und empfindenden und nach Sympathie ganz ungewöhnlich heißhungrigen Menschen, Ja sagt – *Unbeirrbar? ... Tiefe Stille.*« –, dieser Werbebriefschreiber hat bis hierhin Stil und Haltung bewahrt, aber der gebildete Einfall, der auf die »Tiefe Stille« folgt, verrät ihn dann doch: »Und wenn irgendwo ein Cello oder Contrabaß ein bischen pizzicato machte, so wäre es eine Stimmung wie im ›Lohengrin‹, Akt I, nach dem ›Wer hier im Gotteskampf ...‹« Er sieht sich also wie Elsa in äußerster Bedrängnis, verlassen von Gott und Welt, als Frau, isoliert und halluzinierend, in Erwartung eines Gottgesandten, eines Ritters, der sich »unbeirrbar« zu ihr, zu ihm bekennt.

Der Ritter kam schließlich, wie wir wissen, als »Prinzessin«, als Katia Pringsheim, umworben, angelockt mit Bekenntnisbriefen, in denen die Tonio-Kröger- und Paul-Ehrenberg-Zeit in einem Atemzug verraten und verabschiedet wurden: »Wo ich liebte, hatte ich bislang immer zugleich verachtet. Die Mischung aus Sehnsucht und Verachtung, die ironische Liebe war mein eigentlichstes Gefühlgebiet gewesen.« Das neue Erlösungsprojekt heißt: Liebe ohne Rückhalt, Vorhalt, Gefühls- oder Ironiereserve. Gemeint ist wieder eine Rettung, ohne daß genau zu erraten wäre, wovor und wohin. Ein halbes Jahr später lesen wir, wie in Schillers

»schwerer Stunde« ein »Weib« vor beidem rettet, vor dem Abstieg ins Chaos und vor dem, was heute technisch kalt »writer's block« genannt wird.

Von den ersten Anfängen bis zum äußersten Ende sind in allem, was Thomas Mann erzählt, federführend im strengsten Wortsinn zwei Grundphantasien oder genauer Grundängste, die im Gegensatz zu allen den hohen und feinen Überbauten, die der Autor und seine Interpreten auf ihnen errichtet haben (Künstlertum und Bürgertum, appollinisch und dionysisch, Spanien und Asien, Form und Chaos, Male and Female und Androgynität und was alles noch an Oppositionen und Versöhnungen), die beide eine große Eindeutigkeit bewahren und auch nicht mehr auf Anderes reduzierbar scheinen: ich meine die Angst vor Erstarrung (deren Schreckensseufzer im »Tonio Kröger« lauten: »Öde; Eis; und Geist! Und Kunst!«) und die andere, komplementäre Angst vor Auflösung, die in einer programmatischen Passage mitten im dritten Josephsroman, bevor Mut-em-enets Liebeswahnsinn ins letzte Stadium erzählt wird, »Heimsuchung« genannt und als Leitthema im Lebenswerk erkannt wird: »Es ist die Idee der Heimsuchung, des Einbruchs trunken zerstörender und vernichtender Mächte in ein gefaßtes und mit allen seinen Hoffnungen auf Würde und ein bedingtes Glück der Fassung verschworenes Leben.« Kältetod oder Wärmetod – schon Thomas Buddenbrook, die große Gründerfigur in diesem Lebenswerk, hatte zum ersten Mal diese Wahl, die keine ist, weil beide Auswege tödlich sind. In den einen Untergang lockt Dionysos, der »fremde Gott«, und vor dem anderen steht der Heilige Sebastian, den Samuel Lublinski in seiner Rezension schon als Schutzheiligen von Thomas Buddenbrook entdeckt hatte, Inbild »einer intellektuellen und jünglingshaften Männlichkeit . . ., die in stolzer Scham die Zähne aufeinander beißt und ruhig dasteht, während ihr die Schwerter und Speere durch den Leib gehen«. Ein Satz wie ein Wappenschild, der dann im »Tod in Venedig« dankbar zitiert wird für Aschenbachs Heldentyp und seine »Haltung im Schicksal, Anmut in der Qual«. Beide, der fremde Gott und der bleiche, durchbohrte Märtyrer verraten, daß die in ihnen verkörperte Auflösungs- und Erstarrungslust wie -angst beide erotisch sind von Grund auf, doch erst der vom einen Extrem ins andere bewegte Gustav von Aschenbach macht vollkommen klar, was sich dann in Adrian Leverkühn, dem Kältedämon, endgültig offenbaren wird, daß nämlich hinter der Heimsuchungsfabel und dem Vereisungsparadigma sich vor allem ein Schriftstellerproblem verbirgt. Schillers »Schwere Stunde« dagegen, sein sanft allegorisierter Weg von Kälte in Wärme, vom Kunstkampfarbeitsplatz ins Eheschlafzimmer hat den Konflikt noch in ein unauffälliges Kleinformat gebannt.

Nach langem Umweg ist diese schließlich ins Idyll gezähmte Geschichte einer Schriftstellerkrise wieder aufgetaucht, doch deren Bedeutung nur ansatzweise begriffen. Denn sie gehört als Glied in die Kette der Literatengeschichten, in denen Thomas Mann seine eigene Krise erst vorausentworfen, dann übermalt und endlich durchgearbeitet hat.

Es soll also nun versucht werden, eine die frühen Erzählungen beherrschende Figurengruppe, die gemeinhin als kluge, geschmackvolle und um die Jahrhundertwende zeitgemäße Fortschreibung einer an Schopenhauers Weltentwurf orientierten, von Wagner infizierten und an Nietzsche geschulten Dekadenzproblematik verstanden, durchinterpretiert und »erledigt« wird, mit einer anderen, einer lebensgeschichtlichen Lesart neu zu sehen und aus ihrer Festgeschriebenheit zu »verflüssigen«. Beide Lesarten schließen sich keineswegs aus, doch die hier vorgeschlagene müßte für die Frage, wie Thomas Manns Lebensgeschichte zu verstehen wäre als Produktionsgeschichte, die produktivere sein.

Heimsuchung, Öde, Eis

In »Enttäuschung«, einer unscheinbaren Kurzgeschichte des Einund-
zwanzigjährigen, fängt ein Herr ausgerechnet auf dem Markus-Platz in
Venedig zu reden an über die Desillusion, die ihm die ganze, angeblich
schöne Welt unaufhörlich bereitet. Er gibt sich als Schriftsteller nicht zu
erkennen und könnte auch eher der Stellvertreter aller unglücklichen
Leser sein, denn für ihn verblaßt, verödet die ganze Erfahrungswelt zur
Enttäuschung, weil sie so hoffnungslos zurückbleibt hinter den durch die
Gegenwelt der großen Wörter erweckten Erwartungen. Ob Kunstwerke,
Naturschauspiele, Schmerzen oder Heldentum – alles erweist sich für
diesen »sonderbaren Herrn« als zu dürftig, weil die Sprache, in der ihm
alle diese Phänomene angekündigt worden sind, viel mehr erwarten ließ
als bloß diese Wirklichkeit. In ihr konnte er etwas erleben, »in Wirklichkeit« aber nichts, außer »Enttäuschung«.

Der monologische Held dieser unscheinbaren Skizze ist der Ahnherr
aller jener Lebens- und Kunstdilettanten, die im Mannschen Frühwerk
leiden an ihrer Leidenslosigkeit, außer Kontakt gekommen mit der
Normalität, dem »Leben«, ohne doch Fuß zu fassen in einer Gegenwelt
der Kunst. Der Gedichte rezitierende Leutnant im »Tonio Kröger«, der
mit angelesenen Gefühlen nach eigener Produktivität schmachtende
»Bajazzo«, der durch den Faltenwurf der »großen Wörter« nicht mehr zur
kleineren, schäbigen Wirklichkeit durchdringende Herr auf dem Mar-
kusplatz – sie alle verlieren sich ins Formlose und Unverbindliche, in ein
Niemandsland zwischen Welt und Sprachwelt. »Warum habe ich einen
Horizont?«, fragt der Enttäuschte: »Ich habe vom Leben das Unendliche
erwartet.« Also versucht er, »von einem befreiten Leben zu träumen . . .,
in dem es keinen Horizont mehr gibt«, vom Tod, »dieser letzten Enttäuschung«, denn auch der wird, so ahnt er im voraus, hinter allen Erlösungs-
erwartungen kläglich und kleinlich zurückbleiben.

Die Nebenwerke, wie gesagt, sie haben es in sich. Denn dieses präsentiert nicht nur eine Sehnsucht nach Schopenhauer vor aller genauen
Schopenhauer-Lektüre, sondern überbietet dessen Philosophie sogar
noch, radikal und dilettantisch: auch die ersehnte Entbindung von der
Welt des Willens wird sich wohl blamieren als Schimäre des Willens. Nur
darf man hier wie an allen anderen »Schopenhauer«-Stellen Thomas
Manns das Wichtigste nicht übersehen: er *schreibt* Schopenhauerianer –
hier sogar verzerrt zur Karikatur – und das sind Rollenspiele, keine

Bekenntnisse. Wie wenig eine Lebenspraxis im Sinne Schopenhauerischer Entsagungsphilosophie schützt und nützt, zeigt der Untergang Friedemanns, wie wenig aber auch eine heftige Schopenhauer-Lektüre vor weiterer »Willensverzückung« und einem kläglichen Zusammenbruch bewahrt, beweist der Konsul Buddenbrook. Daß aber alle Anstrengung, Werke hervorzubringen, jeder in ihnen verkündeten Weltentsagungsphilosophie a priori und a posteriori stillschweigend entsagt hat, versteht sich, ob für Thomas Mann oder den »Schopenhauerianer« Wagner, derart von selbst, daß es gewöhnlich übersehen wird.

Der Dilettant also verliert sich im Formlosen, in jene angelesenen, anempfundenen Empfindungen, von denen der »Bajazzo« schwärmt: »seltene Stimmungen wogen in mir auf und nieder, Stimmungen von Sehnsucht, religiöser Inbrunst, Triumph, mystischem Frieden«. Kurz: »ein unfruchtbares Chaos von halben Gedanken und Phantasien«. Ihm fehlt, wie Siegmund in »Wälsungenblut« ahnt, als er der »Walküre« zuhört und zusieht, die »Leidenschaft«: »Ein Werk! Wie tat man ein Werk? . . . Es war so dunkel, so schimpflich unklar. Er fühlte zwei Worte: Schöpfertum . . . Leidenschaft.« Übersetzt man hier Leidenschaft ins Deutlichere, in Passion, so wird aufdringlich klar, welchen Akzent Thomas Mann in die geläufige Beschreibung des Dilettanten-Typs setzt, welche höchst persönliche Angst an diesen Geschichten mitschreibt. Den Dilettanten fehlt es nicht nur an Könnerschaft – die ließe sich trainieren –, es fehlt ihnen die Lebenserschütterung. Sie sehen, was drüben und weit weg unter den Gewöhnlichen, ob Glücklichen oder Leidenden, im »Leben« geschieht, wie durch eine Glaswand, verschont, unberührt, steril.

Dem »Bajazzo« fehlt, als ihm wie Friedemann eine weibliche Lockfigur entgegengeschickt wird, selbst die Kraft, die Würde zum Unglück, zum Untergang. Er möchte aufgeben, was er doch nie besessen hat, das Leben wie das Schreiben: »Ich höre auf zu schreiben, ich werfe die Feder fort, – voll Ekel, voll Ekel! Ein Ende machen: aber wäre das nicht beinahe zu heldenhaft für einen ›Bajazzo‹?« Ein Ende findet wenige Zeilen später zwar nicht er, aber doch sein Versuch, seine Geschichte aufzuschreiben. Denn auch ihm fehlt »Schöpfertum . . . Leidenschaft« und die nötige disziplinierte Kälte, um sich schreibend im wahrsten Sinne des Wortes aus der Affäre zu ziehen: »Meine erste Regung, mein erster Instinkt war der schlaue Versuch, das Belletristische aus der Sache zu ziehen und mein erbärmliches Übelbefinden in ›unglückliche Liebe‹ umzudeuten: eine Albernheit, wie sich von selbst versteht.«

Doch Thomas Mann hat sein Leben lang versucht, was seine klägliche Figur als »Albernheit« abtut, er hat »das Belletristische« aus jeder Art »erbärmlichem Übelbefinden« gezogen, wozu freilich, außer der »Leidenschaft«, etwas anderes eingesetzt werden muß, was der Dilettant scheut: ästhetische Arbeit.

Der nette Leutnant, den Tonio Kröger ein selbstgefertigtes Gedicht im Salon aufsagen hört, blamiert sich, weil seinem Produkt die Handwerklichkeit, der Glanz der Kälte und Reflexion fehlen: es ist nur »etwas an die Musik und die Liebe, kurzum, ebenso tief empfunden wie unwirksam«. Und nachdem Tonio Kröger genüßlich beschrieben hat, wie der Blamierte mit seinem Fehltritt zwar aus der Gesellschaft der Harmlosen gestürzt ist, ohne doch draußen und drüben bei den berufsmäßigen Lebenszuschauern unterzukommen, zieht er pathetisch sein Resümee: »Da stand er und büßte in großer Verlegenheit den Irrtum, daß man ein Blättchen pflücken dürfe, ein einziges, vom Lorbeerbaum der Kunst, ohne mit seinem Leben dafür zu zahlen.« Diese Drohung, hier bare Rhetorik, wird in »Schwere Stunde«, im »Tod in Venedig«, in »Lotte in Weimar« und schließlich im »Doktor Faustus« immer intensiver und exzessiver ausgeschrieben werden. Aber nirgends deutlicher als in den fast leblosen Notaten der Tagebücher wird fühlbar, mit welchem Lebensverlust dieser Autor tagtäglich seine Kunstarbeit bezahlt hat. Hinter der Krögerschen Künstler-Koketterie verbirgt sich also mehr, als sie uns heute in ihrer zarten Balance aus Wehmut und Provokation, Schluchzen und Dialektik auf den ersten Blick verrät.

Denn die Frage nach einer lebbaren Mitte zwischen Dilettantismus und déformation professionelle zielt wieder auf die Alternative zwischen Chaos durch »Heimsuchung« und Tod durch Erstarrung in »Öde; Eis; und Geist!«. Tonio Kröger versucht sie in der Schwebe zu halten. Die ästhetischen Profis aber, die vor und nach ihm im Mannschen Frühwerk erscheinen, markieren als Karikaturen, wie lächerlich ein Lebensopfer auf dem Altar der Kunst auch sein kann. »Schriftlich haben Sie Mut!« ruft Kaufmann Klöterjahn dem Dichter Detlev Spinell entgegen, der zwar einen flammenden Protestbrief an ihn geschrieben hat, aber nun vor dem dröhnenden, real existierenden K. behutsam zurückweicht. Klöterjahn hat damit einen schwierigen Sachverhalt derb und wütend auf den Begriff gebracht: nur schriftlich haben Thomas Manns frühe Schriftstellerfiguren Mut. »Weil es auf Erden mein unausweichlicher Beruf ist, die Dinge beim Namen zu nennen, sie reden zu machen, das Unbewußte zu durchleuchten«, wie Spinell schreibt, ein wenig zu ölig schwungvoll, um ganz ernst genommen zu werden, nicht so unrichtig und unseriös, um nur verlacht zu werden. So wenig wie der Residenzstadtdichter Axel Martini in »Königliche Hoheit«, der Krögers Alternativen – entweder Leben oder Kunst, Frühling oder ästhetische Produktion, empfinden oder Empfindungen formulieren – derart preziös und gravitätisch auf die Spitze treibt, daß sie brechen. Denn nach seiner Selbsterklärung setzt »der Beruf zu Poesie« die Unfähigkeit zu allen anderen Berufen voraus. Man dichtet aus »Hunger nach dem Wirklichen«, was jede »ernsthafte Verbindung mit dem Leben« ausschließt: »Hygiene . . . ist unsere ganze Moral. Aber nichts ist unhygienischer als das Leben.« Königliche Hoheit, die doch Martinis Preislied auf die Lebenslust prämieren soll, hört ungläubig dieser lächelnden Selbstliquidierung des Dichters zu: Sollte der Dichter, fragt er sich und diesen, denn nichts von den Ekstasen seines ausschweifenden Lebensbildes selbst erlebt haben? »Sehr wenig, Königliche Hoheit«, antwortet Martini. »Lediglich ganz kleine Andeutungen davon.«

Es wäre voreilig, in die Falle solcher Übertreibungen zu laufen, um dann in Martini die Rücknahme der Lebensfreundlichkeitsironie Krögers zu erkennen oder einen Aschenbach als Lustspielfigur oder eine Kampfansage an eine sich zu Vitalität nur aufblasende »Blasebalgpoesie« à la Heinrich. Gerade die übertreibenden Züge dieses Porträts verfolgen einen doppelten und widersprüchlichen Zweck: sie sollen einmal den Ernst und das Selbstbildnishafte der Figur verschleiern und zugleich ihre Problematik verschärfen, zur Kenntlichkeit entstellen. Axel Martini und der Schiller in »Schwere Stunde« deuten an, wie sich im Zeichen der fortschreitenden Schreib- und Lebenskrise das problematische Selbstbewußtsein ihres Autors zuspitzt, ins Pathetische wie ins Satirische. Tonio Krögers sorgfältig zitternde Lebensbalance will nicht mehr halten. In den ersten »Krull«-Kapiteln spielt der Autor dann den Hochstapler, im »Tod in Venedig« tritt er auf als Meister und Lüstling.

Was damit verloren ging, erkennt man in den Künstlernovellen vor der »Erlösung« in Ehe, Hoheit und »strenges Glück«. Der Dichter Detlef in »Die Hungernden« genau wie der Literat Kröger oder der Edelschriftsteller Spinell, sie alle sind nämlich Figuren vom Gesellschaftsrand, Figurationen der Boheme: in ihrer Lächerlichkeit und Unzurechnungsfähigkeit besteht zugleich ihre Würde. Kröger ist in diese Zweideutigkeit selbst eingeweiht, an Spinell wird sie von ihrem Autor herangeschrieben. Aber ganz gleich, ob eine Figur mit einem ironisch gebrochenen Lyrismus beschworen oder als Komödienfigur inszeniert wird –, daß sie beide Recht und Unrecht haben, Kröger wie Spinell, und daß der Autor in dieser, seiner eigenen Sache jede letzte Entscheidung verweigert, diese Zweideutigkeit ist in beiden Fallstudien gleich meisterhaft gelungen.

Kröger arbeitet schlecht im Frühling, Spinell findet:»Man wird innerlicher ohne Sonne.« Der eine möchte den Erkenntnisekel in sich dämpfen, der andere erträgt an Wirklichkeit nur noch, was kunstähnlich als Bild arrangiert erscheint, denn das entzückt ihn:»Gott, sehen Sie, wie schön!« Diesem Spinell beim Briefschreiben über die Schulter blickend – und er produziert dabei unverkennbar Manns eigene Handschrift, scheinbar klar und sauber, von nahem besehen zittrig und voller Lücken –, erkennt der Erzähler, daß da »jämmerlich langsam«, stockend und mühsam etwas entsteht, was schließlich doch »den Eindruck von Glätte und Lebhaftigkeit erweckte«:»Wer ihn sah, mußte zu der Anschauung gelangen, daß ein Schriftsteller ein Mann ist, dem das Schreiben schwerer fällt als anderen Leuten.« Daß aber nichts strömt, bloß »tief empfunden«, sondern alles in Mühsal, Kälte, Qual, Arbeit entsteht, verkündet auch Kröger als Wahrzeichen nicht dilettantischer Arbeit am Text.

Die sentimentale und die satirische Variante der Selbstdarstellung und Selbstbefragung verdanken sich also nur einer veränderten Perspektive auf den gleichen Gegenstand, die gleiche Lage. Ob die Attitüde der Entfremdung vom normalen Leben elegisch, komödiantisch oder aber pathetisch vorgeführt wird –, an der Diagnose ändert das nichts. Die pathetische Variante entzieht sich nur am ehesten einer Therapie: Aschenbach und Leverkühn sind nicht zu retten, während Schillers Krise sich noch auflöst in einem Genrebildchen.

Schriftlich hat auch der Schriftsteller Thomas Mann immer den Mut, die Schriftlichkeit seines Muts in Frage zu stellen. Unermüdlich dreht er Spirale um Spirale die Selbstkritik so hoch, daß sie schon wieder als bloße Selbstüberhebung verstanden oder mißverstanden werden kann. Womit sich wieder die Frage stellt, wodurch diese kostbare und kluge Balance, diese durch unermüdliche Selbstkritik erreichte unendliche Vertagung aller dringenden Schreib- und Existenzfragen schließlich gefährdet worden ist, warum der »Tod in Venedig« sie aufkündigt.

Auf den ersten Blick scheint eine erste Antwort einfach: Aschenbach leistet sich etwas, was nur einer komödiantisch geführten Figur wie Spinell nicht ernsthaft schadet: er hat verzichtet auf ein Problembewußtsein. Abgetrieben in das eine der bei Mann immer drohenden Lebensextreme, in Erstarrung und Überspannung, scheint er nichts zu ahnen von diesem Extremismus und von seiner Gefährdung. Obwohl die Erzählung ihn doch fast pedantisch umstellt mit Zeichen des Gegenextrems, Bildern der Heimsuchung, der Auflösung, der Formlosigkeit. Erst als er sich dem »fremden Gott« schon willenlos auszuliefern beginnt, fängt auch er an zu ahnen, daß dieser Dionysos schon verborgen war in der Gestalt des Heiligen Sebastian, unter dessen Schutz sein Leben und der Heldentyp seines Werks standen. Zwischen dem Sichzusammennehmen im Schmerz und dem Sichgehenlassen in Lust scheinen die Grenzen sich aufzulösen. Was freilich der in platonischen Dialogen phantasierende Aschenbach am Lido-Strand sich immer noch gebildet als eine Dialektik von Zucht und Zügellosigkeit, Schönheitssinn und Begierde zurechtlegt. Die erhabene Ahnungs- und fast Bewußtlosigkeit dieses doch ganz auf Form, Kontrolle, innerweltliche Askese, also Rationalität angelegten Künstlers unterscheidet ihn gefährlich von seinen Vorläufern.

Eine zweite, zunächst unscheinbare, aber folgenreichere Differenz: Aschenbach ist der erste von Thomas Mann erzählte Schriftsteller, der als gesellschaftlicher Repräsentant, als Träger und Erfüller von bestimmten Publikumserwartungen dargestellt wird. Was seit »Fiorenza«, »Königliche Hoheit« und dem ehrgeizigen »Friedrich«-Projekt Thomas Mann selbst nur matt oder falsch oder gar nicht gelingen will, was er, den Entwurf zur Venedig-Novelle schon im Kopf, vom Lido aus in einer Absage an Wagners gewagte Spätromantik trotzig und feierlich erwartet, nämlich eine »neue Klassizität« (womöglich ein perikleisches Zeitalter mit wilhelminischer Fassade vor preußischer Innerlichkeit), das scheint dem Liegnitzer Beamtensohn Gustav von Aschenbach gelungen: seine gedichtete Serie von Helden der Haltung verwandelt Streß in Schönheit und sichert seiner Kunst Achtung und Absatz in einem Käuferkreis, den die schreibenden dédadents kaum vom gesellschaftlichen Nutzen ihrer Arbeit hatten überzeugen können. Kurz: Aschenbachs Position wird auch rezeptionsästhetisch beleuchtet. Er ist ein gesellschaftlich nicht nur geschätzter und honorierter, sondern in Dienst genommener Künstler. Wenn er in einen Verfallsprozeß hineingezogen, wenn er, überdeutlich gesagt, von seinem Autor liquidiert wird, so verfällt und fällt damit auch alles, wofür er zu stehen hoffte. Die höhnisch solemne und leere Schlußfloskel – »Und noch desselben Tages empfing eine respektvoll erschütterte Welt die Nachricht von seinem Tode« –, bestätigt, indem sie es zeremoniell verschweigt, daß auch diese respektvoll ahnungs- und bewußtlose Welt dem

Untergang geweiht ist. Im »Doktor Faustus«, leider, wird die zeitgeschichtliche Bedeutung einer planvoll dämonisierten Künstlerfigur so schneidend nicht mehr verschwiegen: das ist ästhetisch das Unglück dieses Romans, aber ein Glück für seine redseligen Interpreten.

Der scheinbar harmlose Schlußsatz, kalt und falsch, beschließt wahrhaft kongenial diese ganze novellistische Hinrichtungszeremonie, in der Aschenbach erschlagen wird mit seinen eigenen Mitteln, in Marmor, Prunk und Schönheit. Welche würdevolle Exekution eines Verlusts der Würde, denn, wie die meistzitierten Sätze der Novelle selbstquälerisch und genüßlich sagen: »Die Meisterhaltung unseres Stiles ist Lüge und Narrentum, unser Ruhm und Ehrenstand eine Posse. Das Vertrauen der Menge zu uns höchst lächerlich, Volks- und Jugenderziehung durch die Kunst ein zu verbietendes Unternehmen.« Zu schön gesagt, um ganz vernichtend gemeint und wahr zu sein. Aber nicht Kröger, ein sanfter Provokateur, sondern ein Sterbender redet hier, ein von Autors Ungnaden zum Tode Verurteilter, und dieser *Tod*, dieses *Urteil*, diese *Maßnahme* verleihen der Aussage ein Gewicht, das den wehen Sottisen des Schwabinger Hanseaten mangelt.

Die Titel »Das Urteil« und »Die Maßnahme« sind natürlich gefallen als Hinweise auf Kafkas und Brechts schriftliche Parallelaktionen zu Thomas Manns Exekution eines alter ego im Jahre 1912. Der Versuch, diese drei unvergleichbaren Autoren doch nebeneinander und gegeneinander zu sehen und zu verstehen, schon, um sie in ihrer Unvergleichlichkeit nicht allzu selbstverständlich zu nehmen, dieser Versuch hätte wenig Sinn, wenn er Krisenscheitelpunkte der drei Entwicklungen nicht in einen Blick fassen wollte. Natürlich sind diese drei zitierten Werke Selbstverurteilungs-Prozesse oder, noch krasser und genauer, als Prozesse durchgeführte Attentate gerade auf die Autorschaft dieser Schriftsteller. Bei Kafka ist die das Urteil fällende Autorität scheinbar unverstellt der Vater, bei Brecht die Weltgeschichte und Weltgericht vertretende Partei, sicher keine mütterliche Instanz, doch wer läßt in wessen Namen Aschenbach scheitern und sterben? Als Künstler, ausgerechnet, hatte er Dienst leisten wollen wie der Vater und die Väter, allesamt Offiziere und Beamte, aber angesichts Tadzios weiß er wieder, wie Künstler eher sind: »wie die Weiber«. Gustav von Aschenbach, dieser bemüht virile Dichter, wird ausgestoßen dorthin, wohin Tonio Kröger schon sich einmal in der Tanzstunde verirrt hat, ins fremde, nahe Geschlecht, ins weibliche. »Halt, halt! Kröger ist unter die Damen geraten!« ruft der Ballettmeister Knaak. »En arrière, Fräulein Kröger, zurück, fi donc!« Aber Frau von Aschenbach steht nicht unter dem Schutz der Komik, er stirbt. Vielleicht auch, weil Thomas Mann sich in der Paul-Ehrenberg-Zeit nicht als Adelaide hinübererzählen wollte ins Weibliche. Er wird das, wie wir sehen werden, nachholen, und reichlich.

Womit wir unwillkürlich unter ein anderes Paradigma geraten sind, in eine andere Möglichkeit, die Geschichte von Thomas Manns schwierigstem Jahrzehnt zu erzählen. Auflösung oder Erstarrung, Heimsuchung oder Verödung, Vereisung, das waren die drohenden Extreme, zu denen seine Schriftstellerfiguren sich hinentwickeln konnten. Unter einem nur wenig verschobenen Blickwinkel läßt sich aber auch die andere federführende Thematik des jungen, zäh um die Bestätigung kämpfenden Thomas Mann im Spannungsfeld zwischen Chaos und Öde verstehen: die erotische. Beide Themenfelder wären reinlich gar nicht zu trennen, denn auch die Schriftstellergeschichten vollziehen sich als Liebesgeschichten, wenn auch als gehemmte, verweigerte, scheiternde.

Erst in diesem Licht läßt sich die Aschenbach-Katastrophe als Zuspitzung und katastrophale Auflösung der Mannschen Schreib- und Lebenskrise ganz begreifen. Aschenbachs Absage galt allem, was Thomas Mann bis dahin, mit wieviel Ironie und Vorbehalt auch immer, als Ingrediens seines Autorentums mitverstanden hatte, der Boheme und Dekadenz, der Ambivalenz, dem Maskenspiel, der Clownerie, der artistischen Unverbindlichkeit wie dem nostalgischen Hang zu bürgerlicher Normalität, der Romantik, dem Kitsch, allen gutmütigen Träumereien des Dilettantismus –, Aschenbach wollte der von allen diesen Läßlich- und Zweideutigkeiten emanzipierte, stoische Nurartist, Überartist sein, Benn als George womöglich. Seine heroische Klassizität meint Absage auch an die Grellheiten, Düsternisse, Pathologien des 19. Jahrhunderts, an denen der Erfinder Aschenbachs doch hilflos hing, an Wagners Untergangslust, Nietzsches Entlarvungspsychologie, Schopenhauers Entsagungsethik: das alles wird nun umgemünzt in die blinde Pragmatik eines Willens zur Leistung, in eine Praxis asketischer Ideale, die von ihrer Analyse durch Nietzsche kraft ihrer »neuen Unbefangenheit« nichts mehr wissen wollen. Auch so, als ein mit gleicher Gewalt nur noch im »Doktor Faustus« versuchter Anschluß ans neue, ans 20. Jahrhundert, läßt sich die Geschichte Aschenbachs lesen. Doch der verzweifelte Integrationsversuch wird abgewiesen, Aschenbach fällt zurück, in die Boheme, zu den Künstlern, Scharlatanen, Narren, zu den Weibern, aber auch ins 19. Jahrhundert, denn Nietzsche, Schopenhauer, auch Wagner, denen er weit und hoch entkommen wollte, haben ihn erledigen helfen. Manns Dilettanten sahen wir verloren im Formlosen, seine Profis sterilisiert durch Formbewußtsein. Aschenbach, obwohl er diese Alternative gar nicht mehr wahrzunehmen scheint, verfällt beidem, der Auflösung wie der Erstarrung. Die allwissende Erzählung hat auch das vorausprophezeit, als sie seinen Mund beschrieb als »groß, oft schlaff, oft plötzlich schmal und gespannt.« Und auffallend oft hat sie den Meister mit den »Händen im Schoß gefaltet« gezeigt: wie vieldeutig und obszön wird eine so harmlose Geste in einer auf das Oszillieren obszöner Vieldeutigkeiten angelegten Erzählung, denn sie kann so vieles zusammen und gegeneinander bedeuten, Feierabend, Müdigkeit, Frömmigkeit, Erinnerung an den Mutterschoß, aber auch Schutz oder Griffbereitschaft vor dem männlichen Geschlecht. Tatsächlich machen alle diese Bedeutungen Sinn für Aschenbachs Lage am Lido, für einen Herrn und Künstler, der seinen Platon noch beflissen im Kopf bewegt, aber süchtiger doch die »Vorteile des Chaos«.

Gewaltsam negative Lösungen sind selten in Thomas Manns Werk: es sucht lieber den Ausgleich, die Harmonisierung, ja das märchenhafte Ende. Tödlich enden, außer den »Buddenbrooks«, nur drei seiner kanonischen Texte, »Der kleine Herr Friedemann«, die Venedig-Novelle und der »Doktor Faustus«, die eigentlichen Musterfälle für die Heimsuchungsfabel, dreimal den Weg aus »Öde« und »Eis« in die Verführungen des »fremden Gotts« ausschreitend. In der Geschichte des buckligen Friedemann ist noch verdeckt, daß auch er schon, geduckt und bescheiden, auf Heldentum, ja ein »Heldentum aus Schwäche« prätendiert, ein unscheinbarer Vorläufer Thomas Buddenbrooks. Mit Aschenbach aber fällt, wenn auch nicht endgültig, ein Lebenskonzept, an dem Thomas Mann seit seiner »Erlösung« durch die Ehe, dieser erhofften Heimkehr ins Ordentliche, Großbürgerliche und in Heterosexualität gearbeitet hat, und mit ihm fallen auch die ihm zugesprochenen, heroisch gemeinten, zäh umkämpften, aufwendig gescheiterten Werke, vom Friedrich-Roman bis zum Denkgewühl um »Geist und Kunst«. Listig und instinktiv richtig fehlt in der Aschenbachschen Werkliste ein einziger der damals fragmentarisch liegen gebliebenen Texte Thomas Manns, der einzig zukunftsträchtige: die Krull-Memoiren. Thomas Mann hatte schreibend erst den Hochstapler in sich entdecken müssen, bevor er sich alles Schreibheldentum abschminken konnte. Daß er binnen eines Jahres, nämlich 1911,

Krull wie Aschenbach in sich mobilisieren konnte, bleibt erstaunlich, befremdend genug. Daß mit dem Tod des einen, dem Steckenbleiben des anderen nichts endgültig erledigt war, daß sie als Leverkühn und Fortsetzungs-Krull Jahrzehnte später wieder fast nebeneinander auferstehen werden, deutet an, wie überlebens- und regenerationsfähig die traumatischen Grundthemen dieses Erzählers waren. Jedes scheinbar abgeschlagene Haupt wächst immer wieder nach, gedüngt durch Gunst oder Gift der Zeitläufte. So läßt Thomas Mann sich vom Ersten Weltkrieg noch einmal dienstverpflichten und tritt an wie der Geist des toten Gustav von Aschenbach im Schulterschluß mit Tonio Kröger, um die erzählerisch schon verloren gegebene Sache machtgeschützter Innerlichkeit feuilletonistisch noch einmal zu verteidigen. Ob das verlorene Zeit war oder ob er ohne diesen sanften Amoklauf den »Zauberberg« nicht hätte vollenden können, das zu entscheiden, wäre verlockend und ist unmöglich.

»Der Zauberberg« jedenfalls hat in diesem Leben und Lebenswerk Epoche gemacht, wie sonst wohl nur »Buddenbrooks«. Erst als der Roman vollendet und vom Publikum akzeptiert ist, wie auch von seinem während der Niederschrift immer wieder zweifelnden und verzweifelnden Autor, scheint dessen Talent endgültig stabilisiert. Es wird zwar immer noch in Krisen geraten, aber sich nie mehr, wie orientierungslos, jahrzehntelang in falsche oder schließlich fallen gelassene Projekte verrennen.

Wodurch nun zeichnet sich »Der Zauberberg« aus unter den anderen Hauptwerken? Um diese Frage hier, wie andere auch, nicht auf der etablierten Höhenlage der Thomas Mann-Exegese zu übersetzen in die gut eingeführten und durchdiskutierten Probleme: Bildungsroman oder Bildungsroman-Verweigerung? Durchbruch zu Goethe oder Regression auf Schopenhauer? Zeitroman oder hermetische Beziehungs-Partitur? Entscheidungs- oder Offenheitsdramaturgie? und so weiter und so fort –, um die Frage also elementarer zu beantworten: »Der Zauberberg« hebt sich ab von allen voraufgegangenen und fast allen folgenden Werken dadurch, daß er endlich einmal keine Künstlergeschichte erzählt – was ja selbst »Königliche Hoheit«, der »Krull«, die Josephs-Geschichte und noch »Der Erwählte« mittelbar tun –, und daß in ihm zweitens in einer Hauptrolle eine Frau erscheint, die lockend, aber nicht drohend gesehen wird, deren Weiblichkeit verführt, ohne Angst oder Aggression auszulösen, ohne zu demütigen.

Die erste dieser Behauptungen muß kaum ausführlich argumentierend durchgesetzt werden: Hans Castorp, wunderbarerweise ein Hans Hansen, der in die Wonnen der Ungewöhnlichkeit initiiert wird, ist weder Dilettant noch Artist, weder im konkreten noch im symbolischen Sinn, er bleibt unter allen Mannschen Helden die Ausnahme durch seine immer wieder beschworene Mittelmäßigkeit und Schlichtheit. Daß aber die Frau, durch die er mehr und unmittelbarer lernt als durch die Lektionen Naphtas, Settembrinis, Peeperkorns, durch Krankheit, Träume, Medizin, Humanismus, Musik, daß Clawdia Chauchat eine noch erstaunlichere, unerwartetere Ausnahmeerscheinung im Mannschen Erzähluniversum darstellt, kann nur einleuchtend gemacht werden durch einen neuerlichen Rückgriff auf die Anfänge, diesmal des erotischen Erzählers Thomas Mann.

Der erotische Erzähler

Nichts scheint in dem jahrzehntelangen Reden, geschweige denn Schreiben über Thomas Mann so beflissen vergessen worden zu sein wie das Offensichtlichste: daß er vom Anfang bis zum Ende, von der Novelle »Gefallen« bis zu der letzten vollendeten Geschichte »Die Betrogene« eine lückenlose Folge von Liebes-, von Passionsgeschichten erzählt hat, daß alles, was dieses Werk anbietet an Problemstoff, Auslegungsreiz, ob Judentum, Deutschtum, Künstler- und Bürgertum, Dionysos und die asketischen Ideale, ob Lübeck, Venedig, Theben oder Schwabing, die Gottesferne und Ironie, die Transzendenz oder deren Fehlen, ob Fontane, Eichendorff, Freud und Leitmotive, ob Strukturhermetik oder Antisemitismus –, daß alles dieses Bedenkenswerte aus Schichten stammt, die über dieser einen Ur- und Grundschicht liegen, den Liebesgeschichten zwischen dem kleinen Herrn Friedemann und Gerda von Rinnlingen, Spinell und Gabriele Klöterjahn, Imma Spoelmann und ihrem weltfernen Prinzen, zwischen Aschenbach und dem mit seiner Schönheit zum Tode verführenden Knaben Tadzio, dem mittelmäßigen Hans Castorp und seiner slawischen »warmen Katze«, also Madame »Chauchat«, der rasenden Mut und dem keuschen Joseph. Erzählt hat er von inzestuösen Geschwisterpaaren, verratenen Liebhabern und am Ende noch von einer glücklich in Tod und Leben und einen sportlichen amerikanischen Hauslehrer verliebten rheinischen Dame jenseits der Wechseljahre. Ja, noch auf der letzten, zu seinen Lebzeiten veröffentlichten Erzählseite, in den Schlußsätzen des »Felix Krull« stürzt sich eine mächtige Portugiesin, Mutter Natur und weiblicher Stier, mit »Holé! Heho! Ahé!« auf ein Männchen, das auf den Überfall mit gepflegter und konventioneller Diktion reagiert: »Und hoch . . . sah ich unter meinen glühenden Zärtlichkeiten den königlichen Busen wogen.«

Diese Szene, Thomas Manns letzte, aus seinem achtzigsten Jahr, ist, wie der Kellner Mager in Weimar sagen würde, »buchenswert« insofern, als dieses mächtige portugiesische Fleisch unter sich auch begräbt, was erotisch genannt werden kann in diesem lebenslangen Erzählen. Denn von Vereinigung, »unbewußt, höchste Lust«, kann der Erotiker nur träumen. Sein Feld ist das Vorspiel. Er braucht, wie immer gering, die Distanz zum geliebten Gegenstand, um das Spiel der Annäherung oder Entfernung, die Erkundung des nicht oder noch nicht Erlaubten, um seine Belagerung durch Blicke, Gesten, Worte betreiben zu können.

Der Erotiker setzt also Kunstgriffe ein, Techniken und Strategien der Eroberung und sei es nur durch Blicke, Gesten, Worte, er liebt und kultiviert Perspektivensprünge, Distanz- und Lichtwechsel, die Klimaschwankungen zwischen Kühle und Wärme, Schwüle und Klarheit: die Analogien zur schriftstellerischen Praxis, wie sie der junge Thomas Mann durchsetzt gegen die »ebenso tief empfundenen wie unwirksamen« Texte der Dilettanten, springen ins Auge.

Erotisch sind gleich die ersten Seiten erzählende Prosa, die der Achtzehnjährige in dem schöngeistigen Lübecker Blättchen »Der Frühlingssturm« drucken ließ, eine Prosaskizze unter dem Titel »Vision«, die in charakteristischer Jugendmischung beides ist, cool und schwül, die mit einer lässig gedrehten Zigarette einsetzt und verendet in den Sätzchen: »Du liebtest mich doch . . . Und das ist es, warum ich nun weinen kann.« Ein Stück von eleganter Unselbständigkeit, so mag der Literarhistoriker befinden, décadence mit süßlich Wiener Einschlag. Aber auf ihrem Höhepunkt fällt der Blick dieser »Vision« aus kostbarlichster Sprache auf eine Mädchenhand: »Träumerisch und regungslos ruht die Mädchenhand. Nur da, wo sich über ihr mattes Weiß weich eine hellblaue Ader schlängelt, pulsiert Leben, pocht Leidenschaft langsam und heftig. Und wie es meinen Blick fühlt, wird es rascher und rascher, wilder und wilder, bis es zum flehenden Zucken wird. Laß ab . . .« Hände, Arme, männlich, weiblich, sehr jung oder schon hinfällig, werden wir im Mannschen Erzählwerk immer wieder auftauchen sehen und immer als lockende Signale, beobachtet mit melancholisch sehnsüchtigen eher als mit gierigen Blicken. Wenn Hans Castorp von hinten Madame Chauchats Arm und Hand sich heben und zurückbiegen sieht und beobachtet, wie beide das geflochtene Haar im Nacken stützen, dann erfaßt sein Blick, erfassen seine weiter schweifenden Gedanken nicht nur mit Haar, Haut, Hand, Arm ein weibliches Ensemble der Lockung, dann wird auch fühlbar, daß Arm und Hand erlebt werden als die Instrumente, mit denen ein Körper sich ausstrecken kann nach einem anderen: sie versprechen Zugriff, Umarmung. Unermüdlich wird Thomas Manns Prosa in einem Mischklima aus Genauigkeit und Sehnsucht deshalb immer wieder Hände und Arme zur Anschauung bringen, bis schließlich Professor Kuckucks ausladende Lektion Felix Krull darüber belehrt: »Was aber den vollschlanken Frauenarm angeht, so sollte man bei dieser Gliedmaße sich gegenwärtig halten, daß sie nichts anderes ist als der Krallenflügel des Urvogels und die Brustflosse des Fisches.« Diese erotische Energie, unter deren Blicken zunächst die Körper zu zerfallen scheinen in nichts als Einzelteile, geht am Ende also noch einmal wahrhaft aufs Ganze, entwirft Weltgeschichte als Körper-, als Trennungs- und Umarmungsgeschichte.

Segmentierung des Körpers, der isolierte Teil, ein Äderchen, eine Haarflechte, eine Hand, als Signal fürs Ganze – schon daran erkennt man einen erotischen Tick, eine erotische Strategie, den Hang zu Fetischisierung. Aber in den Mannschen Erzählungen der Jahrhundertwende erinnern solche Sprachblicke auch an die Mode der Zeit, die wenig Haut und Fleisch freilegte, nämlich nur Gesicht, Schultern, Hals, Hände und bestenfalls eben ein Fragment Arm. Figur und Körper ließen sich, üppig verhüllt, nur ahnen. Kein Wunder, daß die Frauenbilder in der Prosa aus den ersten Münchener Jahren gerade leben von der Spannung zwischen übergenauen, pedantischen Details und einem mehr oder minder lüstern verschleierten Ganzen.

Ihr lichtbraunes Haar, tief im Nacken zu einem Knoten zusammengefaßt, war glatt zurückgestrichen, und nur in der Nähe der rechten Schläfe fiel eine krause, lose Locke in die Stirn, unfern der Stelle, wo über der markant gezeichneten Braue ein kleines, seltsames Äderchen sich blaßblau und kränklich in der Klarheit und Makellosigkeit dieser wie durchsichtigen Stirn verzweigte. Dies blaue Äderchen auf der Stirn über dem Auge beherrschte auf eine beunruhigende Art das ganze feine Oval des Gesichts.

Die Hautfarbe ihres ovalen Gesichts war mattweiß, und in den Winkeln ihrer ungewöhnlich nahe beieinanderliegenden braunen Augen lagerten bläuliche Schatten ... ob aber ihr Mund schön war, konnte man nicht erkennen, denn sie schob unaufhörlich die Unterlippe vor und wieder zurück, indem sie sie an der Oberlippe scheuerte.

Da öffnete sich die Korridortür, und von der Dämmerung umgeben stand vor den beiden, in einem faltig hinabwallenden Hauskleide aus schneeweißem Pikée, eine aufrechte Gestalt. Das schwere, dunkelrote Haar umrahmte das weiße Gesicht, und in den Winkeln der nahe beieinanderliegenden Augen lagerten bläuliche Schatten.

... obgleich die Dunkelheit ihres starken, weichen Haares ... nur die Bräune des Kastanienkerns war, so zeigte ihre Haut doch ein vollkommen südliches mattes und dunkles Gelb, und diese Haut umspannte Formen, die ebenfalls von einer südlichen Sonne gereift schienen und mit ihrer vegetativen und indolenten Üppigkeit an diejenigen einer Sultanin gemahnten.

In diesen Schönschriftporträts der frühen Mannschen Prosa fallen nicht nur die zwanghaft zärtlichen Wiederholungen auf – Gesichtsoval, Bläulichkeiten unter der Haut, mattes Hautweiß darüber, nahe beieinanderliegende Augen usw. – Stereotype, in denen sich das zu Leitmotiven segmentierte Mutterbild, also die geborene da Silva-Bruhns durchzudrücken scheint. Wichtiger noch dürfte sein, daß mit diesen wenigen Variationen, die sich auf die zwei Formeln leidender, gefährlicher Liebreiz und gewissenlose Laszivität bringen ließen, daß damit das erotische Frauenrepertoire des jungen Thomas Mann fast schon erschöpft ist. Verräterischer aber sind Machart und Klima dieser Frauenbilder oder vielmehr Bildidole. Sie sind kühl, umrißscharf und wieder segmentierend gearbeitet, doch voller Reiz und Lockung. Man glaubt bald ins Trübe und Schwüle wie durch Milchglas zu schauen, bald hell, überscharf wie durch eine Lupe oder ein Brennglas zu sehen. In diesen Porträts jedenfalls werden Frauen einem männlichen Blick hingehalten als erotische Objekte, wie Stilleben, ohne ein erkennbares Eigenleben. Ausstrahlung ist ihr Geschäft. Denn Licht sollen sie werfen, Licht auf die männlichen Passionen, die sie aufstören.

Friedemann, kaum daß er Gerda von Rinnlingen (im gelben Jagdwagen mit Peitsche!) zum ersten Mal gesehen hat, senkt instinktiv den Blick, betrachtet das Pflaster. Spinell, als er der zerbrechlichen Gabriele auf dem Korridor des Sanatoriums zum ersten Mal begegnet, »verfärbte sich geradezu ..., blieb stehen und stand noch immer wie angewurzelt, als sie schon längst entschwunden war.« Noch der »Zauberberg« wird Erbleichen und Erröten, diesen Bluttest vor allem Bewußtsein der Verliebtheit in allen Variationen vorführen. Denn die Kühle und Genauigkeit, mit der Thomas Mann seine frühen Frauenbilder ausführt, diese Nähe zu glatter, unpersönlicher Salonmalerei täuscht. Genauer: sie ist doppel- oder dreideutig, sie verdeckt etwas. Andacht hat an diesen Frauenporträts gearbeitet, aber auch Schrecken, aber auch Befremdung, ja Spott –, das alles andeutend, zart, kühl, gehaucht, wie in mehreren Schichten übereinander gemalt. Frauen wie Pflanzen, Schlingpflanzen, wie schöne, üppige Einrichtungsgegenstände, unter denen sie, mit Vorliebe im Gegenlicht, erscheinen, Frauen im Jagdwagen der Diana, mit antreibender Peitsche, mit Tieren am Zügel, Frauen mit Sphinxgesichtern, Engel mit Hurenwesen, Blühende mit tödlichen Krankheiten. Eine Galerie von Damen, Weibern, Mädchen, die bewußt oder unbewußt nur täuschen, verführen, enttäuschen. Ähnliche Lock- und Drohwesen, immer umgeben von einer Aura naiver oder mondäner Fremdheit, hat auch die gleichzeitige Münchener Salonmalerei um Franz von Stuck inszeniert.

Doch von ihr unterscheiden sich die frühen Novellen Manns eben dadurch, daß sie sich nie verlieren in bloße Dekorationskunst. Sicher: auch diese Prosa sollte ihren Autor gesellschaftlich etablieren durch Könnerschaft. Aber seine Lebenserfahrung, die nicht vollkommen disponibel ist, schreibt unüberhörbar, ununterdrückbar mit. Und die insistiert mit zarter Penetranz darauf, daß es zwischen Männern und Frauen zur Katastrophe kommen muß. »Das Ende war so traurig«, heißt es in »Der Kleiderschrank«, »wie wenn zwei sich unauflöslich umschlungen halten und, während ihre Lippen aufeinanderliegen, das eine dem anderen ein breites Messer oberhalb des Gürtels in den Körper stößt, und zwar aus guten Gründen.« Ein Satz, so hold im Ton wie düster als Aktion, kraß deutlich und vollkommen hinterhältig. Denn wer, Frau oder Mann, wird hier abgestochen und aus was für »guten Gründen«, und sollte die Betonung des fairen Zustoßens »oberhalb des Gürtels« nicht unüberhörbar andeuten, daß die Zone unterhalb das Messer eher anlockte? Die guten, schlimmen Gründe jedenfalls werden, als verstünden sie sich von selbst, nicht ausgesprochen, denn die erotische Lockung ist immer schon eine in den Untergang. Der kleine bucklige Friedemann, der geistesabwesend und instinktgenau den Blick senkt vor Gerda von Rinnlingen, scheint das zu ahnen.

Friedemann, ein armer grotesker Vetter des Senators Thomas Buddenbrook, läßt sich versinken im Wasser, in das sich der Senator nur in schopenhauerischer Kontemplation verloren hatte. Der Rechtsanwalt Jacoby, von seiner Frau sadistisch in einen Striptease getrieben, bricht auf offener Bühne mit einem Herzschlag zusammen. Der schwindsüchtige Paolo Hofmann muß am Ziel seiner Wünsche, endlich im Besitz seiner Braut, am Morgen nach der Hochzeitsnacht sterben. »Der Tod als Ausgang einer Geschichte«, schreibt ·ein gutmütiger Thomas Mann-Interpret, »war auch eine Konvention der damaligen Zeit und stellte gleichzeitig für einen unerfahrenen Schriftsteller die bequemste Lösung dar.« Man könnte diese Passionsgeschichten mit tödlichem Ausgang auch weiter hinunterrelativieren auf einen Jahrhundertwendegeschmack, sie als konventionell und damit unverbindlich entschärfen durch die Erinnerung an Wilde und Wedekind, Salome und Lulu, an die lange Tradition der belle dame sans merci, die damals in Wien wie in München neue scharfe Sumpfblüten trieb. Wäre nicht immer wieder auffallend die Thomas Mannsche Abweichung und Variante: Passion, auch bis zur Verzerrung aller Wahrnehmung und Gedanken, ist das Thema, doch dargestellt wird sie, wie in Abwehr, mit sicher und kühl kontrollierten Mitteln. Auch szenische Zumutungen werden vorgetragen mit Vorsicht und Geschmack: hier schreibt kein Wedekind. Die Helden und Opfer dieser Erzählungen mögen sich, nach langer Gegenwehr, gehen lassen, doch die Prosa, in der das geschieht, bewahrt Haltung, ein wenig steif, unterirdisch sogar mokant. Sie neutralisiert, auf eine bald gefährliche, bald nur launische Weise alles, was in ihr an Asozialem, an Unglück, Geschmacklosigkeit oder auch nur Sentimentalität geschieht.

Wollte sich dieser junge Mann von Anfang zwanzig mit seiner erstaunlichen Altherrenmanier, heiter, souverän, leger entspannt, auch resigniert, etwa nur in Sicherheit bringen und vor was? Wirklich nur vor der Blamage, die dem Dilettantismus blüht? Lassen sich Stil und Haltung tatsächlich verstehen als Masken, und was sollten die verbergen? Falls es nur um Vorsicht, Geschmack, kluge Gesellschaftskunst gehen sollte, warum wird der Riß dieser Politur durch die dissonante Kombinatorik aus Krankheit, Erotik, Tod immer wieder riskiert? Denn erotisch ist hier immer wieder nur alles Weibliche, das sich entzieht, oder, schlimmer, das in den Untergang zieht. Sollen wir auch das nur als Wagner dividiert durch Nietzsche plus »Simplicissimus«, als Erfolgsrechnung verstehen?

Das Stichwort »Maske«, schon einmal zitiert, läßt Thomas Mann selbst fallen, als er sich brieflich an Grautoff über den mit »Der kleine Herr Friedemann« erreichten Standard seiner Kunst zufrieden äußert, weil es ihm endlich gelungen ist, »die diskreten Formen und Masken zu finden, mit denen ich mit meinen Erlebnissen unter die Leute gehen kann«. Für das Ende Friedemanns, eines schluchzenden, buckligen, tödlich Verliebten, der, von seiner grausamen Isolde weggestoßen, sich ins erlösende Wasser plumpsen läßt, mag »diskret« ein merkwürdiges Wort sein. Aber Friedemanns Autor Mann war nicht bucklig, ließ sich nicht plumpsen, fallen, gehen, riskierte auch, soweit wir wissen, nie die Abweisung einer Frau. Hinter der »Maske« dieser grausamen Geschichte spielte er eine andere durch, »diskret«, die er offenbar für gefährlicher halten mußte.

Ein Pathos der Unerfüllbarkeit regiert diese frühen, gefährlich aufgeladenen Liebeserzählungen, falls man sie Liebeserzählungen überhaupt nennen darf. Denn Erotik, auch Passion, lassen sich zwar durchspielen in der Einsamkeit eines isolierten Kopfes, doch Liebe, wenn das Wort nicht willkürlich seinen Sinn verlieren soll, verdient ohne eine Gemeinsamkeit zweier Betroffener kaum diesen Namen. Aber gerade von nicht erwiderter oder abgewiesener, deshalb auf sich selbst zurückgeworfener »Liebe« handeln die Geschichten mit Obsession, um immer wieder zwanghaft jenen Knoten zwischen Reiz und Drohung, Verlangen und Tod, Weib und Tabu zu schürzen, der dann nur noch gewaltsam und tödlich zerschlagen werden kann.

Es sei denn, man übt sich im elegischen, zärtlichen Verzicht – als Tonio Kröger. Ihm gelingt es, Begehren zu pazifizieren durch seine Verwandlung in nur noch Blicke, in Sehnsucht, untermischt mit »ein klein wenig Verachtung«. Er lebt und verkündet ein Programm von Liebe ohne Kommunikation, eine einsame, nicht mehr leidende, selbstzufriedene, getreu der platonischen Einsicht, daß »der Gott« ja im Liebenden waltet und nicht im Geliebten, wie noch Aschenbach beim Anblick Tadzios dozieren wird. Wir aber wissen, daß dieser traurige Trost zum ersten Mal in einem Münchener Notizbuch formuliert wird, als der Notierende leidet an der Unerreichbarkeit Paul Ehrenbergs, an der »zentralen Herzenserfahrung« seines Lebens: »Das Glück ist *nicht*, geliebt zu werden . . . Das Glück ist: zu lieben und kleine Annäherungen an den geliebten Gegenstand zu erhaschen . . .« Behagen im Unglück, ein Lebensthema, das uns noch oft beschäftigen wird. Aber kurz vor dieser Notiz steht eben auch der erste Entwurf zu jener Mordszene, in der eine nicht geliebte Frau, Thomas als Adelaide, den unnahbaren »geliebten Gegenstand« aus seinem netten Leben schießt. Friedemann, Adelaide, Tonio Kröger, alle verkörpern, mehr oder minder »diskret«, Versionen einer einzigen unmöglichen Geschichte, indem sie daraus stillschweigend eine andere, eine »öffentlichkeitsfähige« machen. Der Erzähler benutzt seine Figuren tatsächlich als »Masken«, die ihre je verschiedene Wahrheit leben, nicht aber seine verraten sollen, mit der er eben nicht »unter die Leute« gehen kann. Haben wir damit die Logik dieses Redens und sich Verbergens hinter der Maske begriffen?

Offen aber ist immer noch die Frage nach der möglichen Herkunft sowohl des Heimsuchungs- wie des Erstarrungstraumas, den beiden drohenden Katastrophen, zwischen denen Thomas Manns Schriftsteller- und auch seine Liebesgeschichten gespannt sind, nach einer Urszene hinter und vor diesen grellen, düsteren, fahlen und später so unerwartet bunten Feuerwerken des Erzählens, in denen die Wiederkehr des immer Gleichen als etwas immer Anderes und Bestürzendes gefeiert wird.

Was an Thomas Mann bewundert werden muß, bewundert auch mit Befremden und Entsetzen, das sind die Einheit, die Monotonie und Monomanie des Gesamtwerks und andererseits die dagegen durchgesetzte Vielfalt, die Variationskraft. Über einer erschreckend schmalen Basis an intensiver Lebenserfahrung, Lebenserschütterung erhebt sich ein wahrer gotischer Dom an strukturellem Reichtum. Die Bewunderung fragt, wie das möglich wurde, das Entsetzen möchte wissen, warum das so nötig war.

Thomas Manns existentielle Grunderfahrung bündig zu definieren, das sollte trotz seines reich und überreich dokumentierten Lebens niemand mit einer jeden Zweifel ausschließenden Bestimmtheit versuchen. Aber seit der Publikation der Tagebücher ahnen wir vom Untergrund seiner Erfahrungen so viel, daß es allmählich auch die Thomas Mann-Forschung zu erschüttern beginnt. In einer amerikanischen Monographie über die Entwicklung des Autors bis zum »Tod in Venedig«, erschienen 1981 und entdeckungsreich in vielen Details, steht noch der monumental ahnungslose Satz, alles deute darauf hin, »daß er sich selbst fest in der Heterosexualität verwurzelt sah«.

Genau das ist nicht nur etwas, sondern vollkommen falsch. Wenig bis nichts in seinem Werk spricht dafür. »Er selbst« aber ordnet 1934 in einem der in den Tagebüchern gar nicht so häufigen, von allen Tageslaunen gereinigten Bekenntnisse, ein Lebensresümee ziehend, die drei Phasen seiner homoerotischen Passionen und formuliert dann mit ruhiger Autorität den erstaunlichen Satz: »So ist es wohl menschlich regelrecht, und kraft dieser Normalität kann ich mein Leben stärker ins Kanonische eingeordnet empfinden, als durch Ehe und Kinder.«

Es lohnt sich, über diesen Satz etwas länger und genauer nachzudenken als der Autor, dem er offenbar leicht und feierlich selbstverständlich aufs Papier floß. Nach einem Gedankenstrich rutscht er auch gleich wieder ab in seine Alltagsmisere: »Zahnschmerzen. Muß wieder Jod und Veramon brauchen.«

Von intensiver und exzessiver Alltagserfahrung handelt dieses Tagebuch tausende Seiten lang, und Zahnschmerzen, Richard Wagner oder die

Bombardierung Dresdens werden mit einer ungeheuerlich gleichmache-
rischen Aufmerksamkeit bedacht. Ganz anders als die Mannschen Werke
zeigen diese täglichen Aufzeichnungen also keinerlei Tiefengliederung,
Polyphonie, sind keine Partituren. Sie veranstalten auch keine Verschleie-
rungs- und Verbergungsspiele, sind bar aller Erotik und Ironie. Alles
findet faktisch und monoton statt auf einer einzigen nüchtern, fahl,
gleichmäßig erleuchteten Oberfläche.

Fast alles: denn zu den Ausnahmen, zu den unverhofften Stürzen in
unverhoffte Tiefen zählen die vielzitierten Blicke auf Knaben oder junge
Männer, im Kino, am Strand, in der Hotelhalle, in lächelnde Gesichter
oder auf freie Oberkörper. Von »Ergriffenheit« ist dabei immer wieder die
Rede. In diesen erschrockenen, süchtigen Blicken meinen wir sie wiederzuerkennen, die Urszene der Heimsuchung: die Lust auf, die Angst vor
Verführung, und dann, als Gegenbewegung, den Rückzug des Begehrens
in Sehnsucht, »reine« Anschauung. Wir befinden uns vor der Hinter-, der
Geheimkammer dieses Lebens und wahrscheinlich in der äußersten Nähe
von dessen Imaginationszentrum, aus dem in den Jahren mit und fern von
Paul Ehrenberg die Szenen-, die Figuren-, die Konfliktentwürfe aufge-
flackert sind. Dort mußten immer neue »Formen und Masken« entworfen werden, mit denen man »unter die Leute« gehen, also sich veröffent-
lichen und zugleich verbergen konnte. Auch die scheinbar offenherzigen
Tagebücher treiben freilich das bekannte Spiel: sie lassen uns nahe heran
an das offenbare Geheimnis, aber sie lüften es nicht. Das Journal spricht
ja zu niemandem. Es registriert nur, strikt monologisch.

Umso auffallender eine feierliche Deklaration wie in der zitierten
Notiz vom 6. Mai 1934, die scheinbar abgeklärt spricht vom »kanoni-
schen« Rang der Entwicklung seiner homoerotischen Beziehungen, für
seine Existenz bestimmender als die Institutionen Ehe und Vaterschaft.
Das kann nur heißen: für seine schriftstellerische Existenz, die ihm mit
Recht und Unrecht wesentlicher schien als Frau, Familie, Kinder. Durch
Schreiben hatte er sich »diskret« für dieses bürgerliche Leben gerettet,
durch Schreiben ist er ihm auch wieder abhanden gekommen. Kein
Wunder, daß sich bis zuletzt, immer dünner, heller, deutlicher, in seinem
Erzählen eine Melodie hält, die vielen so bourgeois und entsetzlich,
anderen zeitlos und tröstlich vorkommt: eben das Behagen mitten im
Unglück, das als erster Tonio Kröger entwirft und einübt.

Gefährlich nah war er in dieser Novelle an seine erotischen Urszenen
herangegangen, an Lübecker Gymnasial-Verliebtheiten und an die

Schwabinger Wiederauferstehung dieser »Metaphysik, Musik und Pubertätserotik«, und doch wirkt gerade diese elegische Kröger-Prosa ungefährlicher als alle Erzählungen ihrer Umgebung. Keinerlei Heimsuchung droht. Eros und Ironie, beide halten sich vorsichtig zart im Zaum und zugleich beschwören sie mit Sokrates, Kierkegaard, Nietzsche, eine abendländische Bildungsmusik, auf deren Flügeln man allen realen Schmerzen und Gefährdungen wunderbar weit entkommen konnte.

Zweimal nur, im »Tonio Kröger« und dann im »Tod in Venedig«, hat der erotische Erzähler mindestens eine seiner Diskretions-Masken aufgegeben: er projiziert die Lockung und die Schrecken, von denen er erzählen will, nicht auf heterosexuelle Verhältnisse. Aber beide Male scheint es der Erzählung dabei fast den Atem zu verschlagen. Sie löst sich geistvoll auf in Konversation, in inszenierten Essay, Allegorien, Traktat, platonischen Dialog. Über Künstler und Bürger, die Wonnen und Schrecken der Gewöhnlichkeit, über Schönheit und Gesundheit, das Dionysische und das Appollinische, über Eros und Ironie wird nachgedacht und gesonnen, während das Erzählen selbst, seine epische Sinnlichkeit, die dadurch bedeutend an Fallhähe und Sinntiefe gewinnt, zart verblaßt oder kräftig durchallegorisiert wird. Je näher dieser Autor sich also an den autobiographischen Kern des Heimsuchungstraumas heranwagt, desto kräftiger heben ihn offenbar die Sublimierungsschübe in die Höhe. Das wäre eine, aber auch eine zu patente Erklärung.

Es dürfte schon aufgefallen sein, daß hier mit Worten wie »sanft«, »zart«, »weh« oder »innig« in den Sätzen über die Kröger-Novelle nicht gerade gespart wurde. Zwar, ihr Lyrismus ist immer noch einer mit Vorbehalt, in Anführungszeichen, und »holde« Sätzchen wie »Die Sache war die, daß Tonio Kröger Hans Hansen liebte und schon vieles um ihn gelitten hatte« sind in ihrer falschen Pedanterie und Sentimentalität sehr bewußt und hinterhältig eingesetzt. Doch nirgends ist in den Sprachblicken auf Hans Hansen und die blonde Inge noch die aus undeutlichem Schrecken und verdecktem Hohn gemischte Kälte zu spüren wie in den Frauenbildern der früheren Geschichten. Die homoerotische Tönung der neuen Sehnsuchts- und Andachtsbilder wirkt wie ein Weichzeichner. Als wäre die Hemmung, die früher den Blick hinüber aufs andere Geschlecht erstarren ließ, nun gelöst.

Selbst in der so streng und marmorkühl geschriebenen Venedig-Geschichte sind die Bilder Tadzios, obwohl aus vorsichtiger Distanz entworfen, mit Zärtlichkeit, ja Vertraulichkeit gezeichnet, mit Zügen von Güte

53

und sogar mit Humor, auffallend fremd in dieser hieratischen Prosa. An der schwindsüchtigen Gabriele Klöterjahn wurde ein Äderchen auf der Stirn, Zeichen ihrer Empfindlichkeit und Schwäche, kühl und mokant registriert. Jetzt aber darf Aschenbach sogar die schadhaften Zähne seines Knaben mit Sorge, aber auch mit einer unheimlichen Kameraderie begutachten: vielleicht wird dieses Kind gar nicht so viel länger leben als er selbst?

Dieses Timbre von Zartheit, Zärtlichkeit, von Sympathie, das in beiden Novellen, in der elegischen wie in der tragisch angelegten, der Sprache für die »geliebten Gegenstände« eingearbeitet ist, erinnert kaum noch an die scharf auf Distanz gehaltenen, weiblichen Idole, sondern eher an den Gefühlsausbruch, in dem der Senator Buddenbrook am Ende der Schopenhauer-Lektüre seine Haltung und die Umrisse seiner Individualität schmelzen fühlt in »Einheitssehnsucht«: »Aber ich liebe euch ... ich liebe euch alle, ihr Glücklichen, und bald werde ich aufhören, durch eine enge Haft von euch ausgeschlossen zu sein; bald wird das in mir, was euch liebt, wird meine Liebe zu euch frei werden und bei und in euch sein ... bei und in euch allen!«

Deshalb offenbar, weil dieser Eros sich zurückzieht vom Begehren, kann er sich sehnsüchtig feiern und reflektieren in Anschauung und Gedanken. Deshalb verliert sich auch die Handlung sowohl in Krögers wie in Aschenbachs Geschichte in Erörterungen und Sinnbildern, in einer genau komponierten Programmusik. Die erotischen Geschichten der Frühzeit dagegen, mit ihren düster aufgeladenen Konfliktsituationen, hatten immer noch, was jede Handlung braucht, die diesen Namen verdient: eine Dunkelzone, eine Spannung, einen Spielraum ins Unabsehbare.

Thomas Manns homoerotischer Blick wird später auch im sogenannten Privatleben (falls es so etwas gab) so gebildet und durchliterarisiert sein, daß er Begehren sofort calmiert in reine Anschauung und besonnene Reflexion. Als er wieder einmal, sechzig Jahre alt, Emigrant am Zürcher See, einen jungen Gärtnerburschen mit freiem Oberkörper beobachtet hat, »mit großer Freude und Ergriffenheit«, wird der heftige Eindruck im abendlichen Tagebucheintrag sorgfältig distanziert und hinübergeblendet in eine Grundsatzerklärung:

Die Begeisterung, die ich beim Anblick dieser so billigen, so alltäglichen und natürlichen ›Schönheit‹, der Brust, der Bicepsschwellung empfand, machte mir nachher wieder Gedanken über das Irreale, Illusionäre und Ästhetische solcher Neigung, deren Ziel, wie es scheint, im Anschauen und ›Bewundern‹ beruht und, obgleich erotisch, von irgendwelchen Realisierungen weder mit der Vernunft noch auch nur mit den Sinnen etwas wissen will.

Aber vielleicht doch von »Realisierungen« durch und im Schreiben? Denn ganz und gar sollten wir dem hier sinnierenden, alternden Tonio Kröger nicht glauben. Zu patent distanziert er sich von sich selbst. Schließlich hat er Aschenbach schon in den Tod geschickt und arbeitete damals am Zürcher See gerade an der kunstvoll grausamen Geschichte von Mut-em-enets Heimsuchung und Josephs ihr widerstehender Keuschheit. Auch Hans Castorps »Begeisterung« für Clawdia Chauchat, ihre Vorgeschichte und ihre »Realisierung«, und zwar »mit der Vernunft« wie auch »mit den Sinnen«, scheint er vergessen zu haben. Sie aber war für sein Werk, und das heißt immer zugleich für sein Leben, entscheidend.

Die Zauberberg-Kur

»Die fundamentale Ideenstruktur des ›Zauberbergs‹ ist als semantischer Plan zu erkennen, in dem zuvor vereinzelte Gedankenformationen nun in systematischen Zusammenhang getreten sind. Dieser Plan steuert von Beginn des Romans an die Integration der vielfältigen Weltstoffe im thematischen Vordergrund. Man kann von seinen Transformationen in die darübergelagerten Bedeutungsebenen sprechen. Das zeigt sich beispielsweise in der Zuordnung bestimmter Themenbereiche und Handlungsfunktionen Settembrini/Joachim und Naphta/Clawdia Chauchat, die sich jeweils auf einen gemeinsamen begrifflichen Nenner reduzieren lassen.«

Man muß diesen Sirenentönen einer verwissenschaftlichten Lektüre eine Weile lauschen, um Mut zu gewinnen für einen eher fußgängerischen Aufstieg zum »Zauberberg«, wie er hier vorgeschlagen werden soll. Wenn Hans Castorp, verirrt im Schnee, ein Glas Portwein kippt, steht im germanistischen Kommentar: »Die Reduktion des Individuums auf seinen metaphysischen Grund ist notwendig verbunden und motiviert mit *Intoxikation*«. Denn: »Thomas Mann setzt mit dem Intoxikationsmotiv zugleich eine ethische Wertung: Die ›der Erde treue‹ Vernunft (die weltkonstitutive ›Gehirnfunktion‹) wird korrumpiert. Er folgt damit Nietzsches Metaphysik-Kritik.« Ein anderer Zauberberg-Fachmann schreibt über Hans im Schnee: »Das Bild des verirrten Skiläufers transzendiert somit seine realistische Konkretheit und wird zur sinnbildlichen Darstellung eines die Welt der Individuation und der Form als Schein entlarvenden mythischen Weltverständnisses.«

Das Elend solcher Befunde und Begrifflichkeit ist nicht zurückzuführen auf das Elend ihrer Verfasser, hier Manfred Dierks und Børge Kristiansen, deren Studien zu den gründlichsten und ideenreichsten der Thomas Mann-Forschung der letzten beiden Jahrzehnte zählen. Solche Sätze und ihre tragikomische Entfremdung von den realen Aktionen des Schreibens und Lesens (und allem, was nicht *in* den Zeilen steht), folgen unausweichlich aus den wohlbegründeten Vorurteilen einer Wissenschaft, die erstens angesichts Thomas Manns verlernt hat, das noch wahrzunehmen, was er seine »Herzenserfahrungen« nennt, ob zentrale oder marginale, sondern nur noch an seine Bibliothekserfahrungen glaubt, und die zweitens ihre Lektüre als die eines idealen Lesers durchzuführen verspricht, sozusagen in gleicher Augenhöhe mit dem Werk selbst und folglich in jedem Augenblick Aug in Aug mit der Summe aller seiner möglichen Bedeutungen.

Verlockend scheint sie, falls erreichbar, diese auch von Roland Barthes für die »Wissenschaft von der Literatur« vorgeschlagene »allgemeine Analyse . . ., deren Gegenstand nicht eine bestimmte Bedeutung sondern die Vielfalt der Bedeutungen des Werks ist«, während die »Literaturkritik« es »offen und auf eigene Gefahr darauf abgesehen hat, dem Werk eine spezielle Bedeutung zu geben«. Aber selbst Børge Kristiansen, nachdem er seine Zauberberg-Lektüre mit bewundernswerter Geduld, Umsicht, Konsequenz im scheinbar vollkommen in die Leitmotivstruktur hineinvernetzten Kopf eines idealen Lesers durchgeführt hat, zwingt dann dem scheinbar gründlich ausgelesenen und neutral durchverstandenen Werk doch eigensinnig lauter »spezielle« Bedeutungen auf, vor allem die, nicht nur strukturell bestimmt *durch*, sondern auch ein Bekenntnis *zu* Schopenhauer zu sein. Was den berechtigten Widerspruch anderer ebenfalls nicht idealer Leser, doch eigensinniger Forscher hervorgerufen hat.

Lassen wir also die Illusion fahren, durch Anwendung eines methodischen pluralis majestatis vertrauenswürdigere, weil ideale Leser zu werden. Ich folge lieber den konkreten Spuren meiner ersten Zauberberg-Lektüre, in die ich, wie Hans Castorp im Text, initiiert wurde durch Clawdia Chauchat. Thomas Mann, als er am Schreibtisch in seiner Bogenhausener Villa gerade Castorp und Chauchat im Röntgenlabor zusammenführt, Familienvater, ein Mann Mitte vierzig, zwanzig Jahre nach den Friedemann-Geschichten, acht Jahre nach dem Kollaps in Venedig, notiert eines Abends zwei merkwürdige Sätze ins Tagebuch. Seine Frau liegt mit einer Grippe zu Bett, und er berichtet: »Nach dem Abendessen bei K(atia), die mich mit der Hand ihren Körper, Rippen und Brust streicheln ließ, was meine Sinnlichkeit sehr erregte. Der Zbg. (Zauberberg) wird das Sinnlichste sein, was ich geschrieben habe, aber von kühlem Styl.«

In diesen Sätzen schiebt, ja blendet sich alles ineinander, Leben und Schreiben, Sinnlichkeit und Kühle, Krankheit, Caritas und Begierde, ja, sicher hat der in sein »Durchleuchtungslaboratorium«-Kapitel vertiefte Zauberberg-Erzähler an diesem Abend auch die Haut der Ehefrau zusammengedacht mit allem, was darunter liegt. Denn tatsächlich veranstaltet dieser Roman die erste, die intensivste und extensivste Reise des Erotikers Thomas Mann ins Körperinnere. Unsere nichtssagende Betroffenheits-

Redensart »Das geht unter die Haut« – für Hans Castorps ausschweifendes Interesse an Madame Chauchat wird sie wieder konkret. Ihre lässig lockende Erscheinung, vor der er so ausdrucksvoll erbleicht und errötet, verweist ihn immer dringender auf sozusagen ihre Schattenseite, auf eine Krankheit, die sich in ihrem Körper verbirgt, die ihn versklavt, aber auch zu Rücksichtslosigkeit befreit, zu den »Vorteilen des Chaos«, denen schon Aschenbach nachsann und die nun wieder in Castorps Kopf aufleuchten: »Er begriff hinter seiner Stirn die abenteuerliche Freiheit, mit der Frau Chauchat durch ihr Umblicken und Lächeln die zwischen ihnen bestehende gesellschaftliche Unbekanntschaft außer acht ließ, so, als seien sie überhaupt keine gesellschaftlichen Wesen und als sei es nicht einmal nötig, daß sie miteinander *sprächen* . . . und ebendies war es, worüber er erschrak . . .« Was die beiden als nicht gesellschaftliche Wesen vertraulich und sprachlos miteinander tun könnten, verbirgt sich überdeutlich in Castorps Schrecken wie im (hier in kursiv übersetzten) Sperrdruck des Worts. Die nicht erzählte Nacht zwischen erstem und zweitem Band wird diesen Akt dann tatsächlich in Sprachlosigkeit verhüllen und eben dadurch hervorheben. So sinnlich und kühl, so kalkuliert und passioniert wird hier strukturiert und geschrieben.

Ein Bann jedenfalls ist nun, wie verschwiegen auch immer, gebrochen: die Unberührbarkeit des anderen Geschlechts. Die Distanz zur Frau, die gläserne Hülle, die ihre idolisierte Erscheinung so lange einschloß, aber auch die Distanz zwischen Erotik und Sexualität, alles das schmilzt. Und diese Revolution erlebt Hans Castorp mit einer Frau, an der die bequeme Unterscheidung zwischen Luder und Nonne nicht mehr greift. Clawdia Chauchat, obwohl an ihr die lasziven, träge sinnlichen Züge und Signale nicht zu übersehen sind, wird dadurch weder abgewertet, noch als fremd, animalisch verrätselt. Zum ersten Mal gelingt es Thomas Mann (und das heißt zunächst doch: er wagt es), eine im vollkommenen Wortsinn selbstbewußte Frau darzustellen, deren Attraktivität keine Gefahr ausstrahlt, keinen Vernichtungsreiz, deren Sinnlichkeit freundlich bleibt, die auf männliche Schwäche mit keinerlei Aggression reagiert, was sich selbst Imma Spoelmann mit ihrer abschneidenden, abkühlenden Spottsprache immer wieder erlaubte.

Eine große, werkbestimmende Frauenfigur, in der weder eine drohende Mutter noch die konkurrierende Schwester wiederaufersteht, die nicht mehr auf die Archetypen im Weiblichkeitsrepertoire des jungen Thomas Mann heruntervereinfacht werden kann, weder auf die Diana mit Peitsche noch auf die dumpfe Sultanin, nicht auf Fassadenlieblichkeit und nicht auf eine spröde, mit Sprache jede Nähe abwehrende Kopfprinzessin –, eine solche und trotz ihrer Passivität mächtige Person hat der Erzähler vorher noch nie entworfen. Sagen wir ruhig: eine Traumfrau. Denn was Madame Chauchat über ihre empirische Erscheinung hinaus bedeutet, und welcher Bedeutung sie ihr überraschendes und überzeugendes Auftauchen verdankt, im Leben Hans Castorps und im Werk Thomas Manns, das wird tatsächlich in immer neuen Traumschüben entdeckt.

Der erste dieser Träume, noch verschleiert, und der zweite, in szenischer Klarheit, führen Castorp zurück auf einen Schulhof, in Thomas Manns Lübeck also, in die erste heftige Lebenserschütterung durch eine homoerotische Liebe: Clawdia Chauchat wird übergeblendet in Pribislav Hippe, denn der »Kirgise« von damals hat sich wiederverkörpert in der »angenehm heiseren Stimme«, den Backenknochen, den »schmalen blaugraugrünen Augen« der Russin jetzt, und das ist eine gewagtere Reinkarnation als die eines netten Hans Hansen in einer harmlosen Inge Holm. »Darum also interessiere ich mich so für sie?«, fragt sich, schlau und harmlos wie immer, Hans Castorp. »Oder vielleicht auch: habe ich mich darum so für *ihn* interessiert?« Genau die richtigen, die unbeantwortbaren Fragen. Doch für Thomas Manns Karriere als erotischer Erzähler bedeutet dieser Wahrtraum: Tadzio ist nun Clawdia, die Droh- und Reizfigur des jungen Halbgotts ist endgültig verweiblicht, irdisch und damit begehr- und berührbar geworden. Etwas genauer und komplizierter: Hans kann und muß Chauchat, die »warme Katze« lieben, weil sie mit so vielen Reizsignalen Hippes besetzt ist, aber er darf nun endlich auch den wiederentdeckten Pribislav begehren, weil der ja »nur« eine Frau ist.

In dieser Spannung zwischen Können, Dürfen, Müssen, zwischen männlich und weiblich, einer dauernd als knabenhaft, mädchenhaft, krank und unfruchtbar charakterisierten Frau und der durch sie wieder erinnerten, verbotenen Schulhofliebe gewinnt die Geschichte ihre Uneindeutigkeit und Dynamik. Denn es geht nicht um eine gesunde und erfreulich normalisierende Entwicklung von homoerotischer Schmachterei zu heterosexuellem Begehren. Die alten Gleichungen zwischen Reiz und Drohung, Liebe und Tod, Weib und Tabu sind keineswegs gestrichen, aber jetzt laden sie ein zu Grenzüberschreitungen, die nicht mehr abgestraft werden mit Katastrophen, sondern mit – Erkenntnis.

In den ersten zwei Traumschüben hat Castorp seine Traumfrau entdeckt als einen früher unerreichbaren Jungen, in seinem dritten Wahrtraum läßt er sich von ihr umarmen, überwältigen als vom »Bild des Lebens«: »Er sah das Bild des Lebens, seinen blühenden Gliederbau, die fleischgetragene Schönheit. Sie hatte die Hände aus dem Nacken gelöst, und ihre Arme, die sie öffnete, und an deren Innenseite, namentlich unter der zarten Haut des Ellenbogengelenks, die Gefäße, die beiden Äste der großen Venen, sich bläulich abzeichneten, – diese Arme . . .« Wir erkennen sie wieder, diese Arme samt den bläulich unter ihrer Haut schimmernden Spuren des Blutkreislaufs, aber eine rühmende, hingerissene Sprache für »blühenden Gliederbau«, »fleischgetragene Schönheit«, diese Aschenbach-Sprache der Distanz und Anschauung schien früher unvereinbar mit der Hingabe- und Zärtlichkeitssucht, der Auflösung ins Weibliche, die nach dem jähen Einsatz von »*Sie* hatte die Hände . . .« Thomas Manns Sprache an die Grenze ihrer Möglichkeiten bewegt und schon knapp darüber hinaus. Schmelzen möchte diese Prosa plötzlich, wie Hans Castorp, und läßt ihn in der letzten Zeile des Kapitels »auf seinen Lippen die feuchte Ansaugung ihres Kusses« fühlen. Worauf als nächste Kapitelüberschrift ins Druckbild fällt: TOTENTANZ.

Was wie kalte Effektsucht wirken könnte, ist doch genaue, ernste Komposition. Castorps Traumfrau erscheint gerade nicht als unsterbliche, sondern als eine höchst sterbliche Geliebte, gerade deshalb imaginiert er ihre Umarmung im »Bild des Lebens«. Denn er hat, bevor ihm die »einfachen blauen Augen« zugefallen sind vor diesem Traum, über Büchern und anatomischen Atlanten eben seine ausschweifendste Erkundungsreise »unter die Haut«, hinter »blühenden Gliederbau« und »fleischgetragene Schönheit«, ins Körperinnere durchgeführt. Jetzt kennt er den geliebten Körper aus- wie inwendig, erst erfaßt von seinen Blicken, dann gemalt auf einem Gemälde von Hofrat Behrens, nun kunstvoll und anfällig funktionierend in den Beschreibungen der Medizin, hinfällig wie jeder andere auch. Castorp hat durch das Medium einer Frau etwas entdecken dürfen, in was Thomas Buddenbrook durch die Lektüre eines Schopenhauer-Essays eingeführt worden ist: Sympathie. Sympathie mit allem, was lebendig und also sterblich ist.

So einfach könnte gelesen und verstanden werden, was jene Zauberberg-Exegeten, denen der Text nur als Palimpsest mit Durchblick auf Schriften von Schopenhauer oder Freud, Goethe, Nietzsche oder Novalis et alii verständlich werden will, zu aufwendigster Dialektik verleitet: daß in diesem Roman »Sympathie mit dem Tode« und ein »um der Liebe und der Güte willen« gewünschtes Bekenntnis zum Leben durch mehr und etwas anderes verbunden sind als durch strikte Opposition.

Die »Liebe und Güte« in Sperrdruck, als Schutzmächte gegen den Todesgedanken, erscheinen erst nach Castorps viertem, in Schnee und Todesnähe erlebten Traum, in seiner entschlossenen und sicher auch allzu entschlossenen Auslegung dieser doppelten Vision, zunächst einer zärtlichen utopischen Kultur der »Sonnenleuchte«, rousseauistisch oder appollinisch, und dann des rituellen Gemetzels, in dem zwei Weiber ein Kind zerreißen –, ein Bilderrätsel, aus dem Castorp wie jeder seiner entschlossenen und dadurch irrenden Hermeneutiker den Sinn einer einzigen und endgültigen Auslegung herauspressen möchte. Zunächst, doch dann verabschiedet sich der schlaue, schlichte Hans von der Dialektik seiner Erzieher: »Ihr Streit und ihre Gegensätze sind selbst nur ein guazzabuglio und ein verworrener Schlachtenlärm, wovon sich niemand betäuben läßt, der nur ein bißchen frei im Kopfe ist und fromm im Herzen« –, mit dieser seiner Absage an die altabendländische Generaldebatte, in die »Der Zauberberg« ihn und uns verwickelt hat, könnten wir uns mit Castorp aus ihr zurückziehen.

Denn hier ging es vor allem um den konkretesten, den erotischen Aspekt seiner Geschichte und deren Medium Clawdia Chauchat und darum, daß diese Geschichte trotz ihrer bedeutungsvollen Transparenz diesmal erzählerisch und nicht lyrisch-essayistisch, nicht platonisch-allegorisierend durchgesetzt worden ist. Offenbar nur, weil diese Chauchat-Liebe nicht stecken bleiben mußte in Ironie und zärtlicher Anschauung, weil sie vollzogen wurde. »Ich weiß alles vom Menschen«, sagt Hans im Schnee, aus der Schönheit und dem Schrecken seiner Doppelvision entlassen. »Ich habe sein Fleisch und Blut erkannt, ich habe der kranken Clawdia Pribislav Hippes Bleistift zurückgegeben. Wer aber den Körper, das Leben erkennt, erkennt den Tod.« Und bevor uns jemand verrät, daß Castorp/Mann hier im Schnee wieder nur, statt eigene Erfahrung auszudrücken, das Alte Testament und also Luther zitieren mit ihrem doppeldeutigen Begriff von fleischlicher und geistiger »Erkenntnis«, sollten wir uns lieber verabschieden mit Castorps Schluß zu seinem »Gedankentraum«, kommentarlos: »Und damit wach' ich auf . . .«

Zärtlichkeit, Verweiblichung, Schmelzen, Transparenz, Sympathie waren die Leitworte, mit denen das Unerwartete und Neue der Zauberberg-Handlung, gesehen nur als Liebesgeschichte vor dem Hintergrund der ihr vorangegangenen, hier mehr umschrieben als begrifflich festgehalten werden sollte. Was solchen Worten an Umrißschärfe fehlt, macht auch ihren Vorteil aus: daß die Ränder ihrer Bedeutungsfelder ineinander übergehen. Ein geliebter, begehrter Körper, der transparent (statt segmentiert) wird, der seine idolhafte, gläserne Starrheit verliert, der schmilzt und sich verweiblicht, der läßt Zärtlichkeit zu und fordert auf zu »Erkenntnis« und zu Sympathie, der steht, als belebte Materie, zwischen Leben und Tod –, auch so ließe sich diese Geschichte als ein in unendliche Varianten umschmelzbares Begriffsmärchen ausbuchstabieren.

Aber nicht in solcher Transparenz erfüllt sich die neue Qualität dieses Romans, der ja unverkennbar weitererzählt am Immergleichen, aus der traumatischen Grundschicht des Autors, also eine Geschichte von Heimsuchung und einen Versuch, Ordnung zu halten. Auf Transparenz, auf Bedeutung hin war auch Tadzio schon erzählt worden. Auf Bedeutungsvielfalt öffnet sich nun wieder die Chauchat-Figur, die bald als Lilith oder Carmen oder Hermes der Seelenführer, bald als Botschafterin Asiens, der Weite, Formlosigkeit, des Todes erscheint, dann wieder als »Bild des Lebens«, als Inkarnation von Weiblichkeit, aber auch wie eine Unfruchtbarkeitsgöttin –, die Figur wird wie alle, an denen Thomas Mann sich nicht satt sehen, erzählen kann, fast zerblendet in dieser Vielfalt der Transparenzen.

Wäre sie nicht, anders als die unter ihrer Bedeutungsträgerhaftigkeit überbelasteten Hans Hansen oder Inge Holm oder Tadzio, immer noch eine in eine Handlung gespannte und dadurch spannende Figur, die sich und ihre Geschichte also auch ins Unvorhersehbare wenden kann. Folglich tritt sie am Ende noch einmal, wie sie so gern sagt, »mähnschlich« aus den reichlich um sie gesponnenen Bedeutungsgeflechten, wenn sie mit Castorp »um der Liebe und der Güte« und um Peeperkorns willen ein Bündnis schließt und mit »einem russischen Kuß« auf den Mund besiegelt, von dem der Erzähler nicht weiß, wie »seelenvoll« und »fromm« oder wie »leidenschaftlich-fleischlich« er ihn verstehen soll. So erhält nun alles einen »leise schwankenden Sinn«. Vorausgegangen ist zwischen den beiden nun russisch Verbrüderten (oder Verschwesterten) eines der großen Entsagungsgespräche, wie sie Thomas Mann noch mit Lotte und Goethe, Jaakob und Joseph, Sibylla und ihrem Papst-Sohn-Ehemann nachfeiern wird: der gleiche Autor, der seine Heimgesuchten so streng in Katastrophen schickt (»aus dem Leben fegt«, wie es im dritten Josephs-Band heißt), der die Verschonten als Randfiguren, zärtlich und unberührt, auf Abstand zum »Leben« hält, er veranstaltet nun nach überstandener

Heimsuchung Entsagungsrituale, in denen alle Erotik noch nachzittert und mitspricht, der man doch gerade den Abschied zu geben vorgibt.

In solchen Momenten ist die Schwüle, die Kälte, bis dahin das Mischklima aller erotischen Szenen, aus ihnen gewichen. Eine seltene Verbindung von Anmut und Würde gelingt. Das Weibliche und das Männliche stecken, nicht mehr klar unterscheidbar, unter einer Decke, genau wie Entsagung und Zärtlichkeit, Ernst und Komödie, Behagen und Unglück. »Während also die Lippen Hans Castorps und Frau Chauchats sich im russischen Kusse finden, verdunkeln wir unser kleines Theater zum Szenenwechsel.«

Hier erscheint der komödiantische Gestus einmal offen im Wortlaut, während er sonst die Erzählweise des Romans oft nur zwischen den Zeilen bestimmt und dort jener Auslegungsphilologie entgeht, die das Gemeinte beziehungsweise Mehrdeutige jenseits des baren Wortlauts und das Ästhetische diesseits der Struktur nicht mehr wahrnimmt und deshalb gerade diesen unverkennbar humoristischen Roman teutonischen Auslegungsgewittern ausgesetzt hat, um ihn als Großessay in erzählerischer Aufmachung irgendwo auf dem Wege zwischen den »Betrachtungen eines Unpolitischen« zu »Von deutscher Republik« zu fixieren. Doch »der Humorist lustwandelt im Unendlichen« –, diesen Schnitzler-Satz über den »Zauberberg« hat sein Verfasser bis zum Lebensende mit Vorliebe zitiert. Das Unendliche wird offengehalten durch eine Unentschiedenheit bis zur letzten Zeile, selbst über Leben und Tod des Protagonisten, der dort auf den Schlachtfeldern des Weltkriegs verschwindet. So uneindeutig, ohne Option für Untergang oder Überleben durften Manns Liebesgeschichten bis dahin nicht enden, und so locker im Ernst, so pedantisch in ihrer Heiterkeit durften sie sich auch nicht vortragen.

Die Krise wurde entschieden durch ihre Fortsetzung und Auflösung ins Unendliche. Aschenbach und Kröger, beide haben damit verloren. Die Heimsuchungsfabel ist entschärft, das Erstarrungstrauma auch. Das gefährliche Verdrängungspotential einer ins »Souterrain« verbannten Homoerotik ist ins Spiel und ans Licht gebracht worden.

»Du wirst nie auf die Oberfläche gelangen«, hatte der Vater des »Bajazzo« seinem Sohn prophezeit. Das war der Fluch, der Hanno Buddenbrook das Leben kostete. Aschenbach dagegen, der jede Spur Dilettantismus in sich ausgelöscht hatte, schien entschlossen, nie mehr unter die Oberfläche, auf den dunklen Grund seines Lebens zu kommen, in dem er dann unterging.

Was Thomas Mann mit dem »Zauberberg« gewonnen hat und nicht mehr verlassen wird, ist tatsächlich ein Spielfeld. Dort kann die Imagination nun innerhalb bestimmter Abgrenzungen und Regeln das Spiel mit dem immergleichen traumatischen Grundstoff dieses Lebens immer neu austragen. Einen wie Hans Castorp werden wir auf diesem Spielfeld als Hauptdarsteller nicht wiedersehen. Seine Nachfolger sind zwar wie er Erotiker, aber sie sind auch wieder, konkret oder symbolisch, Künstlerfiguren. Ihre Heimsuchungen werden so geführt, daß sie zwar, wie Josephs, durch eine Grube führen, aber dann in eine Erhöhung. Die düstere Ausnahme: Leverkühn. Aber bleibt dieser Versuch, Künstlerbiographie transparent zu machen für Welt-, ja Heilsgeschichte, nicht quälend gewaltsam, ja krampfhaft, ein kaltes Konstrukt? Die andere Ausnahme: Krull, die Heimsuchungsverhinderung als Lebensprogramm, das Spiel ohne Grenzen. Doch wenn Allerotik, Allsympathie Regie führen sollen, zerfällt dann nicht jede Erzählung, spannungslos, in nichts als Episoden, trostlos wie die enthemmten Serien der Pornographie?

Geglückte Spiele scheinen also nur innerhalb der Grenzen des Spielfelds möglich. Immerhin, nichts wird nun wie am Anfang des Jahrhunderts nur geplant, angegangen und mutlos als Fragment oder Skizzenhaufen liegen gelassen. Allem wird eine Vollendung abgekämpft, mag auch der Autor wie Joseph, mit dem Standbein auf festem Boden, dem Spielbein über dem Abgrund, oft eine heikle Balance halten. Er kann dann auch diese Position des fast schon, aber noch nicht ganz Abgestürztseins als eine erotische verstehen, als Spiel und Schwindel. Denn Kunst, so wird Thomas Mann in der Mitte seines Lebens unermüdlich dozieren, ist das schlichtweg Uneindeutige, todverbunden, lebensfreundlich, weder rein noch unrein, tief autobiographisch und vollkommen fiktiv, so gut männlich wie weiblich, Verschleierung und Entblößung. Das alles heißt aber: sie ist und bleibt erotisch. Von Heimsuchung wird sie zwar immer wieder singen, aber sie selbst betreibt immer wieder spielerisch Heimsuchungsverhinderung. Der Gewinn, der auch den Verlust anzeigt: Behagen im Unglück. Auch dieses Ende der Entsagungsmärchen muß noch genauer angesehen werden.

Dreimal Weltkrieg

Der Unpolitische – der Augsburger Bohemien –
ein Nicht-Kriegsteilnehmer

Die Sätze, mit denen Kafkas Tagebuch auf den Ausbruch des Weltkriegs reagiert, sind ganz gegen ihre Absicht, unscheinbar zu sein, berühmt geworden: »2. August. Deutschland hat Rußland den Krieg erklärt. — Nachmittags Schwimmschule.« Die lakonische Faktizität dieser Notiz klingt, ohne es doch darauf angelegt zu haben, wie eine Pointe. Sie sagt aber kommentarlos nur, was für Kafka unzweifelhaft feststeht. Alles hat sich verändert, alles geht weiter. Kafka wird diesen ganzen Krieg lang, der in der Redseligkeit seines unendlichen Schreibens fast unbemerkt vorübergeht — auf fünfzig Zeilen schätzt Klaus Wagenbach die Reaktion auf das weltverändernde Ereignis —, sich freihalten von jeder offiziellen Stimmung, sie sei pro oder contra oder teils-teils.

Während in Bad Tölz im Sommersitz »Landhaus Thomas Mann« der Hausherr, »sinnend und ungeheuer ernst«, wie sein Sohn Klaus sich erinnert, gleich bei der Nachricht vom Kriegsausbruch einen Sinnzusammenhang zwischen der Weltgeschichte und seiner Lebens- und Schreibgeschichte anzuvisieren scheint. Schon am Tag der Mobilmachung gesteht er in einem Brief an den Bruder Heinrich, »daß ich mich erschüttert und beschämt fühle durch den furchtbaren Druck der Realität«. Und am siebenten Tag des Krieges (»Ich bin noch immer wie im Traum . . .«) fällt das Stichwort, dessen Drohung und Verheißung für dieses Leben und Schreiben wir zur Genüge kennengelernt haben: »Welche Heimsuchung! Wie wird Europa aussehen, innerlich und äußerlich, wenn sie vorüber ist?« Der »Tod in Venedig« scheint im Weltmaßstab Ernst zu werden.

Kafka erlebt die europäische Katastrophe — beziehungsweise: erlebt sie nicht —, als ein eben katastrophal Entlobter. Thomas Mann wird aufgestört aus der Arbeit am »Zauberberg«, der endlich alle Erwartungen an einen Schriftsteller von nationaler Repräsentanz einlösen könnte. Eugen Berthold Brecht verfaßt seine ersten Kriegsbegeisterungen als sechzehnjähriger Gymnasiast für die Augsburger Lokalpresse unter dem Namen Berthold Eugen. Die drei Autoren scheinen also, zusammengefaßt in dieser Momentaufnahme Ende 1914, so unvergleichbar wie selten sonst, nicht nur als Angehörige dreier Generationen, wegen der »Gnade« oder Ungnade einer frühen oder späten Geburt. Doch es lohnt sich zu überprüfen, wie deutlich die Physiognomie dieser drei unter dem Druck der weltgeschichtlichen Stunde wird, was dabei unvergleichbar bleibt und welche Ähnlichkeiten sich unverhofft konstituieren.

Das gleiche Ereignis, das die Zauberberg-Arbeit erst hemmte, dann unterbrach und vielleicht auch hätte scheitern lassen können wie so viele

Projekte vorher, der Weltkrieg also lieferte schließlich dem Roman auch sein 1924 geschriebenes Ende. Diese letzten Seiten, in denen Gesicht und Figur des Hans Castorp auftauchen und immer wieder untergehen in einem anonymen und kollektiven feldgrauen Menschengewoge, in einem Gemenge aus Sumpf, Blut und Feuer, gehören in ihrer gespenstischen Heiterkeit und sozusagen gestaltlosen Präzision zum Unerwartetsten, was Thomas Mann je geschrieben hat. Krieg als Materialschlacht, als ein Schauspiel der Entindividualisierung, treibt eine Prosa, deren Anmut und Würde in Detaillierung besteht und in einer unermüdlichen, wenn auch immer wieder ironisierten Sinnfindung noch im Sinnlosen, an den Rand ihrer Möglichkeiten und über ihn hinaus. Dorthin geführt, verführt vom »Geist der Erzählung«, behauptet sich der Autor nach eigenem Geständnis nur noch »schamhaft in Schattensicherheit«.

Drei Momente aber, alle drei unverkennbar erotisch, hebt er doch aus dem uniformen Mischmasch heraus. Zunächst in Fetzen das erotisch todessüchtige Schubertsche Lindenbaum-Lied, mit dem »bewußtlos singend« uns Castorp endgültig entschwindet (»unbewußt / höchste Lust«, wie die letzten Worte in Wagners »Tristan« verraten). Dann taucht, einen »Springbrunnen von Erdreich, Feuer, Eisen, Blei und zerstückeltem Menschentum« zurückübersetzend in das, was er eben noch war und bedeutete, ein Inbild todesnaher Homoerotik auf: »Denn dort lagen zwei, – es waren Freunde, sie hatten sich zusammengelegt in der Not: nun sind sie vermengt und verschwunden.« Und schließlich das trübe leuchtende Sinnzeichen im allerletzten Satz: »Wird auch aus diesem Weltfest des Todes, auch aus dieser schlimmen Fieberbrunst, die rings den regnerischen Abendhimmel entzündet, einmal die Liebe steigen?« Das kann, als Assoziationskette von Fest, Fieber, Feuer, Wasser, Himmel bis zum aufsteigenden Liebesmotiv, kein Wagnerianer schreiben ohne willkürlich gesetzte oder unwillkürlich vollzogene Erinnerung an das Ende der »Götterdämmerung«!

Damit freilich war das Ungeheure des Weltkriegs, Seiten lang ins greifbar Ungreifbare hineingeschrieben, schon wieder aufgelöst in eine erhoffte Sinngebung des Sinnlosen, in eine traditionell zuhandene Utopie. Mit solchem Zauber ließ sich der Krieg beleuchten. Erzählen ließ er sich, für Thomas Mann, nicht, ja, mehr: in diesem Krieg ließ sich für ihn bald gar nichts mehr erzählen. Ein Jahr nach Kriegsausbruch wird das Zauberberg-Experiment endlich abgebrochen. Unterbrochen wurde es seit August 1914 immer wieder, und zwar durch immer wieder ange-

strengten Dienst an der Gesinnungsfront, durch ideologische Schattenge-
fechte, von »Gedanken im Kriege« bis zu den »Betrachtungen eines
Unpolitischen«, mit denen Mann seine Art Begriffs- und Feuilleton-
Weltkrieg führt, den er dann pünktlich, Seit an Seit mit dem Kaiserreich,
im Oktober 1918 mit der Publikation dieses aussichtslosen Rückzugsge-
fechtes verliert.

Nicht die jahrelang noch einmal eigensinnig behaupteten und später
dann so vollmundig wie halbherzig geräumten deutschkonservativen
Positionen interessieren hier, sondern die erstaunliche Selbstaufgabe
eines Erzählers, der nach einem unproduktiven Jahrzehnt endlich wieder
an einen großen Stoff geraten ist. Nach 1933, in einer vergleichbaren, von
außen verfügten Erschütterung seines Lebens, wird die Erzählarbeit zwar
immer wieder schwanken, aber gerade nicht aufgegeben, sondern als
Garant der Kontinuität und des Lebenssinns verzweifelt festgehalten.
Während der vierzigjährige Autor sich also immer noch als labil, anfecht-
bar im Hauptberuf seines Lebens erweist.

Als er im August 1915 die Arbeit am »Zauberberg« liegen läßt, nennt er
das Projekt »humoristisch-nihilistisch« und eine solche Tendenz durchzu-
halten gegen die offizielle, stramm patriotische Stimmung der Kriegszeit
fühlte er sich – sollen wir nun sagen: zu schwach oder zu stark? Denn der
Geist Aschenbachs war wieder in ihm auferstanden, dienstwillig, überzeu-
gungsstark, also fragt er sich, »ob ich weiterfabulieren darf und soll oder
mich zu einer gewissenhaften und bekennend-persönlich essayistischen
Auseinandersetzung mit den brennenden Problemen zusammennehmen
muß«. Bemerkenswert ist die Formulierung des Gegensatzes zwischen
»weiterfabulieren« und »sich zusammennehmen«. Alles Erzählen, wie geplant und kontrolliert auch immer, droht ins Unabsehbare zu führen. Wer
sich dagegen »zusammennimmt«, wer sein Schreiben reduziert auf Meinungen, tut sich zwar Gewalt an, erzwingt aber eben damit berechenbare
Ergebnisse. Nur: so zusammengenommen, nach dem Inbild der geballten
Faust statt der geöffneten Hand, hatte auch Gustav Aschenbach gelebt und
geschrieben, um sich dann »gehen zu lassen« bis zum Tode.

Der gleiche Autor, der dieses Ende exemplarisch vollzogen hat, scheint
seine Folgerichtigkeit willig vergessen zu haben. Oder, um dieses Befremden wieder einmal umzukehren in Bewunderung: Thomas Mann wird
immer wieder den gleichen Stein einen Berg hinaufwälzen, um ihn in
einer immer neuen Fallinie hinuntertrudeln oder -donnern zu lassen.

In Franz Kafkas Schweigen zum Krieg natürlich läßt sich hineinhorchen, was immer man heraushören will. Womit nur behauptet wird, daß es ähnlich rätselhaft ist wie sein beharrlich polyvalentes Schreiben. Behaupten oder vermuten darf man auch, daß ein Schriftsteller, der von sich sagen kann: »Ich habe kein literarisches Interesse, sondern bestehe aus Literatur, ich bin nichts anderes und kann nichts anderes sein« –, daß für den ein Schreiben *über* irgendeinen Gegenstand, und sei es der weltbewegende Krieg, unvorstellbar und unvollziehbar geworden ist. Der Autor der im Oktober 1914 entstehenden Erzählung »In der Strafkolonie« hätte auch sagen können, er habe kein Interesse am Krieg, sondern bestehe aus Krieg, er sei nichts anderes und könne nichts anderes sein. Daß sich Gegenständlichkeit oder »Probleme« (geschweige denn Antworten) in diesem Werk kaum definieren lassen, so wenig wie Unterscheidungen zwischen Schreibvorgang und Handlung, Innen- und Außenwelt oder Autorschaft und privater Authentizität, wird uns wie alle, die dem Reiz und der Unmöglichkeit, über Kafka nachzudenken, erlegen sind, immer wieder beschäftigen.

Parallel zum einsetzenden Krieg allerdings gerät Kafkas Schreiben, das seit Anfang 1913 wieder einmal fast vollständig versiegt war, heftig in Gang: »Der Prozeß« wird angefangen, im Oktober entsteht »In der Strafkolonie«, im Dezember folgt »Der Riesenmaulwurf«, in dem das Scheitern des Schreibvorgangs eigentliches Thema zu werden scheint und ihn auch, allzu folgerichtig, verschlingt: der Text verendet, nach einigen ratlosen Schlingerbewegungen, als Fragment. Nur hat diese Entzündung der Kreativität ganz offenbar nichts zu tun mit der Kriegsexplosion, der Kafka beharrlich den Rücken zuwendet, sondern läßt sich als sozusagen negative Begeisterung nur erklären mit einer eben, am 12. Juli im Askanischen Hof zu Berlin überstandenen privaten Niederlage, der ersten Entlobung von Felice Bauer.

Auch der Krieg verändert zwar einschneidend die Alltagsumstände des Kafkalebens, aber zunächst offenbar zum Produktiven, da er Kafka die Wohnung eines einrückenden Schwagers fürs Schreiben sichert. Im Tagebuch sieht sich Kafka in den ersten Augusttagen als distanzierten, ja dämonisierten Zuschauer der patriotischen Umtriebe: »Ich stehe dabei mit meinem bösen Blick.« Oder, wie im Spiegelbild: »Das krampfhaft stille, erstaunte, aufmerksame schwarze und schwarzäugige Gesicht.« Fiat ars pereat mundus, denn seine klammheimliche Siegesmeldung notiert er dann am 15. August: »Ich schreibe seit ein paar Tagen, möchte es sich halten . . . Ich kann wieder ein Zwiegespräch führen und starre nicht so in vollständige Leere. Nur auf diesem Wege gibt es für mich eine Besserung.«

Alles hat sich verändert, alles geht weiter. Vorerst sollte nur, im Kontrast zu Mann und auch Brecht, an die fast vollkommene Abdichtung und Immunisierung dieser Schriftstellerexistenz selbst (oder gerade) gegen weltgeschichtliche Umbrüche erinnert werden, eine Immunisierung folglich auch gegen alle Verlockungen, die eigene Wahrnehmung unter dem Druck der großen Stunde zu kollektivieren, zu ideologisieren. Die Unkosten dafür hat schon ein Tagebuchsatz aus dem August 1913 notiert: »In mir selbst gibt es ohne menschliche Beziehung keine sichtbaren Lügen. Der begrenzte Kreis ist rein.« Was ja auch heißen kann, daß einer falschen Kommunikation vorzuziehen ist: gar keine.

Einmal nur gerät etwas wie eine Motivation, ein Inhalt in Kafkas »bösen« Blick auf das Kriegsgeschehen, als er nämlich seinen »Neid und Haß gegen die Kämpfenden« eingesteht, »denen ich mit Leidenschaft alles Böse wünsche.« Die ausrückenden Kolonnen formieren sich zu etwas, was der Schreibmönch ein Leben lang herbeigesehnt und schließlich auch in Schrift und auf dem Papier, also fiktiv sich immer deutlicher zu realisieren traut: Gemeinschaft, um es bei seinem verdächtigsten Namen zu nennen, Solidarität, wie es vertrauenswürdiger genannt wird. Er aber läßt sich, wie es gleich in der nächsten, oft zitierten Tagebucheintragung heißt, zurückfallen auf die »Darstellung meines traumhaften inneren Lebens«. In die freilich die Realisierung gerade des nicht Erlebten, einer nur schriftlich ausagierten Lebensalternative gehören wird. Mit diesem Autor jedenfalls, der immer nur schreibend eine im Schreiben gleich immer wieder zerfallende Identität gewinnt, ist »kein Staat zu machen« und erst recht kein Krieg.

Daß auf die nationale Gesinnung des sechzehnjährigen Brecht in Augsburg zunächst Verlaß war, wird auf den ersten Blick kaum erstaunen. In diesem Alter ist einer offiziellen Stimmung in Elternhaus, Schule und sicher auch unter den Freunden kaum zu widerstehen, und eine pubertäre Schreiblust nimmt große Themen ebenso gern auf wie große Aufträge an. Kein Wunder also, wenn Brechts Gedichten in den ersten beiden Kriegsjahren bewährte Lesebuchmuster aufgestanzt scheinen, wenn da gestorben, geweint, Begeisterung und Trauer produziert wird, »wie es im Buche steht«, mit einer handwerklichen Sicherheit immerhin, die damals eta-

blierten Autoren in ihren nationalen Unterwerfungs- und Erhebungs-
etüden nicht immer zur Verfügung stand. Denn Brecht ist bemüht, im
Widerstand zu einer klischeehaft vorgeschriebenen Thematik doch den
eigenen Blick, Griff, Ton zu erproben. Er lernt, wenn auch hilflos. So etwa,
wenn er ausgerechnet die Sprache einer Opposition gegen das wilhelmi-
sche juste milieu, nämlich das fahle, steile Pathos der Expressionisten
zum Einsatz bringt in einem Geburtstagsgedicht für den Kaiser:

> Steil. Treu. Unbeugsam. Stolz. Gerad.
> König des Lands
> Immanuel Kants.

Oder sollten wir das Gelächter bei der Prägung eines solchen Reims nur
überhören? Aber nun geht es bruchlos weiter, ernst, bieder, verlogen:

> Hart kämpfend um der Schätze hehrsten:
> Den Frieden. So: im Frieden Streiter und Soldat.
> Einer Welt zum Trotz hielt *er* Frieden dem Staat. –
> Und – trug ihn am schwersten.

Solche Texte verlieren allerdings ihre sechzehnjährige Harmlosigkeit und
Unschuld, sobald man sie einem mißtrauischen zweiten und dritten Blick
aussetzt und als Beginn einer poetischen Karriere liest, die immer anfällig
bleibt für öffentliche Schreibaufträge und noch zu Stalins Zeiten mit
Herrscherlob und Friedenskampfrhetorik experimentieren wird. Nüchterner gesagt: Brechts Schreibvermögen steht in seinen Anfängen, wie
lange Jahre lang danach nicht, wie aber seit den dreißiger Jahren wieder,
vorgegebenen gesellschaftlichen Schreibaufgaben zur Verfügung. Was
nicht heißen muß, daß solche Aufgaben auch ästhetisch konform, ohne
eine erkennbare persönliche Abweichung gelöst werden müssen.

Solche charakteristischen Abweichungen weisen schon die scheinbar so
klischeefrommen Kriegsgedichte auf, und sei es nur in der Form von
zwanghaften Überbetonungen oder Wiederholungen. Zum Beispiel fällt
auf, daß dieser literarische Frontkämpfer an den Müttern zu Hause, an
ihren Leiden diesseits und jenseits der Fronten mehr interessiert zu sein
scheint als an den Kämpfenden. Es fällt auch auf, daß seine Gedichte am
Fallen oder Verwundetwerden der Kämpfenden intensiver haften als am
Kampf oder gar an dessen Erfolgen. Man darf mindestens wittern und

behaupten, daß schon aus diesen Zeugnissen, durch allen Lesebuchlack hindurch, sich des Autors elementare Faszination durch Leid einerseits, Gewalt andererseits verrät. Von Glanz und Glorie des Krieges dagegen findet sich kaum eine Spur, auch allerdings nicht von seinem politischen Gesicht. Und noch etwas ist unübersehbar: bewundert oder beklagt werden in diesen Gedichten zwar *die* Menschen oder *der* Mensch, dagegen erscheint kein fest umrissener einzelner.

Zieht man diese zerstreuten Einzelbefunde zusammen zu einer Summe, so wird klar: in diesem nach dem Wortlaut seines Gedichteten und sicher auch in seiner Selbsteinschätzung deutschnationalen Gesinnungsdichter verbirgt sich eine gründliche Motivation zum Pazifismus. Sein Bild des Kriegs ist zwar erhaben, heroisch, in aller Häßlichkeit schön, doch eben sinnlos. Ästhetisch zwar eindrucksvoll, ließe dieser Krieg sich moralisch eigentlich nicht rechtfertigen. Politische Fragen aber sind ausgeblendet.

Die Entwicklung des Dichters und des Schülers Brecht ab 1916 erfüllt genau die damit gestellte Prognose, die, zugegeben, damit eine durch retrospektive Prophetie nur erschlichene Folgerichtigkeit dazugewinnt.

Zwei unübersehbare Züge dieser frühen Gedichtserie allerdings sind noch unterschlagen worden. Einmal tönt durch sie immer wieder eine Stirb-und-werde-Botschaft, die sich stützt auf den Kontrast zwischen Bauern und Soldaten, Acker und Schlachtfeld, Brot und Tod, Frühling und Kriegsfurie –, und auch diese krude, der Blut-und-Boden-Mystik nicht ferne Dialektik wird verfeinert und damit fast unkenntlich in Brechts Werk wiederkehren. Noch folgenreicher wird aber der pseudo-christliche Versuch des Schülers, dem Kriegstod doch einen Sinn abzupressen, ihn als Martyrium und Opfer für ein Großes Ganzes zu verstehen:

> Und einer sah übers Ährenfeld und fühlte seine Augen
> brennen.
> Und sprach: Daß es Menschen gibt, die für Menschen
> sterben können!
>
> Und er fühlte Staunen in sich (als er weiterspann):
> Und daß es Dinge gibt, für die man sterben kann.
> Und jeder hat sie, und er hat sie nicht.
> Weil er's nicht weiß. – Das sagte er im allerletzten Licht.

Das Gedicht heißt wie sein Programm »Karfreitag« und noch der Marxist Brecht wird diesen Traum einer Aufopferung für andere und eine gemeinsame Sache, ohne ihn als Karfreitagszauber zu erkennen, in Worte fassen. Doch der Konformismus des Achtzehnjährigen bricht dann gerade mit dieser Überzeugung vom Sinn eines Heldentods zusammen: Brecht riskiert durch seine subversive Auslegung des Aufsatzthemas »Dulce et decorum est pro patria mori« die Relegation vom Gymnasium. »Zweckpropaganda« nennt er nun die Verheißung eines süßen und ehrenvollen Tods für das Vaterland: »Der Abschied vom Leben fällt immer schwer, im Bett wie auf dem Schlachtfeld . . . Nur Hohlköpfe können die Eitelkeit so weit treiben, von einem leichten Sprung durchs dunkle Tor zu reden.« Hier hat der Zusammenstoß mit den Autoritäten zum ersten Mal einen authentischen Brecht-Ton produziert: provokant anti-idealistisch, getragen von einer Ohne-mich-Allüre, die halten wird bis zu Baal und Kragler.

Im gleichen Sommer 1916 publiziert der Lyriker, erstaunlich instinktsicher, zum ersten Mal ein Gedicht unter dem Namen Bert Brecht, das erste aus der Frühzeit, das dann 1927 in der »Hauspostille« figurieren darf: »Das Lied der Eisenbahntruppe von Fort Donald«, in seiner Strategie, durch die entschlossene Verfremdung nämlich der europäischen Kriegsgreuel in einem exotisch Wilden Westen, wie auch im Balladenton und der Haltung einer heroischen Mitleidlosigkeit der erste unbezweifelbar echte Brecht. Weder erfährt der Leser des Gedichts, wo diese Männertruppe herkommt, noch wo sie hinwill, noch was sie vorhatte, sondern sieht nur Strophe um Strophe ihrem sinnlosen Versinken in Regen und Wasser zu, während sie versaufend den Choral »Näher mein Gott, zu dir« singen (in der späteren Fassung den Schlager »Oh, wo ist mein Johnny zur Nacht«). Dumpfe Natur ist alles ringsherum, »ewig und seelenlos«, die Menschenkörper und Menschenstimmen tauchen zwischen Wald, See, Himmel nur wie etwas Vorübergehendes, kurz sich Aufbäumendes, Versinkendes auf. Eine Grenze zwischen Brutalität und Sentimentalität wäre in dieser Sechs-Strophen-Vision schwerlich zu ziehen.

Einen noch genaueren Einblick in das ungeschiedene, doch mit fast allen Grundmotiven seines künftigen Schreibens schon aufgeladene Situationspathos des Achtzehnjährigen überliefern zwei Tagebuchseiten, die erst kürzlich wieder aufgetaucht sind. »Nietzsche mag ich nimmer«, heißt es da unter dem 21. 10. 1916. Aber wenn er dann nachsinnt über »das Mädchen, das in der Gartenstraße wohnt und hauptsächlich stille Augen hat, die schön sind und klug und in denen ich ein Tiger bin« –, so

meint man schon wieder Nietzsche als Dionysos in Tigergestalt heraus-
zuhören.

In diesen knappen, wortkargen und doch wirkungssüchtigen Notizen
offenbart sich, mit Kleist gesprochen, »Schmutz und Glanz« einer Dich-
terseele, die sich als solche aus Scham und Allüre nie wird verstehen
wollen, die aber schon in dieser monologischen Tagebuch-Intimität ihren
Ausdruck wie ihr Geheimnis sicher zu stilisieren weiß. »Man wird stark,
wenn man einsam ist und das beste Verhältnis zu den Menschen ist: weit
weg.« Vier Jahre, behauptet er, vegetiere er nun schon so heroisch allein.
Aber immer wieder läßt er das Mädchen mit den »stillen Augen« durch
seine Sätze gehen, in deren Augen er sich so gern als Tiger erkennen
möchte. »Ich denke mir: Man kann vielleicht mit ihr gehen und muß
nichts reden . . . Auch ist sie vielleicht gütig, sie hat ein gutes Lächeln,
besonders wenn sie auf Kinder sieht.« Hat seine Stimme hier nur Kreide
gefressen? Denn gleich darauf wird er sich in ein einsam heroisches
Amerika hinüberträumen: ich »werde Cowboy, rede mit den Stieren und
bedaure das Gras.« Fazit, an diesem Tag: »Es ist schön, zu leben.« Antwort,
am nächsten Morgen: »Nein. Es ist sinnlos zu leben.«

Auf solche nackt nebeneinander hingeworfene Bausteine für Dialektik
folgt dann ein entschieden viriles Orgelfinale, das aber dann schließlich
in Weiblichkeit und piano sich auflöst und erlöst:

Ich bin schon etwas verdorben, wild und hart und herrschsüchtig.
Wenn ich jemand hätte, der still ist, gütig und mit mir gegen mich
kämpfen wollte, könnte alles wieder gut werden. Wenn ein Mann
richtig lebt, lebt er wie im Sturm, den Kopf in den Wolken, mit
wankenden Knien, im Finstern, lachend und kämpfend, stark und
schwach, oftmals besiegt und nie unterworfen. Aber er braucht etwas
was ihn auf die Erde hält, einen Schoß, den müden Kopf hineinzule-
gen, weiche Hände, Natürlichkeit, Liebhaben, Reinheit.

Er hätte nicht mehr hinzusetzen müssen, was er dann doch anfügt: »Ich
denke wieder oft an die kleine Ostheimer, die sehr lieblich aussah, als sie
mit dem Kind sprach.« Es ist dieses Repertoire, das Brecht ab jetzt
ausleben und ausschreiben wird. Wer es als nur pubertär oder Männlichkeitswahn schlicht abetikettieren möchte, will nicht wahrhaben, wieviel
Verwandlungskraft dieses Gemisch aus Triebschub und Sublimierungs-
willen, aus (wie es in einer späteren Tagebuchnotiz heißt) den »Elemen-

ten von Brutalität, Stille, Schlaffheit, Kühnheit und Feigheit« noch entfalten wird. Herausgetreten aus dem Schutzraum der herrschenden Ideologie erlebt sich dieser Schreibende zunächst in wirrem Wechsel als frei, zynisch, unbestimmt, anarchisch, isoliert, vital, ausgesetzt. Alles ist noch pure Möglichkeit. Überzeugt scheint er nur von einem: von der Kraft und Wichtigkeit seines Talents. Die Skrupel Kafkas wie die Thomas Manns werden ihm immer fremd bleiben. Gesucht wird eine diesem Talent angemessene Schreibaufgabe, und diese Suche wird ein Jahrzehnt lang dauern.

Am 12. März 1918 sind sie dann zum ersten Mal zusammengetroffen, Mann und Brecht, ohne sich freilich zu begegnen, diese beiden aus sehr verschiedenen Gründen Unpolitischen im letzten Kriegsjahr: auf dem Münchner Waldfriedhof stehen sie am Grab Frank Wedekinds, beide in Distanz zum offiziellen Tenor der Feier:

> Sie standen ratlos in Zylinderhüten
> Wie um ein Geieraas. Verstörte Raben.
> Und ob sie (Tränen schwitzend) sich bemühten:
> Sie konnten diesen Gaukler nicht begraben.

Das ist die Stimme dessen, der in den nächsten Wochen seinen »Baal« anfangen wird, diesen von Villon, Verlaine und sicher auch Wedekind inspirierten Gegengesang zu dem expressionistischen Grabbe- und Geniedrama »Der Einsame« von Hanns Johst. Mann dagegen fährt, wütend unter seinem Zylinderhut, zurück in die Bogenhausener Villa, schnürt noch einmal das schon fertige Konvolut der »Betrachtungen eines Unpolitischen« auf, um einen letzten Verachtungspassus gegen den »Zivilisationsliteraten«, gegen die jakobinische Grabrede des Bruders Heinrich zu formulieren. Beide, Mann wie Brecht, die zeitlebens bemüht waren, ihre Nähe unterhalb ihrer Fremdheit nicht zu erkennen, dürften schon damals einig gewesen sein in ihrer Opposition zur damals offiziellen Opposition, zum »Geist«, wie ihn der Bogenhausener Unpolitische in höhnischen Anführungszeichen immer wieder brandmarkt, um damit die ganze idealistisch humanistische Fraktion von Bruder Heinrich bis zu den expressionistischen Menschheitssängern zu treffen. Beide, Mann wie Brecht, ob sie sich im Namen Baals oder unter dem Zeichen von »Eros und Ironie« bekannten als unpolitisch, waren sich offenbar sicher, daß sie, anders als die gläubig militante »Geist«-Fraktion, sich frei hielten von Ideologie. Am schärfsten und unbefangensten wird Ideologie immer definiert als das falsche Bewußtsein der Andersdenkenden.

Brecht immerhin war in diesen Kriegsjahren, nach konformistischer Lehrzeit freigesetzt in einen Streifen scheinbaren Niemandslands, produktiv vorangekommen. Mann dagegen hatte sich, mit einem kaum aufzuklärenden Trotz und Eigensinn, zurückwerfen lassen. Er betreibt Regression. Wie blind, das zeigen drastischer als die von ständigen Zurücknahmen und Ahnungen der künftigen Niederlage schon unterminierten »Betrachtungen« seine »Gedanken im Kriege« von 1914. Kunst, so wird dort bekannt, wäre »Dienst« und dieses »das deutscheste Wort«. Zurückzunehmen wäre deshalb der im »Tonio Kröger« pointierte Gegensatz zwischen bürgerlicher Normalität und Kunstzigeunertum, denn die wahre Antithese hieße: »Zivilist und Soldat«. So steht der Dichter als Soldat, als Militärbeamter und postumer Aschenbach wieder am Abgrund, »zusammengenommen« gegen alle Sympathie mit diesem und eine ihm zugeneigte Vorweltkriegswelt: »Wimmelte sie nicht von dem Ungeziefer des Geistes wie von Maden?« Die unbewußt fixe Idee vom Geist als Zersetzung läßt alle Bilder und Begriffe verrutschen: in der menschenfeindlichen Vernunft wimmelt eine ekelerregende Animalität. Der »Soldat im Künstler« dagegen erlebt den Krieg als »Reinigung, Befreiung«, als Reinigungskatastrophe offenbar. Und um keinen Zweifel zu lassen über alle hier unterirdisch mitlaufenden Konnotationen, taucht wenige Zeilen später tatsächlich wieder das Signalwort auf, mit dem Thomas Mann ein traumatisch fixiertes, immer wieder frei geschriebenes Grundthema seines Lebens benannt hat: »Heimsuchung« liefert also auch dieser Krieg. Das heißt, um die kanonische Definition noch einmal in Erinnerung zu rufen: Krieg wird gesehen als »Einbruch trunken zerstörender und vernichtender Mächte in ein gefaßtes und mit allen seinen Hoffnungen auf Würde und ein bedingtes Glück der Fassung verschworenes Leben«. Welche »Fassung«, welche »Würde«, welches »strenge Glück« gegen einen »fremden Gott« da immer bewahrt werden mußte, der labile Status nämlich einer zweideutigen Sexualität, das ist hinlänglich klar geworden. Thomas Manns Tagebuchgeständnis, »auch« sein unpolitisches Kriegsbuch sei Dokument seiner »sexuellen Invertiertheit«, hat dieses Geheimnis endlich gelüftet.

Unüberhörbar zieht sich von den »Gedanken im Kriege« bis zum Ende der »Betrachtungen« eine zwanghafte Kette von Assoziationen, die den wimmelnden, ungeziefrigen, madigen »Geist« zusammensieht und zusammenzieht mit seiner scheinbaren Gegenwelt, mit Animalität und Weiblichkeit, mit Hurerei und Unzucht, der eine spröde, soldatische Welt der Kunst fassungslos, wehrlos gegenübersteht. Das mit Abscheu so genannte »süße Frankreich« – »diese Nation nimmt Damenrechte in Anspruch« –, muß herhalten für eine frei nach Nietzsche variierte These: »Man versteht sich kaum auf Demokratie, wenn man sich auf ihren femininen Einschlag nicht versteht.« Polemischer heißt das: »Politik mit Damenbedienung« oder »eine Weltanschauung, die diejenige der Hurenwirte ist«, nämlich die hinter einem »süßen« Fremdwort sich verbergenden Verderbnisse einer »vie facile«.

Dagegen also wehrt sich der »zusammengenommene« männerbündlerische Ernst »sexueller Invertiertheit«. In »Friedrich und die große Koalition« wird ihr ein Denkmal errichtet. Auch dieser König stand ja soldatisch, gescheitert als Frankophiler, Kunstfreund und Heterosexueller, gegen ein »rechtes Weiberjahrhundert, welches von dem ›Parfum des Ewig-Weiblichen‹ ganz erfüllt und durchtränkt war«. Doch sobald der Essay sich befreit aus seinem Thesengeklirr und Kriegsschuldfrageneifer, sobald er zu erzählen beginnt, wird er genauer und ehrlich. Was Friedrichs Abschied vom »Weib« ihn gekostet hat, ist dem Autor des »Zauberberg« plötzlich klar: »Eine tiefe Mysogonie ist fortan von seinem Wesen untrennbar; es wird unmöglich, sich ihn in einer zärtlichen Situation vorzustellen, es wird lächerlich.«

Genug oder übergenug: je tiefer man sich hineinliest in die diffusen Ereiferungen des Unpolitischen, desto unvorstellbarer wird, wie er noch zurückfinden sollte in die »zärtlichen Situationen« seines Erzählens, in Dreiecke wie die zwischen Pribislav-Hans-Clawdia, zwischen Castorp-Chauchat-Peeperkorn, in diese in zwei Jahrzehnten Leben und Schreiben endlich entwickelten Transparenzen, die nicht nur zwischen den Geschlechtern, zwischen Erotik und Sexualität, sondern auch zwischen Text und Subtext, dem Geschriebenen und dem Verschwiegenen eine heimliche Vermittlungsarbeit leisten. Die Politisiererei dagegen hat den Unpolitischen zurückgetrieben in jenen unerklärten, kalten Krieg zwischen den Geschlechtern, aus dem seine frühen Erzählungen mit ihrer undeutlichen Ladung aus Angst, Andacht, Aggression herkamen. Doch der Erzähler des »Zauberberg« wird entweder diese Position oder aber sich und sein Projekt aufgeben müssen.

Im Frühling und Sommer 1918 lassen sich die drei unvereinbaren Autoren noch einmal vereinen in einem Bild, als drei vom Kriegsgeschehen Abgeschlagene.

Wie ein Reimpaar sieht diese eine vorstellbare Parallelbewegung aus: Thomas Mann unterwegs mit Bauschan, als »Herr und Hund« in den Isarauen, während Bert Brecht, fünfzig Kilometer weiter westwärts, mit und als »Baal« durch die Lechauen streift. Zwei Fluchtbewegungen aus großer und heroischer Zeit hinein ins Idyll, zwei Demonstrationen des Ohne mich, allerdings mit einer kräftigen Generationsdifferenz.

Thomas Manns »Herr und Hund«-Erzählung trägt ihr Programm »Idyll« als Untertitel, aber sie ist nicht nur eine Übung im Wegtauchen, sondern, viel elementarer, ein Wiedererlernen epischer Gangart und Geduld, Satz für Satz das Konkrete wiederentdeckend, eine Gegenständlichkeit diesseits von Bedeutung. Als Erzähler war er jetzt wieder so weit wie in der Krise von 1905, nach dem »Fiasko« des »Fiorenza«-Stücks, als er sich zurief: »Umkehr! Zurück zur Buddenbrook-Naivetät!« – damals vergeblich. Diesmal gelingt ein gerade in seiner Unscheinbarkeit unerwartet kunstvolles Stück Prosa. Immerhin trägt Bauschan den bayrisch verballhornten Namen des Heiligen Sebastian, und, um diesen nicht ganz illegitimen Faden noch einen halben Satz weiter zu spinnen: das Gespann Herr und Hund läßt sich auch verstehen als der kleinste, vertrauteste und diskreteste aller Männerbünde, in dem Kameradschaft und Hierarchie, beide stillschweigend gewahrt sind. Im »Baal« dagegen und drüben in den Lechauen werden die Männerbündelei, die Absage an allen, ob offiziellen oder oppositionellen Zeitgeist, aber auch eine schrille Aggression gegen alles Weibliche ungleich greller, dröhnender betrieben. Doch diese Geburtswehen eines gewaltigen und noch gewaltig verwirrten Talents führen schon in eine andere Geschichte, und die soll gleich ausführlicher erzählt und untersucht werden.

Aber Kafka? Kafka schweigt.

So eruptiv und erklärbar, wie die Schreibphasen bei ihm ausbrechen, so erschöpft und rätselhaft verrinnen und versickern sie. Ende Dezember 1917 hat er seine zweite Verlobung mit Felice Bauer aufgelöst, aber diesmal befreit ihn die Katastrophe nicht zu Schuldgesichten wie 1914 im »Prozeß« oder »In der Strafkolonie«. Unbewegt und unbeweglich, als Schreibender jedenfalls verstummt, erlebt er diesen letzten Kriegssommer und das Kriegsende. Seine großen Erregungszentren, das Büro-, das Vater-, das Frauen- und Ehe-Problem sind wie erloschen, und der Welt-

krieg funktionierte, so lange er dauerte, ohnehin nur wie eine (schwäch-
liche) Variante des Vater-, Ehe-, Büro-Syndroms, als Lockung oder Drohung mit einem weiteren Dienst- und Bindungs-Verhältnis. Nun ist auch
dieser Militärtraum oder -alptraum ausgestrichen, diese Möglichkeit der
Einordnung in die Normalität oder eines ganz normalen Untergangs.
Bleibt nur noch die Krankheit, die offen im August 1917 ausgebrochene
Tuberkulose. Aber auch sie hat sein Schreiben, das »von außen« nicht
mehr bewegt werden konnte, nicht erkennbar heftig in Gang gebracht.

Die Eintragung: »Der Krieg ist zu Ende. – Nachmittags Schwimmschule« findet sich nicht im Tagebuch, würde aber Sinn machen. Alles hat
sich verändert, alles geht weiter. Wie wenig sich verändert und wie
verändert es weitergeht, läßt sich, mühsam genug, nur aus den Texten
Kafkas ablesen, nicht jedenfalls aus dem Druck, den Welt oder Weltkrieg
auf sie hätten ausüben können.

Bertolt Brecht

»Wie ein leeres Blatt«

Baal und die Folgen

Der Skandal, mit dem Brechts »Baal« heute noch oder vielmehr erst heute provozieren kann, wird ausgestrahlt von der frohen Gewalttätigkeit, die sich durch das ganze Stück zieht und sich besonders besinnungslos, wie instinktiv entlädt gegen Frauen. Das unterschlägt der bohemige Titel, mit dem der junge Autor dem Freund Münsterer im Mai 1918 die Arbeit am Bürgerschreckbilderbogen anzeigt: »Baal frißt! Baal tanzt!! Baal verklärt sich!!!«. Das hat auch den Revisionisten Brecht, als er 1954 für die Ausgabe letzter Hand »Bei Durchsicht meiner ersten Stücke« schreibt, ganz offenbar nicht beschäftigt, wenn er auch besorgt davor warnt, die »nackte Ichsucht« seiner ersten Großfigur mißzuverstehen. Doch Brecht rettet sich zwei Jahre vor seinem Tod in die längst gefundene, unendlich variierbare, jede Selbstreflexion abwehrende dialektische Patentformel »Wir wären gut, anstatt so roh, doch die Verhältnisse . . .« Auch Baal also steht nur gegen »die Zumutungen und Entmutigungen einer Welt, die nicht eine ausnutzbare, sondern nur eine ausbeutbare Produktivität anerkennt. Es ist nicht zu sagen, wie Baal sich zu einer Verwertung seiner Talente stellen würde: er wehrt sich gegen ihre Verwurstung.« Und schon schweifen die Gedanken ab zum Projekt einer »Glücksgott«-Oper, die Brecht in den vierziger Jahren beschäftigt hat, womit das Menetekel froher Gewalttätigkeit stillschweigend uminterpretiert ist in Glücks-, in Goldsucherei. Baal, »asozial, in einer asozialen Zeit«, wird verklärt zum Geheimnisträger eines ununterdrückbaren Glücksverlangens, das erst eine vollkommen befriedete Gesellschaft vollkommen stillen wird. Dialektik kann, wenn sie nur will oder wollen muß, alles harmonisieren.

Unempfindlich gegen den Text, folgsam gegenüber der vom Autor verordneten Lesart ist dieser auch der Troß der Leser und Deuter gefolgt bis in die siebziger Jahre. Erstens, weil ausgerechnet dieser im schönsten Wortsinn von Denklust ergriffene Mann Brecht – wenn auch von Denklust nur auf genau abgezirkeltem Spielfeld – seine offiziellen Leser jahrzehntelang im Zustand der Hörigkeit gegenüber seiner Autorität festgehalten hat. Zweitens, weil der Klassikerstatus, in den er sich nolens et volens hochgeschrieben hatte, die für Klassiker übliche Lebens- und Werkinterpretation herauszufordern schien, nach der alles Frühe nur als Vorstufe zu deuten wäre, als vielversprechende Unreife und Unausgegorenheit, durch Gärung dann zur Reife befördert (wovon in diesem Fall, statt mit Weinbaumetaphorik, mit den theoretischen Metaphern These, Antithese, Synthese zu reden wäre).

Wer sich aber durch die Brechts Stücken immer wie auf die Stirn gehämmerten Lesarten oder Absichtserklärungen des Autors hindurchtraut, um unvoreingenommen in sie hineinzusehen, der gerät im »Baal« in einen Wust von zuckenden Motiven, sich kreuzenden Perspektiven, sich gegenseitig verdeckenden oder erstickenden Fragestellungen, der erst zehn Jahre danach sich zu ordnen beginnt. Immer konsequenter treibt Brecht in den zwanziger Jahren den ungeheuerlichen Reichtum seines Talents in eine Kälteschneise, ja schließlich wie durch ein kaltes Nadelöhr. Diesen Prozeß nur als Notwendigkeit, als Gewinn für Werk und Welt zu beschreiben, heißt die Not unterschätzen, die ihn treibt, und die Verluste übersehen, die dabei in Kauf genommen werden.

Es lohnt sich also, immer wieder gegen die Lesarten letzter Hand und ihre feinsinnigen Fortschreibungen anzufragen. Beweist »Mann ist Mann«, was es zu beweisen dauernd proklamiert, ja führt es überhaupt irgendeinen Beweis vor? Bleibt der »Fatzer« als Fragment womöglich liegen, weil diese Arbeit, durchgesetzt, Brechts Laufbahn in eine andere Richtung hätte bewegen müssen? Führt »Im Dickicht der Städte« irgendwoanders hin als ins innere Dickicht des Autors?

Aber zunächst wäre zu fragen, ob und inwieweit die Gewalttätigkeit Baals tatsächlich nur die kalte Schulter ist, die er einer Gesellschaft zeigt, in der seine »Talente«, seine »Lebenskunst«, sein »Glücksverlangen« sich nicht verwirklichen lassen.

Nun erscheint im »Baal«, wenn man das Gesellschaftliche *in* der Titelfigur nicht dazu zählen will, erstaunlich wenig Gesellschaft im Sinne einer sozialen Umwelt, die Baal auf Distanz treibt und schließlich ausstößt, in Opposition und an den Rand. Die erste Fassung von 1918 zeigt noch am meisten von diesem Umfeld, doch als Brecht 1919 das Stück und seinen Helden energischer zu sich selbst bringt, es auch löst aus seiner Bindung an Hanns Johsts Grabbe-Drama »Der Einsame«, das zunächst nur durch Parodie konterkariert werden sollte, da streicht er gerade solche sozial motivierenden Szenen heraus: So verschwindet Baal als unfrei freier Mitarbeiter in einer Zeitungsredaktion, dann Baal, verhöhnt von Stammtischbürgern, die Künstler als Tiere in einen Käfig wünschen, wie auch Baal, der seiner Mutter im Gefängnishof den ernsthaften Willen zur Resozialisierung beteuert. Und Brecht streicht instinktiv richtig, denn matt, konventionell, interesselos waren gerade diese Szenen ausgeführt.

So bleibt als Abstoßszene für einen freien Flug in die Boheme nur noch die Soiree gleich zu Anfang stehen: der Dichter als Laureatus und als Schwein im Schoß seiner bürgerlichen Verehrer.

An dieser Exposition wird festgehalten bis zur letzten Fassung. Sie zeichnet den Literaten Baal unmißverständlich als außer-, ja antibürgerliche Erscheinung, ohne auch nur einen Augenblick lang jene Ambivalenzgefühle gegenüber dieser Außenseiterrolle erkennen zu lassen, die Thomas Mann so schmerzhaft und genußvoll in einen unendlichen Schreibprozeß verwickelt haben und die Kafka immer wieder fürs Weiterschreiben sowohl motivieren wie lähmen. Gerade in diesem einen und zentralen Punkt ist die Identifikation des Autors Brecht mit seinem fiktiven alter ego ganz unzweifelhaft: in dieser und gegen diese Gesellschaft asozial zu sein, rechtfertigt jedes Selbstbewußtsein, und dieses Ohnemich ist der Inbegriff des Baalschen Wohlbefindens. Doch als »Gesellschaft« präsentiert sich eben kaum mehr als eine Party mit zickig neureichen Umgangsformen, nackt in ihrem Geschäftsinteresse, sich mit Kunst nur garnierend, geil und verlogen. Denn, wie der Baal von 1919 den Herrschaften ins Gesicht schreit: »Keiner lebt . . . Unterm Kleid seid ihr nämlich alle nackt.« Als Natur- und Geniewesen hockt Baal in einer Szene, die von George Grosz gezeichnet sein könnte. Romantischer Protest gegen eine falsche, dekadente Gesellschaft, eine bei Rimbaud und Verlaine angelesene, also literarische Wortwut und -trauer verbergen sich hinter ausgesucht groben Umgangsformen. Und immer wieder schlägt durch, daß Brecht ja eigentlich im März 1918 vorhatte, »ein Stück (zu) schreiben über François Villon, der im XV. Jahrhundert in der Bretagne Mörder, Straßenräuber und Balladendichter war«. Je tiefer sich Baal aus Salon, Redaktion, Kabarett verliert in Wälder, Schenken, Kammern, desto schwärmerischer gerät er in ein imaginiertes Theater-Spätestmittelalter, dem kapitalistische Verkehrsformen als Vorbedingung seiner protestierenden Haltung beim besten Willen nicht mehr abgelesen werden können.

Um die Figur klar zu erkennen, sollten wir also ihrem Hang zur Selbstisolierung, zum Kappen aller sozialen Fesseln und Determinationen lieber probeweise nachgeben, um das Gestenrepertoire ihrer angestrengt ekstatischen Selbstverwirklichung als etwas Absolutes und nicht bloß gesellschaftlich Erzwungenes zu verstehen. Als erstes fällt dabei ins Auge, wie renommistisch, wie pathetisch bis fast zum Umschlag in Parodie Baals Ausdruckssuada stilisiert ist, und wie eng, ja ununterscheidbar diese poetische Potenzallüre zusammenhängt mit der maskulinen. Sprachliche Verfügung über Naturbilder und sinnliche Verfügung über »die Weiber« scheinen da immer wieder wie ein und dasselbe. Gefährlich verschärft sich dabei ein Widerspruch zwischen Machtanspruch und Hingabebedürfnis. Denn alle Hingabe »schwächt«, und das fühlt Baal schon, wenn er nachts zu lange die Sterne anschaut. Worauf sein Genosse Eckart sanft und tückisch zurückfragt: »Du hast wohl schon lange kein Weib mehr gehabt?« Daß Weiber die Männer schwächen, während sie selbst unendlich »können«, ist ein in Gedichten und in Stücken unermüdlich wiederkehrendes Motiv des jungen Brecht. Solche Schwächung, durch Liebe oder auch durch Mitleid oder Hilfe, so wird er später behaupten und beweisen, nützt allein den kapitalistischen Gewaltverhältnissen, stabilisiert und perpetuiert sie. Vorerst aber fürchtet er mit Baal nur um seine Männlichkeit, die ängstlich, gefährdet scheint und folglich sich aggressiv, wüst und steil übertreiben muß, wie eine heroische Leistung einerseits, wie ein Naturereignis andererseits.

Baal trompetet also – er wird nicht umsonst der »Elefant« genannt, Brecht-Keuners späteres Lieblingstier –, ein Selbstverständnis von Dichtertum heraus, dem die Selbstreflexion, die Selbstzweifel Manns oder Kafkas vollkommen fremd sind: männlich, vital, antibürgerlich, asozial, alle Sinnfragen für die eigene Existenz abwehrend, als gäbe es sie gar nicht. Das Pathos der »Eisenbahntruppe von Fort Donald«, im Durchbruchsgedicht des Achtzehnjährigen, dieses Pathos der Mitleidlosigkeit und eines männlich klaglosen, fraglosen Untergangs bestimmt das Lebensgefühl Baals. »Ich falle wie ein Stier«, verkündet er. »Es muß noch ein Genuß sein im Sichkrümmen.« Entsprechend endet auch Brechts Bekenntnis »Vom François Villon«:

Als er die Viere streckte und verreckte
Da fand er spät und schwer, daß auch dies
Strecken schmeckte.

Unbedenklich, genußvoll die Welt an sich reißen, redend wie handelnd, und ebenso rücksichtslos und immer noch genießend alles wieder fallen lassen, auch sich selbst –, in dieser animalischen Vision von Lebensfülle und Todesnähe erfüllen sich Baals Männlichkeit und seine Dichtung.

Auch Schreiben, Dichten soll sich, polemisch gegen alle bürgerlichen Vorstellungen von Inspiration oder kalter Textarbeit, unwillkürlich ereignen wie Stoffwechsel: »Musik quillt aus mir, ich kann sie nicht halten, sie versickert im Sand . . .«, klagt Baal. Über seinem Stück sollte ursprünglich als Motto und Bekenntnis stehen: »cacatum erst, non pictum.« Anal wie genital: alles dient als Potenzbeweis. Rückblickend wird es dann in einem Gedicht über diesen ersten Geniestreich heißen: »Und eines Tages hatte ich richtig ein Drama geschrieben. / Ich hatte kaum was gemerkt, es ist mir richtig abgegangen.« Acht Zeilen weiter dreht sich die Potenzgeste noch ein paar Spiralen höher: »Und jetzt schreibe ich fast jede Woche eines / Es schmeckt wie Eier im Glas.« Die zweite Behauptung dürfte so falsch sein wie die erste, aber der manisch rhetorische Schub steigert das Gedicht zum Schluß noch in eine Baalsche Dissonanz aus Selbstüberhebung und Selbsterniedrigung: »Du hättest das Zeug zu einem Tiger gehabt / Aber die Hoffnung gebe nur ruhig verloren.« Auch diesem Tiger, der schon einmal tagebuchvisionär in den Augen der »kleinen Ostheimer« aufgetaucht war, werden wir noch wiederbegegnen.

»Er hat den Ernst aller Tiere«, sagt der Vorspruch zu »Baal«, in dem er selbst immer wieder verstanden wird als »Wolf« oder »Orang« oder »Mammut« oder eben »Elefant«: »ein Tier von Himmel überdacht«. Ein Fremdkörper also in jeder menschlichen Gesellschaft, sterblich, doch nicht zähmbar: »Ich glaube an kein Fortleben und ich bin auf das Hiesige angewiesen«, so verkündet er dem Gefängnisgeistlichen seinen notwendigen und rücksichtslosen Materialismus, nachdem dieser ihn angeschrien hat: »Sie sind ein Tier. Sie sind *das* Tier. Das Urtier! Ein schmutziges, hungriges Tier, das schön ist und gemein.« Womit Baals Poetik und Moral der Rücksichtslosigkeit knapp und genau getroffen sind. Noch knapper, mit drei Worten definiert der Geistliche das Baalsche Situationspathos dann in seiner Abschieds-Replik: »Sie aufgedunsener Kosmos!« Wie unverhofft genau damit ein fett und faul gebłähtes Männlichkeits- und Verlassenheitsgefühl von kosmischen Dimensionen getroffen ist, mag der Erfinder dieser Pointe damals noch gar nicht geahnt haben. Erst die Notizen und Gedichte nach dem Tod seiner Mutter am 1. Mai 1920 zeigen ihn und eine Motivation seines Männlichkeitswahns wie von einem Blitzschlag erhellt.

Alle diese Reaktionen auf den Tod der lange krebskranken Mutter »aus den schwarzen Wäldern« offenbaren halb eingestandene, halb abgewehrte Trauer und Schuld, also eine bei Brecht immer wieder durchbrechende Dissonanz aus angestrengter Kälte und gefährlicher (»schwächender«) Sentimentalität. Aber zugleich, im Rücken sozusagen dieser normalen Gefühle, erscheint ein mächtig auftrumpfendes und durchliterarisiertes Pathos der Verlassenheit und des Alleinseins, ja einer metaphysischen Beleidigung, die dieser unverstandene Verwaiste und Einsame mitten im Kosmos auszuhalten hat. Die Tagebuchnotiz gleich nach der Todesnotiz trägt tatsächlich genau diesen Titel: »Der Beleidigte«. Alles an diesem Tag einer universalen Gefühls- und Rücksichtslosigkeit muß ihn beleidigen, der blasse Himmel, ein Blasmusikwalzer, der Gedanke an irgendwo vollzogene »Coitusse«, denn: »Meine Mutter ist seit gestern abend tot, ihre Hände wurden allmählich kalt, als sie noch schnaufte, sie sagte aber weiter nichts mehr, sie hörte nur zu schnaufen auf.« Doch vor diesem kleinen grauen Bild hat er noch sich selbst in kosmischem Breitwandformat in Szene gesetzt: »Ich bin, mit offenem Hemd auf der Brust, ohne Gebete im Gaumen, preisgegeben dem Stern Erde, der in einem System, das ich nie gebilligt habe, im kalten Raum umgeht.« Da versichert sich einer, um nur ja nicht in einem Verlustgefühl schwach zu werden, nun erst recht seiner aussichtslosen, doch heroischen Männlichkeit, und das Weltall soll Zeuge sein.

Auch Baal, als er sterbend aus seiner Bretterhütte kriecht, ruft noch einmal die tote Mama an, dann den ermordeten Kumpel und sogar eine seiner vielen geschundenen Frauen, um mit seinem letzten Seufzer den Sternhimmel zu begrüßen, ausdrucksvoll lakonisch: »Sterne . . . Hm«. Nicht mehr, nur das, aber plötzlich scheinen Baal, Mutter, Sterne, die Weiberliebe und die Männerliebe, Gewalttätigkeit, Mord und gütige Natur für einen fast stummen Augenblick versöhnt.

Durch das ganze Stück aber wandert Mutter Baal wie der vorausgeworfene Schatten des Todes der Sofie Brecht, jammernd und anklagend, das inkarnierte Schuldgefühl ihres Sohnes und doch als einzige weibliche Figur ohne erkennbare Abwehr ernst genommen. Obwohl gerade sie doch Moral und Ordnung, alle bürgerlichen Normen gegen die Sauferei und Hurerei des Sohns vertritt, obwohl sie ihn damit so sichtlich »schwächt« und aufweicht. Nur scheint Baals Mutterbindung bloße Sentimentalität und bis zu Baals Todesseufzer praktisch folgenlos.

Außer in einem entscheidenden Punkt, der zu den zahlreichen in die zweite Fassung eingebrachten Verschärfungen gehört: aus Baals vager Neigung zum Künstler- und Streunerbruder Eckart wird nun kraß und klar ein homosexuelles Verhältnis. Mit dem Bekenntnis »Ich liebe dich« und »Ich mag kein Weib mehr« ist der Kreis geschlossen, der die Männer, den Dichter samt Mutter und einer mütterlichen Natur umschließt, aber

»die Weiber« draußen läßt. Als schönes, wüstes Idyll und auf dem Papier mag das wie eine Lösung aussehen. Aber sie hält nicht: Brecht wird schreibend seinen Kampf gegen die Frauen und das Weibliche fortsetzen, bis er, scheinbar ohne es wahrzunehmen, endlich den Figurationen des Weiblichen die Macht überläßt in seinen Stücken.

Solange aber Frauen, wie im »Baal«, ausschließlich sexuell definiert sind, ist ihre Anziehungskraft so ungeheuerlich wie die Gewalt, mit der sie sofort nach einer vollzogenen Vereinigung zurückgestoßen werden müssen. Einmal, weil dieses »animal« Baal »post coitum« böse wird, um ja nicht zuzugeben, wie »triste« ihm zu Mute ist, wie kläglich der immer wieder beschworene Glutkern seines Potenzlebens zu Asche geworden ist. Aber auch, weil Frauen jeden Akt mit Baal übersetzen wollen in irgend eine Art sozialer Verbindlichkeit: »Ich muß sie überwältigen, aber darnach wollen sie nicht mehr gehen . . .« Sie schwächen also nicht nur Baals Männlichkeit, sondern auch seine Asozialität. Aber was an ihnen vor allem abgestraft werden muß, scheint dunkler, liegt tiefer, nämlich ganz offenbar der schmutzige, der sexuelle Untergrund der Liebe.

Fast zwei Jahrzehnte und ein Weltkrieg liegen zwischen Thomas Manns Junggesellen-Misere in Schwabing und der als Kleinstadt-Boheme sich inszenierenden Brecht-Clique in Augsburg, aber nicht einmal Brechts frohe Maulhurerei in den Briefen an Cas Neher kann verbergen, daß es immer noch um das gleiche peinliche und lächerliche Problem sexueller »Erlösung« geht. Im Dezember 1917 wird noch langwierig, wenn auch aufgeräumt verhandelt, daß er die Rosmarie (Aman) nicht mehr küssen könne, weil: »ein anderer küßt sie.« Zwei Monate später droht dann mit Bi (Banholzer) etwas Ernsteres: »Sie ist wundervoll weich und frühlingshaft, scheu und gefährlich. Tagtäglich führe ich mich in Versuchung, um mich von allen Übeln zu erlösen. Aber ich will nicht tun, was ich tun will? Was aber, wenn *sie* will?« Dann wird zart ein »Ringlein« geschenkt, dann hat er sie wieder »satt«, dann ist sie der »lichte Stern«, dann droht endlich im Juni 1918 eine »Katharsis«: »Das wühlt mich ziemlich tief um. Sie scheint ›es‹ nun zu wollen. Helfe ihr Gott und ich!« Diese Hilfe und Erlösung ist Anfang Juli vollzogen, nun hat er sie *»ganz«* und ein neues Zittern beginnt: »Du, was soll ich tun, wenn ›es‹ Folgen hat?«

Nur auf dem Hintergrund dieser sehr landläufigen Initiationsgeschichte (und der parallel zu ihr durch die Briefe laufenden Beschimpfungen der »läufigen Hündin« Rosa Marie Aman) läßt sich etwas begreifen von den mit projektiver Gewalt in den »Baal«-Text hineingeworfenen Frauenfiguren, oder eher -karikaturen, und von den an ihnen ausagierten Zärtlichkeits-, Begierde- und Ekelphantasien. Ab jetzt werden, was Freuds diagnostische Terminologie als sinnliche und zärtliche Strömung unterscheidet, in Brechts Leben und Schreiben immer wieder kraß auseinanderlaufen. Was von Baal wie seinem Entwerfer mit sadomasochistischer Genugtuung eher als mit Trauer wahrgenommen und inszeniert wird. Denn »die Verhältnisse, sie sind nicht so . . .« Aber der Text des Stücks scheint sich nur lyrisch-animalische Verhältnisse (also sicher keine transkapitalistischen) zu wünschen, unter denen Baal auch mit Frauen konfliktlos umgehen könnte.

Wie sanft, in ihrer Angst wie in ihrer Tücke, waren die von Abwehr geladenen Frauenbilder des jungen Thomas Mann ausgemalt, und wie vollmundig bis gröhlend läßt nun Baal, Zeitgenosse eines Expressionismus, der bei ihm den (humanistischen) »Geist« aufgeben muß, Frauenlob und Frauenfluch tönen, einen bis zum Kitsch aufgedonnerten Orgelton des Begehrens wie der Sättigung. Immerhin, so sinnlich sehnsuchtsvoll und authentisch wollüstig, wie Baal in der zweiten Szene von der Verführung einer Jungfrau schwärmt, ist in deutscher Sprache selten geschrieben worden. Das mag Gymnasiastenpoesie genannt werden, aber die redet, wie selten bei Brecht, sehr unvermittelt, aufdringlich nah von eigener Erfahrung, ohne sie, wie üblich bei Brecht, durch eine Haltung zu ihr patent zu verformen, zu beherrschen. Von dünnen Knien, oft taumelnd und einknickend, braunen Gliedern in weißer Wäsche wird da geschwärmt, von »jungfräulichen Hüften«, aber auch vom »Leib eines Tigers«, »wild und geschmeidig . . . und doch sanft und schmeichelnd«. So entfaltet sich gierig und doch zart ein Repertoire der Lockung, die Vision einer ersten und auch gemeinsamen Erfahrung von Geschlecht: »ineinander verstrickt, versteckt ihr euch eins im anderen. Du weißt nicht, wessen Herz schlägt, wenn du's fühlst, und was wie Kampf um Leben und Tod ist, ist die innigste Umarmung.« Das ist Baal vor Baal, Brecht diesseits von Brecht.

Aber auch in diesen Begeisterungsmonolog (für einen fast vergessenen Zuhörer Johannes) sind die Vorzeichen des post coitum-Ekels und der von ihm provozierten Aggressivität schon eingetragen: »wenn du sie genommen hast, bleibt nichts von ihr als ein Haufen Fleisch, der immer noch begehrt.« Während Baal zwar auch »immer begehrt«, aber eben nicht als bloß »ein Haufen Fleisch«, sondern mit der Ausdrucksgewalt seiner

Potenz und wohl auch der kosmischen Verlassenheit. So fallen die Unterscheidungen zwischen männlich und weiblich blind und reflexionslos als die zwischen einsam hart und liederlich weich, zwischen Heroismus und Hurerei. Denn Baal muß nicht nur seine greinende, wütende Mutter vor der Kammertür, sondern auch das Weibliche, Schwächende, diese Neigung zu Rührung und Flennerei in sich dauernd abwehren. Die Folgen sind wahrhaft pervers: er wütet zwar (»ich kann nichts leiden sehen«) wegen der für die Fronleichnamsprozession abgeschnittenen Birkenzweige, doch als er hört, daß ein von ihm »zusammengehauenes«, ins Wasser gegangenes Mädchen nun »schwimmt«, stimmt er als Flucht-, als Männlichkeitsgesang die »Ballade von den Abenteurern« an. Die Frauen als stille Flußleichen, die Männer »im Tanz durch Höllen und gepeitscht durch Paradiese« – damit hat alles wieder seine gute schlechte Ordnung.

Diese ins Wasser abgetriebenen Frauen, seit dem Expressionismus lyrische Zwangsvorstellung nicht nur in den Gedichten Brechts, werden im Tod gerettet in ein ästhetisch stilisiertes, vorgegebenes Bild, in das Ophelia-Motiv, das Baal/Brecht in seiner Assoziationsfülle, als Auflösung ins Feuchte, Flüssige, Faule, aber auch ins Ornamentale der Strudel, Weiden, Tang- und Algenstränge überzeugen, ja befriedigen muß. Mindestens ästhetisch war damit das Frauenwesen aufs Schönste erledigt. Und schließlich waren diese weiblichen Figuren ja auch nur als ästhetische Erscheinungen, als Projektionen Baals ins Stück geraten. Sie funktionieren, fast ohne Selbständigkeit, nur als Reiz- und Beweismaterial seiner Männlichkeit, als Figurationen, die »das große Weib Welt« dem »im weißen Mutterschoße« behütet aufgewachsenen Baal nach seiner Geburt und Entbindung so großzügig wie unbarmherzig entgegenschickt. Im »Choral vom großen Baal« werden solche Bohemevisionen hochstilisiert zum Mythos:

> Und das große Weib Welt, das sich lachend gibt
> dem, der sich zermalmen läßt von ihren Knien
> gab ihm rasende Ekstase, die er liebt
> aber Baal starb nicht – er sah nur hin.

Die Strophe zwingt, so unbesorgt um Logik wie um reine Reime, das kaum Zusammenpassende zusammen: den Mut, sich zermalmen zu lassen von weiblicher Übermacht, und die lässige Zuschauerhaltung, die den eigenen Mut zu Ekstase und Liebestod nur eben zur Kenntnis nimmt. Männlich sind allerdings beide, die Lust am Risiko und an der Distanz.

Aber Baal erfindet mit seiner Sophie, der »weißen Wolke«, noch ein anderes und sanfteres Bild der Auflösung, das Brecht für Frauen und Liebe und die verfließende, flüchtige Erinnerung an beide immer wieder einsetzen wird: eben die Wolke. In diesem Motiv darf ausgedrückt werden, was in der üppig dekadenten, wollüstig sadomasochistischen Inszenierung weiblicher Flußleichen kaum unterkommen kann, eine Zärtlichkeit der Trauer, eine Gemeinsamkeit noch und gerade im Abschied, Haltung trotz emotionaler Bewegtheit, Humanität in einer Naturmetapher. Dieses Bild und erst recht der Zustand, für den es steht, hat zwar in Brechts Werk Zukunft, doch für lange Zeit, in den Kälteexperimenten der späteren zwanziger Jahre, laufen solche »Schwächeanfälle« nur wie verschämter Subtext unter der Hauptarbeit mit. Auch Baal zieht die Erinnerung an irgend eine seiner Wegwerffrauen immer nur sternschnuppenhaft durchs Gemüt, und er beschließt solche Reminiszenz gern sentimental-brutal mit einem: »Das ist das Leben.« Nämlich einerseits, wie »wenn man mit spitzen, knirschenden Zähnen eine saftige Frucht zerfleischt«, und andererseits eben doch die schiefe Ebene zum Untergang: »Es geht mit mir abwärts! Nicht? Aber ich gehe doch gut! Nicht!«

Der Drang zur Weltumarmung und die Sucht nach Untergang scheinen die einzig verläßlichen Triebkräfte im Stück und in seinen Naturmetaphern: in Wolken, Winden, Sternen, Stieren, Bäumen, Früchten, im Fließen, schwülen Faulen und Modern, kalten Wehen sucht und findet es seine Sprache. Denkt man zurück an scheinbare Vorläufer-Texte, an Wedekinds »Frühlings Erwachen« oder gar an »Dantons Tod«, wo scheinbar verwandte Thematik, eine jugendliche Sexualität unter dem Druck gesellschaftlicher Repression oder männlicher Weltschmerz und Lust an Asozialität, durch genaue Zeichnung eines sozialen und geschichtlichen Umfelds eine unvergleichbare Umrißschärfe gewinnen, so wirkt die kraß verspätete romantische Selbstzufriedenheit des »Baal«-Texts erst recht erstaunlich. Hier schreibt jemand, der trotz seiner scheinbar selbstbewußten Haltung zu Welt und Sprache noch sehr wenig, fast nichts an zeitgenössischer Realität auffängt, sondern eine Augsburger Stadtrand-, Lechauen-, Spelunken- und Dachkammerstimmung hochliterarisiert hat in einen kräftig, doch vage expressiven Pubertäts-Mythos von den zermalmenden Knien des »großen Weibes Welt«.

Auch eine romantisch ironische Ahnung von der Künstlichkeit seines hocherregten Gebildes hat der Autor in dieses hineingeschrieben: »Du brauchst nicht Komödie zu spielen« oder: »Wir wollen Orgie spielen« oder: »Das ist Papier. Aber es macht nichts« —, so rufen sich die Figuren zu. Also alles nur Theater? Für die Fassung von 1919 hat Brecht als kühne Zugabe noch die Szene erfunden, in der Baal ein großes Treffen von Stieren plant, wovon er sich nicht mehr verspricht als »nur einen starken Anblick«. Stiere mußten es natürlich sein und erscheinen sollen sie: »In der Dämmerung, am Abend«. In diesem Projekt eines imaginären Theaters auf dem Theater steigern sich bis zur gegenseitigen Aufhebung noch einmal das Nirgendwo-, das Männlichkeits- und das Untergangspathos des Stücks.

Jede längere Erörterung des »Baal«, je geduldiger sie sich einläßt in diese Wort- und Motivwildnis, ohne also sofort eine Schneise entschlossener Analyse hindurchzuschlagen, gerät unwillkürlich in die Argumentation für und gegen etwas so eindrucksvoll wie vielversprechend Mißglücktes. Auf dem Theater hat das Stück sich kaum je durchsetzen können. Zu offensichtlich erscheint in ihm nur die nach außen geschleuderte Innenwelt seiner Hauptfigur, gegen die der Text kaum eine entschiedene Außenansicht und auch keine deutliche Stellungnahme, etwa durch die komische Brechung des Pathos entwickelt. Selbst lesbar, nämlich als Reichtum, ist diese literarische Wirrnis sicher nur mit einer wohlfundierten Ahnung davon, was aus diesem mit renommistischer Kraftgebärde über seine Erfahrung hinausschreibenden Augsburger Jüngling noch geworden ist.

Unmittelbar nach dem Tod seiner Mutter und dem kosmischen Bild des »Beleidigten« meldet er im Tagebuch in einer Art Kriegserklärung an die ganze Welt mit großer Herrschaftsgeste seine Ansprüche urbi et orbi an:

Wiewohl ich erst 22 Jahre zähle, aufgewachsen in der kleinen Stadt Augsburg am Lech, und nur wenig von der Erde gesehen habe, außer den Wiesen nur diese Stadt mit Bäumen und einige andere Städte, aber nicht lang, trage ich den Wunsch, die Welt vollkommen überliefert zu bekommen. Ich wünsche alle Dinge *mir* ausgehändigt, sowie Gewalt über die Tiere, und ich begründe meine Forderung damit, daß ich nun einmal vorhanden bin.

Hier mag, zugegeben, ein Ich-Text wie unwillkürlich hinübergleiten in ein Rollensprechen, in eine Fiktion. Doch diesen imperialen Weltverfügungsanspruch dürfen wir als mächtigen Schreibimpuls nie vergessen, gerade weil er sich später so sorgfältig verbergen wird, hinter Weltbefriedungsgesten und -projekten. Auch Baal mußte schließlich hinunterzensiert werden auf nur noch sein »Glücksverlangen«, denn das scheint eher sozialisierbar als sein Allmachtanspruch, sein Potenzgestus.

Sehen wir Bertolt Brecht im Licht seiner kommenden Möglichkeiten, so stand er als Autor des »Baal« vor einem Steinbruch aus poetischem Material und aufgehäuften Problemen. Gelungen war ihm ein noch weitgehend selbstzweckhafter, wenn auch riesiger Talentbeweis. Er hatte – und das wird sich nicht wiederholen –, einen Dichter in die Mitte eines Stücks gestellt, aber der vollzieht seine dichterische Produktion wie ein Naturereignis, wie bewußtlos. Gestellt, wenn auch kaum im Ansatz aufgegriffen war damit die Frage nach der Funktion von Literatur und Autorschaft. Die Mittelpunktsfigur feiert und versteht sich außerdem als Inkarnation von Männlichkeit – aber: gäbe es nicht andere Vorstellungen von Heroismus als den hier vorgeführten eines sinnlos natürlichen, gemeinsam mit Flora und Fauna Sichverbrauchens und Vergehens? Und falls Vergänglichkeit, Diesseitigkeit, Einmaligkeit die unaufhebbaren Rahmenbedingungen des menschlichen Lebens sind, wie hier emphatisch beteuert wird –, könnte dann nicht Untergang doch (wie damals in den Kriegsgedichten) im Zeichen einer säkularisierten Eschatologie als Opfer mit verheißener Wiedergeburt uminterpretiert werden? Wenn schließlich Weiblichkeit, wie hier zwanghaft imaginiert, für einen borniert männlich verstandenen Weltlauf eine solche Schwächung und Gefahr heraufbeschwören sollte –, müßte sie dann nicht besser für diesen Weltlauf in Dienst genommen, verwertet und damit – domestiziert werden? Aber: gibt es überhaupt eine faßbare, Widerstand bietende, keiner Wort- und Gefühlsgewalt unterwerfbare Realität außerhalb eines baalisch, also gewaltig leidenden Selbstbewußtseins und näher als der garantiert existierende, aber mitleidlos ferne Himmel? Und was die nächstliegenden, die schreibtechnischen Probleme betrifft: es mag durchaus zutreffen, was der Tagebuchschreiber mit Genugtuung über seine ersten Stücke vermerkt, daß sie immerhin einen »großen Fehler sonstiger Kunst ... vermieden ... haben: ihre Bemühung, mitzureißen«, daß sie den Zuschauer einer »splendid isolation« überlassen, nämlich ohne die Möglichkeit »mitzuempfinden« –, aber genügt solche Nichterfüllung konventioneller Erwartungen als Programm? Wozu bloße Innovation, wenn diese neue Zuschauerhaltung (welche?) nicht benutzt wird (wozu?)?

Alle diese Fragezeichen aufzulösen, kostete Brecht die Arbeit von Jahrzehnten, und aus diesen Jahrzehnten sind sie hier auch zurückprojiziert worden auf seinen so gewaltig weltlosen wie zukunftsträchtigen Erstling.

Mit »Trommeln in der Nacht« allerdings, dessen erste Fassung schon im Februar 1919 fertig ist, war Brecht in allen entscheidenden Fragen kaum vorangekommen, eher zurückgeworfen worden. Heimkehrer Kragler landet, indem er die alte und gebrauchte Braut statt eine von Spartakus versprochene nagelneue Welt wählt, in einem Niemandsland zwischen den Fronten, zwischen verachteten Bürgern und verratenen Revolutionären. So bequem wird es nicht werden in dem »großen, weißen, breiten Bett«, für das er optiert. In Kraglers Weder-noch und Ohne-mich präsentiert sich der Kleinbürger als Bohemien und Ideologe der Ideologielosigkeit: »Mein Fleisch soll im Rinnstein verwesen, daß eure Idee in den Himmel kommt?«

Wieder, wie in »Baal«, diesem Wurf gegen Johsts Grabbe-Drama, gewinnt auch dieses Stück seinen ersten Furor aus dem Geist der Parodie. Es demontiert das damals so flott florierende Genre Revolutionsstück wie auch das einer verzweifelten Liebesgeschichte mit happy end. Gewählt wird schließlich nur zwischen »Fleischbank« und »Bett«, und diese Alternative ist genauso zynisch wie die schließlich getroffene Entscheidung. Doch das Stück, mühsam ordentlich in fünf Akte gebracht, war offenbar gerade wegen seines übersichtlichen Ablaufs und der plakativen Deutlichkeit seiner Entscheidung ein Erfolg. Ihm gelang offenbar das Falsche, nämlich »mitzureißen«. Mißverstanden war es wahrscheinlich auch als Zeitstück, als Realitätssgewinn also mit journalistischen Mitteln. Der Text läßt keinen Zweifel daran, daß er den Revolutionsversuch weit hinter den Kulissen nur als dramaturgisches Aufputschmittel gebraucht und so ernst nimmt wie den roten Kulissenmond, der als Zeichen revolutionärer Hoffnungen gehißt wird und den Kragler am Ende vom Himmel holt: es war ja nur ein Lampion. »Hoch Spartakus! Fauler Zauber! Rotwein!« ruft der Journalist Babusch schon in der Bar. »Es ist gewöhnliches Theater«, bestätigt Kragler, bevor er den roten Mondlampion demontiert. So sehen wir Brecht im zweiten Stück um ein paar kräftige Illusionen ärmer geworden: der Männlichkeitszauber ist verblaßt, das Weibchen Anna scheint zahm, zeitgenössische Realität erweist sich auf der Bühne als Bluff, und eine Dramaturgie des »Mitreißens« funktioniert offenbar auch wider Willen und Absicht. Was dagegen an Kragler entdeckt war, sollte in Brechts Werk noch eine lange, wechselvolle Zukunft haben, nämlich die opportunistische Überlebenskraft, deren Realismus sich von Zynismus kaum unterscheiden läßt. Dieses Pathos der Schäbigkeit wird Brecht pflegen und steigern.

»Baal« und »Trommeln in der Nacht«, diese ersten großen Auftritte des Stückeschreibers waren zugleich auch Abschiedsvorstellungen: nie mehr würde er sich als Dichter und Bekenntnisfigur so unübersehbar in einen Bühnentext pflanzen und nie mehr würde er versuchen, wie er 1927 Fritz Sternberg sagt, »aus der Beziehung eines Mannes zu einer Frau eine Vision zu gewinnen, die stark genug wäre, ein ganzes Drama zu tragen«. Daß er neue Vorstellungen von Theater entwickeln mußte, nachdem er die alten gründlich durchprobiert und als unbrauchbar verworfen hatte, pflegte er später immer wieder zu betonen. Er aber meinte damit fast immer nur Techniken und Methoden, denn die Umorientierung sollte und wollte ja als eine wissenschaftsanaloge begriffen werden. In Wahrheit hat er natürlich auch Stoffe und Erfahrungen auf ihre Theatermöglichkeiten hin getestet und die für ihn undarstellbar gewordenen dann ausgeschieden.

Seit 1920 wird in den frühen Tagebüchern mit Unruhe und Ehrgeiz die Frage umkreist, ob »große«, »einfache«, ob distanzierende und kalte Formen der Darstellung für das gefunden werden könnten, was beim frühen Brecht üblicherweise hochgerechnet wird auf Begriffe wie »Nihilismus«, »Vitalismus« und »Anarchismus«. Als Autor arbeitet er zwar weiterhin, kongenial zu seinen Themen, mit Vorliebe spontan und vulkanisch, doch als Kritiker seiner selbst beginnt er die Fühler auszustrecken nach einer Strategie, einem Bauplan für das Gesamtwerk, der die Arbeit am Einzelwerk befreien könnte von der Not, jedes Mal wie von vorn anfangen zu müssen. »Meine Appetite müßten geregelt werden, so daß die wilden Anfälle ausgemerzt und die Interessen auf lange Dauer ziehbar wären, so etwa, daß ich Stücke sehr rasch schreiben könnte, aber nicht müßte. Dieses letztere ist die Fähigkeit der Klassiker«, so schreibt er noch 1926, wie von einem noch immer unerreichten Ziel. Darum, »Tradition zu bekommen in der Arbeit«, müht sich der Schein-Berserker die ganzen zwanziger Jahre.

Große Absichten

In Brechts Tagebüchern der frühen zwanziger Jahre flackern und dämmern schon nahezu alle Motive herauf, aus denen sich später seine Theatertheorie formieren wird. Auch diese Theorie, so energisch sie auch in immer neuen Schüben formuliert wird, um zuletzt noch im »Kleinen Organon« eine katechismushafte Zusammenfassung zu finden, hat genügend Mißverständnisse auf sich gezogen. Noch nach dem Tod ihres Autors mußte sie durch einen Wust von Auslegungen und Auslegungen der Auslegungen immer neu und immer wieder defensiv definiert werden. Ja, ihr Allerheiligstes und Strengstes, das radikale Herzstück der Lehre vom Lehrstück mußte (von Reiner Steinweg) in akribischer Philologie aus lauter fragmentarischen Ansätzen erst rekonstruiert werden. Nur: ob solche Rekonstruktion von etwas, das nie existiert hat, von einer wissentlich oder willentlich nur im Ansatz entworfenen Theorie nicht ein kühn unhistorisches Unternehmen ist?

Ich frage, weil in den Tagebüchern des Autors mit Anfang zwanzig, der dort Lust und Qual seiner Arbeit an den ersten Stücken bedenkt, zunächst nichts als Stoßseufzer, Unwillens- und Absichtserklärungen zu lesen sind, die auch kaum in ein System gebracht werden können, obwohl sie in die Richtung des späteren Systems weisen. Immerhin erzählen lassen sich diese kurzen Tagträume von einem ganz anderen Schreiben, ganz anderen Stücken, Haltungen, Hilfsmitteln, Vorbildern.

Am genauesten oder doch heftigsten kann Brecht immer ausdrücken, was er schreibend nicht mehr machen will wie eben noch, denn »zu primitiv und altmodisch«, zu »plump und zu wenig kühn« kommen ihm seine Arbeiten vor: »Man muß loskommen von der großen Geste des Hinschmeißens einer Idee, des ›Noch-nicht-Fertigen‹.« Schließlich hat »der Expressionismus abgewirtschaftet und der ›Ausdruck‹ wird auf den Mist geworfen!« Ein Ausrufezeichen beschließt auch den Satz: »Man muß über den Barock hinauskommen!« Aber das Abstoßendste, Fremdeste am Expressionismus, was er höhnisch gern in Anführungszeichen setzt, ist die Substanz »reiner Geist«, die ihn aus den bekennerischen Elendsbildern der Berliner Sezession anstrahlt. Dagegen hatte er sich schon in einem Kriegsbrief an Neher bekannt: »Der Geist siegt auf der ganzen Linie über das Vitale. Das Mystische, Geistreiche, Schwindsüchtige, Geschwollene, Ekstatische bläht sich … Man wird mich ausstoßen aus dem Himmel dieser Edlen und Idealen und Geistigen …« Denn in den Leidensstücken solcher Priester-Künstler setzt sich eine falsche Tradition fort: »Das Mitleiden der Dramatiker (Hauptmann, Ibsen), der Anfang vom Ende! Das gibt nur flache Stücke (d. h. man kann nicht drum rumgehen).« Hier wird zum ersten Mal, auf knappstem Raum, ein mitfühlendes und »mitreißendes« Theater konfrontiert mit einem, das mehrere Ansichten bietet, das einlädt zu einem reflektierenden »Drum-rumgehen«.

Was er weiterhin nicht mag, an sich oder an anderen, ist »Journalistenarbeit«, erstens wegen ihrer Neigung zu »Tendenz«, aber auch wegen ihrer anderen Neigung, »jedem Gefühlchen eine ihm allein angemessene, ganz auf es eingestellte, rücksichtslose Formulierung zu geben, (das) führt doch nur zu seiner Isolierung«. Ihm mißfällt sogar einer seiner stärksten Antriebe: »Dieses Mißtrauen gegen alles Überkommene! Dabei neige ich gegen Experimente. Die Natur experimentiert nicht.« Ein wahrer Goethesatz. Und fast wie damals der Altklassiker gegen die »forcierten Talente«, so argumentiert er nun gegen sich selbst: »ich mache so viel, es sind schöne Einfälle, ich verliere mich ans Interessante, Spielerische, Elegante.« Das klingt, mindestens für den Autor des »Baal« und der »Trommeln in der Nacht«, schon wie willkürliche Selbstbezichtigung. Aber wenn er sich lossagt vom Schnellen, Offensichtlichen, durch Formulierung Erledigten, dann verbirgt sich darin auch ein ernst und feierlich ausgesprochenes Motiv: ». . . wo es kein Geheimnis gibt, gibt es keine Wahrheit.«

Erstaunlicher noch und wieder verkündet mit feierlicher Ruhe klingt alles, was ihm als literarische Gegenwelt zu seiner bisher erdichteten – »vorschwebt« (das ungenaue Wort trifft hier am genauesten). Die Begriffe »Klassik« und »Klassiker« spielen eine Schlüsselrolle, wenn er nachsinnt über das »wahre Wesen großer Kunst«. »Größe und Belang« vermißt er in einem Stück des Freundes Feuchtwanger, und die eigenen »Trommeln in der Nacht« sind »ohne Anläufe in die kühleren Regionen der Kunst«. Denn er dekretiert, »daß das Wesen der Kunst Einfachheit, Größe und Empfindung ist und das Wesen ihrer Form Kühle«. Dann wieder der gute Vorsatz: »Sich eine einfache Fabel leisten!« Und: »Wenn schon Theater, dann gutes Theater, vornehmes Spiel und keine Nachahmung der Wirklichkeit (sondern: Vorbild!). – Ich selbst habe viel Sinn für Kultur eben, und das Klassische ›erquickt‹ mich.«

Nur gelegentlich werden diese Bekenntnisse und Leerformeln auch mit Reflexionen belebt: »Man rügt den Formendienst der Klassik und übersieht, daß es die Form ist, die dort Dienste leistet.« In diesem Sinn wird später auch das epische Theater in Dienst genommen. Gegen »jede Glätte« ist zwar auch der junge Brecht: »aber Vollendetes ist nicht glatt«. Er träumt vom »Hinschmeißen des Kunstwerks, der gestalteten Idee, der größeren Geste des ›Mehr-als-Fertigen‹«. Da endlich fährt eine Dissonanz in die scheinbar so abgeklärt neoklassizistischen Absichtserklärungen: eine »hingeschmissene, doch »gestaltete Idee« offenbart jäh den Riß, den diese theoretischen Sehnsuchtsseufzer immer nur übertünchen, den Riß zwischen den subjektiven und objektiven Antrieben dieser Schreibbegabung, zwischen ihrem vehementen Ausdruckswillen und ihrem erst aufdämmernden Erkenntnisinteresse. Baal will Theoretiker werden – das wird ein langer Weg.

Launenhaft mögen diese Notizen sein und so, fragmentarisch und herausgelöst aus allen motivierenden Lebens- und Arbeitszusammenhängen, sind sie hier auch vorgeführt worden. Aber es sind starke und immer wiederkehrende Launen, die sich da äußern und vor allem: sie widersprechen vollkommen dem öffentlichen Erscheinungsbild, dem Bänkelsänger-, Formzertrümmerer-, Kraftgeniegestus, mit dem der junge Brecht sich damals als Bürgerschreck durchsetzen wollte, und sie gewinnen als erste Zeichen einer späteren Klassiker-Karriere außerdem eine Legitimität, die dieses klischeehafte Schwärmen von Größe, Einfachheit, Gestalt, Kühle, Idee und Vollendung erst bedenkenswert macht. Hier, hinter den Kulissen, im Selbstgespräch der frühen Tagebücher, bereitet sich eine Zukunft vor, von der Brechts grelle, provokante Öffentlichkeitsarbeit in dieser Zeit noch nichts zu erkennen geben will. Er weiß immer, wie vor allem seine Briefe zeigen, zu wem er gerade redet und wie er vom jeweiligen Addressaten gesehen werden will. In Rollen zu denken und zu agieren, war ihm nicht nur als Stückeschreiber geläufig, und eine Rolle spielt er natürlich auch sich selbst gegenüber, auch in den Tagebüchern. Wenn er also Unzufriedenheit über seine bisherige Produktion ausagieren möchte, wirft er sich gern in die Rolle der Besonnenheit, des werdenden Klassikers auf dem Weg zu einer »großen Ansicht«, welche die Welt erhellen und der eigenen Arbeit die »große Linie« sichern sòll. Form muß dienen, Philosophie auch.

Denn nicht nur die ersten Umrisse einer anderen Ästhetik, sondern auch das Bedürfnis nach einer systematischen Weltansicht läßt sich in diesen Tagebüchern erkennen, wenn auch immer wieder unterlaufen vom Zweifel, ob sein Kopf sich je würde organisieren können zu einer »ausgewachsenen Philosophie«, wofür er eine entwaffnend einfache Erklärung abgibt: »Ich vergesse meine Anschauungen immer wieder, kann mich nicht entschließen, sie auswendig zu lernen.« Man könnte, noch naiver, auch vermuten, daß ihn vorerst alle festen Zusammenhänge noch langweilen, ja lähmen. Prompt folgt auch der Befreiungsschlag: »Ein Mann mit einer Theorie ist verloren. Er muß mehrere haben, vier, viele!« Es wird Brecht später viel Mühe und einige Pedanterie kosten, diese vitale Lust an Pluralismus, an einem um alle Gegenstände »Drum-rumgehen«, in die strengen Denkspiele einer Dialektik hineinzubändigen, die doch den Bannbereich einer einzigen Theorie nie mehr verlassen dürfen, denn seinen Marxismus hatte er schließlich »auswendig gelernt«.

Aber es steckt in diesem so intensiven wie unklaren Bedürfnis nach großen Zusammenhängen und einfachen, kühlen Formen noch ein weiterer Widerhaken, der verhindern sollte, daß wir zu schnell verstehen und also mißverstehen. Gedacht und gewünscht wird von diesem werdenden Klassiker nämlich keine Renaissance der Tragödie. Erstens gilt ganz spontan und allgemein: »Man soll die Menschheit nicht antragöden.« Und zweitens wird die tragische Gattung, Seit an Seit mit der Mitleidsdramatik, als bürgerlich und also untergehend begriffen: »Die Tragödie basiert auf bürgerlichen Tugenden, zieht daraus ihre Kraft und geht ein mit ihnen.« Auch neigen »Trauerspiele« dazu, »die Partei ihres Helden zu nehmen. Es ist ein Unfug. Sie müssen die Partei der Natur nehmen.« Für eine neue Tragödie könnten also offenbar neue Tugenden, gebunden an eine andere Klasse und ein anderes Geschichtsziel gefunden werden, und dieses müßte sich durchsetzen mit Naturgewalt, als Naturgesetz, gegen den Helden. Diesen starken Folgerungen jedenfalls werden wir bald begegnen.

Der junge Brecht aber setzt vorerst auf Komik, und darunter versteht er zunächst einmal kritische Brechung des Illusions- wie des Mitleidstheaters. Er beklagt in seinen »gewachsenen Werken« den »tierischen Ernst« und in den »gemachten« wiederum »zu viel Ironie«. Er will nicht Harmlosigkeit, sondern daß auf der Bühne »die Leute im höchsten Sinne komisch sind, aber ernsthaft, tüchtig oder abstoßend aus der Nähe«. Im Varieté sieht er »einen Exzentrik-Clown von gewaltigem Format, der mit kleinem Pistol auf Licht schießt, sich auf den Kopf schlägt, eine Beule wachsen läßt, sie absägt und auffrißt. Ich bin entzückt: darin ist mehr Geist und Rasse als im gesamten zeitgenössischen Theater.« Und während man die hier sich anbahnende (und im Berliner Ensemble dann realisierte) Synthese aus Zirkus und Klassik, Komik und Kühle, Exzentrik, Mitleidlosigkeit und einfacher Fabel zu bestaunen beginnt, angeregt und noch ungläubig, spinnt Brecht die Clownsidee weiter, indem er sich zwei so im Wortsinn exzentrische Personen als Illusionsbrecher und Verfremdungs-Räsonneure zwischen die Szenen seiner Stücke auf die Bühne wünscht: »Dadurch sollen die Dinge auf der Bühne wieder real werden. Zum Teufel, die *Dinge* sollen kritisiert werden, die Handlung, die Worte, die Gesten, nicht die Ausführung.«

Damit lägen die Bausteine für ein episches Theater fast vollständig bereit, freilich wie auf einem Schutthaufen. Es wird dauern, bis sie sortiert sind, und dazu wird auch der Druck auf Leben und Schreiben Brechts noch zunehmen müssen. Doch zu erkennen gibt dieser Tagebuchschreiber mit Anfang und Mitte zwanzig auch seine psychische Disposition (und nicht nur eine ästhetische) zur »Klassik«, ein tief im Temperament wurzelndes Bedürfnis nach großer Form, Kühle und Distanz zum Gegenstand, nach Haltung statt Hingerissenheit. Hierfür sollen einige weit verstreute Belege zunächst ganz kommentarlos, Brocken auf Brocken, bewußt achronologisch herunterzitiert werden:

Es gibt welche, die nicht leiden können. Ich kann besser klagen, oder bilde es mir wenigstens ein. Die Klage muß von denen erhoben werden, die am wenigsten leiden.

Vierzig Jahre und mein Werk ist der Abgesang des Jahrtausends. Ich habe die Liebe zu den Untergehenden und die Lust an ihrem Untergang.

Ich möchte gern eine Kunst machen, die die tiefsten und wichtigsten Dinge berührt und tausend Jahre geht: Sie soll nicht so ernst sein.

Wo ist bei uns diese ernsthafte, oft nüchterne Hingabe an die Idee und die ebenso oft fanatische an das Handwerk . . .? Die besten Werke unserer Epoche werden vergehen durch den Mangel an Ethik in ihrer Technik.

Meier-Grefe sagt von Delacroix: bei ihm habe ein heißes Herz in einem kalten Menschen geschlagen. Und das ist im wesentlichen eine Möglichkeit der Größe.

Man müßte die Nation ins Herz treffen. Jedes Stück eine Bataille. Sich inmitten eines Volkes entwickeln. Macht ausüben.

Das Schlimmste ist: ich verachte die Unglücklichen zu stark.

Amor fati. Alles mit ganzer Seele und ganzer Liebe tun! Was, das ist gleichgültig! Klein oder groß! Beides! Nicht immer Politik, Hoffnung auf Zukunft, Sonnenschein! Sauft ihn, den Regen! Bei seinem Unglück dabei sein, sich ihm widmen, mit Haut und Haar!

Die schwarze Sucht des Gehirns: siegen.

Der Triumph über die Menschheit: das Richtige tun zu dürfen, unnachsichtig, mit Härte!

Natürlich mögen auch das wieder Rollenspiele, Haltungsexperimente sein, aber ihr Spielraum, wenn auch scheinbar groß zwischen der Rolle Baal und der Rolle St. Just, ist nicht beliebig: Brecht bleibt hinter allen Masken Brecht, und ein imperiales oder doch herrisches und arrogantes Grundpathos bäumt sich in allen diesen Sätzen. In diesen Größen- verbergen sich auch Demutsphantasien, aber beide sind wie in einer Fluchtlinie ausgerichtet auf die Grundvision kosmischer Verlassenheit, auf das genußvoll heroische Leiden (oder eben nur: Klagen) eines von Gott und der Welt Verlassenen, »preisgegeben dem Stern Erde«, wie es das Tagebuch gleich nach dem Tod der Mutter inszeniert hat. Denn amor fati und die Verachtung der Unglücklichen und Jammernden bedeuten letztlich ein und dasselbe: der Mensch muß, statt getröstet, rücksichtslos überzeugt werden »von seiner unsäglichen Verlassenheit auf dem Planeten, seiner winzigen Bedeutung und kaum wahrnehmbaren Verwurzelung«. Das jedenfalls wäre von allen denkbaren »großen Ansichten« die größte und wohl auch die »männlichste«, und kein Mitleid, keine Fürsorge und Hilfe befreien aus dieser Situation. Hier spricht Brecht so unübersehbar als ein Sympathisant Nietzsches, daß nicht erst eine Vernetzung von Zitaten das »beweisen« muß.

Im Februar 1922, schon in Berlin und längst verwickelt in die Arbeit am »Dickicht der Städte«, am Stück wie an der eigenen offenbar traumatischen Erfahrung der Großstadt, zieht der Stückeschreiber scheinbar gelassen und majestätisch ein Resümee: »Gelingt es einem von uns, das

Drama zum Spiel zu machen, ohne es zu schwächen, wozu vielleicht weniger eine heroische Religion wie zu den großen mythischen Tragödien gehört, als eine starke und gleichmäßige Philosophie; dann werden wir durch ein Feixen dem Gelächter entgehen.« Der Nachsatz scheint, wie in einem Heine-Gedicht, den leichtfertigen Absturz aus einer eben großartig installierten Fallhöhe vorzuführen. Noch diese flott aufgelöste Verlegenheit hat ihren guten Grund: eigentlich, der Papierform nach, wenn man nämlich alle Beichtgeheimnisse der Tagebücher ernst nimmt, wäre Brecht schon Anfang der zwanziger Jahre reif gewesen zu einer radikalen Neuorientierung, Umorganisation seines Talents und seiner Produktion. Es fehlte dazu aber mehr als nur eine »starke und gleichmäßige Philosophie«.

Mindestens dreierlei hat diesen Prozeß zunächst aufgehalten, um dann später die Notwendigkeit einer Lösung zu verschärfen: einmal die Erfahrung Berlins, dann die Unmöglichkeit, sie anders als mit energischen Anleihen beim »abgewirtschafteten Expressionismus« in sein »Dickicht«-Stück zu übersetzen, aber wahrscheinlich auch die Passion für die Sängerin Marianne Zoff, die den großen Frauenverfüger, -verächter, -verbraucher 1921 endlich als Opfer und als in Drei-, Vier-, Fünfeckverhältnisse hineingedrehte Komödienfigur im eigenen Lebensszenario blamiert, ein Stoff für Sternheim oder Wedekind, kaum für eine neue Klassik. Wie sollte unter diesem erbärmlichen Druck die einfache Fabel, die souveräne Distanz, die kühle, große, philosophisch gestärkte Perspektive entwickelt werden?

Brecht wehrt sich mit kleinen Schlägen gegen große Zumutungen, schreibt über und gegen den Liebhaber und Finanzier der Zoff das denunziatorische Gedicht »Historie vom verliebten Schwein Malchus« und als negative Glorifizierung des eigenen Zustands eine Hymne über die Verleichnamung bei eben noch lebendigem Leibe: »Die Ballade vom Liebestod«. Im Gelegenheitsgedicht kann man sich erleichtern, und zwar gerade durch scharfe Einhaltung der Form. Das Stückeschreiben – und nur um diese Aufgabe kreisen ja immer wieder die Tagebuchsorgen –, verlangt unendlich mehr Fassung, Anlauf, Grundlagen, nachdem der Vorrat erster Unbefangenheit und Spontaneität ganz offensichtlich verbraucht ist.

So geraten die sechs Monate in Berlin im Winter 1921/1922 und ihr Generalthema: »Da ist die Kälte, friß sie!« in Konflikt mit dem wuchernden, noch in Augsburg entworfenen, in den Lechauen (»Jedes Wort im

Freien!«) begonnenen Stück, das sich schon in seiner ersten Ankündigung nicht entschließen kann zwischen der Stadt entweder als Dschungel oder als Stein- und Kältewüste, das aber aus Not entschlossen scheint, das neue Babylon zu archaisieren, ja zu mystifizieren und zu mythologisieren: »Eines ist im ›Dickicht‹: die Stadt. Die ihre Wildheit zurückhat, ihre Dunkelheit und ihre Mysterien. Wie ›Baal‹ der Gesang der Landschaft ist, der Schwanengesang. Hier wird eine Mythologie aufgeschnuppert.« Der Fortschritt im Stoffgewinn wird offenbar bezahlt mit einer Regression in der ästhetischen Methode: »Auch mache ich nicht Gesichter, sondern Gesichte. Hier liegt der eigentliche Expressionismus! Nicht Kräfte in Menschengestalten, sondern Menschen als geistige Wesen.« Die Produktion, die Trance vor allem der ersten, wie halluzinatorischen Arbeitsphasen (». . . es dringen Sätze direkt aus den Brüsten heraus. Ich schreibe nur auf.«) schwemmen alle schwachen und starken Vorsätze für einen Neubeginn mit sich fort: »Alles ist im Fluß, ich liebe das Ungefähr.«

Folglich beginnt, im September 1921 und im Stadtdickicht nach dem Landschaftsdickicht, doch alles wie von vorn. Ein halbes Jahr vorher, in einer Nachtniederschrift, hatte er den Krisenzustand so genau protokolliert, daß man noch auf schnellere Klärung hätte hoffen können.:

»Zuerst ist alles einfach, naiv, gesund. Der Zwanzigjährige begreift den Kosmos. Er ist, wie er sein soll. Er hat eine natürliche Beredsamkeit und verwendet sie für einfache starke Dinge. Das leicht Hymnische seiner Diktion drängt er ins Maß durch derbe Zynismen. Oh, diese Sicherheit des Unbesiegten, Tapferkeit des Beginners!« Was nun folgt, eine Aufzählung der »Fehler«, Schwierigkeiten, »Geheimnisse«, kann er zwar noch in Worte fassen (ungenau genug), doch nicht mehr erklären. Klar beschreibbar sind dann wieder die Folgen: »Von jetzt an verbirgt sich die Kraft, die nicht versiegt ist, in den Werken, sie kriecht in die Widersprüche, sie läuft gegen den Wind; die Geschwindigkeit verringert sich, der Wind muß abgerechnet werden!« Das könnte noch, als in Widersprüche investierte Kraft, wie eine gute Vorbedingung zur Entfaltung von Dialektik verstanden werden, mindestens für jenes »Lavieren«, dem er im Tagebuch auch immer wieder nachsinnt und das er später durch Keuner oder Schwejk oder Shen Te als Überlebensprinzip wiederentdecken wird. Doch der Psychologe seiner selbst sieht sich illusionsloser: »O Blasiertheit des erstmalig Besiegten! . . . Ruhebedürfnis, formale Gerissenheit, letzte Bestände von Übermut bringen die Gefahr feinster Verwüstung in die unerhört überspannten Kompliziertheiten . . . Schon der Dreiundzwanzigjährige kämpft verzweifelt gegen die Eitelkeit . . . Wütend findet er sich ab mit der Unklarheit seiner Formulierungen, da das Stoffgebiet, das einzubeziehen ist, ein so ungeheures geworden ist . . .«

Schadenfroh möchte man kommentieren: Gute Zeit für Lyrik. Denn in ihr, wie sich gleich zeigen wird, ließ auch ein »ungeheures Stoffgebiet« – sogar der Kosmos, der »ist, wie er sein soll« –, sich mit traditionell zuhandenen Mitteln, in Bibelsprache, Bänkelsanggestus, barocken Vanitas-Motiven, gedrängt »ins Maß durch derbe Zynismen«, auch ungeheuer konzentrieren. Auf einige Beispiele für dieses (theoriefreie) Gelingen sollte ein Blick geworden werden, bevor am »Dickicht der Städte« überprüft werden kann, was auf dem Scheitelpunkt der verschleppten Krise in der dramatischen Produktion umschlägt, in welche Richtung, und welche anderen Wege oder Rückwege sich damit für immer verbauen und verbieten werden.

Gute Zeit für Lyrik

Wer will, mag es für Zufall halten, daß die beiden haltbarsten, die schlichtweg kanonischen Gedichte aus Brechts Frühzeit, die »Erinnerung an die Marie A.« und der Abgesang »Vom armen B. B.«, beide auf einer Zugfahrt zwischen München und Berlin entstanden sind, auf der Fahrt *zu* einem dreiwöchigen Aufenthalt in Berlin am 21. Februar 1920 das eine, das andere am 26. April 1922 auf der Rückfahrt *aus* Berlin, nach fast sechsmonatigem Kampf um die Eroberung der Metropole. Zwei Abschiedsgedichte also, zwei Rückblicke aus sich entfernendem Zug, nur in verschiedener Richtung, auf eine alte Jugendliebe und auf die neue »Asphaltstadt«, beide beherrscht durch eine ähnliche Strategie, die das Angesehene wie durch ein umgedrehtes Fernglas auf übergroße Entfernung rückt, es genau macht und dennoch künstlich.

Immer wieder führen gerade die Liebesgedichte des jungen Brecht vor, daß er Nähe zum »Gegenstand« (das Wort ist hier gerade kühl genug), zur Liebe also und zu einer Geliebten, nur gewinnt durch Distanzierung. Alles Gegenwärtige oder kaum Vergangene, damit es nur ja nicht aufdringlich wird, wird versetzt in eine Erinnerung. Geübt wird die Vorschau auf einen Rückblick. Was er mit »Marie A.«, der Rosa Maria Aman in Augsburg erlebt hat, liegt im Februar 1920 zwei oder drei Jahre zurück, aber das Gedicht spricht aus einer zeitlichen Entfernung, die Jahrzehnte messen könnte. Freilich bleibt auch das ungewiß: erst sind nur »viele, viele Monde« vergangen, seit das Paar unter dem »jungen Pflaumenbaum« lag. Dann: »Die Pflaumenbäume sind wohl abgehauen«, nämlich in der zweiten Strophe, während es in der dritten wieder heißt: »Die Pflaumenbäume blühn vielleicht noch immer«, doch in der nächsten Zeile dann: »Und jene Frau hat jetzt vielleicht das siebte Kind«. So springen die Distanzen, so schweift die Erinnerung vor und zurück durch ein fast zeitloses Niemandsland. Um so intensiver bestätigt Erinnerung selbst sich als launische Autorität im Gedicht, als Herrin dieses lyrischen Verfahrens, in dem greifbar allein das Verschwindende sein soll oder das Greifbare sich zeigt im Zustand des Verschwindens. Dafür steht die Wolke, »Sehr weiß und ungeheuer oben«, blühend für »nur Minuten«: »Und als ich aufsah, war sie nimmer da«. Und wenn er weiter hineinsieht in seine Erinnerung, ist wie damals die Wolke nun auch das Gesicht der damals oder eben noch Geküßten aufgelöst wie »im Wind«.

Später, eingearbeitet in eine neue Dramaturgie, wird diese Methode des Distanzierens zur Verfremdung, zum Historischmachen eingesetzt. Dann wird auch beteuert werden, nur verfremdete Vorgänge zeigten ihre Unselbstverständlichkeit, damit ihre Veränderbarkeit, womit das Verfahren sich als ein Beitrag empfiehlt zur Verbesserung der Welt. Im Augenblick ist zweifelhafter denn je, ob Brechts Stücke dieses hochherzige Versprechen je eingelöst haben, ja überhaupt einlösen konnten. Um so einleuchtender wird die Vermutung, daß ein angeblich zur Verbesserung der Welt entwickeltes Verfahren offenbar zunächst nur zur Verbesserung von Gedichten und zur Verbesserung, Stabilisierung der Gefühle ihres Autors eingesetzt worden ist. Das eine Ziel haben sie sicher, das andere wahrscheinlich auch erreicht. Denn was Brecht Gedicht auf Gedicht, mit immer neuen Distanzierungsschüben und Wolkenbildern beteuern, ja beweisen will: mit seiner Treue und Beständigkeit ist nicht zu rechnen, denn solche Tugenden würden sich gegen den Weltlauf (und den Verlauf der Gedichte) stellen.

Wolke und Wind, die eine weich einer weiblichen, der andere heroisch männlicher Existenz zugeordnet, dienen als stereotyp eingesetzte Metaphern dazu, die Vergänglichkeit, das unweigerliche und unaufhaltsame Schwinden aller Erscheinungen zu beklagen, klaglos: dieses nämlich läßt sich nicht ändern. Später wird Brecht die Losung ausgeben, daß sich überhaupt nur über das Änderbare zu reden lohne. Doch gerade seine Gedichte werden die Losung immer wieder überhören und verdrängter Melancholie das Wort erteilen, um das scheinbar Überflüssige doch auszudrücken, Trauer über das Unabänderliche. Dafür hatte der frühe Tagebuchschreiber als großformatiges Bild seine Visionen von der kosmischen Verlassenheit des Menschen entworfen, was dann im Gedicht besänftigt scheint in Schönheit, abgedeckt durch die freundlichen Wolken:

Über der Welt sind die Wolken. Sie gehören zur Welt. Über den Wolken ist nichts.

Unter diesem Wolkendach, meistens abgeschirmt gegen das Nichts darüber (wo einmal die Schimäre Gott gewohnt haben mag), illusionslos irdisch also bewegen sich die Gedichte Brechts und feiern ihre Illusionslosigkeit als die kalte »Freundlichkeit der Welt«, warnend vor aller »Verführung« durch Trost im Jenseits: »Ihr sterbt mit allen Tieren / Und es kommt nichts nachher.« Vergänglichkeit also in der Horizontale und

Vergänglichkeit in der Vertikale bestimmen den Operationsraum der Gedichte wie auch ihre Perspektive. Sie scheuen (folglich?) Intimität, gehen an nichts vertraulich nah heran. Sie zwingen sozusagen alles in die Flucht der Erscheinungen und erzwingen damit immer wieder auf knappstem Raum jene »große Ansicht«, um die der Stückeschreiber noch unklar theoretisierend ringt.

Das gelingt am scheinbar natürlichsten mit den eingeführtesten, ältesten Mitteln, in der Sprache der Bibel, im rollenden Orgelton vor allem der Psalmen: »Wir fahren mit großer Geschwindigkeit auf ein Gestirn in der Milchstraße zu. Es ist eine große Ruhe in dem Gesicht der Erde. Mein Herz geht zu schnell. Sonst ist alles in Ordnung.« So, in einem Atemzug, wird von der Galaxis zurück ins eigene Herz geflogen, so gehen Schrecken, Ruhe, Angst und das »alles in Ordnung«, ein gerade noch deutsch ausgesprochenes »Okay« oder »I'm fine« ineinander über, als wären sie ein und das gleiche. Das Gedicht kann »die Wiesen von Füssen bis Passau« überfliegen oder ganz »Deutschland, du Blondes, Bleiches« in einer Totale ansingen. Das eine Mal entfaltet die Landschaft »ihre Propaganda für Lebenslust«, das andere Mal enthüllt sie sich als »das Aasloch Europas«, je nachdem ob Baal oder Kassandra das lyrische Raumschiff steuert. Doch scheint gerade der Blick auf das Großeganze, selbst wenn er in Kinderton vorgetragen wird, den Gedanken an einen Untergang wie unwillkürlich zu provozieren, und das noch im kleinsten Gedicht:

> Auch der Himmel bricht manchmal ein
> Indem Sterne auf die Erde fallen.
> Sie erschlagen sie mit uns allen.
> Das kann schon morgen sein.

Überall läßt sich also, oft zusammengefaßt in knappen lakonischen Einheiten, in den frühen Gedichten entdecken, was der Tagebuchschreiber sich in großen Worten für seine Stücke wünschte, Kühle, Größe, Abstand, Einfachheit, Geheimnis, ja wie hier in den letzten beiden Zeilen auch eine Dissonanz aus Jammer und freiwillig unfreiwilliger Komik. Dabei sind viele dieser Gebilde, vor allem die nicht in die erste Sammlung der »Hauspostille« aufgenommenen, erkennbar Gelegenheitsgedichte, gefährdet also durch jenen »Exhibitionismus«, den ihr Autor sich am liebsten schon damals verboten hätte. Doch seine Lyrik verfügt längst über eine Sicherheit und selbst erarbeitete Konvention, die eine Spannung zwischen Saloppheit und Strenge, privatem Anlaß und öffentlichem Ausdruck immer wieder einrichtet und durchhält.

Baal mit seiner vollmundigen »Propaganda für Lebenslust«, den Lehr- und Lobgesängen »Vom Klettern in Bäumen« oder »Vom Schwimmen in Seen und Flüssen«, ob glücklich lebendig oder tot und verwesend, diese mehr wortgewaltige als vertrauenswürdige, eben »propagandistische« Animalität singt zwar lange noch mit in den Gedichten, doch immer bitterer setzt sich eine Gegenthematik durch, die dann mit dem Abgesang »Vom armen B. B.« in der »Hauspostille« das letzte Wort haben wird: die Kälte. Sie herrschte schon in den »kalten Wäldern«, aus denen die Mutter kam, sie ist die Grundtemperatur im Weltall und sie regiert vor allem das soziale Klima in »den großen Städten zu Beginn des dritten Jahrtausends«, als deren Barde sich Brecht nun übt. Wer überleben will, muß sich anpassen, also diese dreifache Kälte in sich hineinprojizieren wie Brechts Gedichte das tun, vorbildlich.

In diesem hier vereinfachend und gewaltsam nachkonstruierten, Innenwelt und Außenwelt in ein Kontinuum zusammenzwingenden perfekten Kälteraum spricht »Der Nachgeborene« das letzte Wort, der in seinem Gedicht lakonisch das Fazit zieht:

> Ich gestehe: ich
> Habe keine Hoffnung.
> Die Blinden sehen einen Ausweg. Ich
> Sehe.

Doch wie das zweimal schwer ans Zeilenende gesetzte und dort zweimal in einer kurzen Pause wie verschluckte Ich mindestens andeutet: es wird eben doch weiter gesprochen und gedichtet, und in seinem Gedicht antwortet der »arme B.B.« dem Nachgeborenen und seinem Verstummen mit einem ambivalenten Reichtum an Gesten. Zunächst wird »Mit Zeitungen. Und Tabak. Und Branntwein.«, mit Requisiten und den für »vormittags« und »gegen Abend« und »gegen Morgen« vorgeführten Haltungen eine karge Inszenierung der Hoffnungslosigkeit und Lässigkeit eines Großstädters »zu Beginn des dritten Jahrtausends« betrieben. Dann zieht das Gedicht den Ton hoch und öffnet den Blick auf eine Weltuntergangs-Totale – »Von diesen Städten wird bleiben, der durch sie hindurchging, der Wind!« –, aber die letzte Strophe bindet lässige Haltung und Untergangsperspektive wieder zusammen in ein Bild: im Zug von Berlin nach Bayern hat der Dichtende sich selbst und die »Asphaltstadt«, die letzten Monate und den »Beginn des dritten Jahrtausends« mit seiner Herkunft »aus den schwarzen Wäldern in meiner Mutter in früher Zeit« in eine einzige Distanz gebracht. Das Bild steht. Seine ruhige Monumentalität behauptet sich gegen seinen drohenden Wortlaut: sie beruhigt.

Was das lyrische Ich in seiner Rolle als »armer B.B.« damit gerettet hat, könnte man ein heroisches Existenzminimum an Selbstbewußtsein nennen. Selbstbewußtsein wird auch eingesetzt und bestätigt in den Liebesgedichten, nur dort immer auf Kosten der Geliebten: die muß, um das Gedicht sozusagen in Ruhe zu lassen, verschwinden in Naturmetaphern, am schönsten in Wolken, die selbst Metaphern des Verschwindens sind. Wenn diese lyrische Verwandlung und Verwertung nicht gelingt, wie offenbar mit der Freundin Hedda Kuhn, dann überliefert das Gedicht, als Rarität im Frühwerk, das Bild einer nicht verfügbaren, selbst- und widerständigen Frau, ein regelrechtes Porträt also, statt den Vorgang des Zerschmelzens in der Erinnerung. Wieviel Widerstand der Autor dagegen leistet, liest man aus den fünf Strophen »Sentimentale Erinnerungen vor einer Inschrift« (mit der »männlichen« Zeile: »Ihr war es ernst. Sie schwamm nicht. Sie dachte.«) und aus dem Psalm »Von He«, der sich Absatz für Absatz abmüht, diese He zu denunzieren als Gegenbild zu einer brauchbaren, das heißt verbrauchbaren Frau. Doch selbst diese Negationen treiben ihr Profil nur immer deutlicher heraus. Sodaß im siebenten Abschnitt Entfernung und Verwandlung über sie verhängt werden muß, wie ein Strafvollzug:

Darum starb sie im fünften Monat des Jahres 20, eines schnellen Todes, heimlich, als niemand hinsah, und ging hin wie eine Wolke, von der es heißt: sie war nie gewesen.

Abschied, die sich herstellende Entfernung wird zur conditio sine qua non des Liebesgedichts: »Ich habe dich nie je so geliebt, ma soeur / Als wie ich fortging von dir in jenem Abendrot.« Aber noch dieses Weggehn enthält zu viel Nähe, und das Gedicht entgleitet in Sentimentalität. »Viele, viele Monde« oder (in der »Ballade vom Tode der Anna Gewölkegesicht«) besser noch märchenhafte »sieben Jahre« garantieren erst einen Abstand, in dem zwar die Liebe noch erinnert werden kann, aber nicht mehr das

Gesicht ihres Objekts, das sich als Weiß oder Wolke, leuchtend und nichtig zugleich auflöst und verklärt. Durch diesen rücksichtslosen Kunstgriff, der die Geliebte abtreiben läßt in die Vergänglichkeit, das lyrische Ich aber zeigt als dieser Vergänglichkeit traurig und treu nachsinnend, sichert das Gedicht sich seine lyrische Qualität: angesichts der Vergänglichkeit aller Gefühle leistet es sich doch das Selbstbewußtsein eines Gefühls. Hier wird, um die Selbstdiagnose aus dem Tagebuch zu variieren, das entschlossen Illusionslose, ja Zynische der Brechtschen Diktion durch sanfte Sentimentalitäten – nein, eben nicht »ins Maß gedrängt«, sondern zum Schimmern, zum Zittern gebracht, ja mit Aura versehen.

Das alles wäre, ginge es hier darum, das ganze Korpus der frühen Brechtschen Gedichte zu beschreiben oder gar zurechtzudefinieren – allein 1920 sind etwa einhundertfünfzig entstanden! –, fahrlässig und gewaltsam vereinfacht. Doch ich versuche nur, einige Kunstgriffe, Stereotypen, Gesten und fixe Ideen zu isolieren, deren Zusammenwirken den Gedichten ein manchmal forciertes, dann wieder wie müheloses Gelingen sichert und sie so erstaunlich unterscheidet vom fahrigen Wolkengeschiebe und jähen Blitzeschleudern der ersten Stücke. Die Gedichte ergreifen Gelegenheiten oder lassen sich auch von ihnen ergreifen, um in ihnen unterzugehen: sie entstehen, gelingen, mißlingen, bleiben stecken. Um sie muß aber nicht, wie um das Stückeschreiben, ein Kampf der Selbstreflexion durchgeführt werden, der Talent und Existenz und Gesellschaft, Ästhetik und Institution Theater und schließlich noch eine säkularisierte Eschatologie nüchtern und doch krampfhaft in eine Lösung zusammendenken möchte.

Aber das lyrische Sprechen, selbst wenn es sich Aug in Aug mit dem Weltall übt, reagiert nur, es verfügt nicht. Brechts feierlich deklarierter Wunsch, »die Welt vollkommen überliefert zu bekommen . . . alle Dinge *mir* ausgehändigt, sowie Gewalt über die Tiere, und ich begründe meine Forderung damit, daß ich nur einmal vorhanden bin« –, dieser ebenso infantile wie cäsarische Grundantrieb seiner schreibenden Machtausübung sollte nicht vergessen werden. Daß aber die dramatische Entwurfsphantasie, dieses Agieren in und über vielen Rollen, im wesentlichen eine Machtphantasie ist, wird Brecht paradoxerweise erst erfahren und auskosten, als er dramatisch mit der Entmächtigung des Subjekts zu spielen beginnt.

Das leiseste und wirkungsmächtigste Drama seiner Frühzeit dagegen, den lyrischen Stummfilm »Apfelböck oder die Lilie auf dem Felde«, diese

Geschichte eines sechzehnjährigen Mörders seiner Eltern treibt Brecht zur Vollkommenheit gerade durch die eigene Selbstentmächtigung als Autor. Während in anderen Balladen Stimme und Gestus die Vorgänge so oft präpotent überdröhnen und überzeichnen, geht hier die Sprache trotz ihrer (der Moritat entwendeten) Kunstgriffe wie unhörbar ein in das, was sie vorträgt:

> Im milden Lichte Jacob Apfelböck
> Erschlug den Vater und die Mutter sein
> Und schloß die beiden in den Wäscheschrank
> Und blieb im Hause übrig, er allein.

Eine Selbstverständlichkeit des Schreckens stellt sich her, zunächst wieder durch Distanzierung, im Blick durchs umgedrehte Fernrohr. Szene auf Szene scheint alles, was der junge Apfelböck wochenlang als stiller Hüter seiner Elternleichen tut, hell, übersichtlich, lautlos, vernünftig, ja idyllisch. »Im milden Licht« – still und zäh wiederholt sich das Motiv der Aura –, wird er, schließlich des Mordes überführt, auf die Frage nach dem Grund der Tat sein einziges Sätzchen sagen: »Ich weiß es nicht.«

Aber auch wir als Leser der zehn Strophen wissen das nicht. Das Gedicht hat mit Moritatenton, einem altertümelnden »einstens«, seiner schläfrig milden Monotonie nicht nur eine Distanz eingerichtet, sondern sich stillschweigend auch abgekoppelt von allen üblichen Erwartungen an ein Mord- und Mördergedicht, von den juristischen oder moralischen oder auch nur psychologischen Fragen nach Tatmotiv, Schuld, Sühne, Strafe, ja es sucht nicht einmal wie andere Balladen aus der Zeit die sozialkritische Provokation. Es stellt sich exterritorial, ein Fundstück wie aus einer anderen Welt. Diese totale Verfremdung hat sicher nichts weniger im Sinn, als eine Veränderbarkeit der Verhältnisse zu zeigen. »Das Gedicht«, sagt Carl Pietzcker, der seine Widerstandskraft in einer über fünfzig Seiten langen Analyse getestet hat, »schafft einen Raum schweigender Erwartung und Enttäuschung, in dem die Absurdität erfahren wird«, und vermittelt »die Frische des Unmittelbaren und Ungewohnten, eine Frische freilich, die sich ungedeuteter Faktizität verdankt«. Daß damit der Status von Camus' »Der Fremde« erreicht ist, wird gleich darauf bestätigt.

Apfelböck also, aus aller Welt gefallen, aus allen Menschenbeziehungen und Sinnzusammenhängen hinausverfremdet, »im milden Licht«

strahlend wie ein Stilleben, dieser vollkommen isolierte Mensch ermöglicht ein durch seine Isolierungs-Kunstgriffe auch vollkommenes Gedicht.

Innere Leere, leerer Himmel, leer laufende Erwartungen oder Hoffnungen, eine sich entleerende Erinnerung, aber auch die leere Bewegtheit der Kosaken-, Seeräuber-, Abenteurer-Balladen, das waren dankbare, machbare Sujets für den jungen Lyriker, der damit der Gründungsurkunde seines Gedichteschreibens, dem »Lied der Eisenbahntruppe von Fort Donald« treu geblieben ist. Als Stückeschreiber hatte er aber nicht Leere, sondern das »Dickicht der Städte« zu konzentrieren. »Wieviel Leute«, stöhnt er im winterlichen Berlin, »wie ungewiß die Abstände.« Zwei Zeilen vorher wußte er noch, wie er sich zur Not retten könnte: »Wieviel Sinn für Romantik ist nötig!« Aber am Ende des »Dickicht«-Stücks würde es sich dann herausstellen: »Das Chaos ist aufgebraucht«, und in ihm alle Romantik, der letzte Rest Expressionismus, der mit oder der ohne »Geist«. Schub um Schub muß Baal abgetrieben werden. Als er endlich wieder auftaucht, zeigt und verbirgt er sich unter einer Maske. Er ist, ob als Puntila, Schweijk oder Azdak, eine Komödienfigur geworden. Von allen seinen berechtigten oder unberechtigten Ansprüchen an die Welt wird nur noch einer anerkannt: der Wunsch zu überleben.

Das Chaos wird aufgebraucht

»Im Dickicht der Städte« ist zum Lieblings- und Sorgenkind gerade der anspruchsvollen Brecht-Interpreten geworden, kein Wunder, es war sicher das ehrgeizigste Projekt, das Brecht je entworfen hat. Am Sonntag, den 4. September 1921 kommt er zu der »epochalen Entdeckung, daß eigentlich noch kein Mensch die große Stadt als Dschungel beschrieben hat«. Schon das läßt stutzen, denn Upton Sinclairs »The Jungle« von 1906, auch wenn er in deutscher Übersetzung »Der Sumpf« hieß, gehörte immerhin zu den wesentlichen Inspirationsquellen von Brechts Chicago-Modell. Doch gleich der übernächste Satz macht klar, daß Brecht weit über jede naturalistische Stadtansicht hinauswollte, ins schlichtweg Epochale: »Die Feindseligkeit der großen Stadt, ihre bösartige steinerne Konsistenz, ihre babylonische Sprachverwirrung, kurz: ihre Poesie ist noch nicht geschaffen.« Die Stadt als Dschungel, doch von steinerner Konsistenz, als bösartig und abenteuerlich, ihre Sprachverwirrung als Poesie oder die Poesie der Sprachverwirrung –, das scheint als Knäuel aus Widersprüchen unlösbar viel auf einmal. Doch im trockenen Pathos des »Vom armen B.B.«-Gedichts hatte sich genau diese hier nur eingeklagte Poesie der großen Stadt schon realisiert. Warum verliert sich das Stück so unaufhaltsam in der eigenen Struktur und Thematik, im Dickicht?

Elf Tage nach der »epochalen Entdeckung« liegt Brecht grübelnd, doch tatenlos auf der Chaiselongue, das Projekt scheint sich nicht zu bewegen, soll jetzt aber »Freiheit« heißen oder »Die Feindseligen«: »Es ist ein Kampfstück, östlich-westlich, mit einem unterirdischen Austrag, Ort: die Hinterwelt.« Schon am nächsten Tag beginnt er in diesen Nebel loszuschreiben wie unter innerem Diktat, begeistert, erleuchtet, eingeweiht –, aber in was? Zwei Wochen später macht er sich klar, daß er also den Kampf zweier Männer darstellen will, nicht zweier Systeme, und fährt dann fort: »Die äußeren Kurven aller Figuren sind dadurch bestimmt: sie haben den Kampf darzustellen. Das Schicksal der Figuren bleibt Geschmacksache. Wieweit die einzelnen ihre Kurven durchblicken, dann: ihnen widerstreben, das gibt die persönliche Atmosphäre ab, kurz: das Dichterische. Widerstände bilden das Kosmische.« So pathetisch nur angedacht, halbgar bis ungedacht, alles der Ahnung überlassend, hat auch der junge Brecht selten Tagebuchsätze hingeworfen. Schon Mitte Oktober beginnt er sich zu wehren: »Die Aktion im ›Dickicht‹ kam ins Stocken; es ist zuviel Literatur drin. Das Gewäsch zweier Literaten.«

Aber noch als er 1954 mit einigem Befremden »Bei Durchsicht meiner ersten Stücke« schreibt und »Baal« wie »Trommeln in der Nacht« mit entschiedenen Urteilen zurechtweist, gerät er angesichts des »Dickicht«-Stücks in ein für seine lakonische Spätzeit ganz unerwartetes Lavieren und Assoziieren, schwärmt vom Augsburger Plärrer und den »enormen erschrockenen Augen« des Pferds, mit dem auf einem dort gesehenen Panorama Karl der Kühne geflohen war, erklärt aber auch, fast in der Diktion Goethes in seinem achten Jahrzehnt: »Hinzufügen muß ich, daß mir damals eine merkwürdige historische Vorstellung vorschwebte, eine Menschheitsgeschichte in Vorgängen massenhafter Art von bestimmter, eben historischer Bedeutung, eine Geschichte immer anderer, neuer Verhaltensarten, die da und dort auf dem Planeten gesichtet werden konnten.« Und am Ende verkündet er noch, wieder geheimrätlich gravitätisch, als Erklärung seiner Erklärungen den allergemeinsten Gemeinplatz der Ästhetik: »... ich wollte darlegen, was für ein komplexes Geschäft solch ein Schreiben ist und wie das eine in das andere eingeht, wie die Formung aus dem Stofflichen kommt und auf das Stoffliche zurückschlägt.« So gerät der Verfasser gegenüber seinem Stück in das, was er schließlich für dessen Quintessenz hält: in »pures Schattenboxen«.

Nur Respekt vor den großartigen, monumentalen Absichten des Unternehmens, nur die Ahnung, daß Brecht hier in die erste produktive Krise seines Stückeschreibens läuft, nur philologische Andacht vor dem Angebot der dechiffrierbaren Zitate, Quellen, Einflüsse (Sinclair, Gauguin, Rimbaud, Kipling, Schillers »Räuber«, »Das Rad« von Johannes V. Jensen usw.) –, nur ein Ensemble achtbarer Vorurteile kann die bei jeder Lektüre erhärtete Einsicht verschleiern, daß der Text zerfällt in Formulierungen und Situationen, daß aber kaum eine Szene energisch durchgehalten wird, daß ein Gerippe von Handlung nur wie von außen dazuverordnet, dazubehauptet wirkt, ohne also in das Fleisch der Rede und Figuren einzudringen, daß folglich Sätze und Gesten immer neu probiert werden statt unter dem Druck einer Aktion zu entstehen. Jeder Versuch einer Gesamtdeutung muß also als seinen Gegenstand zunächst etwas erfinden, was genau genommen gar nicht zustande gekommen ist: das Stück.

Es dürfte daher produktiver sein, sich nur auf das einzulassen, was auch die Gesamtdeutungen einzig motiviert, nämlich auf den zentralen Konflikt, den Kampf oder Kampfversuch zwischen dem Leihbibliotheks-Angestellten Garga und dem Holzhändler Shlink, oder noch enger: auf die Einleitung und die Endstation dieses Kampfes. Was an Nebenmotiven,

-handlungen, -bildern aus der Grundfabel herauswuchert – so die wie Spielmarken zwischen den Kombattanten hin und her geschobenen Frauen, die Sprachohnmacht, der Verfall der Familie Garga oder die ohnehin nur knallig und theatralisch eingesetzten Stimmungselemente wie Holzhandel, Heilsarmee, Rassenhaß, Mord, Suff und Prostitution –, dieser scheinbar realistische Reichtum des Stücks betreibt in Wahrheit nur dessen Auflösung, statt das große Thema der neuen großstädtischen Verkehrsformen und damit eine Einheit durchzusetzen. Denn Brecht versucht mit Shlink contra Garga im Grunde nur ein Initiationsspiel, um am Ende einen Zustand zu erreichen, in dem Garga dem Dschungel und der steinernen Konsistenz »Stadt«, wie auch der arme B. B. seinem großen Thema endlich gewachsen sein könnten.

In das Leben Gargas dringt der Fremde, der Asiate jäh mit der Gewalt eines Alp- oder Wunschtraums ein: »es ist mir ein Bedürfnis, Sie mit Ihren Neigungen bekannt zu machen.« Gargas Hauptneigung heißt nun: Freiheit, und die beginnt ihm Shlink Schlag auf Schlag zu realisieren. Er versucht ihn von seinen Ansichten zu befreien, indem er sie ihm abkauft. Er möchte ihn befreien von seinen »Visionen«, indem er ihm die Fahrkarte zum ersehnten »Tahiti« anbietet. Er befreit ihn aus seiner Leihbibliothek, aber mit dem nächsten Schlag dann auch aus aller Armut, als er ihm den eigenen Holzhandel überschreibt. Garga, im Gegenzug, verschleudert den Holzhandel an die Heilsarmee und befreit sich von seinen letzten Bindungen, von der Familie. Gründlich »enthäutet«, wäre er nun nackt und frei, bereit zum Kampf oder reif für »Tahiti«. Aber er wagt weder die Flucht, noch nimmt er den Kampf auf.

Bis hierhin, wenn man das langsam hochwuchernde Gestrüpp der Nebenhandlungen rücksichtslos wegschlägt, fünf Szenen lang also hat Brecht inszeniert, was geplant war: ein Match, ein männliches Machtspiel ohne deutliches Motiv, aber mit deutlichen Absichten, Regeln, Zügen. Plötzlich setzt eine Lähmung oder Hemmung ein. Die Protagonisten umkreisen und wiederholen sich. Immer öfter klickt die Kommunikation aus. Man zitiert monologisch aneinander vorbei, und Garga, um nicht mehr selbst zu reden, nebelt sich ein in leuchtende Sprachwolken von Rimbaud. Die Sprache blubbert, tastet, greift zu, schweift ab und schwärmt. Im Stück selbst könnte die starke Alkoholisierung der Verzweifelten als primäre und banale Erklärung ihrer Verständigungsschwierigkeiten und Handlungshemmungen ausreichen. Auf der Metaebene der Deutung hat man sich daran gewöhnt, Entfremdung und Spätkapitalismus dafür verantwortlich zu machen, unter beflissener Heranziehung von »Chandos«-Brief und »Malte Laurids Brigge«. Aber offensichtlich versagen hier nicht *die* Sprache, *die* Handlung, *die* Dramaturgie, sondern jeweils eine bestimmte an einem bestimmten Gegenstand. Das zähe Verdämmern, müde Wetterleuchten und Halluzinieren des so groß angesetzten Stücks verrät, wenn noch irgendetwas, dann nur seine eigenen Schwierigkeiten: der nackte, sagen wir ruhig ritterliche Kampf Mann gegen Mann, in einer von allen Bindungen freigefegten, wie in eine klare, kahle Arena verwandelten Welt, diese kräftig spätfeudale oder ahistorische Männerphantasie kann selbst in diesem Schaubuden-Chicago nicht mehr durchgesetzt werden. Genau das schreit Garga in einem bemerkenswerten Solo der ersten Fassung kurz vor Ende den Zuschauern ins Gesicht, so provokant fragend, daß die Antwort sich von selbst versteht:

> Jeden Tag kann euch das Schicksal in die Schranken fordern! Seid ihr frei? Kommt herab in die dunkle Arena! Das Messer in der Hand, nackt in der kalten Finsternis. Seid ihr frei zu irgend etwas? Die Briggs schaukeln auf dem Wasser, ohne Namen . . . Seid ihr frei? Eure Geliebte, die Freiheit, fährt auf den Schiffen!

Hier wird vom »Don Carlos« bis zur »Schatzinsel« (oder zum Augsburger Plärrer), wird mit Stevenson, Rimbaud, Moritat und Bänkelsang eine ganze Tradition literarischer Abenteuer- und Freiheitsillusionen zum Ausverkauf angeboten. »Ich kann nicht zu den Räubern in die böhmischen Wälder«, sagt dieser nach Chicago versetzte Karl Moor, und gegen Ende: »Ich werde mein rohes Fleisch in die Eisregen hinaustragen. Chicago ist kalt. Ich gehe hinein.« Das »Finish«, für das der Vorspruch 1924 fast flehentlich das Interesse der Berliner Zuschauer erbittet, vollzieht sich zwar so entschieden und klar wie die Eröffnung des Kampfes, doch vom Eisregen redet Garga immer noch so feurig, daß man schon ahnt, wie bereitwillig hier eine Romantik der Freiheit umschlägt in eine der Kälte, ein Männlichkeitswahn in den nächsten. Die nächste Männlichkeitsvariante, die Allüre der Ernüchterung, das schmallippige Pathos des armen B. B. wird Garga erst in seinen letzten Sätzen beherrschen.

So einfach und vereinfachend gelesen, ist die Geschichte Gargas und Shlinks zunächst eine entschlossene Fortschreibung des Bündnisses zwischen Baal und Eckart. Was damals nur ein Verbrüderungs- und Anklammerungsversuch schien und Lyrik für zwei Stimmen, allerdings mit doppelt tödlichem Ausgang, das ist nun Kampf geworden, Aggression im gefährlichen Wortsinn: als Versuch, an einen anderen schmerzhaft nah heranzukommen, als die »schwarze Sucht des Planeten, Fühlung zu bekommen. / Durch die Feindschaft? / Durch die Feindschaft!« Aber einer der beiden, Garga, weicht wie instinktiv dieser Nähe aus. Der Kampf beziehungsweise seine Verweigerung wird seine Reifeprüfung als Städtebewohner, ein Kältetest. Während Shlink, werbend um Nähe, Kampf und »Feindschaft«, Garga zu »lieben« beginnt, was ihn, wie jeden Liebenden bei Brecht, »schwächt« und schließlich hinrichtet.

In dieser Leseart oder Engführung erweist die Geschichte nicht nur ihre Verwandtschaft mit den parallel laufenden Trainingsspielen des Lyrikers Brecht, mit seinen Taktiken der Distanzierung, der Auskühlung und Isolierung von Figuren und Motiven, sondern vor allem die Nähe zu einer Gruppe von Prosaversuchen aus den frühen zwanziger Jahren, die mit rituell feierlichem Wiederholungszwang die »Freistellung«, die Isolierung und Vereinsamung ihrer Protagonisten betreiben.

Im »Brief über eine Dogge« genügt die unkorrigierbare Ablehnung durch ein Tier, um einen Menschen davon zu überzeugen, daß ihn »eine Art Mißbildung« ausgrenzt von der übrigen Menschheit, »daß eine tiefgreifende Veränderung meines ganzen Wesens, ob zum Guten oder Schlechten hin« sich immer weiter fortsetzt. Der Briefschreiber nennt das – und es fällt schwer, dabei nicht an Brechts Entwurf »Der Beleidigte« unmittelbar nach dem Tod der Mutter zu denken –, »die endgültige und unkorrigierbare Haltung des Planeten mir gegenüber«.

Während ein anderer Brief uns an das Tier erinnert, als das der Schüler Brecht in den Augen der »kleinen Ostheimer« erscheinen wollte: »Der Tiger« schreibt auf dem Sterbebett an seinen Sohn voller Genugtuung über sein Leben, das er der »unvergleichlichen Feindseligkeit« im menschlichen Zusammenleben angepaßt hat: »Das Unglück habe ich immer verachtet. Ich habe frei gejagt . . . Von der Beute, die mir zufiel, habe ich nichts unzerfleischt aus den Klauen gelassen . . . Die Frauen, die mir begegnet sind . . .«

Die Ausmalung dieser gegenläufigen, dieser machtbesessenen Ausgrenzungsphantasie läßt sich unschwer vorstellen. Erstaunlich bleibt nur, wie unbefangen und ungeschützt Brechts frühe Prosa solche Psychogramme laufen läßt, wie lustvoll da immer, ob paranoid oder sadistisch, ob manisch oder depressiv getönt, eine Figur herausmodelliert wird im Glanz und Schrecken oder der kontaktlosen Trauer ihrer Einsamkeit. So etwa, wenn Cesare Malatesta in seiner Stadt und seinem Kastell Caserta gottverlassen allein von einem ganzen Heer bis zu seinem Tode belagert wird, ohne zu wissen, warum. Der »böse Mensch mit Namen Lorge« wiederum, ein Säufer und Gewalttäter, wird »eines Tages im Kampfe über die Augen geschlagen, und davon wurde er blind. Er stand mitten in einer Wiese, im hellen Mittag, und nun ging eilends die Sonne für ihn unter, und der Wind wurde sehr laut um ihn«. Vergeblich erwartet er (in der gleichnamigen Geschichte): »Die Hilfe«, eine Bestätigung, daß er noch etwas zählt auf dieser Welt, an deren Rand er jäh geraten ist. Bis ihm die einzige, noch nützliche Hilfe von seinem Bruder geboten wird, der den Blinden in der letzten Zeile aus Notwehr mit geschlossenen Augen erschlägt.

In »Die Erleuchtung« verfällt »ein Mann in mittleren Jahren« in Verrücktheit, nachdem er beim Friseur die Geschichte von dem (hier) dreizehnjährigen Elternmörder Apfelböck hört. Brecht hat auf diese Nachricht bekanntlich mit einem makellos kühlen Gedicht reagiert, doch für den »Mann in mittleren Jahren« reißt nun (wie für den »Beleidigten«, für Shlink oder den Brecht der Psalmen) der Vorhang weg vor der auf den Menschen nicht zugeschnittenen Dimension des Weltalls: »Das Gestirn ist rein vorläufig. Es saust mit allerlei andern, einer Reihe von Gestirnzeug, auf einen Stern der Milchstraße zu. Auf einem solchen Gestirn hat man keine Verantwortung.« Freigesetzt von aller Verantwortung für seine Gedanken, Taten, Worte läuft er nachts auf die Straße, »laut psalmodierend ... und wußte von nichts mehr«.

Das alles sind nur jähe Momentaufnahmen von den Erniedrigten, Beleidigten, Besessenen und ihrem Leben auf dem »rein vorläufigen Gestirn«. In der Piratengeschichte »Bargan läßt es sein« entrollt sich dann ein vielfiguriges Panorama und eine Fabel, die sich wie das fehlende Bindeglied zwischen das Sympathiepaar Baal-Eckart und das Kampfpaar Garga-Shlink schiebt. An den Anfang setzt Brecht, in mörderisch fideler Rollenprosa erzählt, das Schlacht- und Vergewaltigungsfest, das die Piratentruppe in einer eroberten Stadt entfesselt. Der Kalauer »Gefechtsverkehr« enthüllt, wie eine bewußte Fehlleistung, den dumpf sexuellen, pornographischen Antrieb der Orgie, die dann erlischt in einer ebenso dumpfen, fahlen Ernüchterung. Diesmal sind es zwei, die Zug um Zug ausgegliedert werden aus der eben noch rauschhaft verbundenen und verschworenen Männertruppe, Bargan, ihr verherrlichter Anführer, und sein Freund Croze, fett, schmierig, verräterisch, mephistophelisch gezeichnet durch einen Klumpfuß. Die beiden haften aneinander »wie Brüder, die zusammen einen Mord begangen haben«, »wie zwei Freunde im finstern Gehölz, die sonst niemand haben«. An Croze wird Bargan gebunden bleiben, obwohl immer klarer wird, daß der Klumpfuß ihn und seine Männer in immer neue Hinterhalte lockt und unermüdlich ihre Vernichtung plant.

Am Ende sitzt Croze gefangen in einem Affenkäfig und Bargan bittet, zu ihm hinein zu dürfen: »Ich liebe den da drinnen.« Und im Schlußbild werden die beiden Unzertrennlichen in einem kleinen Boot ausgesetzt, in die sichere Perspektive des Untergangs. Da hebt sich auch die Stimme des eben noch so krampfhaft fidelen Erzählers, und mit Orgelton und Psalmenpathos rückt er den Untergang Bargans wieder in kosmische Dimensionen: »So ging es ihm, der ein großer Mann war, eine Anstrengung Gottes, so konnte es jedem von uns gehen, mitten im Licht wurde man überfallen, so unsicher sind wir alle auf diesem Stern.«

So tönt die nun in- und auswendig bekannte, blind nachzupsalmodierende männliche Grundmelodie, für die Brecht immer neue Exempel sinnloser Aussonderung, trostlosen Untergangs, lauter bewußtlose Stellvertreter seines »amor fati« erfunden hat. Was aber den vorgeschobenen Erzähler der Bargan-Geschichte ebenso erstaunt wie uns, das ist der Liebes- und das heißt wieder der Schwächetod, den Bargan ausgerechnet für eine verächtliche Kreatur sterben will, diese Lust am Untergang: »Denn ich will mich vierteilen lassen, wenn er nicht noch Genuß daran hatte, an dem kleinen Hund, auf den er sein Auge geworfen hatte, mit allem, was sein war, zu Grunde zu gehen und drum alles sonst sein ließ.«

Brechts frühe Prosa bietet auch ihre Selbstdeutungen so entwaffnend offen, so bekenntnisfreudig an, daß man darüber die Fiktivität dieser aus dem Text flatternden Spruchbänder gern übersieht. Aber die Alternative zwischen Bargan mit dem Klumpfuß Croze im Affenkäfig und dagegen Garga, der auf Shlinks letztes Geständnis: »Ich liebe Sie« sachlich antwortet: »Sie sind ein Selbstmörder« –, diese Alternative zeigt modellhaft klar, wie sinnlos schön Brechts alte Lust am Untergang war und womit seine neue Lust auf Überleben und Funktionieren bezahlt werden muß.

Was der Blick vom Stück hinüber auf die gleichzeitige Prosa außerdem traurig klar macht, sind schlichte Gründe für die komplizierten Schwierigkeiten, die Brecht auch und gerade in seinem dritten großen Theatertext mit der Formulierung irgendeines verläßlichen Modells von Realität hat. Für die kurzen Prosastücke kann mit wenigen pseudokonkreten

Wortkulissen, mit bloßen Leerformeln wie »San Francisco« oder »wir Flibustier«, ein kahler, notdürftiger Aktionsraum eingegrenzt werden. In Wahrheit bleibt der Schauplatz dieser Geschichten ganz undefiniert, ist immer nur dieses »vorläufige Gestirn« oder Gargas »dunkle Arena«. Während der Stückeschreiber sein Chicago zwar mit lauter fleißig angelesenen Amerika-Details herbeibehauptet und ausstattet, doch in sie eher zerfallen läßt. Nichts ist in diesen Bildern so anwesend wie Lechauen und Plärrer, wo sie entworfen wurden. Diese Moritat aus fernen, kalten Metropolen hat die Natur und die Gemütlichkeit der Jahrmärkte immer noch wärmend im Rücken.

In ihrem vorletzten Gespräch, das in der frühen Fassung sich als ein einziger, auf zwei Stimmen verteilter Gesang verrät, schauen Garga und Shlink noch einmal schwärmend zurück in das Reich der Tiere, wo Kampf oder Liebe, Vereinigung oder Zerfleischung noch ein und dasselbe herbeizuzwingen schienen: Nähe. Und plötzlich fällt ins Auge, daß Brecht auch sein Stück bevölkert hat mit einer wahren Menagerie, mit »Pavian«, »Wurm«, »Bär« und »Affe«, daß Shlink von seiner Krokodilshaut redet und Mae Garga, Brechts erstes großes Muttertier, dem Sohn durch seine Träume trabt als ein mit Kot bedeckter Elefant. Nur auf Garga, den Mann mit den Büchern im Kopf und dem Revolver in der Hand, der mit Waffe und Worten Distanz um sich herstellt –, auf ihn will keine Tiermaske mehr passen. Was ihn am Ende schützt und verbirgt, könnte – die Maske des neuen Menschen, des Städtebewohners sein.

In seinem Büro blickt er nüchtern und nostalgielos zurück in ein Reich der Natur, dessen Ende er besiegelt sieht: »Es gibt keine Träume mehr. Die Sintflut ist zu Ende. Tierleichen liegen auf der Arche.« Seine Schlußworte ziehen in der früheren Fassung ein zögerndes Resümee:

Es war die beste Zeit. Das Chaos ist aufgebraucht, es entließ mich ungesegnet. Vielleicht tröstet mich die Arbeit. Es ist zweifellos sehr spät. Ich fühle mich vereinsamt.

In der Druckfassung von 1927 hat Garga dann gelernt, Worte und Gefühle sparsamer einzusetzen, doch die Härte der Widersprüche wird durch ihre Versachlichung noch spröder herausgetrieben:

Alleinsein ist eine gute Sache. Das Chaos ist aufgebraucht. Es war die beste Zeit.

Der Verlust der besten Zeit wird durch den Gewinn einer guten Sache kaum ausgeglichen, doch die neue Reihenfolge der Sätze betont gegenüber der weicheren, nachdenklichen früheren Fassung, daß die Entscheidung Gargas endgültig und nicht mehr umkehrbar ist. Er hat sich, wie Brecht das später zu nennen pflegte, »mit sich selbst solidarisiert«. Als ließe sich die Distanz zwischen »solitaire« und »solidaire« durch freien Willensentschluß heroisch aufheben.

Baal soll verschwinden

Hat man den Rigorismus des späteren Brecht vor Augen, seine bald heitere, bald finstere Lust an Parteilichkeit, dann erstaunt nichts mehr als die trüben Schatten der Entscheidungslosigkeit, unter die immer wieder seine frühe Dramatik gerät. Groß mögen da die Absichten und Werkvisionen sein, zupackend der Griff auf Figuren, einzelne Sätze und Szenen, doch unübersehbar bleibt auch, wie vehement dieses Schreiben fortlaufend steckenbleibt in Episoden, wie die Stücke sich auflösen in unzählige Binnenspannungen, die kein Bogen zusammenhält oder gar in den Sog einer folgerichtigen Entwicklung zwingt. Jedenfalls sollte man sich probeweise diesen nüchternen Blick auf die Lage des Stückschreibers Mitte der zwanziger Jahre gestatten, ohne sich sofort zu beruhigen mit dem Hinweis, daß seine Dramaturgie sich schon wie blind auf dem Wege befand zum epischen Theater, dem das Dramatische mit Absicht und planvoll fehlt oder ausgetrieben ist.

Baal taumelt, wenn auch kraftvoll, durch einen Lebensbilderbogen und das Stück verendet, als seinem Helden endgültig der Atem ausgeht, mit seinem Tod, also naturwüchsig. Kragler immerhin, indem er das weiße Bett statt der roten Revolution, die kleine Befriedigung statt einer ebenso großen wie vagen Hoffnung wählt, fällt eine Entscheidung und mit ihm das Stück. Doch der dritte und erst recht der vierte, von Brecht bis zur Erschöpfung immer wieder umgeschriebene Akt verraten, wie auch hier sich das Material und des Autors Bindung ans Detail, ans »Dickicht«, spröde und zäh, fast mürrisch dagegen sträuben, auf irgendein Ziel, eine Konsequenz hin ausgerichtet zu werden. Und »Im Dickicht der Städte« wird diese Stärke oder Schwäche Brechts, mit Konflikten nur heftig zu zündeln, aber ihr Losbrechen, ihre nicht mehr klar zu kontrollierende Folgerichtigkeit zu scheuen, selbst als Thema zum Zentrum des Stücks. »Die unendliche Einsamkeit des Menschen macht eine Feindschaft zum unerreichbaren Ziel«, verkündet Shlink, und für seine beflissenen Interpreten singt er damit eine Erkennungsmelodie, natürlich die Entfremdung im Spätkapitalismus. Shlink aber fährt fort: »Die Planeten sind unkenntlich. Ihre Begegnung verläuft ins Blaue.« Womit sich die konfliktschwache, entscheidungsmüde Dramaturgie des frühen Brecht wieder rechtfertigen möchte mit kosmischen Zuständen. »Bums ohne Inhalt«, schrieb Kerr nach »Im Dickicht der Städte«. In fünf Silben und verschärft zur Pointe läßt sich das Ungenügen an diesem Dramatiker in seiner Frühform kaum schlagender ausdrücken.

Groß und einleuchtend treten die Protagonisten in den Expositionen dieser schlingernden Stücke auf, Baal wie Kragler und Garga, und groß und einleuchtend gerät auch jeweils ihr Abgang: Baal, wenn er sterbend auf allen Vieren, Gott, Mutter und sich selbst anrufend, unter den Sternhimmel kriecht, unter dem er sich allumfassend mit der Welt in seinem letzten Laut »Hm« versöhnt; Kragler, der den roten Mondlampion vom Kulissenhimmel holt und damit und mit großer Suada alle Ordnungen des Guten, Wahren, Schönen als bloßes Theater herunterdenunziert, ein Held und Pathetiker der Schäbigkeit; Garga, ein Sieger, der sich selbst besiegt und herausgetrieben hat aus aller Romantik, an dem Ernüchterung und Erschöpfung kaum noch zu unterscheiden sind, der sich im letzten Moment vors hippokratische Gesicht die Maske des mit allen Wassern Gewaschenen gesetzt hat: »Das nackte Leben ist besser als jedes andere Leben.«

Am Dickicht der Stücke und an einer Auslegung ihrer emphatischen Endstationen, an jener Entscheidungslosigkeit und dieser Entscheidung für ein Pathos scharf am Nullpunkt beginnt Brecht ab Mitte der zwanziger Jahre mit Energie zu arbeiten –, so jedenfalls läßt sich rückblickend und im vereinfachten Grundriß die Strategie seines Schreibens von »Mann ist Mann« bis zu den ersten Lehrstücken begreifen. Um 1930 hätte er dann sagen können: Ein nacktes Stück ist kräftiger als jedes andere Stück. Schreibend versucht er nachzuholen, was er seinen Figuren von früh an zugemutet hat: gehäutet will er werden. Am Anfang fallen nur Verkleidungen und Ornamente ab, Aufblähungen, zu groß geratene, auftrumpfende Gesten. Am Ende wird als Dramaturgie nur noch etwas wie ein Grundgerüst aus Knochen und Sehnen übrig geblieben sein. Das kann und wird später wieder Fleisch ansetzen.

Solche Metaphorik faßt den Prozeß kaum ungenauer zusammen als seine übliche begriffliche Auflösung, ja sie zeigt womöglich genauer, indem sie einen scheinbar intellektuellen Prozeß verkörpert, daß Brechts Selbsterziehungsversuch auch eine Tortur war, in der es um Leib und Leben ging, die einschnitt ins eigene Fleisch, die ihn fesselte und ihm strangulierend zeitweise den Atem verschlug.

Das jämmerlichste Opfer, das in der zweiten Hälfte der zwanziger Jahre in diese Umerziehungsmaschine gerät, ist Baal. Gerade an ihm, dem Inbild und Inbegriff alles Egoistischen, Anarchischen, nicht Sozialisierbaren in seinem Autor, soll ein Exempel statuiert werden. Beim ersten Versuch, einer radikalen Bearbeitung im Jahr 1926, scheinen die Eingriffe die Figur selbst noch gar nicht zu erreichen. Verändert wird zunächst nur ihr Umfeld, um das Bild des großen unzeitgemäßen Untiers mindestens abzuschwächen, von allem Identifikationsglanz zu befreien.

Das geschieht mit so zugleich unbedenklichen und hilflosen Handgriffen, daß man sich wieder einmal wundert über die Weltfremdheit dieses später so besessen an sozialen und historischen Vorgängen und Motivationen interessierten Autors. Hier nämlich meint er, durch bloße Umbenennung von Kulissen, durch eine veränderte Statisterie und einige Verschärfungen des Dialogs auf Zeitjargon das Stück aus seinem Archaismus zu lösen, es historisch zu definieren als eine »Chronik« aus den Jahren 1904-1912 und Baal damit als Fremdkörper, ja Dinosaurier auf Distanz zu bringen. Folglich werden aus Fuhrleuten Chauffeure, aus einer Kellnerin eine »Fohse«, aus »Baal« ein Mechaniker und aus seiner Kammer ein Autoschuppen. Der Tippelbruder Eckart muß schwafeln im Caféhausjargon einer (schwulen) Neuen Sachlichkeit: »Ich mische mich grundsätzlich nicht in deine reichlich trüben Menschlichkeiten. Aber man sollte sie wenigstens in Gegenwart eines anderen relativ fair erledigen.« Selbst Baal, eine frühere Geliebte adressierend, wird in dieses Papierdeutsch verwickelt: »Sollte von deiner Seite bis zum heutigen Tage noch eine Geneigtheit zu meinem Leibe bestehen, so . . .«

Kurz: hier stimmt nichts mehr, weder der Rahmen noch das Bild, weder Konzept noch Ausführung. Dieser »Lebenslauf des Mannes Baal«, den in der Berliner Aufführung ein lässiger Conferencier dem Publikum als »Dokument« offerierte, als schicken Schaubilderbogen von der »Abnormität Baal, wie sie sich zurechtfindet im zwanzigsten Jahrhundert« –, dieses Projekt faßt weder das »Abnorme« noch neue Normen, sondern offenbart nur eine krampfhaft formale Anstrengung, eigenen Lebensstoff, möglichst ohne ihn zu berühren, einem neuen Lebens- und Schreibprogramm zu unterwerfen.

Nur an zwei markanten Punkten lassen sich Verschärfungen erkennen, die mehr als bloß dekorativ sind. So komplimentiert Baal, der in den frühen Fassungen die Sophie Barger als »Orang-Utan« von der Straße in die Kammer schleifte, die Frau jetzt eher mürrisch in den »Autoschuppen«, wo an der Wand die »Zeichnung einer weiblichen Anatomie« hängt: »Ich habe da zur größeren Übersichtlichkeit eine Handzeichnung angefertigt . . . ich weiß alles, was an Ihnen dran ist, den ganzen faulen Zauber!« Prae coitum triste, Wegwerfgefühle noch vor der Begierde –, damit ist die Baalfigur an der empfindlichsten Stelle ausgenüchtert, ja kastriert. »Das Fleisch, das ist ärmlich!« ruft er. »Das ist ja gar kein Fleisch, das Fleisch ist Haut und drei Fasern, das ist doch gar kein Fleisch! Das ist überhaupt eine Niete, dieser Planet! Eine Frechheit! Alles nur für die Fremden zurecht gemacht! Mit Bergen! Es gibt ja gar keine Berge!«

Was an dieser Suada des taedium vitae noch an Baal erinnert und sie trotz gleicher Gesinnung unterscheidet von den höhnisch traurigen Gedichten dieser Jahre, das ist nur noch ein renommistischer Schwung der Übertreibung. Baal zeigt, anders als sein Dichter beziehungsweise Conferencier, selbst auf dieser Schwundstufe noch trotzig einen Schimmer von Humor. Und sei es auch nur dadurch, daß er sich als letzten Rausch und Genuß immerhin noch den des Redens, der Schwadronage gestattet.

Kurz vor seinem Tod allerdings mutet ihm Brecht noch einen frommen Eingriff in seine heidnische Seele zu. Statt, wie in den früheren Fassungen als letzte Botschaft an die Welt zu flüstern: »Es war sehr schön« und zwar: »Alles!«, muß Baal nun erklären: »Ich bin einverstanden« und: »Mit allem«. So lautet bekanntlich die alchimistische Zauberformel der Lehrstücke, die Verkündung freier Einsicht in die Notwendigkeit der Selbstaufgabe, mit der stillschweigenden Garantie einer Wiederauferstehung im Kollektiv. Am sterbenden Baal wird also eine Art Zwangstaufe vollzogen. In seiner späten Treue zu seinem frühen Ich und alter ego hat Brecht 1954 dann diese wie alle anderen Korrekturen und Schnitte der Berliner Bühnenfassung wieder zurückgenommen. Die Sterbe-Szene letzter Hand läßt Baal sogar nicht wie in den frühesten Fassungen den »Lieben Gott« anrufen, sondern (stattdessen?) sich selbst in Worten noch einmal umarmen mit »Lieber Baal«, und das gar zweimal. Fast möchte man da eine späte Sympathieerklärung des Autors an sein erstes überlebensgroßes Geschöpf heraushören und eine Abbitte für alle ihm zugefügten dramaturgischen Torturen.

Denn um 1930 hat Brecht an dieser schwer erziehbaren Figur noch einen radikaleren Revisionsversuch unternommen. Mit Chor und Gegenchor, mit der Denkmaschinerie der Lehrstücke sollte das Problem »Der böse Baal, der asoziale« aufgerollt, ja aufgehoben werden. Was dazu an Entwürfen aus verschiedenen zeitlichen Schichten vorliegt, läßt nur Zugriffe und etwas von den Absichten, doch keine Struktur, keine entschlossene Aussage erkennen. Schon diese wenigen Fragmente sind aber erstaunlich genug.

Denn Baal wird nicht nur mit seiner Gegen- und Nachfolgefigur Herrn

Keuner konfrontiert (der ja feierlich gern »Der Denkende« tituliert wird, und in so wohlfeiler Vereinfachung hätte Baal auch »Der Fühlende« genannt werden können), sondern ausgerechnet er führt in einigen Nummern auch Keunersche Erziehungsprogramme durch, Trainingsspiele in großstädtischer Mitleidslosigkeit: einem Frierenden wird der Mantel verweigert, einem Bettelnden die letzte Münze geraubt. Denn das Leiden darf sich eben nicht durch Jammern Almosen erbetteln, sondern muß durch Verschärfung über die Schmerzgrenze hinaus zum Aufstand gezwungen werden. Obwohl böse, asozial, dient Baal doch als Exempelveranstalter der Aufhebung sozialen Unrechts. Er wird wider Willen und Wissen in Dienst genommen.

> lobet das schöne tier das
> grausame, sein klares auge
> spiegelt wider den natürlichen schrecken
> der unänderbaren welt ohne
> zusatz.

So tönt DER RECHTE CHOR, doch der »zusatz« eines LINKEN wird auch notiert:

> der beste zustand ist
> die kälte vor die wärme kommt
> alles macht sich so klein
> wie es nur kann.

RECHTS liebt der Denkende »die welt wie sie ist«, LINKS »die welt wie sie wird«. So, in diesem unraffinierten Rohzustand sehen Brechts Bausteine für Dialektik erschütternd simpel aus. Für derlei Apportierstücke, in denen das immer schon Gewußte und Gewünschte, wenn auch mit Hakenschlagen zurückgebracht werden sollte, ließ sich die Baalfigur schwerlich abrichten. Das Projekt ihrer vollkommenen Umfunktionierung ist offenbar bald versandet. Aber das Nachdenken über diese unerledigte Aufgabe zieht sich durch die folgenden Jahrzehnte.

1938 scheint klar, daß die Bearbeitungsversuche den Sinn der Figur fast zerstört haben: »Baal, der provokatör, der verehrer der dinge, wie sie sind, der sichausleber und der andreausleber.« Ein Jahr später meldet sich eine jähe, radikale, aber wohl nur wohltuend vereinfachende, also falsche

Einsicht in den Grund des Scheiterns von 1930: »Die asozialen leute spielen keine rolle. Es sind einfach die besitzer der produktionsmittel und sonstigen lebensquellen, und sie sind es nur als solche . . . Es ist geradezu *das* evangelium des feindes der menschheit, daß es asoziale triebe gibt, asoziale persönlichkeiten usw.« Die Notiz ist alles andere als unmißverständlich. Hat Brecht, in der Nachfolge Nietzsches, etwa seinerzeit mitgeschrieben am »Evangelium des Feindes der Menschheit«? Sollen ausgerechnet »die asozialen Leute«, als Ausbeuter bestenfalls Studienobjekte einer politischen Ökonomie, für nicht rollen-, nicht theaterfähig erklärt werden? 1941 meldet das Arbeitsjournal dann einen neuen Erklärungsversuch: der Sozialismus hätte nur, statt als *»große ordnung«*, gleich als *»große produktion«* aufgefaßt werden müssen, als »Befreiung der Produktivität aller Menschen von allen Fesseln«, dann wäre auch Baal, böse und asozial, im Lehrstück in solche Perspektive geraten. Der Anarchist als Kulturrevolutionär. Heißt das: Baal als Beuys? Den auch dafür voraussehbaren Widerstand seiner Figur hatte ihr Erfinder freilich schon früher in Verse gefaßt:

> darum ist er der asoziale geheißen
> daß an ihn billige forderungen stellend
> der vollkommene staat wie ein ausbeuter dastünde.

Doch Brecht versucht um 1930, wenn auch nur in allerersten Skizzen, noch etwas ganz anderes: nämlich Baals soziale Undefiniertheit, Unzuverlässigkeit in freies Spiel explodieren zu lassen dadurch, daß er ihn in immer anderen sozialen Masken auftreten läßt, erst als »pfaffe«, dann als »fortschrittlicher pfaffe (ketzer)«, dann auch als »paßbeamter« und schließlich ad infinitum als »hure, mutter, liebhaber der natur, streikbrecher, historiker, richter, ingenieur, gast« usw. usf . . . Subversion offenbar hinter der Maske, im Rollenspiel, und das öffnet endlich eine Perspektive nach vorn, auf Puntila, auf den »Guten Menschen von Sezuan«, auf den Azdak. Baal läßt sich also zwar nicht einspannen, nicht umfunktionieren, er ließe sich aber zerstückeln, vervielfachen. Oder, um ein plötzlich 1920 auftauchendes Lieblingswort des Tagebuchschreibers zu gebrauchen: mit Baal läßt sich »lavieren«, nämlich die Eindeutigkeit von Meinungen, von Moralen, die Identität und Umrißschärfe auch des Individuums in Bewegung und Auflösung, zum Oszillieren bringen, wahrhaft zerspielen. Solches »Lavieren« hatte Brecht im September 1920 schwärmerisch zu erklären versucht an – der »Jesusgestalt«: »Ein unverletzbarer Mensch, weil widerstandslos. Ganz lavierend, biegsam, wolkengleich, voll von Sternenhimmeln, milden Regen, Weisheiten, Fröhlichkeit, Vertrauen, Möglichkeiten.« Aber im gleichen Atemzug mit diesem schönen Klimmzug in pure Utopie wird auch die Einsicht formuliert: »Er kann nicht gestaltet werden im Drama: Er bietet keinen Widerstand.«

Widerstandslosigkeit wäre auch eine Formel für die Probleme des Stückeschreibers mit Baal, diese Nachgiebigkeit der Figur ins Lyrische, ihre Lust an der Geste und ihre Faulheit im Handeln, die selbstzufriedene Trägheit und ein Desinteresse an Konflikten. Brecht erfindet also Ende der zwanziger Jahre, um doch noch sein Exempel zu statuieren, eine »böse«, eine »asoziale« Alternativfigur aus weniger biegsamem, aus brechbarem Material, den »Egoisten Fatzer«. Der Kampf um ihn und gegen ihn wird auf über fünfhundert Seiten entworfen, ohne faßbares Ergebnis. War hier zu viel auf einmal versucht worden? Unter dem Namen Fatzer sollen offenbar das Prinzip Baal und das Prinzip Kragler, der triebhafte Egoismus und das zynische Desengagement, gemeinsam in einen Erziehungsprozeß geschickt werden und das in Szenen, die nicht einen imaginären Wilden Westen, sondern einen Überlebenskampf im verendenden Weltkrieg 1917/18 darstellen.

Egoist Fatzer erweist sich als Deserteur nicht nur im richtigen historischen Augenblick, als er den deutschen Krieg und die ihn tragende Gesellschaft verläßt, sondern er bleibt Deserteur von Wesen, der also auch aus allen weiteren sozialen Verabredungen und Gruppierungen immer wieder ausbricht. Da er durch fünf solche vorgeführte und durchnumerierte »Abweichungen« das Leben seiner Mitdeserteure gefährdet, wird er schließlich zum Tode verurteilt und soll liquidiert werden.

In diesem Grundriß erscheint zum Greifen nah eine Dramaturgie, die Entscheidungen endlich nicht mehr verschleppt, sondern durchsetzt, und das auch noch gegen den großen Vereinzelten und Isolierten, den Brecht in Theater, Gedicht und Prosa bis dahin immer wieder auftreten und verenden läßt, staunend, provokant, sinnfrei und ratlos. Fatzers Auftrumpfen wie Fatzers Ausmerzung dagegen könnten nun endlich bewegt und ausgefüllt werden mit dem, was Brechts Pathos der Leere bisher gerade verweigerte: mit sozialem Sinn.

In immer neuen Szenen demonstriert sich Fatzer als immer wieder unberechenbar. Der Untergetauchte genießt einen Spaziergang, eine Schlägerei, will Beischlaf und dann seinen Selbstmord, hält keine Verabredung ein und keine Meinung durch. Nichts an ihm, dem »Ichsüchtigen« will sich vergesellschaften lassen:

> behaltet von allem, was an mir ist
> nur das euch nützliche
> der rest ist fatzer

Die Antwort auf dieses unauslöschliche Selbstbewußtsein klingt gleich radikal:

> ja, du sollst nämlich
> dich ändern, zumindest
> dadurch, daß du gar nicht
> mehr da bist

In solcher kahl und fahl gewordenen Sprache könnte das Drama mit Position und Gegenposition sich glatt wie eine Gleichung durchrechnen. Aber die Fatzer-Fragmente türmen sich zu einem riesigen Ruinenbau, weil sie dem Zug zum klug exekutierten Exempel, zum Lehrstück eben doch nicht nachgeben. Sie reißen derart viel Stoff und Formversuche, Material und Widerstand in sich hinein, geraten in eine derartige Spannung zwischen dem Besonderen und dem Allgemeinen, zwischen einer Weltende-Vision und der Kriegsende-Realität, zwischen einer bloßen Vorstellung vom Kollektiv und der anschaulichen Erfahrung von Individualität, zwischen Tragödienchor, Agitprop und Schreibtischreflexion, daß der Sprung vom »Baal« bis zur »Maßnahme«, ja zur »Heiligen Johanna der Schlachthöfe« sich in einem Stück hätte vollziehen müssen, wenn aus diesem monumentalen Skizzenwerk mehr hätte werden sollen als eine Dokumentation von Absichten.

Schon die verschiedenen Höhenlagen der Sprache, die Fallhöhe von prophetischen Partien:

> eures gemüts konnten wir uns
> nicht bedienen
> verderbte verseuchte geschlechter

zu trocken didaktischen Passagen:

> verwandelt den krieg der klassen und
> den weltkrieg in den
> bürgerkrieg

oder zu entschlossen zynisch-materialistischer Frosch- und Vogelperspektive:

> Alles geht weiter. Freilich, das kriecht
> Noch mit zermalmter Kniescheib
> Auf ein behaartes Loch zu

–, schon diese auseinanderklaffenden Schichten zeigen nicht nur den immer neu ansetzenden Experimentiercharakter der Notizen, sondern eben auch, wie hier noch mit dem Sprachgestus von Baal, Kragler und Hauspostillen-B. B. in und gegen die neuen Kältezonen marschiert wird.

Im Rollensprechen, mit einer Reichweite von Psalmenton bis zum Bänkelsang, hatte sich Brecht schon in seiner frühen Lyrik geübt. Ganz neu aber fällt in den »Untergang des Egoisten Johann Fatzer« ein Ton schneidender, terroristischer Kälte ein, in dem Menschen- oder Menschlichkeitsvernichtung nicht nur als geschichtsphilosophische Notwendigkeit angesagt, sondern auch mit provokanter Genugtuung verkündet wird:

> der mensch ist der feind und muß aufhören

oder:

> schwachsein ist menschlich und drum muß es
> aufhören

Dieser Kommissars- und Philosophenstimme aber antwortet noch eine andere, die eines säkularisierten Erlösungschors, der die »untergehenden« schon als »aufwärtsgehende« sieht, der ein Überleben des eigenen Tods aber bestenfalls sub specie aeternitatis verspricht, denn diese »aufwärtsgehenden« gehen »ins leere« und »ihre zukunft liegt nach ihnen«. Die Vernichtung jeder, auch dieser hinter den Horizont weisenden Perspektive dagegen erklärt der die Hinrichtung Fatzers betreibende Mitdeserteur, als er auf die Frage:

so wollen wir ihn also ruhig umbringen damit
die nach uns kommen eine warnung haben?

antwortet:

nach uns kommt nichts. aber
solang wir da sind geschieht
alles richtig.

Wie auf einen gemeinsamen Nullpunkt zu scheinen da radikaler Nihilismus und eine neue irdische Theologie des Opfers murmelnd aufeinander
zuzugehen, dann ineinander überzugehen, trübe und leuchtend. Fatzer
allerdings muß in einem tödlichen Wortsinn schließlich »dran glauben«.
Zum Urteilsverkünder sagt einer der Kameraden:

warum brüllst du so?
weil du sein freund bist

Das hört sich an wie ein letztes, trauriges und gerechtes Wort Brechts zum
eigenen Versuch, den Baal, Kragler, Fatzer aus sich abzutreiben, wütend,
schonungsvoll, zu laut und überdeutlich und doch schwer verständlich:
weil er sein Freund bleibt.

Voraus zum Lehrstück, zurück zur regelrechten Tragödie, ja zum »journalistischen« Zeitstück, also in zu viele Richtungen strecken die Entwürfe
ihre Fühler aus, nach einer noch nicht beherrschten und nach nicht mehr
glaubwürdigen Gattungen. Mit Wucht, Pomp, Reflexion und Kälte sollte
Baals Begräbnis gründlich gefeiert und bedacht werden. Nun wird er,
ohne je hingerichtet und beerdigt worden zu sein, später wieder auferstehen, im Azdak, im Puntila, sogar im Schweijk, als Maskenwesen, als
»Lavierer«.

Die Schwierigkeiten beim Schreiben der Stücke ließen sich in einem
großen Handstreich nicht lösen. Brecht mußte Umwege laufen, über die
Parabel, die Komödie, die Oper, das Lehrstück, in denen er seine Stoffe,
Fabeln, Figuren durch verschiedene Kälte- und Kahlheitszonen treiben
konnte, bevor er ihnen oder sie ihm wieder mehr Dichte, Dunkelheit,
Wärme erlaubten. Bevor er, so könnte man auch sagen, sich selbst in den
Stücken wieder deutlicher zu erkennen geben würde, und zwar gerade in
ihren nicht ganz aufklärbaren Dunkelzonen. Diesen Zusammenhang und

Unterschied zwischen Sichausdrücken und Sichausschweigen hat er früh geahnt: »Auch ist es wichtig, sich nie nach außen zu stülpen, immer dunkel und massig zu bleiben. Nur keine Exibition!«

Nach wie vor versuche ich hier, aus Brechts Texten die Physiognomie ihres Autors, aus ihrer Entwicklung seine abzulesen –, kein Wunder also, daß zwei Selbstporträts, die er im Tagebuch im Sommer 1921 in München und dann 1931 in Berlin entwirft, wie zwei monumentale Schnappschüsse Anfang und Ende seines Wegs durch die zwanziger Jahre offenbaren, das »Baal«-Gesicht und die Maske der »Maßnahme«. Im Spiegel, vor dem er sich Kirschen in den Mund schiebt, sieht der Dreiundzwanzigjährige sein »idiotisches Gesicht«: »Es hat viele Elemente von Brutalität, Stille, Schlaffheit, Kühnheit und Feigheit in sich, aber nur als Elemente, und es ist abwechslungsvoller und charakterloser als eine Landschaft unter wehenden Wolken.« Zehn Jahre später steht er nicht mehr vor dem Spiegel, ja verzichtet auf ein Bild von Gesicht oder körperlicher Erscheinung, um mit sorgfältig schweifendem und registrierendem Blick nur das gesamte Inventar seines Schlafzimmers abzuschildern, mit Bett, Stühlen, Tischen, Manuskriptschrank, ein behagliches, doch nüchternes Stilleben, alles in Bereitschaft für Arbeit, Ruhe, Vergnügen. Und mitten unter diesen stummen, nützlichen Gegenständen steht, an Stelle des Wohnenden selbst: ein »Gipsabguß meines Gesichts«.

Vom Baal zum Klassiker, von der »Idiotie« zur Lebendmaske, vom Gesicht als Landschaft zum Kopf als Gegenstand unter Gegenständen –, die beiden Bilder verraten drastischer als der Blick auf die Werkreihe eines Jahrzehnts, daß dieser Kampf um Meisterschaft, Beherrschung des Metiers und Erkenntnis auch ein Kampf gegen die eigene Natur, um ihre Unterwerfung und Kolonisierung war.

Entscheidungsspiele

Der frohe Schaubudenton im Lustspiel »Mann ist Mann« hätte eigentlich die Leser, Zuschauer und erst recht die Interpreten warnen können. Genau im Gestus der Jahrmärkte verkündet die Witwe Begbick: »Hier wird heute abend ein Mensch wie ein Auto ummontiert«. Auf offener Szene, ohne Spiegeltricks und doppelten Boden, genau so ehrlich wie auf offener Szene immer wieder die Jungfrau von einer Kreissäge in zwei Teile getrennt worden ist. Statt uns also zu beteiligen am besorgten Gemurmel der Deuter, ob »Mann ist Mann« nun positiv das Aufgehen des einzelnen im guten oder negativ das Verschwinden im verbrecherischen, faschistischen Kollektiv meint (wobei die stillschweigende These, daß »Ummontage« dafür ein provokant richtiges Bild wäre, weil dem Arbeiter am Fließband das gleiche geschieht wie dem Fordauto auf dem Fließband, stillschweigend geschluckt wird) –, statt solche Sorgen sollten wir erst einmal den unzweifelhaften (und zweifelhaften) Gewinn dieses Brechttextes bedenken: er arbeitet, hantiert mit nichts weiter als Illusionen. Alles kann hier erspielt und behauptet werden. Das heißt aber auch: nichts ist vertrauenswürdig, Galy Gays falscher, doch verkäuflicher Elefant schon auf den ersten Blick nicht, die mit ihm selbst veranstaltete Parabel spätestens auf den zweiten. Der gutmütige irische Packer Galy Gay, der einfach nicht nein sagen kann, wird zur brutalen Kampfmaschine ummontiert nur für den, der auch die Jungfrau gern zerfallen sieht in zwei Teile: wir glauben etwas wahrzunehmen, was gar nicht stattfindet.

Hätte Brecht sein Stück nicht clever verfremdet in ein imaginäres Slapstick-Indien, hätte er etwa erzählt, wie Werber im 18. Jahrhundert Söldner preßten, dann wäre der triumphierendste Teil seiner Beweise rasch ins Leere gelaufen. Galy Gay wird aber tatsächlich nur unter Alkohol und mit Todesdrohung in eine Armee gepreßt. Sein Exempel also beweist nichts weiter als ein Muster von Anpassungs- und Überlebenstaktik. Es ist, ganz gegen seine Absicht, fatal »allgemeinmenschlich«. Das Bild vom ummontierten Auto und die Botschaften vom Ende des Individuums in der kapitalistischen Industriegesellschaft werden nur dazubehauptet. Man sollte einen Augenblick zurückdenken an »Rameaus Neffen« von Diderot und an Hegels emphatische Auslegung dieser Figur als Inkarnation eines »zerrissenen« und sich selbst entfremdeten (aber dadurch gerade sich selbst erhaltenden!) Bewußtseins, um zu begreifen, wie hoffnungslos in Brechts simplistischer Parabel die Vorgänge und die Beweise nebeneinander her-, ja auseinanderlaufen. Diderot schrieb seine Figur aus Anschauung, Brecht arbeitet an einer These: »Das kontinuierliche Ich ist eine Mythe. Der Mensch ist ein immerwährend zerfallendes und neu sich bildendes Atom.« Den möglichen Zerfall der Identität hatte Diderot schon im 18. Jahrhundert leibhaftig vor sich, Brecht aber mußte ihn sich noch im 20. wie eine Zumutung und wie einen Spaß vorführen. Der Spaß funktioniert zwar, die Zumutung kaum. Wäre das als rein technisches Versagen, als Wahl einer falschen, zu einfältigen Parabel für einen zu komplizierten, richtigen Befund, nicht allzu arglos oder fahrlässig erklärt?

Mit Galy Gay stellt Brecht zum ersten Mal in die Mitte eines Stücks, nach Baal, Kragler, Garga, statt einer Bekenntnis- eine bloße Demonstrationsfigur, bedeutungslos für sich, Objekt statt Subjekt der Handlung, eine Lustspielpuppe. Von ihr wäre eigentlich kein Widerstand gegen ihre Manipulation zu erwarten. Sie verfügt auch über keinerlei Fallhöhe, appelliert an ein nur sportliches Zuschauerinteresse, doch an keine Identifikationsbereitschaft. Um so erstaunlicher, daß nach seiner imaginären Erschießung, aus der der Packer Gay wiederaufstehen wird als Soldat Jip, dieses Nicht-Individuum sich selbst eine Schmerz-, Trauer- und Grabrede hält, die für lange Augenblicke die Grenzen des »Lustspiels« aufsprengt und erst recht die der so harmlos freundlichen, anpassungswilligen Figur. Ein Bauchredner von shakespearescher und kleistscher Beredsamkeit, fremd aller Verfremdung, beginnt aus diesem beim Abschied von sich selbst noch einmal von sich selbst Bewegten loszureden und angesichts des eigenen Sarges zu klagen:

> Ich könnte nicht ansehen ohne sofortigen Tod
> In einer Kiste ein entleertes Gesicht
> Eines Gewissen, mir einst bekannt, von Wasserfläch
>   her
> In die einer sah, der, wie ich weiß, verstarb
> Drum kann ich nicht aufmachen diese Kist!
> Weil diese Furcht da ist in mir beiden, denn
>   vielleicht
> Bin ich der Beide, der eben erst entstand
> Auf der Erde veränderlicher Oberfläch
> Ein abgenabelt fledermäusig Ding, hangend

Zwischen Gummibäumen und Hütt, nächtlich
Ein Ding, das gern heiter wär'.

Das ist, schlicht gesagt, ein zu bedeutender Text für eine bedeutungslose bloße Exempelfigur, einen Wegwerfmenschen. Doch in diese Höhen- und Ausdruckslage wird das Dividuum Gay/Jip immer wieder ausbrechen, sobald es rückfällig wird, nicht fromm »einverstanden« mit der Abschaffung seiner selbst (oder seines Selbst) und der »Montage« in einen anderen. Was unter den Bedingungen des Lustspiels und der Parabel sicher ein Stilbruch ist und die flotte Mann-ist-Mann-Gleichung stört oder zerstört, diese nachdenkliche, ratlose Trauer über den Verlust der eigenen Person – »der vergessen hat, wer er ist, das bin ich« –, dieser Fehler in seiner Rechnung könnte die wichtigste Wahrheit des Stückes verraten. Daß jemand als Ersatzteil eingepaßt wird in eine Armee oder sich ummontieren läßt wie ein Auto, will Brecht offenbar trotz allem zur Schau getragenen Neue-Sachlichkeit-Zynismus nicht klaglos hinnehmen. Ein Opfer muß sich lohnen. Aber daß ein Kollektiv funktioniert, egal wie und für was, lohnt das? Erst als eine Rechtfertigung und Sinngebung für den Verlust von Individualität sichtbar wird, wird auch ein bekanntes (statt wie hier das verweigerte) »Einverständnis« zum offenbaren (statt nur zum klammheimlichen) Ausdruckshöhepunkt eines Stücks.

Während die Verwandlungsnummern zwar klappen, aber das Gewünschte kaum beweisen, singt die immer wieder vor das Stück tretende Witwe Begbick vom ewigen »Fluß der Dinge«, einfach, schön und traurig. Sie nämlich ruft (statt der Fordschen Fließbandarbeit) den Strom samt Welle und Tropfen als Inbild der (so muß es nun pathetisch heißen) unabänderlich und ewig geforderten und vollzogenen Verwandlung an. Wird nun Galy Gay ummontiert wie ein Auto oder verschwindet er wie ein Tropfen im Strom, zerfällt er »immerwährend« wie ein Atom oder wird er eben doch nur mit List und Gewalt ins Militär gepreßt? Jede Lesart bietet sich an, die konkrete, die zart poetische, die kühn metaphorische, die krampfhaft parabolische, aber alle laufen fremd und selbstzufrieden nebeneinander her statt sich zu unterstützen und zu steigern.

Beharre nicht auf der Welle
Die sich an deinem Fuß bricht, solange er
Im Wasser steht, werden sich
Neue Wellen an ihm brechen.

Witwe Begbick, die so das keß neusachliche »Mann ist Mann« in ein altlyrisches »Welle ist Welle« übersetzt, diese Ansagefigur, die hier Bescheid gibt, doch in der Tonlage altlyrischer Weisheit, taucht unter den Figuren des Stücks als die größte Überraschung auf. Eine Frau mit solcher Autorität, selbstbewußt, ironisch, auch und gerade wenn sie neben ihrer Rolle steht, Spielmacherin der Dramaturgie, aber auch in der Handlung selbst deren Antreiberin, eine Geschäftsfrau, ein Luder, eine Marketenderin und Mutter für alles, doch nicht verfügbar, immer vernünftig, beherrscht –, eine solche weibliche Figur hat Brecht bis dahin noch nicht entworfen. Von der Ohnmacht der hilflosen weiblichen Opfertiere Baals und noch Gargas, die immer nur kurz in die Handlung gerissen und gleich wieder abgeschüttelt werden konnten, ist an der Begbick keine Spur mehr zu entdecken. Jetzt gilt offenbar nicht mehr: Weib ist Weib. Hier endlich, im Blick auf eine cool emanzipierte Frau in der Männerwelt, hier eher als in seinen einschüchternden Thesen beweist der Augsburger, daß er in Berlin Großstadt wahrgenommen hat. Er wird diese Frauenfigur, geschrieben für Helene Weigel und sicher auch mit der Erfahrung von ihr, auch hinübernehmen in das Stück, mit dem er seinen zwanziger Jahren und dem Dickicht der Städte den letzten Abgesang liefert, in die Oper vom »Aufstieg und Fall der Stadt Mahagonny«.

In diesen Jahren nach der Uraufführung der »Dreigroschenoper« 1928 öffnet sich die Schere in der dramatischen Produktion: einerseits wird die mit »Mann ist Mann« und der »Dreigroschenoper« begonnene Linie verschärft fortgesetzt, in dem ebenso kalten wie kulinarischen Kunststück der Mahagonny-Oper, die mit Schmiß und Schwung Illusionstheater ohne den geringsten Glauben an seine Illusionen »hinlegt« –, andererseits wird mit den Lehrstücken jede Illusion, ja das Schautheater abgeschafft und die Distanz zum Publikum so eingezogen, daß im Idealfall auf Zuschauer verzichtet werden kann, weil die Spielenden zugleich die Lehrenden und Belehrten sind und die Aufführung sich wie eine Liturgie vollzieht.

Doch auf beiden Wegen arbeitet Brecht am gleichen, an einer neuen Präsentation von Theater, einmal mit asketischer Härte, das andere Mal mit höhnischer Konzilianz durchgesetzt, und zugleich bemüht er sich immer noch um die Abschaffung seines alten Helden. Paul Ackermann, der Holzfäller aus Alaska, der in der Opernstadt Mahagonny eine männliche »Glückseligkeit« (Fressen, Lieben, Boxen, Saufen, wie ein Chor verrät) »wahrhaft sucht«, spielt und singt den endgültig letzten Nachfah-

ren von Baal, Kragler, Garga. Die Oper hebt den »wahrhaft Suchenden«
noch einmal in die Höhe und – läßt ihn fallen. Sie bietet und enthüllt ihm
das Reich der Freiheit als das der käuflichen Illusionen. Ausgerechnet als
Oper, in der Gattung der herrlichen, der vollkommenen Unwahrheit, soll
sich also die schäbige Wahrheit offenbaren, daß die »Freundlichkeit der
Welt« erst dann ihre letzte Kälte zeigt, wenn alles geboten, erlaubt,
konsumierbar wird und es nur noch eine unverzeihliche Sünde gibt: den
Mangel an Geld. Daran stirbt, wegen Zechprellerei zum Tode verurteilt,
Paul Ackermann.

Hat man an Brechts Stücken bis Ende der zwanziger Jahre vor allem
das große Projektierte, aber dann in Wirrnis, Hemmungen, Widersprüchen Steckengebliebene entdeckt, dann beeindrucken die plakativen
»Mahagonny«-Szenen, der Schlag auf Schlag sich abwickelnde Verlauf,
die entschlossen motivierte »Erledigung« des Helden. Diese Energie und
Folgerichtigkeit des Zugriffs, diese Entscheidungsfreude verdanken sich
zuallererst dem vollkommen künstlichen Medium Oper und ihrer über
allen Wahrscheinlichkeits-Realismus erhabenen, also gegen jede Willkür,
Übertreibung, Parodie wehrlosen Dramaturgie. Die frühen Stücke, ohne
vorgegebenes Formmuster, dem jeweiligen Stoff mühsam auf den Leib
geschrieben, wirkten in ihrer schönen Umständlichkeit dagegen wie
Sprechversuche eines auch noch »wahrhaft Suchenden«.

Aber so, als bloße Formalität, läßt sich die überraschende Schlagkraft
des »Mahagonny«-Textes allein nicht erklären. Sicher, die früheren
Stücke taumelten und schlingerten vor allem deshalb, weil sie den Sog
zum Finale scheuten, weil sie ein schlüssiges Ende nicht wußten oder
riskieren wollten. Paul Ackermanns Weg aber läuft so folgerichtig auf den
Fluchtpunkt seines Tods zu, daß man aus den Szenen sogar mit einiger
Plausibilität die Stationen der Passion Christi hat herauslesen können.
Mit ihm stirbt das ganze Programm einer männlich materialistischen
»Glückseligkeit«, das sich in Mahagonny als nur gekaufte Freiheit zwar
noch ausleben, doch nicht mehr genießen läßt:

Ich war es, der sagte: jeder muß sich sein Stück Fleisch herausschnei-
den, mit jedem Messer. Da war das Fleisch faul! Die Freude, die ich
kaufte, war keine Freude, und die Freiheit für Geld war keine Freiheit.
Ich aß und wurde nicht satt, ich trank und wurde durstig. Gebt mir
doch ein Glas Wasser!

Das sind, beendet wieder mit der Golgatha-Geste »Mich dürstet!«, die Schlußworte des »wahrhaft Suchenden«, der immerhin eines gefunden hat: die vollkommene Enttäuschung. Auch aus diesem hippokratischen Gesicht hat Brecht also, zu deutlich fast, eine Botschaft, ein Vermächtnis herausgelesen. Was für eine konsequente Entzauberung: Baal ist nun enttarnt als — Konsument. Für Baal Ackermann löst sich der Nullpunkt seiner irdischen Erwartungen im Tod auf in den Nullpunkt vollkommener Hoffnungslosigkeit. Aber, um noch einmal und diesmal mit Benjamins Kommentar zu den »Mahagonny«-Songs daran zu erinnern: »Nur Männer sind Exzentriks. Nur an Subjekten, denen von Haus aus männliche Potenz zukommt, kann uneingeschränkt demonstriert werden, bis zu welchem Grade die natürlichen Reflexe des Menschen durch sein Dasein in der heutigen Gesellschaft abgestumpft worden sind. Der Exzentrik ist nichts anderes als der ausgeleierte Durchschnittsmensch.« Diesem gelten die letzten Zeilen Chorgesang:

> Können wohl von seinen großen Zeiten reden
> Können seine große Zeit vergessen
> Können einem toten Mann nicht helfen.
> Können uns und euch und niemand helfen.

In so eindeutigem Resümee verrät sich ein Text schnell, patent und zu billig an seine Interpreten, doch die feierliche Einsicht des jungen Brecht: ». . . wo es kein Geheimnis gibt, gibt es keine Wahrheit«, sie wird auch im »Mahagonny«-Spektakel nicht Zug um Zug ausgehebelt. »Aber etwas fehlt« —, dieses geseufzte Leitmotiv Paul Ackermanns könnte auch die scheinbar so klare Auskunftsfreudigkeit des Opernlibrettos meinen. Nur läßt sich, was da fehlt, dieser Rest von untröstlicher Hoffnung, kaum so bündig definieren wie die perfekt vollzogene Enttäuschung am Nullpunkt.

Was über einen trostlosen gesellschaftlichen Endzustand noch immer hinausweist, kann Brecht wieder nur ausdrücken in Naturmetaphern, an jener höchsten und fast schon unkenntlich utopischen Stelle des Stücks, wo Paul und die Hure Jenny als »Die Liebenden«, doch im Bordell, er rauchend, sie sich schminkend, das Lied vom Flug der Kraniche, von Halt und Haltlosigkeit der Liebe singen. Himmel, Sonne, Mond, Wind, Wolken, Vögel, das ganze Brechtsche Bildinventar für Wechsel, Flüchtigkeit, kalte Weite wird in Bewegung und in zarte Parallelen gesetzt, Zeile für

Zeile poetische Indizien dafür aufbietend, daß Dauer einer Bindung, daß eine Solidarität zwischen auch nur zwei Personen so wünschenswert wie unerreichbar ist. Diese Aussage, nüchtern und hell, scheint unwiderlegt und auch unwiderlegbar. Und doch hält sich, gegen den baren Wortlaut des Gedichts, in seiner Struktur der nie zur Ruhe kommenden, der unaufgehobenen, untröstlichen Widersprüche zwischen Wunsch und Wirklichkeit ein letzter lyrischer Rest von Nicht-Einverständnis mit dem selbstverständlichen Lauf der Welt. Damit überfliegt das Lied nicht nur alle »Mahagonny«-Szenen, sondern die ganze lyrische Produktion der späten zwanziger Jahre, die jeder Regung von »Aber etwas fehlt« die kalte Schulter, die Maske des amor fati zeigt, in der das für »Städtebewohner« ausgegebene Leitmotiv »Verwisch die Spuren!« auch die Spuren jeder Hoffnung meint. Nur in dem Lied von den Kranichen weist das Endspiel »Mahagonny« und nur mit einer lyrischen Geste über sich hinaus.

Im »Badener Lehrstück vom Einverständnis« dagegen wird alle didaktische Energie darauf konzentriert, eine Endspielsituation nicht nur herzustellen, sondern zu transzendieren. Geprobt wird die Zurücknahme der Schlußzeilen von »Mahagonny«, um diesmal also »einem toten Mann zu helfen«, um »uns und euch und jedermann zu helfen«. Auf die Passionsgeschichte zum Nullpunkt folgt dessen Überwindung durch ein Auferstehungsexerzitium: drei abgestürzten Flugmonteuren wird das »Einverständnis« mit dem Sterben, dem Überleben »in der kleinsten Größe« beigebracht, bevor es heißt: »Erhebt euch / sterbend euren Tod.« Die Reminiszenzen an christliche Erlösungsgarantien sind aus diesem Text gar nicht zu löschen und dürften dessen Autor, dem Bibelleser und »letzten Katholiken« Brecht, bei der Niederschrift dieser liturgischen Übungen über Sterben und Wiedergeburt entscheidender die Hand geführt haben als die drei oder vier Jahre Studium von Marx und Hegel.

Er brauchte, soviel dürfte inzwischen klargeworden sein, immer vorgegebene dramaturgische Modelle und gestische Muster, um ab Mitte der zwanziger Jahre die lange verschleppten inhaltlichen wie formalen Probleme seiner Stücke lösen zu können: Parabel und Schaubudennummer, Conférence, Slapstick, Chanson, Veroperung und Passionsgeschichte, Erlösungsbotschaft, Liturgie und Schulungskurs. Es mußten weiterhin dem Theater alle Widerspiegelungsgelüste ausgetrieben werden, entweder durch hemmungslose Übertreibung seines bodenlosen Illusionismus und seiner schamlosen Kulinarik oder, gegenläufig, durch das in den Lehrstücken vollzogenen Programm: statt falschem Theater – gar keines!

Dem Badener Lehrstück ist Mimesis wie Theatralik, das Spielen und der Illusionismus, das Mitreißen und das Einfühlen, ja wenn möglich auch das Zuschauen derart aberzogen worden, daß ein solches, nur noch Bürgerdemut und -disziplin produzierendes Theater auch Platon oder Cromwell oder Calvin oder Rousseau nicht hätten schließen lassen. Gerade die radikale Reduktion auf Sprache und Gestik, auf ein ritualisiertes Muster von Frage, Antwort und Verkündigung erinnert, wenn auch sicher wider Willen, an religiöse Zeremonien, so vor allem an die Wechselrede zwischen Lesung und Responsorien in der Liturgie, und treibt damit das Theater wieder in die Nähe seiner kultischen Ursprünge.

In dieser skelettierten Form wird nun ein Untergangsspiel wiederholt, das Brecht seit dem »Lied der Eisenbahntruppe von Fort Donald« und den Flußleichen-Gedichten immer wieder durchgefeiert hat. Auch damals lockte im und hinter dem Untergang die Auflösung, eine Wiedergeburt in der organischen Natur, ein sanftes Hineinverfaulen ins Großeganze. Jetzt wird diese Wiedergeburtsphantasie spiritualisiert und sozialisiert. »Einverstanden« sollen die »Sterbenden« damit sein, daß sie in ihrer »kleinsten Größe« überleben, im Kollektiv und im ewigen »Fluß der Dinge«, der unermüdlichen Veränderung der Welt.

Den Altmarxisten ist dieses mystische Stirb und Werde, dieses Verwandlungsoratorium und sein nüchterner Irrationalismus zu Recht unheimlich geblieben. Reiner Steinweg, der es dann Anfang der siebziger Jahre trocken philologisch von allen religiösen Konnotationen gerade befreien wollte, bestätigte allein durch den scholastischen Ernst seiner Beweisführung und erst recht durch die Heilsgewißheit auch seiner Erwartungen vom Aufgehen im Kollektiv alles, was er gerade nicht wahrhaben wollte. In seiner angestrengten Synthese aus strukturalistischer Hermeneutik und revolutionärer Erlösungshoffnung ist dieser Rettungsversuch nicht nur ein Dokument der frühen siebziger Jahre und der damaligen hochgelehrten linken Erweckungsbewegung, sondern rückt auch authentisch und so dicht den asketischen und halluzinatorischen Experimenten Brechts um 1930 auf den Leib, daß die Interpretation schließlich in ein Einverständnis ohne Befremden versinkt und aus Mangel an Distanz keine Reflexion mehr leistet.

Denn zweifellos war auch die Radikalität der Brechtschen Versuchsreihen Ende der zwanziger, Anfang der dreißiger Jahre keine nur am Schreibtisch, also unter Laborbedingungen erzwungene. Daß die Hoffnungen auf einen unmittelbar bevorstehenden revolutionären Umsturz, der Druck einer politisch-eschatologischen Erwartungshaltung auch seine Texte auf »die kleinste Größe« trieb, darin sind sich rückblickend die Sympathisanten wie die skeptischen Zuschauer dieser Entwicklung einig. Das am Ende als Signal des »Einverständnisses« immer wieder skandierte »Marschiert!« erinnert heute fatal an jene Jahre, als SA und Rotfront gegeneinander marschierten wie zum »letzten Gefecht«.

Am bösen Baal, dem asozialen, am Egoisten Fatzer hing immer noch zu viel Fleisch, nämlich das Eigenleben der Figuren und die kräftig skizzierte Realität ihrer Umgebung. Die gestürzten, die belehrten, die zum Einverständnis bewegten »Monteure« des Lehrstücks aber sind nur noch Zeichen von Menschen, und die Szene ist nur noch ein Podium. Nun kann der Untergang rituell besorgt und entsorgt werden, in seiner »kleinsten Größe« eben, als radikale Kurzschrift dessen, was früher mit einer nun »peinlichen«, vom Mutterleib bis hinaus in die Milchstraße ausschweifenden Bilderwucht ausgetragen worden war.

Doch der Fehler dieser neuen, durch Kompression und Skelettierung erreichten Entschiedenheit und Klarheit ist eben auch: das nackt Didaktische der Klarheit. Das Lehrstück bemüht sich folglich, zeremoniell noch zu verrätseln, was Brecht in dem Fragment »Individuum und Masse« 1930 zwar metaphorisch, doch entschiedener ausspricht:

In wachsenden Kollektiven erfolgt die Zertrümmerung der Person . . . Sie zerfällt in Teile, sie verliert ihren Atem. Sie geht über in ein anderes, sie ist namenlos, sie hat kein Antlitz mehr, sie flieht aus ihrer Ausdehnung in ihre kleinste Größe – aus ihrer Entbehrlichkeit in das Nichts –; aber in ihrer kleinsten Größe erkennt sie tiefatmend übergegangen ihre neue und eigentliche Unentbehrlichkeit im Ganzen.

Wenn das ein theoretischer Text zu sein vorgibt und das Badener Lehrstück ein trotz äußerster Reduktion immer noch ästhetischer, so fällt es trotzdem schwer, dafür noch verläßliche Kriterien zu finden. »Tiefatmend« scheinen die Prosanotizen überzugehen in fast Gesang, während das Lehrstück mit zusammengepreßter, wie körperloser Stimme sich bemüht, »kein Antlitz« mehr zu zeigen, »leeres Blatt« zu werden, um sich allem zu entziehen »außer der Beschreibung«. Diese beiden Zitate stammen aus dem Ende eines der endgültigsten Selbstaufhebungs-Notate Brechts, notiert 1931 in Entwürfen zu »Die Mutter«:

... Und ausgelöscht
Waren
Ihm im Innern die Wünsche.

Jegliche Bewegung
Untersagte er sich streng
Sein Innerstes schrumpfte
Ein und verschwand, wie ein
Leeres Blatt entging er allem
Außer der Beschreibung.

Das Gedicht ist in seiner Authentizität ironischerweise dadurch bestätigt
worden, daß es nach 1960 als nicht vollkommen gesichert aus den
Gedichtausgaben Brechts zurückgezogen wurde, um erst 1982 (in restau-
rierter Fassung) in einem Supplementband wieder aufzutauchen: leider,
möchte man fast sagen, denn verschwunden ins Unsichtbare, Anonyme
hätte sich der Text auf die allerkleinste aller kleinsten Größen gebracht
und sich damit die eigene Sehnsucht erfüllt.

Wenn, wie hier, nicht Brechts vorbildliche oder verdächtige Entwicklung zum dialektischen Materialismus verfolgt werden soll, wie lange
üblich, noch, was heute näher zu liegen scheint, seine hoffnungslose
Flucht aus einer Mutter-Kind-Dyade oder seiner Herzneurose –, wenn
hier vielmehr seine Entwicklung als Autor, die Steigerung seiner Schreib-
krisen ins Zentrum gerückt ist, unter einer auch rücksichtslosen Ausschaltung historischer und psychologischer Determinanten, als Problem also
auch reduziert auf »die kleinste Größe«, dann sieht in dieser Perspektive
der um 1930 erreichte Tief- oder Höhepunkt der Krise ebenso besorgnis-
erregend wie vielversprechend aus: das gewaltige und wirre Talent des
Zwanzigjährigen ist am Widerstand der Stoffe, Probleme und der Zeit,
der eigenen Hemmungen wie der imperialen Schreibphantasien unübersehbar geschrumpft – oder, denn auch so kann dieser Prozeß gesehen
werden: es hat sich derart komprimiert, daß sich alle seine Möglichkeiten
von nun an in sanfter Explosion wieder entfalten könnten.

Die seit 1933 in der Emigration radikal veränderten Lebensumstände
Brechts hätten mit dem Zwang zu Rigorismus, verschärftem Engagement
und (auch taktischer) Parteilichkeit jede Entkrampfung am Nullpunkt
aber auch verhindern können. Doch mit »Die Mutter«, mit »Die Heilige
Johanna der Schlachthöfe« war Brecht aus dem Experimentierghetto der
Lehrstücke schon aufgebrochen in eine Praxis, der eine rigide Theorie

nun eher hinterher- statt vorauslaufen mußte. Und die Emigration erlaubte einem Stückeschreiber auch, ohne den Druck der Durchsetzungskämpfe, weder beflissen für, noch ehrgeizig gegen die vorhandene Institution Theater zu schreiben, aussichtslos und insofern frei.

Als Benjamin 1938 bei Brecht in Dänemark zu Besuch ist, gesteht er dem Gast am Ende der ersten Woche: »Es ist gut, wenn man in einer extremen Position von einer Reaktionsepoche ereilt wird. Man kommt dann zu einem mittleren Standort.« Brecht sei, behauptet er von sich, »milde« geworden. So hätte er sich in den zwei Jahrzehnten vorher nie genannt.

Drei Strafgerichte

»Tod in Venedig« – »Die Maßnahme« –
»Das Urteil«

»Steh auf und geh! Es ist dir kein Knochen gebrochen«, mit diesem Satz endet Ingeborg Bachmanns Geschichte »Das dreißigste Jahr«.

In seinem dreißigsten Jahr gelingt Kafka, was er gleich danach und bis zum Lebensende für seinen Durchbruch als Autor halten wird: in einer einzigen Nacht, vom 22. auf den 23. September 1912 beginnt und vollendet er »Das Urteil«. Ins Tagebuch notiert er sofort: *»Nur so* kann geschrieben werden, nur in einem solchen Zusammenhang, mit solcher vollständigen Öffnung des Leibes und der Seele.« Dieser halluzinatorisch hellsichtige Schreibprozeß, der wie besinnungslos Genauigkeit produziert, wird sein Ideal schriftstellerischer Arbeit bleiben, ein Wahrzeichen geradezu für die unbeirrbare Richtigkeit eines so entstandenen Textes. Doch »Das Urteil«, in dem diese Selbstverwirklichung gelingt, verurteilt den um seine Selbständigkeit kämpfenden Georg Bendemann, Kafkas Stellvertreter im Text, gerade zum Tode, und der Verurteilte selbst vollstreckt die Exekution einsichtig und beflissen durch seinen Sprung ins Wasser. So vollzieht der Durchbruch des Autors Kafka sich offenbar durch den erzählend realisierten Zusammenbruch seines Lebensgebäudes, das ihm in diesem Monat nach der Begegnung mit Felice Bauer eben erst vorstellbar geworden ist. Diese Lesart der Geschichte jedenfalls lenkt den Blick von ihr wie unwillkürlich hinüber zu Brecht und zu Thomas Mann.

Denn auch Brecht arbeitet mit dreißig an den beiden Stücken, in denen seine in der Baal-Figur mächtig verkörperte »Ichsucht« nicht bloß korrigiert, sondern wahrhaft liquidiert werden soll. Verkündet wird dieses »Urteil« zwar schon in den Entwürfen zum »Fatzer«, doch das Fragment bleibt hoffnungslos stecken im widersprüchlichen Reichtum seiner inhaltlichen und formalen Ansätze. Vollzogen wird die »Maßnahme« auch schon im Mahagonny-Text, dort aber letztlich nur kraft einer blendend und zynisch operierenden Operndramaturgie. Erst die schlagend und kahl durchargumentierenden Lehrstücke erledigen dann das Projekt der Selbstaufgabe, ja Selbstvernichtung sozusagen kongenial, nämlich scheinbar schonungslos, in Wahrheit aber mit dem Trost einer gewaltigen Überlebensgarantie, mit dem Versprechen einer Wiedergeburt im Kollektiv. 1930, als »Die Maßnahme« fertig und aufgeführt wird, zählt ihr Autor zweiunddreißig Jahre und steht am Anfang einer neuen, die Radikalitäten allmählich abschleifenden Phase. Er beginnt, in einem von ihm neu definierten Sinne, so mittelmäßig und brauchbar zu werden, wie das ein knappes Gedicht aus dem ersten Jahr der Emigration ausspricht:

Was an dir Berg war
Haben sie geschleift
Und dein Tal schüttete man zu
Über dich führt
Ein bequemer Weg.

Selbst Thomas Mann schreibt in seinem dreißigsten Jahr, obwohl eben
und zwar entschlossen glücklich verheiratet, seinen Krisentext »Schwere
Stunde«, den er aber wohlweislich in keine tödliche Konsequenz treibt,
sondern rettet in harmonische Auflösung. Sieben Jahre wird es noch
dauern, bis auch dieser Autor im »Tod in Venedig« sein »Urteil«, seine
»Maßnahme« gegen sich zu vollstrecken wagt. Zeit hatte er, unvergleich-
lich mehr Lebens- und Arbeitszeit als Brecht oder gar Kafka, für seine
deutlich langsamere, aus immer neuen Hemmungen sich befreiende
Entwicklung. Aber das allein erklärt so wenig wie eine alle Radikalität
abwehrende oder doch abdämpfende Ironie, warum Gewalt, von Brecht
so verdächtig unbefangen, von Kafka erschrocken, doch unbeirrt immer
wieder thematisiert, in zentrale Zonen des Mannschen Erzählens lange
nicht eindringen darf. Zwar werden der kleine Herr Friedemann, der
Senator oder Hanno Buddenbrook kühl und gnadenlos in den Tod geschickt, aber näher verwandte Ebenbilder, Tonio Kröger oder die Königliche Hoheit, ja selbst Spinell bleiben verschont. Als müßte jene Däm-
merzone dieses Schriftstellerlebens geschützt werden, in der eine Angst
vor »Heimsuchung« durch Chaos und eine Lust an Artistik und Kälte sich
gegenseitig in Schach hielten.

Anfang 1906, ein Jahr nach »Schwere Stunde« und im gleichen Publika-
tionsorgan, im »Simplicissimus« also widmet Heinrich seinem Bruder
Thomas, nicht unverfänglich, die Schülergeschichte »Abdankung«, in der
das Thema Homosexualität und eine Psychologie der Herrschaft grell
ineinander geblendet werden. Der Knabe Felix, physisch schwach, dafür
willensstark, terrorisiert seine ganze Klasse mit der sadistischen Energie
seiner Befehlsgewalt und -willkür. Bis er selbst dem fetten, trägen Mit-
schüler Butt verfällt, einer Gemüts- und Fleischmasse Mensch, seiner wie
von Thomas Mann erfundenen polaren Gegenfigur. Der »Geist« also
erkennt das »Leben« (von »verachteten Wonnen« ist wie in Anspielung
auf die »Wonnen der Gewöhnlichkeit« die Rede), hält aber diese Spannung hier gerade nicht aus. Felix nämlich möchte sich dem fetten Butt

unterwerfen, verlangt gedemütigt, beherrscht, gequält zu werden und läßt sich schließlich sogar in den Tod schicken, ins Wasser.

Diese kalt konstruierte, aber zügig durchgeschriebene Geschichte liest sich wie eine Persiflage, ja eine Perversion des »Tonio Kröger«, aber auch wie eine tückische Chiffre für den Konkurrenz- oder Vernichtungskampf zwischen den Brüdern Mann. Umso erstaunlicher, wie Thomas Mann auf die Widmung reagiert, nicht verletzt, nicht einmal mißtrauisch, sondern dankbar und betroffen: »Die Arbeit steht mir so nahe, daß ich sie fast als von mir empfinde«, schreibt er dem Bruder, aber er sieht in ihr zugleich »das Innigste und Außerordentlichste, was Du geschrieben hast«. Das wirkt wie ein Anklammerungsversuch, der die Wahrnehmung von Distanz gerade verhindern soll. Denn wenn auch in dieser Geschichte die Ambivalenz von Fremdheit und Anziehung, die Entwicklung einer überanstrengten, dann zusammenbrechenden Souveränität, die verschleierte, schließlich jäh ausbrechende Homosexualität –, wenn auch das alles thematisches Material von Thomas Mann sein könnte, so undenkbar scheint doch, daß er daraus schon damals eine ebenso hellsichtige wie perfide Psychologie der Herrschaft und die traurig höhnische Demontage einer Führerfigur entwickelt hätte.

Schon das Wort »innig« im Dank an Heinrich läßt aufhorchen: hatte er tatsächlich nur die Tonio Kröger-Motive heraushören wollen, durch ihre kalte, vollkommen entstellende Instrumentation hindurch? Noch verräterischer aber ist die andere Formulierung des Briefs, er hätte in Heinrichs Text »die perverse Tragödie des Genies als Schulknabengeschichte« erkannt. Wiedererkannt hatte er offenbar, befangen wie immer in der eigenen Arbeit, in diesem jungen Sadisten Felix die Physiognomie des preußischen Friedrich, den er damals für einen Roman zu studieren begann. Dieses gefährliche Ebenbild hätte auch ihm freilich eine Psychologie der Herrschaft abverlangt, ein Nachdenken über die gewalttätige Dynamik einer undeutlichen Geschlechtsrolle und über die kalte Seite der Homosexualität. Doch der Friedrich-Roman, kein Wunder, will nicht zustande kommen. Was stattdessen gelingt, sind wieder »nur« Künstlergeschichten, die »Königliche Hoheit« und die ersten Kapitel des »Krull«, aber schließlich eben doch als tödliche Variante die Venedig-Novelle.

Noch in diese aber ist, trotz des von Anfang an vorstrukturierten tödlichen Verlaufs, ein System von sozusagen zärtlichen Hemmungen eingeschrieben. Was besonders deutlich wird, sobald man hinüberdenkt zu Kafkas und Brechts Texten, die schon in ihren Titeln »Das Urteil« und

»Die Maßnahme« eine juristische oder polizeiliche Entschlossenheit demonstrieren. Thomas Mann dagegen lyrisiert nicht nur das Signal »Tod« durch die Ortsangabe »Venedig«, läßt Hermes als Seelenführer nicht nur in den Posen Tadzios erscheinen, sondern hat den Gott des Schwindels, der Transparenzen und Auflösungen auch zum Herrn einer Prosa gemacht, in der selbst Schonungsloses feierlich schonend geschieht und deren Prosa auch klare Umrisse, wie durch einen Weichzeichner gesehen, eine verdächtig schöne Aura ansetzen läßt.

Derartige Besänftigung mag, liest man die Novelle, wie bisher hier versucht, mit Blick auf die Entwicklungslogik dieses Autors, mindestens mittelbar einleuchten. Nun aber, im Vergleich zu Kafka und Brecht, stellt sich noch einmal die Frage, welche Autorität, wie bei Brecht Partei und Revolution, bei Kafka Vater, Eltern, Familie, denn das »Urteil«, die »Maßnahme« gegen Aschenbach vollstreckt. Eine eindeutige Antwort darauf läßt sich dem Text schwerlich abgewinnen. In einen Prozeß, in ein Schuld oder Unschuld aufklärendes Frage- und Antwortspiel wird ja Aschenbach, anders als die Beweisfiguren Brechts und Kafkas, nicht verwickelt. Sein Gang in den Tod, so kunstvoll und künstlich er auch inszeniert wird, vollzieht sich mit dem Anschein eines natürlichen, eines in seiner Natürlichkeit allerdings auch unaufhaltsamen Vorgangs. Während die Brechtsche »Maßnahme« den jungen Genossen wie aus dem Leben hinausverwaltet und auch Vater Bendemann seinen Sohn aus der Wohnung, aus dem Leben, ins Wasser schickt wie ein Disziplinarstrafen verhängender Lehrer einen Schüler aus dem Klassenzimmer weist. Gerade das Administrative dieser Akte verrät, auch bei Kafka, ihren gesellschaftlichen, ihren politischen Kern.

Dagegen bleibt noch Aschenbachs schwärmerisches Räsonnement über die verantwortungslosen Artisten, ihre von »Heimsuchung« immer bedrohte Hingabe ans Schöne, trotz aller Anlehnung an den Platon der »Politeia«, eine theoretische Kontemplation, genauer: »Betrachtung eines Unpolitischen«. Selbst seine entscheidende Ausschweifung, welche »seine Existenz, ... die Kultur seines Lebens verheert, vernichtet«, widerfährt ihm – im Traum. Haltung und ihr Zusammenbruch, Gewalt und Gegengewalt werden hier nur wie auf einer inneren Bühne inszeniert. Nach außen hält ja auch die Geschichte selbst ihre Würde und Fassade, in einer bis zu ihrem letzten Satz unkündbaren Einheit von Trauer, Zärtlichkeit und Hohn. Obwohl doch überall in ihr die Zeichen der Auflösung locken, die Weite des Meers, der Dunst der Hitze, die Hermes-Signale Tadzios im

Gegenlicht über dem Wasserspiegel, die erbärmlichen Schminkversuche Aschenbachs, bewahrt diese Prosa als Kontrapunkt dessen, was in ihr geschieht, Haltung, Ruhe, Klang. Als sollte im »Geist der Erzählung« der Geist Aschenbachs ihn selbst überleben, als wäre sein kunstvolles Zu-Tode-geleitet-und-gefeiert-werden eben doch zu allererst und zu allerletzt – Kunst. In ihrem Namen, wenn überhaupt im Namen irgendeiner Autorität, wird Aschenbach offenbar zum Tode verurteilt, er, der sich und seine Werke verraten hatte an die lebenspraktischen Interessen seines bürgerlichen Publikums. Fiat ars pereat poeta – ob das die eindeutig zweideutige Moral der Novelle sein könnte?

In einem Brief an Paul Amman gibt Thomas Mann später eine merkwürdige Erklärung über die Entstehung und damit womöglich auch über die Absicht dieser Arbeit: »Wenn ich vom Künstler handle oder gar vom Meister, so meine ich nicht ›mich‹«, denn, wie er unter Berufung auf einen Nietzsche-Satz (aus »Menschliches Allzumenschliches«) fortfährt: »Wenn ich mich genau prüfe, so war dies und nichts anderes immer der Zweck meines ›Schaffens‹: das Bewußtsein der Meister zu gewinnen. Es war ein Spiel, wie ich als Knabe ›Prinz‹ spielte, um das prinzliche Bewußtsein zu gewinnen.« Alles also Simulation, die Meisterhaftigkeit wie der Tod des Meisters, Kunsternst und also gespielter. Ob auch Brecht im Rückblick auf »Die Maßnahme« je würde sagen können, er hätte in ihr nur »das Bewußtsein der Kommissare gewinnen« wollen, ein »revolutionäres Bewußtsein«?

Im Juli 1934, als er schon anfängt »milde« zu werden, macht Brecht in Svendborg dem Besucher Walter Benjamin ein unerwartetes Geständnis: »Ich denke oft an ein Tribunal, vor dem ich vernommen werden würde. ›Wie ist das? Ist es Ihnen eigentlich ernst?‹ Ich müßte dann anerkennen: ganz ernst ist es mir nicht. Ich denke ja auch zu viel an Artistisches, an das, was dem Theater zugute kommt . . .« Kurz vorher hat er als Beispiel für jene Art Dichter, »die es wirklich zu etwas bringen: die *Substanz-Dichter*, . . . denen es ganz ernst ist«, ausgerechnet Gerhart Hauptmann genannt, den er doch als Mitreißer und Mitleids-Schriftsteller immer abgelehnt hat. Es gibt, so doziert Brecht weiter, zwei literarische Typen, den Visionär und den Besonnenen. Zur zweiten Gattung also rechnet er sich selbst. Und Kafka? will Benjamin sofort wissen. Das eben ließe sich nicht entscheiden, behauptet Brecht und eben deshalb zählt er ihn zu den »Gescheiterten«, wie (immerhin) Kleist, Grabbe, Büchner.

Es lohnt sich, diesen im Rücken seiner eigenen Orthodoxie so geständigen Brecht im Ohr zu behalten, also von 1934 aus einen Blick zurückzuwerfen auf »Die Maßnahme« von 1930. Ohne eine »besonnene« »Vision« von einer unmittelbar bevorstehenden, auf dem Krisenscheitelpunkt durchbrechenden revolutionären Situation auch in Deutschland wäre dieses Lehrstück schwerlich so geschrieben worden. Zwar entwirft Brecht auch hier nur, was schon im »Fatzer«, im Badener »Einverständnis«, im »Jasager« als Lektion durchgeprobt worden ist, nämlich ein Modell von Notstand, in dem ein einzelner auf seine »kleinste Größe« gebracht, deutlicher gesagt: liquidiert werden darf oder muß. Doch diesmal schützt sich das Testspiel nicht als chinesische Parabel oder an Flugmonteuren exekutiertes Mysterium oder als Deserteurs-Tragödie. Die fällige Exekution des »jungen Genossen« wird vollzogen, nachgestellt und diskutiert im Namen der kommunistischen Partei und ihrer Zentrale in Moskau. Nur diese trotzige Konkretion des neuen Brechtschen Baalvernichtungsspiels hat die besondere Empfindlichkeit gegen den Text der »Maßnahme« gereizt, aber auch den Text kühn und kahl über den der verwandten Stücke hinausgetrieben.

Unverkennbar sind zwar die Parallelen zu dem gegen den »Egoisten Johann Fatzer« angestrengten (und immer wieder steckengebliebenen) Verfahren: den sich summierenden und am Ende abgestraften »Abweichungen« Fatzers entsprechen hier die Szene für Szene nachgespielten und durchdiskutierten Disziplinlosigkeiten des jungen Genossen. Aber die »Maßnahme« präsentiert ihre Szenen wirklich nur noch wie Prozeßmaterial, als Indizien. Auf jede Poetisierung wird – scheinbar – verzichtet. Scheinbar, denn in Wahrheit forciert der Kahlschlag eine Steigerung des Pathos. Befreit von allen Nuancen oder gar Ambivalenzen, entfalten die Leitworte des Textes eine ungehemmte Dynamik. Leuchtkugeln gleich steigen diese Hauptmotive immer wieder auf: Marschieren! Helfen! Einverstanden! Auslöschen! Herz! Freiheit! Töten! Mitleid! Ausmerzen! Leiden! Der Mensch, der lebendige! Die Partei, wir alle!

Sicher, alle diese Motive sind mit »stählerner Einfalt« (wie es am Anfang des Badener Lehrstückes heißt) als Spruch und Widerspruch zusammengeschmiedet in die Partitur des Textes. Aber sobald man sie willkürlich herausreißt, nackt und isoliert von allem Zusammenhang ansieht, erkennt man in ihnen sofort die lapidaren Befunde wieder, auf die sich Brechts Schreiben von Anfang an zusammenfassen läßt:

Hingabe schwächt.

Nähe ist unerreichbar.

Der einzelne ist verloren.

Die Wirklichkeit nimmt keine Rücksicht auf Menschen und
Menschlichkeit.

Ändern muß sich: Alles oder nichts.

Nach lange gängiger Sprachregelung hat Brecht diese Befunde in seiner Frühzeit »ontologisiert«, um sie später »realistisch« als Symptome der Klassengesellschaft zu erkennen, zu politisieren. Doch gerade in der »Maßnahme« schlägt das »Ontologische« mächtig wieder durch, geht es doch hier um den »Urgrund des Elends«, wie die Agitatoren verkünden, ja um die »Ausmerzung des Urgrunds«. Was nun sogar in der DDR Kommentare provozieren kann wie diesen von Friedrich Dieckmann: »Wo das Nichts das Ziel ist, ist die Bewegung darauf zu tatsächlich alles, was erreichbar ist, und zugleich ein Vorgeschmack, Vorgefühl des Ziels.«

Tatsächlich dürfte die Bewegungsgewalt des Textes, diese triumphale Dynamik seine eigentliche Errungenschaft sein. Und so beflissen und sorgfältig Brecht auch, um die offizielle kommunistische Kritik am Stück zu entschärfen, den Wortlaut der ersten Druckfassung mit einigen Präzisierungen und halben Zurücknahmen komplettiert hat, so wenig können diese im Stück selbst eine »Ausmerzung des Urgrunds«, nämlich die seines durchaus mitreißenden Fanatismus erreichen, der schließlich auch die Absicht des Lehrstücks, offen zu bleiben für alternative Konfliktlösungen, gründlich ausmerzt. Jedesmal, wenn der »Kontrollchor« die Entscheidungen der vier Agitatoren nach deren Vorführung und Diskussion quittiert mit seinem »Einverstanden«, bestätigt er sich als Herr des Verfahrens und dieser Dramaturgie, behält er das letzte Wort. Scheinrationalität setzt sich durch »mit einer Sprachgewalt, die keinen Widerspruch zuläßt, weil sie aus den Tiefen der Seinserfahrung hervorbricht«, so weist Friedrich Dieckmann diesen ontologisch inspirierten Utopismus zurecht. Doch Brecht redet nicht aus der Maske Heideggers. Denn aussichtslos zwar, doch umso bewegender ertönt gegen die von vornherein mit dem Geschichtsverlauf verbündete Partei die nichts als menschliche, folglich (!) unvernünftige Stimme des jungen Genossen, wenn er in seiner vierten Bewährungsprobe die Anpassung an eine linientreue und effektive revolutionäre Taktik endgültig verweigert:

. . . denn der Mensch, der lebendige, brüllt, und sein Elend zerreißt alle Dämme der Lehre.

Wieder verrät die Sprache gerade durch ihre äußerste Einfachheit, ja Kahlheit sehr offen, welchen Vorstellungen sie ihre Metaphorik verdankt. Die »Lehre«, das versammelte Wissen der marxistischen Klassiker und der revolutionären Partei, versteht sich als »Damm« gegen die Unvernunft roher Naturgewalten, während der vom »Elend« verwundete und empörte Mensch »brüllt«, hingerissen von seinem Schmerz, seiner Wut, wie ein Tier. So schlägt, kurz vor ihrer (nur scheinbar endgültigen) Abschaffung und formelhaft verkürzt, die trotzige Animalität des Baalschen Selbstbewußtseins noch einmal durch: der »Mensch, der lebendige« agiert und reagiert unmittelbar, hat wie damals Baal »den Ernst aller Tiere«. Vergeblich tönt aus dem Kontrollchor das »Lob der Partei«, die nämlich statt mit »zwei Augen« mit »tausend Augen« sieht, denn der junge Genosse erkennt seine Authentizität gerade darin bestätigt – wie Baal und alle seine Nachfolger – daß er ein Einzelkämpfer ist, ohne »Einverständnis« mit irgend etwas oder irgend jemandem:

Alles das gilt nicht mehr; im Anblick des Kampfes verwerfe ich alles, was gestern noch galt, kündige alles Einverständnis mit allen, tue das allein Menschliche.

Fast möchte man lesen: tue ganz allein das Menschliche. In beiden Fassungen würde sich dieses Bekenntnis für Brecht verraten als idealistisch. Was deutlicher wird, wenn der junge Genosse noch einmal, wie schon am Anfang bekennt: »Mein Herz schlägt für die Revolution« oder »Ich bin für die Freiheit!« Aber das Stück gönnt dem Deserteur dann doch noch einen großen, in seiner Theatralik von keinem Kontrollchor wegzuargumentierenden Auftritt:

Ich sah zuviel.
Darum trete ich vor sie hin
Als der, der ich bin, und sage, was ist.

Worauf der Rebellierende seine Maske, dieses Zeichen der »Auslöschung seines Gesichts« in der Illegalität, sich vom Gesicht nimmt und zerreißt. Was nun sichtbar wird, erinnert noch einmal an Baal, Paul Ackermann,

Fatzer, sogar an des Packers Galy Gay Klage um sein in einen Sarg hineinverlorenes Gesicht, und nicht einmal die vier Agitatoren bleiben dagegen unempfindlich:

> Und wir sahen hin, und in der Dämmerung
> Sahen wir sein nacktes Gesicht
> Menschlich, offen und arglos. Er hatte
> Die Maske zerrissen.

Daraus nämlich, aus diesem unwiderstehlichen Drang, das wahre Selbst zu zeigen, alle Selbstverleugnung aufzuheben, erklärt sich letztlich die viermalige Abweichung des jungen Genossen, auch wenn der Text jedesmal noch andere Lieblings- und Testfragen des zur Weltrevolution bekehrten Brecht mitbehandelt: ob Mitleid im revolutionären Kampf nützt oder stört, ob spontane und partielle Hilfe das Elend lindert oder verlängert, ob es noch irgendeine Moral geben könnte über der einen, die Revolution siegen zu lassen. Der junge Genosse aber, sobald er als »der Mensch, der lebendige, brüllt«, überbrüllt auch diese Spiele der Taktik und Strategie, mitgerissen von der Stimme der Unvernunft, des Schmerzes, der Wut und schließlich auch von der Lust, die Maske, die Anonymität zu durchbrechen: sich auszudrücken.

Da bäumt sich der Geist (oder eben: Ungeist) des Theaters, des Mimetischen noch einmal auf gegen die Beweisspiele des Lehrstücks, ein Kampf mit durchaus unsicherem Ausgang. Die Logik der Argumentation und die Moral der Fabel nämlich arbeiten zwar für die Position der vier Agitatoren und des Kontrollchors, aber die Aktionen und die knappe Sprachkraft des jungen Genossen überzeugen gerade durch das, was hier doch alle Überzeugungskraft verlieren sollte: durch Expressivität, ja Individualität. Brecht also ringt mit Brecht, der Baal mit dem Kommissar, das brüllende Tier mit dem Dialektiker in der Chinesenmaske, so daß »Die Maßnahme« wie hinter ihrem eigenen Rücken, gegen ihre Intentionen als Planspiel und Lehrstück, eine hier eigentlich verbotene dramatische Kraft entfaltet. Gesucht war ein offener, durch den Kontrollchor, also das Parteigericht neu zu diskutierender, dann zu entscheidender Fall. Gefunden wurde ein offenes, durch kein Gericht und keine Dramaturgie endgültig zu entscheidendes Drama zwischen der nur durch ihren Ausdruck authentischen Moral eines Einzelnen und der nur durch eine Utopie zu beglaubigenden Moral eines Geschichtsprozesses.

Diese Spannung und sogar eine tragische Aura um den Tod des jungen Genossen erhalten sich, obwohl das Stück auch sie liquidieren möchte, indem es gegen den Revolutionsschädling entscheidet, mit nachträglicher Billigung des Kontrollchors, mit vorausgegangener Billigung des Hinzurichtenden selbst, der kurz vor dem Genickschuß noch einmal »Ja sagt« zum »Kommunismus«, zum »Vormarsch der proletarischen Massen«, zur »Revolutionierung der Welt«. Heute, wo derart rituelle Formeln ausgenüchtert sind und nur noch leere und doch blutige Phrasen scheinen, fällt es leicht, solches »Einverständnis« auch mit dem eigenen Tod schlichtweg peinlich zu finden. Aber peinlicher noch und zwar im ambivalenten Wortsinn, nämlich schmerzlich zugleich und abstoßend, liest sich die knapp theatralisierte Zeremonie der Hinrichtung selbst, dieses »Lehne deinen Kopf an unsern Arm / Schließ die Augen« kurz vor dem Todesschuß, mit dem die nur noch männlichen drei Agitatoren – der vierte, offenbar die Frau, schweigt in diesem Augenblick –, den Delinquenten für einen letzten Atemzug wiederaufnehmen in eine Partei, die als ruhig, weise, mörderisch, menschlich und eben auch unverkennbar homoerotisch imaginiert wird.

Und wieder hören wir die Stimme des »Tribunals«, die Brecht in seinen Wachträumen fragt: »Wie ist das? Ist es Ihnen eigentlich ernst?« Und wieder dürfen wir vermuten, daß es ihm am ernstesten immer dann war (ernst wie den von ihm so genannten »Substanz-Dichtern«), wenn ihm die Werke entglitten ins Ungeplante, ins Unvorhersehbare. »Die Seghers«, so sagt er zu Benjamin über diese »Substanz-Dichterin« oder »Visionärin«, »kann nicht aufgrund eines Auftrags produzieren, so wie ich ohne einen Auftrag gar nicht wüßte, wie ich mit dem Schreiben anfangen soll.« Das mag, wenn die Betonung auf »anfangen« liegt, so durchaus stimmen. Nur zerreißt dann eben das Schreiben, das brüllende, auch ihm immer wieder die Dämme des Auftrags.

Endgültig erledigt war auch mit der »Maßnahme« gegen den jungen Genossen nichts: schon in dem parallel entwickelten Stück von der »Heiligen Johanna der Schlachthöfe« werden die Fragen nach Gewalt und Mitleid, Hilfe im Einzelfall oder »Ausmerzung des Urgrunds« wieder aufbegehren. Unübersehbar allerdings ist eine gewaltige Differenz: mit Johanna dringt endlich eine weibliche Figur in den Mittelpunkt eines Brechtschen Stücks, eine Position, die bis dahin für das andere Geschlecht aus vom Autor nie reflektierten Gründen Tabu war und die Frauen ab jetzt (ebenso bedenkenlos) immer wieder ausgeliefert wird.

Von Baal herkommend und diesen Baal nie ganz abschüttelnd hat Brecht endlich sein Generalthema gefunden, das unter allen seinen Einzelthemen sich nur verbirgt, das er selbst aber als solches nie wahrgenommen hat: Selbstlosigkeit oder, genauer noch, Selbstverleugnung. Die Heilige Johanna, die Mutter Courage, die Hure Shen Te und alle die mit ihnen verwandten Weiblichkeits-, Mutter- und Opfer-Figuren sind zwar nur eine Möglichkeit, dieses Generalthema in Szene zu setzen, aber sicher die wirkungsmächtigste, die nämlich herbeizwingt, was die Brechtsche Theorie zu verpönen vorgibt: die Identifikation des Zuschauers. Männer dagegen offenbaren, gerade wenn sie sich selbst verleugnen, wie Galilei, Schwejk oder Puntila, immer nur ihr windiges Selbst.

Wenn Kafkas »Urteil« nun sozusagen nackt, isoliert nämlich von seiner Vorgeschichte, der »Maßnahme« und dem »Tod in Venedig« gegenübergestellt werden soll, in die doch ihre Vorgeschichte dauernd hineingelesen wurde –, so läßt sich das zwar rechtfertigen, aber doch nur sehr partiell. Sicher, daß dieses »Urteil« seinem Autor im Laufe einer Nacht wie ohne Vorankündigung aufs Papier stürzt, entspricht genau dem jähen Einbruch des Vater- und des Strafmotivs in Kafkas Erzählwelt, in der es sich bis dahin, jedenfalls auf den ersten Blick, kaum entdecken läßt. Hier wird also nicht, wie in Brechts und Manns Untergangsexperimenten, eine lange sichtbare Entwicklung nur in eine radikale Konsequenz getrieben. Außerdem: diese beiden anderen waren Berufsschriftsteller, die ein oder anderthalb Jahrzehnte lang schon ihren Kampf um ihre Schreibwelt vor aller Öffentlichkeit, also auch als Kampf um eine Karriere ausgetragen hatten. Dagegen: war Kafka je oder damals 1912 überhaupt ein professioneller Schriftsteller? Wenn er Felice verkündet, er »bestehe aus Literatur«, sei nichts anderes und könne nichts anderes sein –, so wird damit Existenz und ihr Ausdruck in Schrift, werden Leben und Schreiben so emphatisch in eins gesetzt, daß jeder Gedanke an Literatur als Laufbahn und Beruf sich zu verbieten scheint.

Aber von Literatur als Beruf in einem verpflichtenden und bekennenden Sinn, als Berufung und Profession, handelt womöglich in einer Tiefenschicht auch das »Urteil«. Georgs Freund, der Junggeselle im fernen Rußland, und der genußvoll erfolgreiche Sohn, Kaufmann und Verlobte Georg Bendemann in der väterlichen Wohnung –, beide wurden zu Recht immer wieder begriffen als probeweise auseinander und gegeneinander geführte Lebensmöglichkeiten ihres Autors, als dramatische

Fortschreibung des das ganze Frühwerk Kafkas beherrschenden Doppelgängermotivs. Dramatisch auch und vor allem, weil diesmal eine gewaltsame Entscheidung herbeigezwungen wird, zunächst durch den Urteilsspruch des alten Bendemann, dann durch die Selbstliquidierung des seinem Vater treuen Sohns. Ausgerechnet in einer Epoche, in der die Expressionisten wieder eine literarische Rebellion gegen väterliche Autoritäten anzetteln, provoziert Kafka mit diesem Bild eines selbstmörderisch folgsamen Sohns. Und im gleichen Jahr, in dem Thomas Mann seinen Aschenbach, diesen Inbegriff eines männlichen Leistungslebens, untergehen läßt, ohne doch eine diesen Untergang verfügende Autorität klar zu benennen, beschwört Kafka einen Patriarchen als Richter, zwar senil und kindisch, Schrecken ausstrahlend und Lächerlichkeit, doch in dieser Unberechenbar-, ja Unzurechnungsfähigkeit nur um so rätselhafter, archaischer. Eine klare Bild- und Gestensprache in jedem einzelnen Moment und dagegen die Unmöglichkeit, alle diese einzelnen Momente zu verbinden zum Muster einer unbezweifelbaren, nicht mehr widersprüchlichen und letztgültigen Aussage –, diese Grundschwierigkeit, Kafka zugleich zu lesen und auszulegen, offenbart sich gerade angesichts seines ersten, mit scheinbar so kräftigen und entschiedenen Zügen entworfenen Vaterbilds. Brechts richterliche Instanzen in der »Maßnahme« dagegen, die vier Agitatoren und der Kontrollchor, obwohl nur abstrakt, als Funktionsträger umrissen, verkünden kraß und deutlich, mit welchen Gründen und in wessen Namen sie das Opfer des jungen Genossen fordern und dazu sein Einverständnis.

Daß Kafka diese Geschichte, dieses Nachtgesicht in Prosa, weder nach einem Plan vollzogen, noch nachträglich klar verstanden hat, beweist gerade sein oft zitierter tastender Deutungsversuch im Tagebuch vom 11. Februar 1913, ein halbes Jahr also nach dieser »regelrechten Geburt mit Schmutz und Schleim bedeckt«. Der Autor starrt zunächst auf die dunkelste Stelle im Dreieck Vater-Sohn-Freund: »Der Freund ist die Verbindung zwischen Vater und Sohn, er ist ihre größte Gemeinsamkeit.« Von dorther, aus diesem Dunkel könnte, müßte sich die Geschichte des Urteils aufhellen, aber auch die Deutung ihres Autors verliert dann wie instinktiv diesen Ansatz und verliert sich selbst, wie Georg, am Ende in den allein beherrschenden Anblick des Vaters: »Das Gemeinsame ist alles um den Vater aufgetürmt«, schreibt er, und auf Georg wirke das Urteil so stark, »weil er selbst nichts mehr hat als den Blick auf den Vater«. Damit sind kaum der Gang der Geschichte und ihr Ende bedacht, sondern wird wieder nur alles auf ihren Ursprung zurückgeführt, auf das plötzlich in Kafkas Prosa auftauchende und alles überschattende Vaterbild. Immerhin wissen wir – soweit man in diesem sich ewig erklärenden und im gleichen Arbeitsgang wieder rätselnden Kafkaleben etwas »wissen« kann –, daß dieses Strafgericht eines Vaters im Leben des Autors wie im »Urteil« hervorgereizt worden ist durch das Dazwischentreten einer Frau, durch Georgs Braut Frieda und durch Kafkas Begegnung mit Felice: »Frieda hat ebensoviel Buchstaben wie F. und den gleichen Anfangsbuchstaben.« Soviel (und so wenig) ist klar und über jeden Zweifel gesichert.

Und wieder kann, blickt man von dieser Geschichte hinüber auf die Abrechnungen von Brecht und Mann, die familiäre Enge des Raums erstaunen, ja befremden, in den Kafka sein Strafgericht hineinzwingt. Bei Brecht steht immerhin die »Ausmerzung des Urgrunds«, ein Ende allen Elends, das endgültige Ende einer als materialistische Heilsgeschichte begriffenen Weltgeschichte auf dem Spiel: in dieser Perspektive wird der Tod des jungen Genossen als notwendig vollstreckt. Für Thomas Mann fällt Aschenbach offenbar als ein Verräter am Wesen wahrer (und das heißt für seinen Autor: nie ganz wahrer) Kunst: fiat ars pereat poeta. Georg Bendemann dagegen scheint zunächst nichts Schlimmeres als ein nicht ganz zuverlässiges Familienmitglied, ein schwankender Sohn. Auch der Vater, der ihn anklagt im eigenen Namen, im Namen der Mutter und der dreieinigen Familie, hat dem Sohn im Grunde nichts anderes vorzuwerfen, als daß Georg durch geschäftlichen Erfolg und seine Verlobung gerade selbst ein Familiengründer, ein Vater werden möchte. Dieses im engsten, dumpfen Raum einer bürgerlichen Wohnung entfesselte Strafgericht, das scheinbar kleinlichste und doch konzentrierteste unter den dreien, läßt sehr bald alle Schleier ordentlicher Gerichtsbarkeit fallen und enthüllt sich als ein nackt archaischer Kampf um die patriarchale Macht, den nichts weiter rechtfertigen kann als der Sieg. Für den aber legitimiert sich in den Augen Georg Bendemanns allein der Vater. Auch in den Augen des Textes und in den Augen Franz Kafkas?

Licht könnte in die finstere Geschichte tatsächlich nur von dem Punkt fallen, der außerhalb des familiären Drei- oder Vierecks liegt, vom fernen russischen Freund aus. Er, oder genauer: Georgs Brief an ihn mobilisiert die von Anfang an spürbare, aber besonders am Anfang noch so betont heiter abgedämpfte Unruhe des jungen Bendemann. Zeigen möchte er sich zwar auf seinem Erfolgsweg, auf seiner sorgfältigen Klettertour hinauf in eine selbständige Spitzenposition im Patriarchat, zeigen möchte er sich, aber auch – schämen. Den schon ins Altenteil abgedrängten Vater versucht er durch Überfürsorge, liebevoll und ängstlich zugleich, weiter zu entmächtigen, »zuzudecken«. Vor der Braut wiederum möchte er den Freund verbergen, verdecken und vor diesem die Braut. Und das alles geschieht angeblich – jedenfalls wird es so immer sorgfältig begründet –, nur aus zarter Rücksichtnahme, um nämlich diese durch ihre Verletzlichkeit überaus gefährdeten Personen zu schonen. Je beschwingter sich aber diese Taktik des Rücksichtnehmens vorträgt, desto taktloser, rücksichtsloser scheint sie, desto dringender wird der Verdacht, daß Georg Bendemann selbst sich schonen möchte. Doch warum und vor was?

Dieses zarte und doch fast fanatische Bedenken der möglichen Verletzbarkeit und der möglichen Verletzungen eines anderen werden wir an dem Briefeschreiber Kafka noch wiedererkennen. Gern, fast süchtig richtet er fremde Augen wie eine Kamera auf sich. Womöglich auch, um die eigene Unsicherheit und Undeutlichkeit, die Scham in diesem simulierten Blick von außen wiederzuerkennen. Der Briefschreiber, der Monologist und Dialogführer Georg Bendemann jedenfalls scheint immer wieder beschwichtigend gegen einen unübertönbaren inneren Zweifel an seiner Lebensführung anzureden, im Umgang mit der Braut, dem Vater, vor allem aber und am wendigsten, windigsten gegenüber dem fernen russischen Freund. Irgend etwas ist falsch, an seinem rücksichtsvollen Reden und Agieren wie an seinem ganzen Leben. Dieser Aufsteiger scheint nicht schwindelfrei, und mit einem Absturz wird seine Geschichte auch enden.

Nachsinnend über den Brief, den er gerade an den russischen Freund und Junggesellen geschrieben hat, verwandelt Georg zunächst an diesem idyllisch stillen und warmen Frühlingsmorgen den Freund Zug um Zug in ein Gegenbild seiner selbst, mit selbstzufriedener Trauer: dieser Ausgewanderte wird ihm zum Versager, zum Unzufriedenen, geschäftlich ohne Erfolg, dazu ohne Heimat, ohne Freunde, Familie, ohne Vater und Braut, ohne Gesundheit, und das alles in einem von Revolution bedrohten Land. Folglich mußte ihn Georg auch lange verschonen mit Nachrichten über seine eigenen Erfolge, seine Zufriedenheit, seine Zukunftspläne, um ihn an diesem Sonntagmorgen endlich doch, gedrängt von seiner Braut, von seiner Verlobung zu informieren. Nun wird der so lange rücksichtsvoll

Geschonte also in Georg sein eigenes Gegenbild erkennen müssen. Dieser Junggeselle, das »alte Kind«, wird Bendemann junior akzeptieren müssen als Nachfolger des Vaters. Ausgerechnet zum Senior, den er in seinem Zimmer seit Monaten nicht aufgesucht hat, geht er mit dieser Nachricht von seiner nach Rußland angekündigten Machtübernahme: es zieht ihn mächtig in die Falle seiner Zweifel.

»Hast du wirklich diesen Freund in Petersburg?« fragt der Vater. Der Alte, so versucht es Georg noch eine Weile lang zu sehen, ist nur verwirrt, er gehört samt dieser Frage »zugedeckt«. Aber um den Angelpunkt dieser scheinbar verrückten, realitätaufhebenden Frage beginnt sich die Geschichte zu drehen. Ein Freund kann der so freundlich Getäuschte tatsächlich kaum noch genannt werden. Der Vater adoptiert ihn in seinen sich steigernden Ausbrüchen schließlich als einen »Sohn nach meinem Herzen«, ja erklärt sich selbst sogar zu dessen »Vertreter hier am Ort«, als wäre der Freund der wahre Herr des (Handels-)Hauses. Im Bündnis mit diesem Freund, mit der toten Mutter, mit der Kundschaft des Geschäfts will der Vater, so verkündet er, dem Sohn die Braut »wegfegen«. Dann freilich wäre der Sohn wieder entblößt von allen seinen Lebensversicherungen, wie sein Freund in Petersburg, ein verlorener Sohn und damit einer nach Vaters Herzen. Aber er soll eben nicht nur unterworfen, reduziert werden zum ewigen Gehorsam und Junggesellentum, sondern sich selbst richten und ertränken.

»Komödiant!« nennt der Sohn in einer vorletzten Gegenwehr den gestikulierenden Rachegottvater und kurz darauf wünscht er sich noch, daß »er fiele und zerschmetterte!« Aber als der Alte nach seinem Rachespruch tatsächlich zusammenbricht und aufs Bett stürzt, kann Georg auf dieses Signal seiner Befreiung nicht mehr reagieren, da im Sturmlauf schon unterwegs zur Selbstexekution. Schuld- und Sühnebedürfnis sitzen wie ein wütender Inkubus in ihm selbst. Seine Beteuerung kurz vor dem Sturz in den Fluß: »Liebe Eltern, ich habe euch doch immer geliebt« ist also offenbar an zwei Tote gerichtet. Auch auf der Welt hört ihn niemand mehr: »In diesem Augenblick ging über die Brücke ein geradezu unendlicher Verkehr.« Ein Bild, dessen Obszönität Kafka selbst aufgeschlüsselt hat mit dem Geständnis an Max Brod, er habe dabei »an eine starke Ejakulation gedacht«.

Die beteuerte Liebe, der ertränkende Fluß, der orgastisch strömende Verkehr treiben die Geschichte in ein Finale, das ihren Sinn noch einmal zu pervertieren scheint. Auch wenn Georgs letzte Worte ungehört bleiben, so bleiben sie doch auch unwidersprochen. Sanft und tückisch werfen sie alle Schuld wieder zurück auf den Vater. Mit solchen Kehrtwendungen und Finten wird noch der »Brief an den Vater« sieben Jahre später die Schuldfrage im Machtkampf in immer entschiedenere Unentschiedenheiten zuspitzen und damit auflösen.

»Findest Du im ›Urteil‹ irgendeinen Sinn, ich meine irgendeinen zusammenhängenden, verfolgbaren Sinn?« fragt Kafka am 2. Juni 1913 Felice, der er die von ihr ausgelöste Geschichte gewidmet hat: »Ich finde ihn nicht und kann auch nichts darin erklären.« Spielt auch er hier den »Komödianten«? Oder hat er tatsächlich, statt sein Lebensmuster erzählend lesbarer zu machen, wie Brecht in »Die Maßnahme«, wie Mann in »Tod in Venedig«, sich in Sicherheit geschrieben durch eine nächtlich vollzogene Selbstverdunkelung?

Ohne ihre Vorgeschichte, ohne eine Untersuchung darüber, was in Kafkas Schreiben Junggesellen- und Doppelgängertum, was Briefe und Frauen, was Scham, Schuld- und Strafphantasien, Vaterfiguren und Familienbilder bedeuten könnten, ohne diesen langen Anlauf bleibt »Das Urteil« uns mindestens so verschlossen wie seinem Autor.

Wie willig sich Kafka in dieser Septembernacht 1912 seinem Schreibimpuls unterwarf, gesteht er im schon zitierten Brief an Felice, wenn er berichtet, eigentlich wollte er »nach einem zum Schreien unglücklichen Sonntag . . . einen Krieg beschreiben, ein junger Mann sollte aus seinem Fenster eine Menschenmenge über die Brücke herankommen sehen, dann aber drehte sich alles mir unter den Händen«. Geblieben sind also der junge Mann, der Blick aus dem Fenster auf eine Brücke, und geblieben ist das Thema rächender Gewalt, ja sogar ein kurzer Augenblick russische Revolution. Sie sorgt dafür, daß hinter diesem alttestamentarischen Sohnesopfer immerhin die Kulisse unseres Jahrhunderts aufleuchtet.

Brecht kann entsetzen durch die schneidende Rechtfertigung seiner Strafphantasie, Kafka gerade durch die Verweigerung einer klar lesbaren Schuld, Mann durch seine rituell und doch wie naturwüchsig sich vollziehende Untergangszeremonie. Ohne eine wie immer fadenscheinige Versöhnungsgeste aber entläßt keiner der Texte seinen Leser. Auch nicht Kafka, der sein »Urteil« am Abend nach dem jüdischen Versöhnungsfesttag zu vollstrecken begann und als Schluß einen Sprung ins Wasser imaginiert, in kein vernichtendes, sondern in ein auflösendes Element.

Brechts Kalkgrube wird zwar das Gesicht des in sie stürzenden jungen Genossen endgültig auslöschen, aber damit vollzieht sie nur endgültig die heroische Losung revolutionärer Illegalität: »Verwisch die Spuren!« Aschenbach, durch die Cholera von innen her zersetzt und vergiftet, darf immerhin als letzten Augenblick noch Tadzio als Seelenführer Hermes erkennen, für seinen Autor der Gott seiner hermetischen Schreibkunst. Versöhnt mit der Kunst, der Partei, dem Vater: das könnte die Abgestraften trösten, vielleicht auch ihre Autoren. Auch deren Leser?

Franz Kafka

»Selbstvergessenheit –
nicht Wachheit«

Weltscheu und virtuos

Der Begriff »Krise«, unter dem sich die Entwicklung Thomas Manns vom »Tonio Kröger« zum »Tod in Venedig« begreifen ließ und der auch Brechts ein Jahrzehnt währenden Kampf ums Drama in sich zusammenfassen kann, er wird vollkommen unscharf, unproduktiv, wenn man ihn anwenden will auf Kafkas Leben und Schreiben. Und das nicht etwa, weil sich in diesem doppelten, literarischen wie existentiellen Prozeß keine Krisen entdecken ließen, sondern weil Kafkas gesamte Existenz wie auch sein Schreibwerk sich nur als eine fortlaufende, nie beruhigte, geschweige denn gelöste Krise verstehen läßt, weil also dieser Begriff hier alle Differenzierungskraft zu verlieren scheint. Der gleiche Mensch, der von sich sagen konnte, er sei »nichts anderes als Literatur«, hätte genauso gut behaupten können, er wäre nichts anderes als eine Krise. Gerade als Schriftsteller sollte er nie jene vorübergehend wie endgültige Sicherheit des Schreibens erreichen – man wagt nicht zu sagen: des Metiers –, die eine Herstellung von literarischen »Werken« als Ausübung eines »Berufs« doch voraussetzt. Emphatische Schreibphasen und dumpfe Perioden der verlöschenden oder vollkommen erloschenen Produktivität lösen immer wieder einander ab. So daß die testamentarische Verfügung, den literarischen Nachlaß zu vernichten, dann nur die Einsicht zu vollstrecken scheint, daß der Versuch, sich als Autor im Leben wie in der Literatur zu etablieren, also niederzulassen, im eigenen strengen Maßstab gescheitert war. Die Dauerkrise war nichts als der Kampf um Autorschaft, zwar immer souveräner, immer abgeklärter geführt, noch in den letzten Erzählungen »Der Bau« und »Josefine, die Sängerin«, doch ohne alle Aussicht, das Schreiben und sich selbst im Schreiben zu stabilisieren.

Kein Wunder also, daß der früheste uns von Kafka überlieferte Text und der einzige längere, den er vor seinem dreißigsten Jahr gewagt hat, daß die »Beschreibung eines Kampfes« sich nur lesen läßt als ein geradezu vollkommenes Zeugnis der Instabilität seines Autors und seines schriftstellerischen Vermögens, ja – um das Paradox noch einen Schritt weiter zu treiben –, daß gerade die Zerrissenheit dieses Prosastücks seinen einzigen greifbaren Zusammenhang darstellt. Weder halten die eingeführten Figuren, das erzählende Ich, der Bekannte, der Dicke, der Beter und der Betrunkene, einen deutlichen Umriß und damit eine Abgrenzung gegeneinander, noch behauptet sich eine durchgehende Erzählperspektive oder eine wie immer lockere thematische Einheit. Alles bewegt sich, bald kühn, bald nur fahrig, improvisierend und experimentierend in

Versuchszuständen. So offenbart diese Prosa in unsicherem Aggregatzustand einen merkwürdigen Widerspruch: sie ist erzähltechnisch wie stilistisch stark überformt und stellt doch andererseits ihr motivisches Material mit unbefangener Nacktheit aus. In dem locker verkrampften Gebilde läßt sich erstaunlich viel von der Thematik entdecken, die Kafkas Schreiben auch künftig bestimmen wird: Junggesellentum, Sprachkrise und Kunstverdacht, Tagtraum und die Gegenwelt bürgerlicher Konvention, die Mädchen, das taedium vitae und das Doppelgängertum. Ebenso auffallend allerdings fehlt, was Kafka postum populär machen sollte, das sogenannte Kafkaeske: alle Zeichen der Vaterwelt, die Ordnung der Gesetze und der Schuld, die Strafphantasien.

Wie trügerisch harmlos Kafkas Spieleröffnungen sein können, wissen wir zwar aus »Das Urteil«, doch Harmlosigkeit hält sich in der Exposition von »Beschreibung eines Kampfes« nicht nur länger, sondern scheinbar auch unbedrohter. Fast möchte man Erfahrungsarmut die wahre Muse dieser Erzählung nennen, die von einem denkbar nichtigen, jedenfalls unscheinbaren Anlaß aus sich in Bilder einer Existenzkrise hineinzuschreiben sucht. Denn in der Anfangsszene sitzt nur ein junger Mann gegen Ende einer Abendgesellschaft genüßlich allein bei Backwerk und Benediktinerlikör, wobei er gestört wird von einem Bekannten, der gerade nebenan mit einem Mädchen geknutscht, also etwas scheinbar Verbindlicheres und Gefährlicheres genossen hat als der mit Likör und Süßigkeiten stillzufriedene Icherzähler und Junggeselle.

Bescheidener kann ein Kampf um das richtige oder falsche Leben kaum eingeläutet werden. Ohne ein Vorwissen davon, was die Verlobungen und Bräute, was Reinheit, Einsamkeit und Junggesellentum künftig in Kafkas Leben und Schreiben bedeuten werden, könnten wir kaum die Neugier, die Sympathie und Geduld aufbringen, um Icherzähler und Bekanntem auf ihrem länglichen Nachtspaziergang zum Laurenziberg zu folgen. »Und ich habe sie geküßt – geküßt – habe ich – sie – auf – ihren Mund, ihr Ohr, ihre Schultern, ihre aufrechten kleinen Brüste«, so ruft der Bekannte aus, in einem Stammeln, das Kafka sogar gegen alle seine Stilideale naturalistisch nachsimuliert. Die aufrechten kleinen Brüste allerdings hat er schon in der ersten Fassung beflissen gestrichen. Sinnlichkeit und Berührung, unbefangener Weltkontakt, locken aus den Erzählungen des Bekannten. Die Junggesellenstube des Erzähler-Ich dagegen erscheint in seinem Kopf immer wieder als ein Ort, an dem man sich behaglich und sanft unglücklich vor der Welt verbirgt, mit einem, wie es in der zweiten Fassung heißt, »auskühlenden Körper«. Denn: »Nichts übers Maß« lautet die Lebensdevise dieses Vorsichtigen.

Belästigt und zugleich verlockt, verunsichert also fühlt sich das Junggesellen- und Erzähler-Ich durch die stammelnden Geständnisse des Bekannten, durch diese Reizsignale der Verliebtheit, einer intimen und unbedenklichen Integration in den Lauf der Welt. Immer wieder möchte er den in seine Glücksverwirrung versunkenen Bekannten zwar loswerden, doch immer wieder bleibt er süchtig an ihm kleben. Könnte ihm dieser Weltläufige womöglich nicht zu eigenem Ansehen in der Welt verhelfen? Wäre er nicht ganz und gar verloren ohne ihn? In diesen Fragen beginnen wir zu ahnen, daß der Erzählende und sein Bekannter womöglich nur die Möglichkeiten eines einzigen Ich durchspielen, seine Schau- und seine Schattenseite, seine Außenansicht und seine Innenwelt, ein Lebensprogramm der Anpassung oder der splendid isolation.

Aber der Erzählende, wie um dem alter ego auf den Leib zu rücken und es gerade dadurch loszuwerden, probt noch eine andere Strategie gegen seinen lästigen Bekannten: eigene Erinnerungen zitiert er plötzlich, an eigene Verliebtheiten, irgendwann, irgendwo. Denn der Realitätsgehalt dieser nostalgischen Seufzer erweist sich als flirrend undeutlich und schwankend. Ein »Fluß«, eine »Bank«, ein »Strandhotel«, eine »zarte Geige« bauen eine Kulisse für gewesene Empfindungen, die womöglich so irreal, so nur sprachlich herbeibehauptet sind wie diese Wortkulissen. »Man kann es in dieser Art erzählen«, so hatte die erste Fassung diesen Erzählzug eingeleitet, doch auch dieser Satz wird, wie immer beim jungen Kafka alles zu Offensichtliche, gestrichen. »Glauben Sie denn, ich hätte keine Erinnerungen?« so heißt es dann in der zweiten Fassung. »Oh zehn für jede der Ihrigen. Jetzt zum Beispiel könnte ich mich erinnern, wie ich . . .«

Es kommt in diesem Erinnerungsspiel kaum auf die eingesetzten Spielmarken an, sondern auf den Versuch, wie weit eine nur noch von Phantasie geführte Sprache gehen darf. Kafka und sein Erzähler-Ich, diese beiden werden den Spielraum auf der Flucht vor ihrem süchtig und lästig in die Verlockungen der Welt verstrickten alter ego, dem Bekannten, im langen Mittelteil der »Beschreibung eines Kampfes« fast ins Unendliche ausweiten. Vergessen scheint nun der »Kampf« zwischen Außenich und Innenich, verdrängt oder auch nur sistiert. Erzählung und Autor verlieren sich in einer Tagtraumorgie, um dem Laurenziberg, dem Bekannten, den realen oder nur behaupteten Mädchen und Erinnerungen, um jeder Verbindlichkeit und Wirklichkeit zu entgehen, um Sprache in einer Allmachtphantasie freizusetzen.

In dieser Tagtraumsprache wird alles möglich: schwimmend stürzt sich der Erzähler in die Lüfte, reitet auf dem Bekannten, spaziert in eine nur sprachlich realisierte, also nur imaginierte und imaginäre Landschaft, in der auf sein Sprachkommando hin die Wege flach werden, die Steine verschwinden, der Wind sich verliert. Ein Allmächtiger oder Wahnsinniger wandelt durch eine ihm unterworfene Welt aus beweglichen Sprachversatzstücken, gestört allerdings immer wieder durch ein »Seufzen«, ein »Weinen«, ein »Schluchzen«. So deutlich wagt freilich wieder nur die erste Fassung zu sein, in der ihr Erzähler sogar gesteht: »Mich schmerzte mein Herz, denn jetzt schien es unmöglich aus meinem Leiden hinauszukommen.« Der frei kommandierbare Tag- und Sprachtraum beginnt sich zu verwandeln in ein Traumgeschehen, das nicht mehr beherrscht werden kann, das den Träumenden zu überwältigen droht.

Am Ende dieses langen und überlangen Mittelteils, dieser »Belustigungen oder Beweis dessen, daß es unmöglich ist zu leben«, wenn der Text wieder in seine reale Rahmenhandlung, zu Erzähler und Bekanntem auf dem nächtlichen Laurenziberg zurückkehrt, haben die beiden fast die Rollen getauscht: das Weltkind gesteht seine Erfahrungslosigkeit und sein Unglück, es möchte aus seiner Liebe und der drohenden Verlobung fliehen, während der nun entspannte, lässige Erzähler sich noch einmal genüßlich verliert in Erinnerungen an Fluß, Bank, Strandhotel, Geigenspiel, um sich plötzlich spielerisch zu bekennen als – Verlobter. So sitzen die beiden nächtlich »oben auf dem Berg, wie in einem kleinen Zimmer«, so »nahe beisammen, trotzdem wir einander gar nicht gerne hatten, aber wir konnten uns nicht weit voneinander entfernen, denn die Wände waren förmlich und fest gezogen«.

»Förmlich und fest« umraunt Kafka hier noch einmal sein offenbares Geheimnis, daß nur die »Wände« seiner Erzählung die beiden Figuren zusammenzwingen und daß ihre Differenz und auch der scheinbare Rollentausch gegen Ende nur ihre Identität changieren läßt, daß also der nun zu Ende beschriebene Kampf einer zwischen zwei Doppelgängern war. Die sind zwar weit verbreitet im kafkaschen Frühwerk, geraten aber immer nur sanft und zögernd aneinander. Bis dann der alte Bendemann den verlorenen Freund im fernen Rußland gegen den Sohn, den Junggesellen also gegen den Welttüchtigen und Verlobten treibt, bis der Konflikt durch diese Triangulierung verschärft wird und tödlich endet. Darauf deutet die Wunde, die sich der plötzlich lebensmüde Bekannte auf dem Laurenziberg in den Oberarm stößt, nur wie ein matt symbolisches Vorspiel. Kafka, der sich hier mit »Belustigungen« beweisen will, »daß es unmöglich ist zu leben«, nutzt diesen ersten Erzählversuch zur Flucht vor sich selbst, vor der Konsequenz jedenfalls, in die ihn ein Konflikt treiben könnte, mit dem er fortlaufend nur zündelt.

Deswegen öffnet sich die kaum begonnene Geschichte des nächtlichen Ausflugs auf den Laurenziberg bald wie eine Schachtel, in der zwei weitere Geschichten oder eben »Belustigungen« stecken, der phantasierte »Ritt« auf dem Bekannten und der »Spaziergang« durch eine Landschaft aus Sprache. Deshalb klappt auch der »Spaziergang« auf, um sich fortzusetzen in einer Geschichte in der Geschichte: der »Dicke« erscheint, der wiederum zum Erzähler wird und eine weitere Geschichte und Figur aus sich entläßt, den »Beter«, der schließlich in zwei weiteren Episoden die Erzählerrolle übernimmt. Diese mit der Schachtel in der Schachtel in der Schachtel als Geschichtenflucht (im Sinne von Gedanken-, aber auch von Zimmerflucht) angelegte Erzählweise wird Kafka später ausbauen zu immer kunstvolleren Labyrinthen. Doch in diesem frühen Versuch hat der Fluchtgedanke offenbar auch den Autor selbst verführt in Wirrnis und Flüchtigkeiten: die Erzähltöne und -ebenen der Einzelstücke passen so wenig zueinander wie die Beliebigkeit ihrer Phantastik zum raunenden Ernst ihrer Reflexionen.

Jahrelang bleibt die »Beschreibung eines Kampfes« in ihrer ersten Fassung liegen, um dann etwa 1909 oder 1910 rigoros redigiert, zusammengestrichen, gestrafft, geklärt und verschärft zu werden und doch als Fragment zu verenden. Kafka benutzt seinen ersten langen Text schließlich nur noch als Steinbruch, aus dem er kurze geschlossene oder auf Geschlossenheit hin bearbeitete Stücke zur Publikation gewinnt. Sieht er sich schon als Spezialist und Miniaturist? Hat er resigniert? Läßt sich aber Autorschaft als Lebensmöglichkeit nicht nur in einem langanhaltenden, kontinuierlichen Schreibprozeß, also in der Arbeit an großen Prosaeinheiten gewinnen und stabilisieren?

Was Kafka in seinem ersten schmalen Buch »Betrachtung« dann 1912 vorlegt, zeigt zwar seine Meisterschaft, aber auch, daß deren Kühnheit ein merkwürdiges Fundament hat: Vorsicht. Zunächst, weil jeder dieser von einer Sprachbewegung wie in unabsehbare Weite frei gesetzten Texte doch immer in ein sicher pointiertes Ende gesteuert wird, weil diese Erzählspiele also ihre Grenze kennen und finden. Doch ihre vorsichtige

Kühnheit beweisen sie auch dadurch, daß in ihnen Sprache nicht mehr jederzeit alles herbeibehaupten kann, daß hier mindestens eine Logik der Willkür entwickelt wird. Auch unvorhergesehene Wendungen, alle Einbrüche des Unheimlichen wirken nun so natürlich wie die schrecklichen Umschläge im Traum. Solche immerhin den Schein der Natürlichkeit beschwörende Traumanalogie fehlte aber den Phantasiesprüngen in »Beschreibung eines Kampfes«. Sie blieben kalte, krampfhafte Konstruktionen von Gegenwelten.

Genau das reflektieren, mitten in der zarten Sprachorgie, schuldbewußt die Gespräche mit dem Beter, die Kafka als Bauchredner seiner eigenen, aber der in Hofmannsthals Wien und Rilkes Prag auch zeittypischen Trauer um den Verlust einer selbstverständlichen Sprache inszeniert. »Ist es nicht dieses Fieber«, so wird dem ekstatischen Beter zugerufen, »diese Seekrankheit auf festem Lande, eine Art Aussatz? Ist Euch nicht so, daß Ihr vor lauter Hitze mit dem wahrhaftigen Namen der Dinge Euch nicht begnügen könnt und über sie jetzt in einer einzigen Eile zufällige Namen schüttet. Nur schnell, nur schnell!« Aber dieser Vorwurf wird eben laut in einem Text, der sich als eine Seekrankheit auf festem Lande und nicht unbehaglich redselig eingerichtet hat, auf der Flucht in »Belustigungen«, die nun erst recht beweisen, »daß es unmöglich ist zu leben«.

Was wäre denn der »wahrhaftige Name der Dinge«, wenn nicht ihr unausgesprochenes, also stummes Dasein? »Sie sind da wohl schön und ruhig«, sinniert der Beter, doch ihm erscheinen sie »versinkend«, wozu die zweite Fassung noch ergänzt »wie ein Schneefall«, um dann fortzufahren: »während vor andern schon ein kleines Schnapsglas auf dem Tisch fest wie ein Denkmal steht«. Womit Sprachverzweiflung und elitäre Distanz zu allen »Wonnen der Gewöhnlichkeit« wieder thematisch zusammengeführt wären.

Die »andern Leute« nämlich, heimatlich und gemütlich zu Hause in der Welt und also auch in der Sprache, nehmen die Trennung oder doch Fremdheit zwischen Worten und Dingen, zwischen dem, was gelebt, und dem, was ausgesprochen wird, nicht einmal wahr. Das Belegstück dafür, Keimzelle vielleicht dieser ganzen »Beschreibung eines Kampfes«, übernommen aus einem (oder in einen?) Brief an Max Brod vom 24. August 1904, ist jenes drei Sätze lange, banale und doch geheimnisvolle Gespräch zwischen zwei Frauenstimmen, die eine auf einem Balkon, die andere unten im sommerlichen Garten, eine lakonische Beschwörung der Selbstverständlichkeit des Lebens, die dem jungen Kafka so unzugänglich und unentschlüsselbar scheint wie das vom Türhüter bewachte und doch so zugängliche »Gesetz«.

»Was machen Sie?« läßt Kafka im Brief an Brod seine Mutter »in natürlichem Ton vom Balkon hinunterfragen«, und aus dem Garten antwortet eine Frau: »Ich jause im Grünen.« Das ist alles, aber Kafka, gerade aus dem Nachmittagschlaf erwacht und »meines Lebens noch nicht ganz sicher«, kommentiert: »Da staunte ich über die Festigkeit, mit der die Menschen das Leben zu tragen wissen.« Diese distanzierende, zugleich mit Bewunderung und Ironie aufgeladene Gebrauchsanweisung wird er im literarischen Text der Szene nicht mehr zuordnen. Zunächst konkretisiert er die Situation, indem er in seiner ersten Fassung: »Was machen Sie meine Liebe. Es ist so heiß.« Und in der zweiten Fassung: »Was machen Sie meine Liebe? Ist das aber eine Hitze!« fragen läßt, worauf die Frau aus dem Garten wieder antwortet: »Ich jause im Grünen.« beziehungsweise: »Ich jause so im Grünen.« Kein Kommentar folgt nun, nur eine Wahrnehmung, die aber den Kommentar unausgesprochen schon enthält: »Sie sagten es ohne Nachdenken und nicht besonders deutlich, als hätte jene Frau die Frage, meine Mutter die Antwort erwartet.«

Daß Sommer ist, daß zwei Frauenstimmen reden, daß kurz ein Grün aufleuchtet und ein Dialektwort für behagliche Mahlzeit, daß die Szene nicht gesehen, sondern nur als Wortlaut gehört wird und zwar von einem gerade aus einer Schlafumnachtung Auftauchenden und noch Benommenen, im Moment also einer alltäglichen Wiedergeburt –, dieses knappe Ensemble von schlichten und elementaren Zeichen lädt das wenige Zeilen lange Gebilde geheimnisvoll auf. In dieser Urszene erscheint kein traumatischer Schrecken, sondern ein schlichtes Bild vom irdischen Paradies: Glück als Selbstverständlichkeit und Selbstverständlichkeit als Glück, ein Zustand, der kein »Nachdenken«, keine Reflexion verträgt, der diesseits oder jenseits, außerhalb der Sprache liegt. Denn was gesagt wird, Frage wie Antwort, weiß die fragende wie die antwortende Stimme im voraus, derart versteht es sich von selbst.

Mit seiner einfachen Strahlkraft, mit dieser schlicht diesseitigen Utopie erleuchtet die unscheinbare Episode tatsächlich die ganze zuckende Wirrnis der »Beschreibung eines Kampfes«, als zugleich deren Kern und Gegenpol. Denn der Beter, der sie erzählt, dieser aus einer selbstverständlichen Sprache, dem ruhigen Anschauen der Dinge Herausgefallene,

Kafkas Tonio Kröger, ein Exzentriker, ein Randmensch als Intellektueller oder als Literat, er figuriert in der Erzählung offensichtlich für das erzählende Ich als zweite Möglichkeitsfigur. Im Bekannten lockte die Möglichkeit, sich zu verlieren an ein konventionelles Leben, an die Mädchen, in eine Ehe. Der Beter spielt nun eine zweideutig unbürgerliche Rolle vor, die Weltflucht in eine artistische oder religiöse Existenz.

Aufgefallen ist dieser Betende in der Kirche durch seine obszöne Körpersprache, den flach auf den Boden geworfenen Körper, den seufzend in seine Handflächen »geschmetterten« Schädel, den »stoßweisen« Gang zum Weihwasserbecken, wo er sich das heilige Naß ins Gesicht »spritzt«, dabei schon auf den Erzähler und Voyeur »schielend«: »denn vor jedem seiner frommen Ausbrüche ließ er seine Augen umgehen, ob die zuschauenden Leute zahlreich wären«. In dieser Exzentrizität und diesem Exhibitionismus, in diesem Bedürfnis, als soziale Randfigur doch von allen gesehen zu werden, hat Kafka jene Künstlereitelkeit verkörpert, die ihn bis zuletzt beunruhigen wird, in Selbstreflexionen freilich, die noch in der Sorge um »Reinheit« wieder nur »eitel« das eigene Spiegelbild prüfen, also unlösbar und unerlöst ins Unendliche laufen.

»Spaß« macht es dem Beter, »von den Leuten angeschaut zu werden, sozusagen von Zeit zu Zeit einen Schatten auf den Altar zu werfen«. Nun bedeutet einen Schatten werfen allerdings: Licht abhalten von etwas und auffangen für sich. Ein »Bedürfnis« wäre es für ihn, ergänzt der Geständige dann – und benützt nun eine Metapher, die wieder an seine obszöne Gestensprache erinnert, – ein »Bedürfnis, von diesen Blicken mich für eine kleine Stunde festhämmern zu lassen ...« Er also genießt sein »Fieber«, seine »Seekrankheit auf festem Lande«, seinen »Aussatz«, obwohl ihm die »Dinge« entgehen, zugeschüttet mit »zufälligen Namen«, wie er selbst sich entgeht, verdeckt von seinen Grimassen und Gesten. Unerreichbar ist ihm, dieser Kunst- und womöglich Künstlerfigur, die murmelnde Selbstverständlichkeit der beiden sommerlichen Frauenstimmen zwischen Garten und Balkon, unerreichbar wie für Tonio Kröger alle »Wonnen der Gewöhnlichkeit«: im Bannbereich dieser bewunderten und 1903 erschienenen Novelle hat Kafka sein Jugendwerk entworfen.

Was so harmlos exponiert schien als Alternative zwischen süßem Mädel und süßlichem Likör, Junggesellenbehagen und gesellig erotischer Zerstreuung, was sich selbst zu überfliegen trachtete in »Belustigungen« als

»Beweis, daß es unmöglich ist zu leben«, weder allein noch unter den Leuten –, das scheint sich am Ende totzulaufen zum Beweis, wie unmöglich es wird zu schreiben, wenn alles möglich, alles artikulierbar scheint, also auch die Selbstreflexion des Scheiterns der Geschichte in ihr selbst.

Es gelingt Kafka nicht, nicht in seinen Anfängen und mühsam genug später, längere Erzählbewegungen frei und doch unwillkürlich laufen zu lassen. Gleich sein erster Versuch, sich in einen größeren Zusammenhang hineinzuschreiben, verliert sich in Sprüngen auf immer neue Erzähleebenen, in immer neu sich aufklappende Geschichtenschachteln, in eine blendende und doch hemmende Selbstreflexion des Erzählten und seines sprachlichen Mediums. So kann der Dreißigjährige als einzigen Ertrag seiner Frühzeit schließlich nur das schmale Bändchen »Betrachtung« vorlegen, dessen Kurzprosa in immer neuer Variation als meisterhaft beherrschtes Erzählmodell die unendliche, doch in sich abgeschlossene Bewegung vorführt. In diesen ebenso konzentrierten wie sehr weiten Sprachstücken kann Kafka kurz, emphatisch aufleuchten lassen, was ihn von Anfang an schreibend wie lebend bewegt, also Junggesellentum, Kindheit, Doppelgängerei, Frauen, das zerstreute und das in sich zusammengekrümmte Ich, Träume von Lebenserfolg und von existentieller Reinheit. Dabei wird die Dynamik der Texte so gesteuert, daß sie keine Lösungen erreichen müssen und doch ihr Motiv und Problem und sich selbst in dem jeweiligen Ende – erschöpfen.

Von der »Beschreibung« zur »Betrachtung« rettet sich Kafkas Talent also in seine frühen Möglichkeiten, und diesen Rettungssprung wagt er in der zweiten Fassung der »Beschreibung eines Kampfes« genau an der Stelle, wo er seinen früheren Text wie einen schlechten Traum wahrhaft zerreißt, um sich und seinen Erzähler in ein ganz neues Prosastück zu stürzen, in »Kinder auf der Landstraße«, das erste, fast längste und (trotzdem?) lebendigste des »Betrachtung«-Bandes: »Und so lief ich durch den in seiner Tiefe gerissenen Traum und kehrte wie gerettet – dem Schlaf und dem Traum entflohn – in die Dörfer meiner Kindheit zurück.«

Entflohn, »wie gerettet«, aus einer sich anbahnenden literarischen Niederlage in das Kernstück der ersten literarischen Sammlung, in eine Phantasmagorie der Kindheit auf Dörfern, die es für das Kind Kafka so wenig gegeben hat wie es die utopische, die Nirgendwo-Stadt der Narren »im Süden«, in die das Erzählkind am Ende heimlich flieht, irgendwo außerhalb dieses Textes geben dürfte, wie es ja auch die den ganzen Text dynamisierende Vorstellung einer ausschwärmenden, trabenden, vielgliederig einheitlichen Kinderhorde für Kafka sicher nur als Vorstellung, als Sprachgebilde, Bildsequenz, als syntaktische Partitur gegeben hat. So realisiert diese Prosa endlich jene Welt als Text, die »Darstellung meines traumhaften inneren Lebens«, die sich dem Autor der »Beschreibung« immer wieder auflöste in Erzählrhetorik. Diesmal ist eine ausgreifende Sprachphantasie auch versehen mit dem soliden Unterfutter realistischer Details des Land- und Kinderlebens, von den sprühend auffliegenden Vögeln, dem im heißen Sommer krachenden Holz der Speichen und Deichseln bis zum hinter Gebüschen in der Ferne herausfahrenden Eisenbahnzug. Noch in einem nur paraphrasierenden Zitat bewahren solche Augenblicke etwas von ihrer beschwörenden Kraft.

»Glücklichsein« könnte dieses Dorfkinderbild, dieser Sprachlauf ins Freie auch heißen, denn ihm antwortet am Ende der Prosasammlung als Gegenstück das »Unglücklichsein«, das Bild einer Heimsuchung im November und in der Enge einer städtischen Kammer. Daß das dort auftretende Gespenst ein Kind ist, haben auch minutiöse Interpreten immer wieder überlesen. Aber erst dieses Kind als Gespenst einer unwiderruflich verlorenen Vergangenheit hilft nicht nur das Unglück des Heimgesuchten entschlüsseln, sondern setzt auch den Kontrapunkt zum Eingangsstück und sichert der Sammlung den inneren Spannungsbogen.

»Nichts war verloren«, hieß der Programmsatz in »Kinder auf der Landstraße«, sicher kein Kafkasatz. »Ruhe! Ruhe!« sagt nun das Kind zu dem einsam durch sein Zimmer »wie in einer Rennbahn« Trabenden und Schreienden und dann: »alles ist schon richtig«. Doch alles in diesem Gespenstergespräch läuft dann falsch. »So nah, als Ihnen ein fremder Mensch entgegenkommen kann, bin ich Ihnen schon von Natur aus«, sagt das Kind, gibt sich also zu erkennen als das frühere Ich des Heimgesuchten, der aber ironisch auf Distanz hält: »Das ist nett von Ihrer Natur.« Trübe und dumpf in sich versunken, wird er das Gespräch und das Gespenst der Kindheit schließlich verloren geben. Seine Flucht auf die nächtliche Gasse schlägt fehl, noch auf der Treppe kehrt er um: »weil ich mich gar so verlassen fühlte, ging ich lieber hinauf und legte mich schlafen«. Mit dieser müden, ausdruckslosen Geste der Resignation endet das Buch, das mit einem Lauf in sommerliche Nacht, in Gemeinschaft, ja schließlich mit einem Aufbruch in eine imaginäre Freiheit, in die Stadt der Narren irgendwo utopisch »im Süden« eingesetzt hatte.

Solche Gegenläufigkeit zwischen Aufbruch und Rückzug, aufschwellender Sprachphantastik und trostloser Alltagsernüchterung bestimmen zwar das Erzählprogramm und die Erzähldynamik des ganzen Bandes, aber nur selten werden die Stücke am Ende in eine so eindeutige Richtung und Entscheidung gesteuert wie im ersten und letzten Text. Sonst probt Kafka lieber starke Enden, aus denen sich gerade keine Moral der Geschichte, ja nicht einmal deren Absicht klar ablesen läßt.

Im »Wunsch, Indianer zu werden« entgrenzt sich die Sprache in einem einzigen Satzverlauf ins Imaginäre, weil sie schließlich weder den reitenden Indianer noch Sporen, Zügel, Pferdehals und Pferdekopf festhalten kann und will und »kaum das Land vor sich als glattgemähte Heide«, weil hier ein Wunsch weit über sich selbst und aus allem Artikulierbaren hinausschießt, sodaß Aufbruch und Ausbruch *und* deren Reduktion so phantastisch wie ernüchternd in eins fallen. Auch in »Die Abweisung« werden der Redende und ein im Gedankengespräch von ihm in einen Dialog gezogenes Mädchen zwar am Ende, »nicht wahr, lieber jeder allein nach Hause gehen«, weil sie größere, prachtvolle, blendende Lebensrollen sich nur sprachlich vorstellen und vorspielen könnten, aber dort zu Hause darf jeder allein und folgenlos, nicht wahr, ruhig weiter träumen. »Zum Nachdenken für Herrenreiter« dient sogar dem sprachlich lückenlos durchimaginierten Beweis, daß gerade der Sieger verliert. Erfolg nämlich ernüchtert, er ist aussichtslos im trüben Wortsinn, während: »Die Konkurrenten rückwärts, fest im Sattel, suchen das Unglück zu überblicken, das sie getroffen hat, und das Unrecht, das ihnen irgendwie zugefügt worden ist . . .«

An solchen Stellen läßt sich greifen, wie nah Kafka daran war, Ressentiments zu poetisieren und damit seine Prosa als Trostangebot für soziale Außenseiter in Dienst zu stellen, sie also in diesem schlichten und nicht verächtlichen Sinn zu feuilletonisieren und zu sozialisieren, wie etwa Peter Altenberg und oft auch Robert Walser. Er widersteht dieser Versuchung als Artist, aus ästhetischer Moral. Schreibend sucht er zwar, wie ein besiegter Herrenreiter »fest im Sattel«, den klaren »Überblick«, den es paradoxerweise nur gibt, »aus der Sicht des Unterlegenen, da der Überlegene ja die Partei seines eigenen Sieges zu ergreifen versucht ist«, wie Bernhard Böschenstein schreibt. Doch diese »Rolle der Souveränität des Ohnmächtigen« wird eben als ein Erkenntnismittel, als Erzählperspektive mit Wahrheitsinteresse durchgespielt. Gegenüber jedem Versuch, sich in ihr gemütlich oder auch nur sozialpsychologisch einzurichten, geht diese Prosa kühl, ja arrogant auf Distanz.

Ob ein Ausgang oder eine Rückkehr, ob nur ein Fensterausblick in die

Welt, ein Probespiel des Größen-Ich oder das regressive »sich im Kreise zurückdrehen Müssen«, ob Kindervergangenheit oder Junggesellenzukunft –, alle diese von der Dialektik zwischen Außen und Innen bestimmten Prosastücke müssen allerdings, ganz gleich ob spröde Reduktion oder eine Entgrenzung ins Unsichtbare ihre Bewegungstendenz ist, das Formgesetz der Miniatur halten. Das zähmt ihren Schrecken wie ihre Kühnheit, das macht noch ihre Radikalität vorsichtig. Es ist eine Prosa auf Probe. Das »Was wäre wenn« des Tagtraums provoziert, wie in fast allen späteren Erzählwerken Kafkas auch, ihren phantastischen und experimentierenden Einsatz. Doch wird die damit einsetzende Sprach- und Bildbewegung hier immer noch rechtzeitig abgefangen, gegängelt, gesteuert, um in einem nahen Abschluß stillgelegt zu werden, stillgelegt wie die hier tonangebenden Junggesellen in den jeweils letzten, in irgendeinen Schlaf, eine Blickverlorenheit, eine Alltagsroutine fast schon tonlos versinkenden, vermurmelnden Zeilen. Dem »Kampf«, dem auch seine »Beschreibung« letztlich ausgewichen war, entzieht sich auch diese Prosa. Diese Junggesellenkunst muß sich selbst ihre Dialoge noch mit eingebildeten, mit Kopfstimmen inszenieren, als gespaltene Monologe.

1920, in seinem in den »Er«-Fragmenten skizzierten Rückblick auf die eigene Entwicklung, hat Kafka Intention und Grenzen seines Frühwerks, dieser Idyllik des Schreckens, mit seiner Meisterschaft der nur andeutenden Genauigkeit so umschrieben:

Ich saß einmal vor vielen Jahren, gewiß traurig genug, auf der Lehne des Laurenziberges. Ich prüfte die Wünsche, die ich für das Leben hatte. Als wichtigster und als reizvollster ergab sich der Wunsch, eine Ansicht des Lebens zu gewinnen (und – das war allerdings notwendig verbunden – schriftlich die andern davon überzeugen zu können), in der das Leben zwar sein natürliches schweres Fallen und Steigen bewahre, aber gleichzeitig mit nicht minderer Deutlichkeit als ein Nichts, als ein Traum, als ein Schweben erkannt werde.

Schon im nächsten Absatz wird er, der Schwerkraft seines immer fälligen Selbstwiderspruchs folgend, die Kraftlosigkeit und Unaufrichtigkeit auch dieses Wunsches sofort verraten: »er war nur eine Verteidigung, eine Verbürgerlichung des Nichts, ein Hauch von Munterkeit, den er dem Nichts geben wollte . . .« Noch in dieser späten Distanzierung spürt man allerdings den Hauch von Wiener Schule und Jahrhundertwende, eine

Anmut der Verzweiflung, bis in die beiläufige Apposition »sicher traurig genug«, diese, um es krasser zu sagen, Verbiedermeierung des Nichts, die gerade in den kühnsten, handwerklich virtuosesten Stücken der »Betrachtung« auszubrechen droht. Sie bringen sich, je blendender sie ihre Irrealität herstellen, desto beruhigender in Sicherheit. Was gerade heute ins Auge fällt, wenn eine froh in den Verzweiflungen der posthistoire eingenistete Generation von Interpreten aus Kafka nur noch das Schreiben der Schrift und die Aufhebung aller Referenz zwischen Sprache und Welt, also Literatur als erfolgreich durchgesetzte Entzugserscheinung herauslesen möchte. So feiert vor der neuen Jahrhundertwende eine Verbürgerlichung des Nichts ihren Einzug sogar in risikolose Sekundärliteratur.

Kafka dagegen hat von früh an beklagt und angeklagt, was an seinem Schreiben nur »Eitelkeit« und was nur Weltflucht war. In einer frühen Tagebuchnotiz von 1911 erinnert er sich an seine kindlichen Schreibversuche, sieht sich an einem Sonntagnachmittag zu Besuch bei den Großeltern vor den Augen der Verwandten am runden Tisch an der Gefängnisszene eines Romans arbeiten oder doch Romanarbeit spielen: »Es ist schon möglich, daß ich es zum größten Teil aus Eitelkeit machte und durch Verschieben des Papiers auf dem Tischtuch, Klopfen mit dem Bleistift, Herumschauen in der Runde unter der Lampe durch, jemanden verlocken wollte, das Geschriebene mir wegzunehmen, es anzuschauen und mich zu bewundern.« Ein Wunsch, der bis auf seinen letzten Teil auch prompt erfüllt wird, denn ein Onkel nimmt dem romanschreibenden Kind ein Blatt weg und teilt nach einem kurzen Blick darauf den Verwandten mit: »das gewöhnliche Zeug«. Die Reaktion des Kindes, oder genauer: die vom siebenundzwanzigjährigen Kafka inszenierte Reaktion des Kindes Franz, zerstört die Illusion, man könnte geborgen und vertraulich im »Schoße« der Familie ein Schriftsteller sein oder dort dieses ecce poeta auch nur spielen: ». . . aus der Gesellschaft war ich tatsächlich mit einem Stoß vertrieben, das Urteil des Onkels wiederholte sich in mir mit fast schon wirklicher Bedeutung, und ich bekam innerhalb des Familiengefühls einen Einblick in den kalten Raum unserer Welt, den ich mit einem Feuer wärmen mußte, das ich erst suchen sollte.«

Das »Urteil« dieses Onkels stößt sein Opfer also, anders als das des alten Bendemann, vorwärts ins Leben, statt hinüber in den Tod, das heißt aber auch in Isolation und Kälte, statt in eine mögliche Versöhnung. Die Familienszene beschreibt tatsächlich den Geburtsschock eines Schriftstellers, der sich im »kalten Raum unserer Welt« dann wärmen wird an dem

»Wunsch, eine Ansicht des Lebens zu gewinnen«. Bis in sein dreißigstes Jahr wird er noch versuchen, »Fallen und Steigen« der Lebensbewegung schreibend zwar festzuhalten, aber nur, damit dieses Leben erkannt werde »als ein Nichts, als ein Traum, als ein Schweben«.

Die Liebesbrieffalle

Die Erwartung, man könnte vorbei an Kafkas literarischem Werk nach seinen sogenannten Selbstzeugnissen greifen und bekäme in ihnen seine Privatperson, den »Menschen« Franz Kafka zu fassen –, diese Vorstellung erweist sich schnell als eine Illusion. Auch und gerade der Briefschreiber K. besteht aus Literatur, ist »nichts anderes und kann nichts anderes sein«. Was zunächst nur heißt, daß er auch in Briefen an seiner Figur modelliert, daß er sie zu umschreiben und zu definieren versucht, mit metaphorischen, parabolischen oder rhetorischen Kunstgriffen, daß ihn auch in den Briefen Leiden und Lust am Unvermögen der Sprache redselig machen. Sprache reicht weder aus, um die Authentizität des Absenders unmißverständlich auszudrücken, noch vermag sie den Adressaten authentisch zu berühren. Distanz setzt zwar jeder Brief voraus und ihren Schutz genießt gerade der Briefschreiber Kafka geradezu wollüstig, aber er wird nicht aufhören, sie zu beklagen.

Die Folgerung freilich, auch Kafkas Briefe wären also nichts als verzweifelte Kunststücke und zu lesen und auszulegen wie Werke, wäre trotzdem ein Kurzschluß. Adressiert an eine Person statt an ein Publikum, muß jeder Brief zunächst relativ verstanden werden, bezogen auf die Schreibsituation, den Schreibzweck und den Adressaten. Dagegen verstößt, wer Formulierungen Kafkas allzu bedenklich aus ihrem brieflichen Kontext herauslöst und sie als Aphorismen absolut setzt. Wenn er am 10. Juli 1914 an die Schwester Ottla den Satz schickt: »Ich schreibe anders als ich rede, ich rede anders als ich denke, ich denke anders als ich denken soll und so geht es weiter bis ins tiefste Dunkel« –, dann ist das keine gegen ihn beliebig verwendbare Selbstanklage und erst recht kein Beweisstück für die notwendig scheiternde Übersetzung von Reden in Schreiben, Denken in Reden, von richtigem Denken in Denken und so »weiter bis ins tiefste Dunkel«, wo möglicherweise ein nur im vollkommenen Verstummtsein ganz und gar wahres Selbst hockt –, sondern der Satz entwirft nur im voraus die Wahrheits- und Verdunkelungsstrategie, mit der Kafka am nächsten Tag zur Aussprache mit Felice nach Berlin fahren wird, wo er dann am 12. Juli zur Entlobung von Felice Bauer im Askanischen Hof vor Gericht sitzen wird, »teuflisch in aller Unschuld«, denn: »Sie geben mir recht, es läßt sich nichts oder nicht viel gegen mich sagen.« Aber genau das wußte er schon seit mindestens zwei Jahren, seit er Georg Bendemann verurteilen ließ mit dem Satz: »Ein unschuldiges Kind warst du ja eigentlich, aber noch eigentlicher warst du ein teuflischer Mensch!« Wie sich eine Selbstverdunkelung auch und gerade in sorgfältigem Schreiben, Reden, Denken, Schweigen vollziehen kann, »teuflisch in aller Unschuld«, mußte ihm seitdem klar sein. Die Gerichtsszene im Askanischen Hof beweist also nur die Gewalt einer self-fulfilling prophecy, und der Briefsatz an Ottla dient als Schubkraft, der den Prozeß in die richtige, die vorhergesehene Richtung lenken soll.

Doch die Regel, Briefstellen relativ zu lesen und nicht aus der Schreibsituation heraus absolut zu setzen, bedeutet auch, in der Lektüre seiner Briefe Kafkas Insistieren auf Uneindeutigkeit (und das hieß für ihn fast schon: auf Wahrhaftigkeit) nie aus den Augen zu verlieren. Auch seine Briefsätze sind sozusagen absolut relativ. Sie springen aus konkretem Anlaß zwar gern hoch ins Allgemeine, ohne es doch je ganz zu erreichen, ohne aber auch den Anlaß je vollkommen unter den Füßen zu verlieren. Das gilt etwa auch für den derzeit sicher meistzitierten Satz Kafkas: »ein Buch muß die Axt sein für das gefrorene Meer in uns«. Formuliert hat ihn nämlich ein Kafka vor Kafka, mit zwanzig Jahren in einem jener Briefe an Oskar Pollak, die kaum je auskommen »ohne Schnörkel und Schleier und Warzen«, sondern geschliffen werden auf »Bedeutung und zierlichem Satzbau«, kurz, die sich dem Prager und Wiener Zeitgeist, dem Stil als Ornament, dem Manierismus als Verbergungskunst noch »halb traurig und halb froh« verschrieben haben.

Aus diesen literarischen Träumereien weckt Kafka nun die Lektüre von Hebbels Tagebüchern wie ein »Faustschlag auf einen Schädel weckt«, und emphatisch wünscht er sich Bücher, die wirken »wie ein Unglück«, »wie ein Selbstmord« oder eben wie eine das gefrorene Meer in uns spaltende Axt. Aber der Zwanzigjährige gesteht dem Freund im gleichen Atemzug traurig ein: »solche Bücher, die uns glücklich machen, könnten wir zur Not selber schreiben«. Womit vermutlich jene »Verbürgerlichung des Nichts« gemeint war, in der Kafka später seine ersten Schreibversuche oder doch Schreibwünsche enden sah.

Genau in diesem Kunstraum promenieren die frühen Briefe an Oskar Pollak und auch die ab 1904 sich anschließenden an Max Brod. Sie gehen zwar aus von einem Ideal schriftlicher Kommunikation – schreibend, in Briefen, so heißt es im ersten Brief an Pollak, würde man sich unmißverständlicher verständigen können als redend –, doch die Briefe selbst beschwören dann immer wieder, sicher auch als einen damals geläufigen Topos literarischen Weltschmerzes, das Unvermögen der Sprache. Nichts wisse er von den inneren Schmerzen des Freundes, so Kafka, nichts dieser von seinen auch unaussprechlichen, selbst wenn er sich vor dem Freund »niederwerfen« würde, um zu »weinen« und zu »erzählen«. Diese Inszenierungen von Fremdheit und Distanz durch eine gestisch vollzogene Selbsterniedrigung des Briefeschreibers und die dem Adressaten damit zugeschobene Erhabenheit und Souveränität, dieses Spiel zwischen Höhe und Tiefe wird sich durch die Briefe hinziehen bis zu den Unterwerfungsbildern für Milena, zu deren Füßen er schließlich als Waldtier im Dunkeln liegt.

Freund Pollak ist für Kafka »etwas wie ein Fenster . . ., durch das ich auf die Gassen sehen konnte«, genau wie in der ersten Erzählung der weltläufige Bekannte, wie dann im monumentalsten aller Briefwechsel die für ihn so unerreichbar lebenstüchtige Felice. Schon in diesen frühen Versuchen wird also das Gestenrepertoire des Großbriefstellers Kafka eingesetzt, doch spürbar ohne Druck und Not. Gerade vor Pollak wie zunächst auch vor Brod paradiert Kafka als ein Literat vor einem anderen. Seine Sprache wie die sprachbewegende Phantasie betreiben Maskenspiele. Sodaß es nicht erstaunt, wenn hier sowohl Erzählmethoden wie Erzählpartikel aus der damals wohl zum ersten Mal entworfenen »Beschreibung eines Kampfes« auftauchen.

Wie wenig Realität nötig ist, um seine realitätsflüchtige Phantasie zu entfesseln, führt Kafka dem Freund Pollak in einem einzigen, offenbar aus einer älteren literarischen Arbeit zitierten Satz vor: »Ich sehe einem Mädchen in die Augen und es war eine sehr lange Liebesgeschichte mit Donner und Küssen und Blitz.« Auch hier öffnet sich, wie in der Erzählstrategie der »Beschreibung«, Wirklichkeit als Schachtel, in der eine weitere Schachtel steckt, so daß ein Augenblick sich fortspinnen kann in eine unendliche Geschichte. »So wie ein Kind mit Bilderbüchern hinter einem verhängten Fenster«, fährt Kafka fort, so sitzt dieses vor der Außenwelt gemütlich geschützte Erzähl-Ich in seinen allmächtigen Einbildungen: »Manchmal erhascht es etwas von der Gasse durch eine Ritze und schon ist es wieder in seinen kostbaren Bilderbüchern.« Derart verpuppt aber wird man weder erwachsen noch ein Autor. »Wir schmücken uns in der inneren Hoffnung«, schreibt er an Brod, »daß der Schmuck unsere Natur werden wird.« Wäre diese Hoffnung erfüllt worden, so hätte Kafka schwerlich Kafka werden können. Seine Geschichte beginnt tatsächlich mit der Niederschrift von »Das Urteil«, als ihm über Nacht sich ein Text »in den Händen dreht«, um ins Unvorhergesehene, ja Unabsehbare zu entlaufen.

Genau dieses Risiko scheuen seine frühen Literatenbriefe an Literaten, diese sorgfältig stilisierten und vollkommen kontrollierten Schriftstücke, in denen der Partner offenbar als Spiegel das Bild der Selbstinszenierung auf den Regisseur und Schauspieler zurückwerfen soll. Auch Küsse und zärtliche Berührungen werden zwar für die Freunde aufgeschrieben, aber sobald diese schriftlichen Zeichen für Distanzüberwindung und Intimität auftauchen, wird erst recht deutlich, mit wie wenig Spannung die Distanz zwischen Absender und Empfänger dieser Briefe aufgeladen ist, wie entschlossen selbstzufrieden und unerotisch sie sind. Auch erotische Rhetorik ist hier so spielerisch disponibel wie alle anderen sprachlichen Mittel.

Das ändert sich sofort in der ersten uns überlieferten Serie von Briefen an eine junge Frau, den Klage- und Lockschreiben an Hedwig Weiler. Gleich die erste Epistel vom 29. August 1907 versucht, auch Schreibmaterial und Schreibvorgang erotisch zu inszenieren. Feder, Daumen und Zeigefinger, wie später dann auch die Buchstaben, die Tinte, der »in Dich verliebte Bleistift«, alles wird hineingezogen in ein literarisches Balzspiel, in die erotische Schreibaktion. Denn als Aktionen sind diese Briefe angelegt, sie möchten den Schriftdialog für zwei Stimmen als Handlung, als Drama für zwei Personen in Bewegung setzen. Für den Briefschreiber war das sicher, auch als er später Felice Bauer und gegen Ende noch einmal Milena Jesenská in seinen Briefverkehr hineinverführte, zunächst immer ein Spiel mit offenem Ausgang, selbst wenn uns heute das Ende jeweils derart vorhersehbar scheint, daß es wie eingeplant wirkt.

»Müde« bekennt sich der Schreiber gleich im ersten Brief an die ferne »Liebe«, müde und »ein wenig krank«, aber doch gierig nach Kontakt: »Der Tisch preßt sich fast verliebt an das Papier, die Feder liegt in der Senkung zwischen Daumen und Zeigefinger, wie ein bereitwilliges Kind . . .« Mit dem Körper, in dem er sich zeitlebens so unsicher fühlte, sich auszudehnen in Schreibgerät und Schrift, so daß der Brief die Empfängerin dann ansieht mit Augen statt Buchstaben oder sich mit Händen nach ihr ausstreckt wie während des Schreibens der Bleistift, die Feder, der Daumen und Zeigefinger – und so phallisch diese Glieder und Geräte sind, so zärtlich ist die Hand –, derart wollüstige Vorstellungen, die doch nur in der sicheren Schreibdistanz möglich sind, beschert sich Kafka immer wieder. Ein Gestenrepertoire, das dann für Felice und Milena mit gesteigerter Passion (aber vielleicht auch mit mehr Geläufigkeit und Routine) ausgespielt wird, beginnt hier zu entstehen, die Gesten, aber auch die Rollen. Denn auch das verkündet der Briefschreiber gleich zu Anfang: diese Hedwig wird die Rolle des »Erbarmens« spielen müssen, »mein Anteil ist die Furcht«. Was für ein nur halb noch gehemmtes und verschleiertes Bild, wenn der Müde, ein wenig Kranke, Furchtsame seiner »Liebsten« drei Briefe später schreibt: »könnte ich Dir ganz nahe sein und meinen Hals an Deinen Hals legen«. Hals an Hals – diese unmögliche und unbequeme Lage ist kaum vorzustellen ohne die Vermutung, damit sollte weniger die Berührung von Mund auf Mund als ein Kontakt zwischen Lippen, Zähnen und Hals, ein Zärtlichkeitsausbruch ins Vampirische vermieden und doch angedeutet werden. Josef K. im »Prozeß« wird sich dann an Fräulein Bürstners Gurgel wagen.

Aber diese Hedwig Weiler scheint kein Kraft- und Opfertier, kein Blutspender gewesen zu sein wie das Felice war, mindestens in den Augen und Instinkten Kafkas. Gerade deshalb oder trotzdem plant er Treffen mit ihr, ja sogar ein Wohnen in der gleichen Stadt, in Wien oder Prag, diesmal noch mit offenbar aufrichtiger Unbefangenheit. Ein Wort wie »Komm« am Briefende und das gleich mehrfach würde er sich an Felice so einschränkungslos, zart und nackt nicht mehr zu schreiben getrauen. Und doch läßt sich dieser Briefwechsel nur über ein paar Monate am Leben erhalten, dann beginnt er zu erlahmen, zu verlöschen. Die letzten Schreiben aus den Jahren 1908 und 1909 atmen schon die gleiche Trostlosigkeit, in der auch die Briefwechsel mit Felice und Milena sich erschöpfen und verenden werden.

Angekündigt hat sich dieses Ende allerdings schon früh in Bildern, in denen nicht Nähe und Begehren, sondern Fremdheit und Ratlosigkeit zur Sprache kommen. Gleich der erste Brief endet mit der Einsicht, daß schreibend niemand niemandem begegnet: »es ist wie ein Plätschern am Ufer, zweier durch einen See Getrennter«. Dann erlischt die traurig hübsche Metapher und gibt den Blick frei auf eine ernüchternde Realität: »es ist kühl und ich muß in mein leeres Bett«. Später möchte er, wieder einmal »müde«, in ihren Brief hinein verschwinden, »wie einer von den Feldwegen müde ist und jetzt in die Wälder kommt«. Weg aus der Welt, ins schützende Dunkel, wo er sich zwar »verirrt«, wie er gleich hinzufügt, »aber ich bin deshalb nicht ängstlich«. Als hätte er, die Augen fest geschlossen, den Kopf geborgen in einem Schoß –, eine Lieblingsgeste noch in den Briefen an Felice und Milena. Aber die Wälder, der Schoß waren und bleiben immer Metaphern in Briefen, Liebes-Rhetorik aus sicherer Distanz.

Als er die Augen in den letzten Briefen an Hedwig Weiler wieder öffnet, sieht er trostlos klar in eine Richtung, die wir heute retrospektiv als seine Zukunft wiedererkennen. Zunächst nennt er seine auf die Moldau zulaufende Niklasstraße eine »Anlaufstraße für Selbstmörder«, und das wird sie für den zu Brücke und Fluß stürmenden Georg Bendemann tatsächlich werden. »Aber das ist alles nur Spaß«, schreibt Kafka der Freundin, »denn es wird immer schöner bleiben, über die Brücke auf das Belvedere zu gehn, als durch den Fluß in den Himmel.« Ein Jahr später, im April 1909, in seinem letzten erhaltenen Brief an das nun schon wieder »Liebe Fräulein«, entwirft er aber ganz ohne Spaß ein Szenario wie in »Unglücklichsein«, dem letzten Stück der »Betrachtung«. »Von Unglück schwarz durch und durch«, hockt da einer allein und winterlich in seinen vier Wänden »bedingungslos« am Tisch, bis er »doch aufstand, schreien mußte und als Signal zum Wegfliegen stehend noch die Arme hob«. So werfen später geschriebene Texte ihr Licht oder ihre Schatten zurück auf das Ende dieses viel zu rasch erlöschenden Briefwechsels, in dem sich eine Liebe verkörpern wollte in Schrift, um sich schließlich aufzulösen: in Literatur. Kafka wird ein heftigeres Brieffeuer entzünden müssen, um sich in sein »Urteil« zu treiben und mit ihm ganz ohne Spaß »durch den Fluß« und vielleicht sogar »in den Himmel«.

Die traumwandlerische Energie und Zielsicherheit, mit der Kafka sich endlich 1912 in seinen Schreibprozeß »gegen« Felice Bauer hineinwirft, verschlägt dem Leser und Zuschauer immer wieder den Atem. In diesem Jahr will und muß etwas im Leben und Schreiben Kafkas in Bewegung kommen. Die letzten Stücke für das Bändchen »Betrachtung« sind abgeschlossen, ein erster Anlauf zum »Amerika«-Roman ist offenbar im Sommer zwar stecken geblieben, doch die über Jahre sich hinschleppende Hemmung, ja Lähmung des Schreibens scheint überwunden. Was noch fehlt, wäre: ein Schub. Im Tagebuch häufen sich die befremdet, scheu, aber auch gierig notierten Frauenbilder.

Wie unwillkürlich bereitet sich oder bereitet er eine klassische Lage für die Kristallisation von Liebe, mit oder ohne Anführungszeichen. Zunächst sollte Anfang Juli die Tochter des Kustoden im Weimarer Goethe-Haus in den Bann gezogen werden. Die Reisenotizen, durch die Kafka dieses halbwüchsige Wesen hindurchhuschen läßt, immer reizend, nie faßbar, verraten eine hilflose Hingerissenheit. Er wirft auch seinen Köder aus, schreibt Postkarten und erhält sogar Antworten, die allerdings so niederschmetternd formell ausfallen, daß Kafka halb höhnisch, halb zärtlich gegenüber Brod kommentiert, die Schreiben dieser Margarethe Kirchner kämen »mindestens aus einem unteren Himmel der deutschen Sprache«, sie wären »von Anfang bis zu Ende Literatur«. Die Begründung für diesen Befund klingt noch erstaunlicher als dieser selbst: er wäre dem Mädchen »doch gleichgültig wie ein Topf«, dennoch schriebe sie ihm brav, wie er es wünsche. »Wenn es wahr wäre, daß man Mädchen mit der Schrift binden kann?« Mit Felice Bauer wird dann die Probe auf dieses Exempel gelingen, die mit Hedwig Weiler so schnell versagte und mit der Weimarerin gar nicht anlaufen wollte.

Als er sie am 13. August in der elterlichen Wohnung von Max Brod trifft, gerät Felice sofort in ein dreifach bedeutungsvoll aufgeladenes Kraftfeld: Kafka ordnet mit dem Freund gerade die Texte für seine erste Buchveröffentlichung, dann breitet er vor ihr die Postkarten aus Weimar aus, Souvenirs also auch seiner letzten Verliebtheit, und läßt sich schließlich von der eben erst Kennengelernten mit Handschlag eine gemeinsame Reise nach Palästina versprechen. Ob die Magie funktionieren wird, ob man dieses »Mädchen mit der Schrift binden kann«, möglichst dreifach, nämlich an das eigene Wiederschreibenkönnen, an ein Sieliebendürfen, an eine gemeinsame Zukunft, in einem möglichst unerreichbaren, doch Gelobten Land?

Weder nacherzählen noch zusammenfassen läßt sich die ohnehin weltbekannte, auf über siebenhundert Briefseiten dokumentierte Geschichte dieses Schreib- und Liebesversuchs. Was hier interessiert, sind nur seine Methoden und Mittel, wie unbewußt auch immer sie eingesetzt sein mögen, und damit wieder und noch immer die Frage, was dieses Schreibwerk definieren könnte als Literatur – und als solche wollte Kafka ja sogar die konventionell zurechtgestanzten Briefe des Weimarer Fräuleins lesen –, oder inwiefern diese Briefe sich doch abgrenzen ließen gegen Literatur. Deleuze und Guattari haben diese Alternative sehr unbedenklich entschieden durch ihre bloße Nicht-Anerkennung: wenn Kafkas Werk wirklich nur »Ausdrucksmaschine« und eben nicht auch eine Darstellungsmaschine sein soll, dann lassen sich Leben und Schreiben derart ineins setzen, daß auch die Briefe als »Maschine« und Schreibaktion den werkhaft isolierten Texten gleichgeordnet werden können. Obwohl doch auch Deleuze und Guattari den experimentierenden und den vampirischen Charakter gerade der Briefe an Felice betonen, in denen ihr Autor nämlich einmal die Aufspaltung in ein Schreib- und ein Aussagesubjekt probt und zum andern sich von der Adressatin Kraft, »Blut« holt. Wären aber dann Briefe nicht doch wieder nur Vorspiel, Probelauf, Proviantaufnahme, lauter Vorbereitungen für das »wahre« Schreiben? Kafka kann es kaum anders gesehen haben, möglicherweise verblendet.

Eröffnet wird dieser jahrelange Briefkampf um Felice, um Nähe durch Ferne, mit einem Schreiben, das Kafka in über Tage sich hinziehenden Überlegungen ausgearbeitet haben muß, in dem also das Schreiben geronnen ist zu einem formvollendet verkrampften, alle Verlegenheit in Eleganz und Munterkeit übersetzenden Schriftstück. Hergestellt wird das Dokument, wie um seine Künstlichkeit zu unterstreichen, mit der Schreibmaschine, die praktischerweise auch eine Kopie abwirft. Kafka schreibt also, wie er munter mitteilt, diesmal mit den »Fingerspitzen«. Das klingt ungleich zarter, dezenter als der liebestolle Schreibtisch und das phallische Ensemble von Feder, Daumen, Zeigefinger im ersten Brief an Hedwig Weiler. Aber die kühl elegante Eröffnung verbirgt nicht nur, daß sich bald ein unerschöpflicher Sprachlavastrom von Prag nach Berlin in Bewegung setzen wird, sondern beginnt auch schon das bald entfesselte Wahrheitsspiel mit seiner Dialektik von Sichenthüllen und Sichverbergen, Aufdringlichkeit und Abstandhalten.

Die »Hand« allerdings, die gleiche, in die ihm Felice die Palästina-Reise versprochen hat, kommt tastenschlagend gleich im ersten Brief zum Vorschein, im zweiten wird er sie dann auf ihren eingetroffenen Antwortbrief legen und im dritten sich vorstellen, wie der Berliner Briefträger durch alle Zimmer ihrer Wohnung zu ihr vordringt, um »den Brief in Ihre Hand zu legen«. Diese Hände, seine oder ihre, werden immer wieder auftauchen, als einleuchtend zweideutige Zeichen für alles, was die Briefe so tröstlich vorspiegeln und, fast ebenso tröstlich, eben doch in ihrer Schriftlichkeit nicht erreichen: Körperlichkeit, Nähe, Vertrauen. Aus Sehnsucht danach und aus Angst vor deren möglicher Erfüllung wird nun jahrelang geschrieben.

Immer an den entscheidenden Peripetien des Briefwechsels werden die Hände ins Spiel gezogen. So, wenn er auf Felices Ja-Wort zum ersten Verlobungsvorschlag im Juni 1913 erschrocken schreibt: »Ich halte Dir, Felice, vorläufig die Hand vor den Mund und Du hast vorläufig das Wort nicht eigentlich, sondern nur in meine hohle Hand gesprochen.« So, wenn er seinen zweiten Werbebrief im Januar 1914 beendet mit dem Satz: »Und jetzt küsse ich noch die Hand, die den Brief fallen läßt.«

Werbung als Rückzug heißt die Strategie, und die übt Kafka an Felice von Anfang an. Schon am 19. November, als zunächst das schriftlich ausgesprochene »Du« der Anrede gefeiert wird: »Das ›Sie‹, das gleitet wie auf Schlittschuhen, in der Lücke zwischen zwei Briefen kann es verschwunden sein . . . das ›Du‹ aber, das steht doch, das bleibt wie Dein Brief da, der sich nicht rührt und von mir küssen läßt und wieder küssen. Was ist das für ein Wort! So lückenlos schließt nichts zwei Menschen aneinander, gar wenn sie nichts als Worte haben wie wir zwei.« Die Worte im Brief, sie rühren sich nicht, lassen sich unbeweglich küssen, das ist ihr Glück und ihr Unglück, aber ihre Hand, so legt er ihr zwei Absätze später nahe, sollte sie lieber eilig von ihm zurückziehen. Und er verweist zur Begründung auf seinen vorangegangenen Brief: »der war nicht geschrieben, der war – verzeih den Ausdruck – erbrochen . . .«

Was für ein Liebesbriefsteller, hingerissen sich wegreißend, anziehend sich abstoßend, nur um die Entfernung zwischen Prag und Berlin, um diesen Spielraum des Briefverkehrs mit Spannung, mit Drama aufzuladen. Eben hat er sich noch weniger Briefe, bitte rationiert auf einen pro Woche gewünscht, aber schon schreibt er selbst wieder Tag für Tag. Was ein Jahrzehnt vorher in einem Brief an Oskar Pollak noch ein kokettes Bild war: »Du weißt, ein Brief ist wie ein Leithammel, gleich zieht er zwanzig Schafbriefe nach« –, das ist nun Wirklichkeit geworden. Endlich können auch Briefe so geschrieben werden wie die Durchbruchsgeschichte »Das Urteil«, die Kafka zwei Tage nach dem ersten Felice-Brief in einer Nacht ja auch »erbrochen« hatte: »mit solcher vollständigen Öffnung des Leibes und der Seele«. Blickt man zurück auf die jähen Künstlichkeiten, den phantastischen Manierismus des Frühwerks, aber auch auf die zarten Sprachspiele der »Betrachtung«, dann rücken die Felice-Briefe der ersten Monate und die parallel mit ihnen niedergeschriebenen Prosaläufe in »Das Urteil«, »Die Verwandlung« und den ersten sechs Kapiteln des Amerika-Romans dicht zusammen als Dokumente einer unverhofft freigesetzten Lebens- und Schreibkraft. Gerade die Dialektik zwischen Nähe und Ferne, in die der Briefschreiber sich und die Angeschriebene, Angeliebte so meisterhaft und erbarmungslos entfesselt, verwickelt, dieses (scheinbar) unermüdlich lebendige, so widerspruchsgeladene, -süchtige, -verzweifelte Schreiben, buchstäblich Hände ausstreckend und wieder entziehend, diese Körperdramatik und diese Advokatenfinessen überträgt er als Erfahrung und als Können auch in seine Erzählungen. Folglich muß er alles darauf anlegen, die erschriebene Geliebte auch produktiv auf Abstand zu halten, als unendlich bewegliches, anbetbares Sprachbild und unveränderlich inspirierendes Idol. Jedes Zusammentreffen also und damit die Überführung der Kommunikation in mündliche Rede, in Blicke und nicht mehr nur buchstäbliche Berührungen ist zu vermeiden. Das »Komm« und »Komm«, mit dem er Hedwig Weiler fünf Jahre vorher so vertraulich gelockt hatte, wird Felice nicht hören.

Erst als der literarische Schreibstrom im ausgehenden Winter 1913 endgültig eintrocknet, sechs Monate also nach dem Beginn dieser heftigen Nähe-durch-Distanz-Konstruktion, wird ein erstes Treffen in Berlin gewagt. Der Ausgang zeigt, wie falsch, wie unproduktiv das war. Denn wie immer nach ihren Zusammenkünften, ob glücklich oder nicht, so zu Pfingsten im gleichen Jahr, so auch im Mai 1915 und im Sommer 1916, beginnt sich danach der Briefverkehr zunächst zu normalisieren, mit kürzeren Schreiben, ungebrochenen Zärtlichkeiten, nicht wiederrufenen Bekenntnissen, mit einem spontanen und wie unreflektierten Vertrauen in die Herstellung von Nähe und Vertraulichkeit durch Sprache. Das heißt aber: Kafka schreibt plötzlich wie ein normal wortseliger, wenn auch übermäßig wortgewandter Liebesbriefsteller. Soweit er also Literatur sein wollte und auch war, durfte er das Glück oder die Geliebte so nah an sich nicht heranlassen. Dann wären Sprache und Leben schließlich ineinander gefallen wie in der »Ich jause im Grünen«-Szene damals in »Beschreibung eines Kampfes«, sodaß vor lauter Selbstverständlichkeit nichts mehr zu sagen bliebe. Also kämpft Kafka wie besinnungslos, doch scharfsinnig einen unentscheidbaren Kampf weiter: er braucht diese in Briefen hochaufgerichtete Passion für sein Schreiben, doch er darf, um sich das Schreiben zu erhalten, diese Passion nicht aus den Briefen entkommen lassen ins Leben.

Ein auf Unendlichkeit angelegter Konflikt, und es kostet Kafka seine ganze, immer wieder staunenswerte Erfindungskraft und Zähigkeit, seine Maulwurfslust am Wühlen und Graben und Labyrinthisieren, um das Dilemma, das so bald erkannt und benannt ist, aus immer neuen Blickwinkeln und in immer neuen Sprachwinkelzügen wie etwas dauernd neu Entdecktes und wie etwas vielleicht doch noch Lösbares vorzuführen. In die Wirklichkeit sich hinaussehnen, aber in den Briefen bleiben mögen – »an Dich gedrückt und niemals Dich loslassend«, aber »mich mit allen Kräften von dir fern halten«/»Behalte mich lieb« und »Hasse mich!«/ »Ohne sie kann ich nicht leben und mit ihr auch nicht« –, alle diese immer neuen Verwandlungen des immer Gleichen streben, wie Elias

Canetti erkannt hat, zur Inbrunst der Litanei, an die auch Kafka vor allem Inhaltlichen gedacht haben könnte, als er vom »Schreiben als Form des Gebets« sprach.

Auch in einer unendlichen Litanei wäre man schließlich gerettet, in pure Wortmagie und damit heraus aus der Sprache mit allen ihren Konflikten zwischen Bezeichnung und Bezeichnetem, doch in die will ja Kafka gerade seinen Liebesbriefwechsel immer wieder treiben, wenn er seine Wahrheitsspiele mit ihren Paradoxen Nah-weil-fern, Weder-ohne-dich-noch-mit-dir, Liebe-und-Hasse-mich verstaltet. Am lebenden Objekt, an Franz wie an Felice, trainiert er in den Briefschriften also auch die unendliche advokatorische Beredsamkeit seiner Erzählungen, mit ruhelos wechselnden Blickwinkeln, obwohl doch immer nur sein eigener Blick aus allen diesen wechselnden Perspektiven auf eine immer gleich aussichtslose Lage fällt. Denn immer wieder wird er zwar auch Felices Position in seinen Worten simulieren, um so einen immer umfassenderen Überblick und die Unparteilichkeit eines Schiedsrichters zu erreichen, aber auch diese Übersicht sucht er kaum aus Rücksicht auf seine Briefpartnerin, sondern eher, um alle Argumente weiter ins Unendliche zu treiben. Da er außerdem mit mindestens zwei einander widersprechenden Kafkas rechnet und auch (in einem Brief an Grete Bloch) zwischen vier verschiedenen Felices unterscheidet, entsteht immer wieder ein so verwirrend sich verschiebendes Gesamtbild, daß der Verdacht nahe liegt, auf dieses nie zur Ruhe kommende Bild und seine kubistische Ausdrucksgewalt könnte alles mehr angelegt sein als auf endliche Klarheit.

In diesem durch unendliche Perspektiven wandernden Kafka-Blick ließe sich das irritierend Literarische, Erzählerische der Briefe am ehesten bestimmen. Was Jörgen Kobs in seinen aufwendigen Untersuchungen über Kafkas durchgehaltene Eigensinnigkeit des Erzählens trotz scheinbar lebhaftem Perspektivenwechsel herausgefunden hat und worin er einen Grund für Geschlossenheit, Dichte, aber auch die unendliche Bezweifelbarkeit der »Realität« in Kafkas Prosa sieht, das läßt sich auch an der Strategie des Briefschriftstellers wiedererkennen. Auch für sein Briefwerk gilt also, in den Worten von Kobs: »Je dichter das Netz der rationalen Erklärungen geknüpft ist, desto deutlicher treten die Leerstellen hervor.«

Die Emphase aus Wirrnis und erhellenden Blitzschlägen, die in den ersten Monaten und etwas gedämpfter noch das erste Jahr der Briefe an Felice zeichnet, wird sich später in solcher Dichte nicht mehr herstellen.

Immer seltener, zögernder wird geschrieben und in den Zeiten der zweiten Annäherung vor dem zweiten Verlobungsversuch, also 1916, werden auch Ton und Inhalt der Briefe gefaßter, ja sonor: wieder entwickelt sich der Briefstil parallel zu der gegen Ende des Jahres neu anlaufenden erzählenden Prosa der »Landarzt«-Phase, in der Kafka sich zum ersten (und letzten) Mal als ein Klassiker sui generis stabilisiert.

In seinem ersten Abschiedsbrief an Felice vom 1. Oktober 1917 spricht Kafka dann wie durch die Maske eines Weltenrichters von seinem Wunsch, »die ganze Menschen- und Tiergemeinschaft zu überblicken, ihre grundlegenden Vorlieben, Wünsche, sittlichen Ideale zu erkennen, sie auf einfache Vorschriften zurückzuführen, daß ich durchaus allen wohlgefällig würde«, und setzt diesen Wunsch sogar in die gedankliche Klammer, so würde er zunächst einem »höchsten Gericht« entgehen, aber auch das »Menschengericht« schließlich »betrügen, aber ohne Betrug«. Sein Autor hat dieses eisig paradoxe Resümee ins Tagebuch übertragen und auch noch in einem Brief an Brod zitiert, den er um eine Meinung bittet zu diesem »blendenden Stück Selbsterkenntnis«. Seine Ausleger sind mit gewohnter Gier und Scharfsinnigkeit in dieses blendende Dunkel geflogen, Elias Canetti dagegen weigert sich in seiner großen Nacherzählung des Felice-Dramas, dieses Schlußwort auch nur zu zitieren, so sehr stößt ihn offenbar dessen selbstzufriedene literarische Souveränität ab. Nicht übersehen läßt sich freilich, wie gut diese Abschiedsgeste sich zusammenfügt mit den kurz danach entstehenden Gleichnissen »Die Wahrheit über Sancho Pansa«, »Das Schweigen der Sirenen« und vor allem »Prometheus«, in denen der Sinn überlieferter Geschichten so erbarmungslos zerstört wird, daß daraus nur noch geschlossen werden kann: ein nichts Verläßliches mehr vermittelndes Erzählen sollte lieber und könnte verstummen. Daran wird sich Franz Kafka nun über zwei Jahre lang halten. Zum Sturz in seine ihm wichtigste Geschichte hatte ihn die Begegnung mit Felice Bauer befreit, nun war er durch seinen Blutsturz Anfang August 1917 befreit worden von ihr und von weiteren Geschichten.

In das Bild dieses langen und entschlossenen Schweigens paßt auch, daß nur ein einziges Dokument aus ihm herausragt, jener »Brief an den Vater«, in dem Kafka zweierlei gelingt und sicher beides nolens et volens: er verwandelt einen Brief, obwohl er Schreibanlaß, Schreibzweck und Adressaten wie unbeirrbar im Auge behält, trotzdem in ein alle diese Relativitäten transzendierendes Stück Literatur, doch er bricht in dieser

Prosa auch den Bann des Themas, das sie zur Sprache bringt und das sein Schreiben seit jener »Das Urteil« herausstoßenden Nacht gefangen hielt und auch befreite, eben die Übermacht väterlicher Autorität. »Das Schloß«, genau wie die darum herum gelagerten Geschichten demonstrieren dann, gemessen an der unbarmherzig inszenierten Zwangsläufigkeit der frühen Urteils-, Verwandlungs-, Straf-, Prozeßphantasien, einen unverhofften Freiheitsgrad in Kafkas Schreiben und in der Beweglichkeit seiner Figuren. Auch die Briefe an Milena Jesenská, so beflissen sie wieder das alte Repertoire der souverän hilflosen Liebe einsetzen, die Angstblicke aus der Tiefe, die Sucht nach Erlösungsblicken aus der Höhe, die Taktiken werbender Warnung, das Kopf-in-den-Schoß- und das Hände-Spiel, den Briefwechsel als eine von Gespenstern auf dem Weg ausgetrunkene Flaschenpost –, diese Briefe vollziehen doch ein Drama, das nicht mehr unter der allmächtigen Aufsicht eines Vaterblicks deformiert wird. Unmittelbar einer Frau ausgesetzt, kann Kafka zwischen sich und diese Frau nichts mehr werfen als nur noch: sich selbst. Doch mit diesem Sprung in Kafkas letzte Jahre sind wir der Vorgeschichte des Durchbruchs von 1912, um die es hier immer noch geht, längst zu weit und zu hastig entkommen.

Frauen, Junggesellen,
Doppelgänger

Eine Szene gibt es in Kafkas erstem Erzählversuch »Beschreibung eines Kampfes« – und ich möchte behaupten: nur eine einzige –, die dadurch aus Manier und Manierismus dieser frühen Prosa herausfällt, daß in ihr mit Kafkas späterer, selbstverständlicher Meisterschaft Alltäglichkeit hinübergleitet in ein Traumgeschehen, und zwar so, daß beide, Alltags- wie Traumlogik nicht mehr zu funktionieren scheinen, obwohl sie doch sanft, unmerklich und wie selbstverständlich sich ineinander drehen. Ich meine den kurzen Auftritt des Stubenmädchens am Ende der Abendgesellschaft, von der zu Beginn erzählt wird:

> Ihr Hals war nackt und unter dem Kinn von einem schwarzen Samtband umbunden und ihr lose bekleideter Körper war gebeugt und dehnte sich immer wieder, als sie vor uns die Treppe hinunterstieg, die Lampe niederhaltend. Ihre Wangen waren gerötet, denn sie hatte Wein getrunken und in dem schwachen, das ganze Stiegenhaus erfüllenden Lichtschein zitterten ihr die Lippen.
>
> Unten an der Treppe stellte sie die Lampe nieder auf eine Stufe, ging einen Schritt auf meinen Bekannten zu und umarmte ihn und küßte ihn und blieb in der Umarmung. Erst als ich ihr ein Geldstück in die Hand legte, löste sie schläfrig ihre Arme von ihm, öffnete langsam das kleine Haustor und ließ uns in die Nacht.

Draußen auf der nächtlichen Straße wird der Bekannte nach langem schweigenden Nebeneinanderspazieren den Erzähler als erstes fragen: »Wer ist das Mädchen? Haben Sie sie früher schon gesehen? Nein? Ich auch nicht. War es überhaupt ein Stubenmädchen?« Auch wir, die Leser, könnten uns diese Fragen stellen. Auch wir haben ein solches Stubenmädchen bei Kafka früher noch nicht gesehen, und es wird lange dauern, bis wir in seinen Erzählungen einem körperlich so anwesenden und agierenden, einem so traumwandlerischen wie geträumten Mädchen wiederbegegnen werden. Gerade in »Beschreibung eines Kampfes« sind Frauen wie unsichtbar, treten nur auf als »Annerl« oder ein »Fräulein« oder ein »Mädchen«, ohne Gesicht und Körper, signalisiert höchstens durch ein Kleidungsstück, und sogar in der kleinen Schlüsselszene nur als zwei sommerlich schläfrige Stimmen, die der Mutter und jener Frau im

Grünen, die zum Balkon hinauf verkündet: »Ich jause so im Grünen.« Wenn der Briefschreiber Kafka dieses Sätzchen an Max Brod deutet als Zeichen der staunenswerten »Festigkeit, mit der die Menschen das Leben zu tragen wissen«, so sollten wir nicht aus den Augen verlieren: diese Menschen sind Frauen. Kafkas K.-Perspektive auf sie und die Welt dagegen ist eine männliche und wird es bleiben bis zu seiner letzten Erzählung von Josefine, der Sängerin.

Unsichtbar und rein funktional wird auch die Braut Betty in dem frühen Romanfragment eingesetzt, das immerhin »Hochzeitsvorbereitungen auf dem Lande« heißt, das aber abbricht, unmittelbar bevor das bis dahin nur in den Gedanken des Bräutigams sich bewegende Mädchen in Erscheinung treten müßte. Selbst Frieda Brandenfeld, die das Urteil über ihren Bräutigam Georg Bendemann doch erst heraufbeschwört (so wie die andere F. B., wie Felice Bauer diese Geschichte erst ausgelöst hat), erscheint nur als »Mädchen aus wohlhabender Familie«, spricht vier Sätzchen zum Bräutigam, den letzten immerhin »rasch atmend unter seinen Küssen«, und hat damit der Erzählung genügend gedient, aus der sie verschwindet.

Frauen also bewegen zwar die Junggesellenkunst Kafkas bis in sein dreißigstes Jahr, aber sie werden kaum angeschaut. »Die Verwandlung« dagegen, geschrieben nach »Das Urteil« und den ersten sechs (schon von weiblichen Figuren bestimmten) Kapiteln des Amerika-Romans, zieht endlich zwei Frauen, die Mutter und die Schwester des Käfermenschen, lebhaft in die Handlung, ins Bild, in Sprache und mit ihnen ein ganzes weibliches Repertoire von Sorge, Sensibilität und Jammern, Schluchzen und Weinen, jähen Stimmungsschwankungen, Ohnmachtsanfällen und trommelnden Fäusten.

Kaum eine Szene aber weist weiter in die Zukunft der Kafkaschen Frauenphantasien als der unscheinbare, doch demonstrative letzte Satz, in dem auf der gemeinsamen Straßenbahnfahrt ins Grüne die Tochter der von Käfer, Sohn und Bruder endlich erlösten Familie »als erste sich erhob und ihren jungen Körper dehnte«. Das Mädchen, an dem die Eltern vorher »fast unbewußt durch Blicke sich verständigend« die Entwicklung zur Frau erkennen, dehnt sich nun wie das Stubenmädchen auf der Treppe, wie ein Inbegriff der in sich selbstzufriedenen »Freude am Leben«, mit der zehn Jahre später ein Panther nach dem Tode des Hungerkünstlers dessen Käfig ausfüllen wird: »Ihm fehlte nichts.«

Dieses »Nichts fehlt ihnen« scheint tatsächlich die bündigste Formel für jene Mischung aus Staunen, Bewunderung und stummem Vorwurf, mit der Kafkas frühe Prosa Frauen zuhört, wie der Mutter und der jausenden Frau in der »Beschreibung«, oder sie anschaut, wie das Straßenbahn-Mädchen in dem Prosastück »Der Fahrgast«, dem ersten vollständig ausgeführten Frauenporträt Kafkas: »Sie erscheint mir so deutlich, als ob ich sie betastet hätte.« Deutlich nämlich wie ein Fahndungsfoto, das Kleidungsstücke, Haltung, Accessoires, Haut, Haar, Härchen erfaßt mit scheinbar vollkommen neutralisiertem, doch zugleich rätselhaft gespanntem Blick: »Ihr kleines Ohr liegt eng an, doch sehe ich, da ich nahe stehe, den ganzen Rücken der rechten Ohrmuschel und den Schatten an der Wurzel.« Aber der Fahrgast, Urheber dieses präzisen und befremdeten Starrens auf eine Fremde, der selbst keinerlei Sinn sieht in seinem Dasein auf der Welt, auf dieser Straßenbahn-Plattform, setzt das Frauenbild offenbar nur ein, um sich am Ende zu fragen: »Wieso kommt es, daß sie nicht über sich verwundert ist, daß sie den Mund geschlossen hält und nichts dergleichen sagt?« Unbedenklichkeit im Wortsinn, eine glückliche und dumpfe Abwesenheit also jeder Selbstreflexion oder auch nur Selbstwahrnehmung, ein subjektloses Jenseits von Glück und Unglück wird sanft und denunziativ in das Frauenbild eingezeichnet.

In die gleiche Richtung treibt Kafka auch die erstaunlich kalte Porträtskizze, die er eine Woche nach ihrer ersten Begegnung im Tagebuch von Felice Bauer entwirft und die einsetzt mit: »Knochiges leeres Gesicht, das seine Leere offen trug. Freier Hals. Überworfene Bluse.« Einen Satz später unterbricht er sich dann und schreckt zurück: »Ich enfremde mich ihr ein wenig dadurch, daß ich ihr so nahe an den Leib gehe.« Entfremdung durch Nähe? Aber Kafka, auch er ein Fahrgast, der eine Frau beschreibt »so deutlich, als ob ich sie betastet hätte«, stellt diese aufdringliche Nähe und diese Frau ja her als Text, und solche buchstäblichen Frauen und Weiblichkeitsstudien in Worten durchziehen sein Tagebuch gerade in den entscheidenden, den Durchbruch seiner ersten wichtigen Produktivitätsphase vorbereitenden Jahren 1911 und 1912. Ohne einen Blick auf sie läßt sich schwerlich verstehen, was seinem Schreiben vorher fehlte und was dann in den Frauenserien der Romane durchbrechen wird, zum ersten Mal in den amerikanischen Abenteuern Karl Roßmanns, die schließlich verenden in einem Fleischgebirge namens Brunelda, von der Reiner Stach schreibt: »Bruneldas Körper erscheint als monströses, von grellem Licht übergossenes unbeseeltes Objekt, von dessen partikularen Regungen wir in einem Ton Kenntnis erhalten, als handele es sich um die

Funktionsweise eines Apparates.« Wer hat sich hier wem entfremdet, eine Frau allem Menschlichen oder nicht vielmehr ihr Beobachter und Beschreiber dieser Frau?

Wie Fremdkörper (und das wortwörtlich genommen) erscheinen die Frauenbilder in den Tagebüchern des Junggesellen vor seinen Jahren mit Felice. Während er ringt um Reinheit, Schrift, Lebensordnung, Authentizität, trifft sein Blick immer wieder, wie der des Fahrgasts, auf den Widerstand eines in Haut und Kleidung aufreizend in sich abgeschlossenen, konsistenten und stumm selbstzufriedenen Frauenwesens:

Ein weicher, mehr breiter als hoher, von wolligem Stoff gedrückter Busen. Ein bis zum Mund breites, dann aber schnell sich verschmälerndes Gesicht. In einer glatten Frisur vernachlässigte natürliche Locken. Eifer und Ruhe in einem starken Körper. Die Erinnerung verstärkte sich, wie ich jetzt merke, auch daran, daß sie fest arbeitete (an ihrer Schreibmaschine flogen die Stäbchen – Oliviersystem – wie die Stricknadeln in alter Zeit) . . .

Dunkles fehlerloses mageres Gesicht. Gewölbte Nasenflügel. Seit jeher trägt sie jägerartige Hüte und Kleider. Auch dieser dunkelgrüne Abglanz auf dem Gesicht. Die Haarsträhnen, welche die Wangen entlanglaufen, scheinen sich mit frischen, entlang der Wangen wachsenden zu vereinigen, wie überhaupt der Schein einer leichten Behaarung über dem ganzen ins Dunkel gebeugten Gesichte liegt. Schwach auf die Sessellehne gestützte Spitzen der Ellenbogen.

Sie erinnert mich an Frau Bl., nur ihre Nase sieht in ihrer Länge, leichten Doppelbiegung und verhältnismäßigen Schmalheit wie die verdorbene Nase der Frau Bl. aus. Sonst aber hat sie im Gesicht eine äußerlich kaum begründete Schwärze, die nur von einem kräftigen Charakter durch die Haut getrieben sein kann. Breiter Rücken, weit vorgeschrittene Anlage zu dem schwellenden Frauenrücken; schwerer Körper, der dann in der gut geschnittenen Jacke dünn wird und für den nun noch diese schmale Jacke lose ist.

Sie kam mir besonders stark angezogen vor, nicht nur in ihre Kleider, sondern auch in das ganze Nebenzimmer, nur ihre geformte, nackte runde, starke dunkle Schulter, die ich im Bad gesehen hatte, kam gegen ihre Kleider auf. Einen Augenblick schien sie mir zu dampfen und das ganze Nebenzimmer mit ihren Dämpfen zu erfüllen. Dann stand sie im Mieder von aschgrauer Farbe, das unten so weit vom Körper abstand, daß man sich daraufsetzen und so gewissermaßen reiten konnte.

Ob eine arbeitende Kontoristin erfaßt wird, ob eine Magere bei einer literarischen Lesung, ob abends auf der Gasse »die in ihrem Herbstkostüm dicke warme R.« –, trotz verschiedener Modelle und Situationen also bleiben Strich und Blick dieser Frauenskizzen sich immer gleich. Auch das Gesicht wird immer nüchtern, Detail auf Detail registrierend, wie ein Körperteil behandelt, ohne also Ausdruck oder gar Beseelung hineinzusehen. Tastend wird durch eine genau wahrgenommene Kleidung vorgedrungen zum Volumen des Körpers, des Fleisches. Noch und gerade eine vollkommen Verhüllte erfüllt ein ganzes Zimmer mit den Dämpfen, den Ausdünstungen ihres verborgenen Leibes. Dann aber bricht, die Allüre kühler Beobachtung endgültig vergessend, immer wieder eine kaum noch zärtliche Aggression gegen dieses in sich verschlossene Weiberwesen durch. Auf ein abstehendes Mieder möchte man sich setzen, um darauf und damit fast auf der Frau zu reiten. Die Härte einer Nasenspitze möchte man durch Hinfassen prüfen oder die Hände fest in Wangen drücken, die vermutlich sehr lange brauchen werden, ehe sie unter dem Druck erröten. Planspiele einer glühenden, nur mühsam kühl gehaltenen Phantasie, der wir diese aufdringlichen und doch so distanzierten Skizzenblätter verdanken. Immer wieder zeigt sich der Schreiber »durch die Beobachtung fast betroffen, daß ich durch mein Nachdenken dem Mädchen fremder geblieben war, als wenn ich mit dem kleinen Finger ihren Rock gestreift hätte«. Äußerste Nähe im Text setzt voraus und produziert Entfremdung von der Realität. Weiblichkeit wird zur Schreibaufgabe, zum Versuch, dieses mystifizierte Ganz Andere sprachlich zu artikulieren und zu bearbeiten, es sich damit vom Leibe zu halten und doch (scheinbar) anzuverwandeln.

»Ach, Gott, ich wollte, daß Du nicht auf der Welt wärst, sondern ganz in mir«, schreibt der Liebesbriefsteller einmal an seine Felice, ein Topos vieler Liebesklagen, doch in Kafkas Fall scheint besonders unklar, ob diese unendlich angeschriebene und peinlich ferngehaltene Geliebte nicht von Anfang an »ganz in ihm« war, um nur in unermüdlichen Teilprojektionen nach außen geworfen zu werden. Andererseits könnte mit diesem »ganz in mir«, mit einer vollkommenen und endgültigen Sicheinverleibung und Anverwandlung jede Liebe enden, verinnerlicht, nur noch erinnert, nicht mehr beredet, stillgelegt.

Zweimal, so hat Kafka glaubwürdig behauptet, wäre er wirklich vertraut gewesen mit dem anderen Geschlecht, in den Sommerferien 1905 und 1906 mit einer Frau in Zuckmantel und dann während der ersten Krise mit Felice im Oktober 1913 mit einer achtzehnjährigen, dazu christlichen Schweizerin in Riva. So wenig derart freimütigen Geständnissen vorbehaltlos zu trauen sein mag, so auffällig ist eine gemeinsame Bedingung beider Verhältnisse: über sie hat der Redselige fast geschwiegen, sie bleiben im Dunkel. Nur im zweiten Fall, obwohl mit dem Mädchen in Riva ein Abbruch aller Kommunikation und vollkommenes Stillschweigen vereinbart war, hat er sich vollkommen daran nicht gehalten, sondern erst im Tagebuch und dann in einem Geständnis an Felice einen wenige Zeilen breiten Spalt geöffnet, durch den ein Lichtschimmer fällt auf diese so bald verklärten Tage. In einer bei Kafka unvermuteten Süße und Sentimentalität taucht in seinen knappen Riva-Reminiszenzen sogar ein Liebestod-Motiv auf: »Von ihr angelächelt werden im Boot. Das war das Allerschönste. Immer nur das Verlangen, zu sterben und das Sich-noch-Halten, das allein ist Liebe.«

»Alles wehrt sich gegen das Aufgeschriebenwerden«, sagt der Tagebuchschreiber, dessen Erinnerung an Riva so merkwürdig blockiert ist. »Wüßte ich, daß darin ihr Gebot wirkt, nichts über sie zu sagen (ich habe es streng, fast ohne Mühe eingehalten), dann wäre ich zufrieden, aber es ist nichts als Unfähigkeit.« Ein klassischer Fall offenbar von Verneinung im Freudschen Sinn: gerade die abgewehrte Erklärung dürfte die lästig richtige sein. Ach, Gott, wären sie doch alle nicht auf der Welt, sondern ganz in ihm –, dann ließe das Frauenproblem sich lösen durch Auflösung der Frauen.

Aber sie bleiben, als Widerstände im Leben und für das Schreiben, Widerstände und Gegenstände. In den Frauenskizzen des Tagebuchs lassen sich auch, wie später in den Frauenserien der Romane, die von Kafka bevorzugten Typisierungen und Differenzierungen erkennen, meist in Mischverhältnissen. Unterschieden werden zwar Frauen und Mädchen, die Mütterlichen, die Hurenhaften, die Arbeitstiere und die Verhärmten, doch sie prägen sich nie ganz eindeutig aus in diesen Wortporträts, die zwar entschlossen die Physiognomien vereinfachen, aber doch nicht auf eine feste Bedeutung festschreiben, sondern schimmernd und spannungsvoll halten.

Geschrieben wird das schließlich alles, wenn auch mit bemühter und rigoroser Klarheit, im Zwielicht zwischen Gehemmtheit und Enthemmung. »Ich kann mit Frauen reden«, hatte der Zwanzigjährige als eine der Errungenschaften des vergangenen Sommers dem Freund Pollak verkündet, dem er wenig später auch mitteilt: »Ich habe die Vermutung, daß die Mädchen uns oben halten, weil sie so leicht sind . . .« Aber noch acht Jahre später fällt ihm das Reden mit ihnen schwer, außer in Gegenwart älterer Personen: »Die von ihnen ausgehende leichte Störung belebt mir das Gespräch, die Forderungen an mich scheinen mir gleich herabgestimmt . . .« Was ihm eine »freie Aussprache« so peinlich schwer macht, ist auch ihm klar: »unbewußt das Vorhandensein sexueller Wünsche« oder aber »ihr bewußter Mangel«. Noch zehn Jahre später, nach der knapp überstandenen Katastrophe mit Milena, wird er Max Brod gestehen, »daß der Körper jedes zweiten Mädchens mich lockte«. Nur ausgerechnet Milena und Felice schienen nicht zu locken, denn seiner »Würde wegen«, seines »Hochmuts wegen« könnte er »nur das lieben, was ich so hoch über mich stellen kann, daß es mir unerreichbar ist«. Ein Kafkasches Minne-Paradox, aber auflösbar: von so hochgestellten Frauen, vor denen er sich aus »Würde«, aus »Hochmut« erniedrigt, kann er nicht mehr hinabgezogen werden in den »Schmutz« sexueller Intimität.

Seine Hemmung gegenüber den kaum ansprechbaren Mädchen entlastet sich und schweift aus in Tagebuchnotizen, in Tagträumen des Begehrens, knapp anskizziert als Geschichten, aber immer wieder jäh, erschrocken abbrechend, als wären sie in flagranti erwischt worden. Harmlose Phantasien, wenn ihr Autor nur einem am Haustor vorübergehenden Mädchen am Schürzenband, an der Jacke zupft oder ihr zärtlich und doch schon aggressiv mit den Anstandsregeln brechend über die Schulter streicht. Verräterischer, wenn ein Erzählversuch unvermittelt einsetzt mit einer Vergewaltigungsszene, acht Zeilen lang und dann der Satz: »Später mußte er mit hohlen Händen Wasser aus dem Fluß holen und über das Gesicht des Mädchens schütten, nur um sie zum Leben zu bringen.« Nur bei diesem Satz, gesteht der gleich abbrechende Erzähler, wäre er beteiligt gewesen, »vor allem beim ›schütten‹«, und wir dürfen ahnen, warum. Zu deutlich hat er immer wieder den Schreibakt als »Ergießung« metaphorisch beim Namen genannt.

Soweit den Tagebüchern zu trauen ist, war in diesen Jahren vor Felice und »Das Urteil« ein fast vertraulicher, ein nahezu zärtlicher Umgang nur mit zwei Schauspielerinnen des jiddischen Theaters möglich, im

Schreiben wenigstens, kaum in der Realität. Frau Klug, sechsundzwanzig und seit zehn Jahren verheiratet, und Frau Tschissik, schon dreißig, Mutter von zwei Kindern, wollen und müssen zunächst als Schauspielerinnen beobachtet und genossen werden, auf der Bühne, aus sicherem Abstand, doch sie dürfen und müssen auch geachtet und bewundert werden als biedere, gutmütige, sorgfältige Hausfrauen. Kafkas Texte erstarren angesichts dieser beiden Frauen nicht mehr wie überscharfe Fotografien, schlagen auch nicht wie der ertappte Voyeur plötzlich die Augen nieder, sie geraten in Bewegung, vorsichtig, zudringlich und schwärmerisch. Von »Liebe« ist sogar die Rede, und Verliebtheit ist sicher gemeint. Selbst die Komödie seiner Schüchternheit verdüstert sich diesmal nicht, und die Manöver des Flirts bleiben spielerisch. Uns will dieser Kafka ganz ohne Verzweiflungsaura allzu harmlos vorkommen, zu verwechselbar mit einem durchschnittlich verliebten Theater-Gymnasiasten. Auch und gerade wenn er einmal schmerzlich und zynisch seufzt, kein Blumenstrauß könnte seine Liebe zu Frau Tschissik »befriedigen«, denn: »Es ist nur durch Literatur und durch den Beischlaf möglich.«

Zu letzterem ist es sicher nicht gekommen, aber auch literarisch sind diese Tagebuchpassagen auffallend sanft und schwach, wie gehemmt. Die lockere Wärme dieser Notizen über die Frauen des jiddischen Theaters löst jene Fremdheit und Strenge auf, die Kafkas Texte und ihre Leser erst in Spannung setzen. Mit anderen Worten: Nichts droht hier. Außer eben die Einsicht in die freundliche Unverbindlichkeit und Aussichtslosigkeit dieser erotisch getönten Bewunderungen, deren Autor wohl weiß, »daß meine Liebe sie (Frau T.) eigentlich nicht erfaßt hatte, sondern sie nur, bald näher, bald weiter, umflog«. Ein Schmetterling, den es zwar ins Rampenlicht zieht, der den Sicherheitsabstand zur Lichtquelle aber flatternd einhält.

So verleiten Frau Klug und Frau Tschissik und die an seiner Neigung zu ihnen arbeitenden Texte zu der Vermutung, daß sie als Schauspielerinnen wie als Mutterfiguren sich Kafka vom Leibe hielten, auf der Bühne zwar schamlos in weiblicher Selbstdarstellung – und er versucht kühl und hingerissen, jede Hüftwendung, jede in die Luft fahrende Faust zu verwandeln in Sprache –, dann im Alltagsgespräch aber wieder zurücksinkend ins Biedere, Bürgerliche, Familiäre. Unerreichbar, unberührbar in beiden Rollen. Hätte Kafka nur den Frieden mit dem anderen Geschlecht gesucht, hier wäre er zu finden gewesen. In diesen beiden Frauen scheinen für ihn die Leitbilder Schwester, Mutter, Hetäre, drei treibende

Männerphantasien über Frauen, wie harmonisch ineinander aufzugehen. Was allerdings fehlt: die Störung, die Dissonanz, aus der heraus und auf die zu Kafka schreiben mußte und auch wollte.

Im verzweifelten Juni 1914, zwischen der ersten Verlobung mit Felice (»gebunden wie ein Verbrecher«) und der ersten Entlobung (»teuflisch in aller Unschuld«), halluziniert er eine Erscheinung des Weiblichen ins Tagebuch, aus der die wahre und unbeschwichtigte Gewalt seines Frauenbildes spricht. Ein Sphinxwesen überrascht einen Heimkehrenden im Halbdunkel seines Zimmers:

> Gelblich glänzende Augen blickten mich an, unter dem unkenntlichen Gesicht lagen zu beiden Seiten große runde Frauenbrüste auf dem Gesimse des Ofens auf, das ganze Wesen schien nur aus aufgehäuftem weichem weißen Fleisch zu bestehn, ein langer gelblicher Schwanz hing am Ofen herab, sein Ende strich fortwährend zwischen den Ritzen der Kacheln hin und her.

Auf dieses Bild einer ins Raubtier- und Sphinxhafte mystifizierten Weiblichkeit folgt zwei Wochen später als Gegenerscheinung der durch die langsam durchsichtig werdende, dann aufbrechende Zimmerdecke herniederfahrende Engel, »eine Erscheinung, die mich befreien sollte«:

> Noch aus großer Höhe, ich hatte sie schlecht eingeschätzt, senkte sich im Halbdunkel langsam ein Engel in bläulich violetten Tüchern, umwickelt mit goldenen Schnüren, auf großen, weißen, seidig glänzenden Flügeln, das Schwert im erhobenen Arm waagrecht ausgestreckt. ›Also ein Engel!‹ dachte ich, ›den ganzen Tag fliegt er auf mich zu, und ich in meinem Unglauben wußte es nicht. Jetzt wird er zu mir sprechen.‹

Daß dieser Engel keineswegs sprechen wird, darauf ist bei Kafka Verlaß. Im nächsten Satz schon hat sich die Himmelserscheinung verwandelt in eine hölzerne Galionsfigur, in deren Schwertknauf der Heimgesuchte, schnell ernüchtert, eine Kerze steckt und entzündet: »und saß dann noch bis in die Nacht hinein unter dem schwachen Licht des Engels«. Eines entzauberten Engels.

Viel Schrecken, Angst, Fremdheit und Gier, in diffuser Mischung sich gegenseitig aufladend, hat Kafka in seine Frauennotizen hineingeschrieben, dazu einige Hoffnung und Herrlichkeit, doch immer spürt man durch alle Dissonanzen hindurch als Grundmotiv die Gewißheit, daß dieses andere Geschlecht über eine undeutliche Macht, ja Übermacht verfügt. Dieses Ewig-Weibliche allerdings, das werden Karl Roßmann und die beiden K.-Figuren erfahren, zieht hinab. Womit Kafka seinen Bildungsromanen auch jene freundliche Verheißung entzieht, die von Wilhelm Meister bis zu Felix Krull als erfüllbare erzählt worden ist und an die auch Kafkas Protagonisten noch voller Eifer glauben möchten. »Die Frauen haben eine große Macht«, sagt der mißtrauische Josef K. »Wenn ich einige Frauen, die ich kenne, dazu bewegen könnte, gemeinschaftlich für mich zu arbeiten, müßte ich durchdringen.« Wozu Heinz Politzer sarkastisch angemerkt hat: »Kafkas Junggeselle ist ein Don Juan der Hilflosigkeit.«

Der knappe Satz erklärt mit einem Schlag auch das Ruhelose, das Zappelnde der Kafkaschen Junggesellenfiguren von Anfang an, ihre Hast, ihre Beweglichkeit in Gesten und Gedanken, die sie in einen programmatischen Kontrast setzt zu der körperlichen Ruhe, der kompakten Fleischlichkeit, in die Kafkas Tagebuchskizzen die Frauen immer wieder hineinmodellieren. Seine männlichen Protagonisten wirken – ausgenommen der junge Roßmann – merkwürdig fleischlos, so sehr sind sie nur auf Blick, Gedanke, Geste reduziert. Schrecklich mögen die gegen übermächtige Apparate ankämpfenden, ankichernden, anzuckenden Strichmännchen sein, die Kafka postum in unzähligen Zeichentrickfilmen inspiriert hat, doch gerade sie nehmen Kafkas K.-Figuren beim Wort, beziehungsweise beim Buchstaben. Nicht einmal die Fülle eines Namens hat ihr Urheber diesen Chiffrewesen gegönnt. Kafkas Junggeselle ist nur noch ein buchstäblicher Held.

Auch Kafkas Zeichnungen entwerfen ja unermüdlich, wie im Bann seiner eigenen hageren Figur, immer nur Strichmännchen, krakenartig steif, kranichhaft beweglich, ausdrucksvolle gestische Apparate, doch fleischlos. Der Beter in der Jugenderzählung, mit seinen »stoßartigen«, ekstatischen, obszönen Bewegungen vor Altar und Weihwasserbecken, ließe sich als derartig expressives Strichmännchen ohne Verlust nachzeichnen. In einer späteren Szene wird ihn ein vorwitziges Fräulein als Papiermenschen denunzieren, wieder buchstäblich: »Sie sind in Ihrer ganzen Länge nach aus Seidenpapier herausgeschnitten, aus gelbem Seidenpapier, so silhouettenartig und wenn Sie gehn, so muß man Sie knittern hören.« Eine neue Formel und Metapher für den Junggesellen:

durchsichtig und doch silhouettenartig, mit Bewegungen, die man nur noch knittern hört. So jedenfalls sieht ihn – eine Frau.

Kein Wunder, daß Kafkas Junggesellenfigur, abgespalten von der Gesellschaft, sich auch selbst als spaltbar erweist, daß sie fortwährend Doppelgänger aus sich heraustreibt, um einen inneren Konflikt auszuagieren. So kunstvoll der junge Kafka diesen auch variiert, immer scheint ein Grundmuster durch: der Dialog oder Kampf zwischen einem regressionsbedürftigen und einem zerstreuungswilligen, ja zerstreuungslustigen Ich. Als der »schamhafte Lange und der Unredliche in seinem Herzen« tauchen sie schon in einem Brief des Neunzehnjährigen an Oskar Pollak auf, setzen ihre Spiegelfechtereien fort in »Beschreibung eines Kampfes«, zeigen ihr Doppelgesicht dann in der »Betrachtung« und programmatisch in einem immer neu begonnenen Du-und-Ich-Gespräch des Tagebuchs von 1910, bis schließlich in der Geschichte vom »Urteil« der Konflikt zum ersten Mal in eine tödliche Entscheidung getrieben wird, wobei überraschenderweise der Schwächere, der Junggeselle also gewinnt.

Zwei dramaturgische Modelle hat Kafka mit Vorliebe zur Inszenierung seiner frühen Doppelgängerdialoge eingesetzt: die Heimsuchung, die den Junggesellen in seiner Höhle versucht mit den Lockungen der Welt, und die Begegnung zwischen Einsiedler- und Gesellschafts-Ich auf der Schwelle zu einer Abendgesellschaft. In dieser paradigmatischen Situation war noch die zweite Fassung von »Beschreibung eines Kampfes« stehen geblieben, in einem Dialog, dessen zarte Lakonik und vielsagende Bedeutungslosigkeit schon auf Beckett vorausweisen:

Vor dem Haus, in das ich geladen war, blieb ich mit ihm stehn.
»Also adieu«, sagte ich.
»Hier ist es also?«
»Ja, hier.«
»Es war nicht weit.«
»Ich sagte es ja.«

In dieser Schrumpfsprache der Alltäglichkeit kann Kafka seine Geschichte offensichtlich nicht mehr weitererzählen. Das Ende eines über Jahre betriebenen Erzählunternehmens verklingt tonlos, noch unscheinbarer, als es einsetzte. Doch das Gespräch des gespaltenen Ich wird Kafka nicht aufgeben.

Als er auf den ersten Seiten seines Tagebuchs, also im Sommer oder Herbst 1910, einen dieser Doppelgänger-Dialoge zwischen einem Du und einem Ich entwirft, hat sich die Blickrichtung auffallend verkehrt: anders als in dem frühen Brief an Pollak und im Einsatz zu »Beschreibung eines Kampfes« spricht nun die dem Erzähler scheinbar nähere, die Ich-Figur die Rolle des Gesellschaftsmenschen. Diese Person will aus der nächtlichen Gasse »hinauf« in die Gesellschaft, hinter die leuchtenden Fenster eines Ballsaals, durch das Spalier der Diener, in den festlichen Dunst der Menschen und sicher auch der Mädchen und Frauen. Oder sagen wir besser: sie meint hinauf zu wollen. Denn der Erzählende könnte ja gehen, wäre er nur frei. Doch der Blick auf den Anderen, auf das Du vor ihm, auf die von ihm vertretene Alternative des Junggesellen hält ihn fest. So wie später Georg Bendemann der Blick auf den fernen Freund in Rußland und auf den mit ihm heimlich verbündeten Vater davon abhält, das bürgerlich Vernünftige zu tun, zu heiraten, endgültig die Macht in Geschäft und Familie zu übernehmen, selbst ein Vater, Chef und Patriarch zu werden.

Die Blickrichtung, den Schwerpunkt hat Kafka in diesem Tagebuchdialog zwar gewechselt, aber der Text kann sein damit aufgegebenes Programm offensichtlich nicht einhalten. Was als Dialog angelegt war, wird zur Reflexion, ja zum Monolog. Fast nicht mehr unterbrochen durch die Gegenstimme, spricht schließlich nur noch die Ich-Figur, aber Gegenstand ihres süchtigen Nachdenkens ist immer nur ihr Gegenüber und alter ego, der »Junggeselle mit seinen dünnen Kleidern, seiner Betkunst, seinen ausdauernden Beinen, seiner gefürchteten Mietswohnung, seinem sonstigen gestückelten ... Wesen ...« Ein offenbar unwiderstehlicher Sog geht aus von dieser Lebensmöglichkeit beziehungsweise Lebensunmöglichkeit, eine Lust am Untergang in der reinen ersten Person Singularis ergreift Rede und Redenden, so daß schließlich jeder Blick auf die eigene Lebensalternative, hinauf zu den erleuchteten Fenstern, auf Gesellschaft und Geselligkeit verloren geht und das Prosastück damit sein Thema sowohl wie dessen dialogische Darstellung vergißt. Mit Wucht scheint Kafka das alte Geschichtenmodell der Versuchung, in der ein Teufel verführt mit der Welt, hier auf den Kopf zu stellen: er spielt sich die Verlockungen der Einsiedelei, des Lebensverzichts, ja des Untergangs so wollüstig vor, daß sein Text schließlich eine Ode der Negativität wird, Lobpreis des Mangels.

Aber dann fällt auch der schon überdeutlich monumentale Satz über den Junggesellen: »der Mann steht nun einmal außerhalb unseres Volkes, außerhalb unserer Menschheit, immerfort ist er ausgehungert, ihm gehört nur der Augenblick . . .« Ein Verdikt, das den Einzelgänger aus allen Zusammenhängen, aus Volk und Gattung, aus Zufriedenheit und Geschichtsbewußtsein drängt. Plötzlich, im letzten Absatz wird der Junggeselle sogar denunziert als Schmarotzer, als die Leiche eines Ertrunkenen, die an einen müden Schwimmer stößt und sich an ihm festhält: »Die Leiche wird nicht lebendig, ja nicht einmal geborgen werden, aber den Mann kann sie hinunterziehn.« Von »Beschreibung eines Kampfes« bis zu »Das Urteil« taumeln die Doppelgänger-Geschichten also zielbewußt in ein immer ähnliches Finale, das sie aber nicht immer klar auszuschreiben wagen: ein zu Tode Erschöpfter klammert sich an einen vom Leben Erschöpften, um ihn zu sich hinunter zu zwingen.

Mit Trotz und nicht ganz überzeugend versucht allein die Skizze »Entlarvung eines Bauernfängers«, vollendet fünf Tage vor der ersten Begegnung mit Felice Bauer, den Konflikt zwischen dem Einsamkeits- und dem Gesellschaftsnarren noch einmal in eine konventionelle Lösung zu treiben. Vom »Bauernfänger« nämlich, diesem Gespenst einer ländlichen Kindheit, läßt sich der Ich-Erzähler und Neuling in der Stadt diesmal nicht abhalten von der Abendgesellschaft in »herrschaftlichem Hause«, die ihn erwartet. Die letzten drei Sätze schicken ihn in einem schon unglaubwürdig strahlenden Crescendo eilig »die Treppe hinauf« und durchs Spalier der »grundlos treuen Gesichter der Dienerschaft«, bis dann der letzte Satz, zu lächerlich schön, um noch ganz wahr zu sein, das gesellschaftliche Rettungsprogramm vollendet: »Aufatmend und langgestreckt betrat ich dann den Saal.« Dort drinnen wird man sich den im richtigen Moment festlich Verschwundenen als eine Figur von Kafka endgültig nicht mehr vorstellen können.

Sechs Wochen später läßt sich der Bräutigam Georg Bendemann zum Tod durch Ertrinken verurteilen. Zwei Jahre darauf sitzt sein Autor als Verlobter in Berlin, weder »aufatmend« noch »langgestreckt«, sondern »gebunden wie ein Verbrecher«. Gleich in seinem ersten emphatischen Silvesterbrief an Felice hatte er sich mit ihr an den Handgelenken zusammengebunden vorgestellt: auf dem gemeinsamen Weg zum Schafott, vor der Kulisse der Französischen Revolution. Das Bild der Stricke, der Ketten wird immer wieder auftauchen, wenn der Junggeselle seine Angst vor Bindung, Fesselung ans Leben, an bürgerliche Normalität und an Frauen in Sprachbilder projiziert. Um diese Bilder leuchtet immer-

hin noch eine Aura von Schrecken und Heroismus. Wahrer und trostloser dürfte Kafkas andere Angst vor dem fremden Geschlecht gewesen
sein, die er in eine seiner Pro- und Contra-Überlegungen zur möglichen,
drohenden Heirat aufnimmt: »Die Angst vor der Verbindung, dem Hin-
überfließen.«

Sein Ewig-Weibliches, nicht einzugrenzen, diffus, unartikulierbar, bedroht ihn mit der Auflösung in eine Gegenwelt zu Sprache, Schrift,
Literatur. Was immer wieder und am tiefsten schreckt und lockt: »Die
geplatzte Sexualität der Frauen. Ihre natürliche Unreinheit.«

Sich verlieren in Romane

Im Jahr 1907, zwischen den beiden Fassungen der »Beschreibung eines Kampfes«, versucht Kafka zum ersten Mal, in einem seltsam zögernden, ja stolpernden Anlauf, sich in einen Roman hineinzuerzählen. Aus dem damals entstehenden Fragment »Hochzeitsvorbereitungen auf dem Lande« hat die Leser, jedenfalls die professionellen, vor allem die eine Passage fasziniert, in der Eduard Raban sich jenen Kindertraum zurückwünscht, der ihn »in Gestalt eines großen Käfers« zu Hause im Bett liegen und dösen ließ, während draußen in der Welt sein »angekleideter Körper« allen »gefährlichen Geschäften« nachgehen mußte. Aber gefährlich dürften diese Geschäfte kaum sein, denn alle Kreaturen der äußeren Welt gehorchen den Traumwünschen des Käfers Raban, »sind schüchtern und jeden Schritt, den sie vorwärts wollen, erbitten sie von mir, indem sie mich ansehn. Ich ermuntere sie, sie finden kein Hindernis«.

Daß dieser Käfer also mit dem, in den sich Gregor Samsa verwandeln wird, nicht mehr als den Namen gemeinsam hat, leuchtet ein auf den ersten Blick. Samsas Verwandlung versteht sich als Strafe (auch wenn rätselhaft oder doch vieldeutig bleibt, wofür), Rabans Regression dagegen bedeutet Genuß und Lizenz, sie verdankt sich einer Allmachtsphantasie und einem Ohnmachtswunsch: das Kind als Käfer will keine Verantwortung übernehmen für sein Handeln draußen in der Welt und zugleich doch diese ganze, nur scheinbar jenseits seiner selbst liegende Welt träumend und gottvatergleich regieren. Schöner läßt sich ein Regressions- und ein Kreativitätstraum schwerlich ineinanderblenden. Der Käfer Raban und in ihm Kafka imaginieren sich als demütig und allmächtig, als Mutters hochbegabtes und dazu noch geschontes und beschütztes Kind, aber auch als Flaubertscher Genius und Creator, der in seiner selbstgeschaffenen Sprachwelt so allgegenwärtig und so unsichtbar waltet wie Gott in seiner Schöpfung.

Aus dem schwankenden Text der »Hochzeitsvorbereitungen« leuchtet der Käfertraum als das offenbare und geheime Zentrum dieses so bald sich erschöpfenden Romanversuchs, genau wie damals das murmelnde Gespräch der beiden sommerlichen Frauenstimmen als Zentrum aus der »Beschreibung eines Kampfes«. Wieder erscheint kurz das Bild einer mit sich selbst zufriedenen und einverstandenen Welt, in der Reden und Schweigen, Welt und Psyche noch wie ununterschieden voneinander in Harmonie existieren. Diesmal allerdings nur im Kopf eines Kindes, das ruhend, tief in sich selbst versunken, eine Welt bewegt – wie ein Erzähler. Wie Kafka, wenn ihm in diesem ersten Roman gelingen würde, was er erzwingen möchte: zu schreiben wie der bewunderte Flaubert.

Die knappe, kaum eine Seite lange Fluchtphantasie hätte kaum soviel Andacht und Nachdenken auf sich gezogen, würde sie nicht auftauchen in einem Text, der so mutlos, so immer wieder zerstreut versinkend in den nächstbesten Sprachaugenblick und also ohne alle Spannung nach vorn, ohne zwingende Konsequenz vorgetragen wird wie kaum ein anderer von Kafka, jedenfalls keiner von dieser Länge und mit dem Ehrgeiz, sich auszuwachsen zu einer Romanwelt. Für sich genommen, als ein wenn auch nur fragmentarisches Werk, mögen die »Hochzeitsvorbereitungen« nahezu unlesbar sein. Als ein Dokument allerdings, das Kafka auf dem Wege zeigt zu sich selbst, macht das wie um Leerstellen organisierte Fragment seinen Interpreten mit Recht Phantasie.

Raban, der Junggeselle als Bräutigam, bewegt sich in einer Erzählwelt, die erst Jahre später für seinen Autor, den briefsüchtigen und kontakt-scheuen Bräutigam der Felice Bauer, die wirkliche Welt werden sollte –, falls solche landläufigen Unterscheidungen bei Kafka noch einen festen Sinn machen sollten. Auch Rabans ganze Lebenskunst erschöpft sich in der unendlichen Verzögerung seiner Abreise aufs Land, zu der dort wartenden Braut. Diese Verzögerung und die Bedenklichkeiten, die sie provozieren, bilden die Motivation und auch das ganze thematische Material der Erzählung. Als Antriebskraft also wirkt hier eine Hemmung. Eine Reise soll und will Raban unternehmen, doch diese Reise wird eben die Distanz zu seiner Braut und damit zu seiner durch eine Hochzeit zu errichtenden Zukunft unerträglich verringern und wird zugleich die zufriedene und öde Routine seines bisherigen Junggesellenlebens uner-reichbar auf Abstand rücken. Mit Raban begibt sich also jemand auf die Reise, der sich weder bewegen noch ankommen möchte.

Es fällt schwer, diese Thematik der Erzählung nicht zusammenzuse-hen mit ihr selbst, ihrem zögernden und verzögernden, ihrem blickver-lorenen und entschlußlosen Lavieren, ja mit ihrem Nichtzustandekom-men. Das leuchtet zwar ein, aber auch allzu bequem. Es könnte die Schwierigkeiten, in die Kafka sich auch in seinem zweiten größeren Schreibversuch verstrickt, eher verdecken als erklären. Denn daß eine Prosa, die Schwäche, Ohnmacht, Orientierungs- und Entscheidungslo-sigkeit darstellen will, sich eben nicht auf dem Niveau dieser Zustände bewegen darf, sondern im Widerstand gegen sie gerade Geistesgegenwart, Energie, Dynamik, aber auch Gleichmaß anstrengen muß, hat Kafka wie kaum ein anderer Autor später immer wieder bewiesen. Darin war er, als er das Vorbild Flaubert nicht mehr einschüchternd vor Augen hatte, tatsächlich ein Flaubertianer geworden. Über die »Hochzeitsvorbereitungen« dagegen fällt der lange Schatten des Autors der bewunderten »Éducation« wie über eine Stilübung, in der die Errungenschaften eines Meisters so formalisiert werden, daß sie zugleich linkisch und radikal wirken.

Denn auf seinem länglichen, unendlich retardierten Weg vom Hauseingang zum Bahnhof schickt Kafka seinen Helden zwar durch mit beschwingter Genauigkeit fixierte Straßenbilder, wahre Orgien der Wahrnehmung, aus denen allerdings auch die scharfsinnigste Hermeneutik nicht vollkommen schlüssig herauslesen könnte, wer nun eigentlich ihr Autor sein soll: Rabans von der Welt entsetzter und befremdeter Blick oder eben doch nur Kafka als hilfloser Flaubertianer? Denn ihm verrutscht die Nachahmung des Vorbilds zu einem Exempel von nouveau roman avant la lettre, so daß nicht endgültig auszumachen ist, ob da der stumme Aufstand der Dinge gegen das menschliche Bewußtsein geprobt wird oder ob nicht gerade eine ratlose und rastlose Subjektivität sich die Welt vollkommen unterwirft, sie zerstückelt und zerrastert. Raban, als Bauchredner der Probleme, in die Kafkas radikal unentschlossene Erzählweise sich verstrickt, sinnt auch über die Unmöglichkeit, entweder als »ich« oder als »man« von sich zu erzählen: »Und solange du *man* sagst an Stelle von *ich*, ist es nichts und man kann diese Geschichte aufsagen, sobald du dir aber eingestehst, daß du selbst es bist, dann wirst du förmlich durchbohrt und bist entsetzt.« Das klingt, als ließe sich allein durch das unpersönliche Personalpronomen eine Schmerzfreiheit der Erzählung erreichen, als wäre sie damit anästhesiert.

Doch auch über die Erzählperspektive vom Blickpunkt »ich« oder »man« aus wird sich Raban und wird sich die ihm folgende Geschichte nicht klar entscheiden. Diffus bleibt ihr Zentrum und diffus bleibt ihr Ziel. Womöglich sagt also einer ihrer Interpreten (James Rolleston) das erlösende erste und das letzte Wort, wenn er feststellt: »Raban ist kein Individuum, sondern ein experimentelles Prinzip der fiktiven Organisation.« Nur hören, sobald das akzeptiert ist, die Fragen keineswegs auf. Auf kühnes Scheitern kann ja ein Experiment nicht von vornherein angelegt sein und auch kaum auf seine Durchführung als Selbstzweck.

Versuchen wir also noch einmal zu rekapitulieren. Raban, längst kein

Kind mehr und kein Käfer, weder verschont von allem Weltkontakt noch träumend allmächtig, befindet sich auf dem Weg zu seiner Braut und unterwegs in einer diese Annäherung erzählenden Geschichte. Er möchte so wenig abfahren wie ankommen, so daß nur seine Bedenklichkeiten sich ausbreiten und er selbst hinter ihnen kaum in Erscheinung tritt. Auch seine Blicke – falls es überhaupt seine Blicke sein sollen –, nehmen die Welt wahr wie eine Abwehr, als etwas, das nicht zu ihm und zu seiner Geschichte gehört, das beide eher stört, durchkreuzt und aufhält. Aber genau das ist ja dringend erwünscht: er und seine Reise wollen doch gar nicht in Gang kommen. Ein Teufelskreis scheint sich zu schließen oder die Struktur einer vollkommenen Komödie. Nur ein Roman kann so schwerlich in Gang kommen, es sei denn, Kafka hätte den Käfertraum verlängern wollen in eine Geschichte mystischer Faulheit, wie um den Roman Oblomows noch einmal zu erzählen.

In seiner Not, lieber stumm und unbeweglich zu Hause geblieben zu sein, formuliert Raban am Ende des Fragments ein absurdes Schuldgefühl. Ohne ihn nämlich und seine grämliche Reise zur Braut, so sinniert er, hätte der ihn transportierende Pferdewagen sich nicht so mühsam durch den Regen vorwärtskämpfen müssen:»Konnte man das alles nicht als Vorwürfe gegen Raban gebrauchen? Viele Pfützen wurden unerwartet von der an der Deichsel zitternden Laterne erhellt und zerteilten sich, Wellen treibend unter dem Rad. Das geschah nur deshalb, weil Raban zu seiner Braut fuhr, einem ältlichen, hübschen Mädchen.« Nach Pascals Diktum entsteht alles Unglück der Welt nur, weil der Mensch nicht ruhig in seiner Stube hocken bleibt, doch von genau diesem Unglück lebt und erzählt schließlich jede Geschichte. Am liebsten hätte Raban, der am liebsten zu Hause geblieben wäre, gar nichts zu erzählen.

In einer Geschichtenflucht hatte sich die »Beschreibung eines Kampfes« verloren, die »Hochzeitsvorbereitungen auf dem Lande« dagegen bleiben stecken in der Vorbereitung eines Romans, der zart und störrisch seine eigene Verweigerung betreibt. Sein Held erwartet von der Welt nichts weiter, als daß sie ihn in Ruhe lassen möge. Wenn er sich aber schon unter Menschen bewegen muß, so würde er am liebsten verschwinden ins vollkommen Unauffällige: »schwach und still sein und alles mit mir ausführen lassen«. Gelebt werden statt selbst zu leben, dieser Jahrhundertwendeschmerz über verlorene Authentizität verkehrt sich hier zu einem in aller Demut und ohne Beschwerde akzeptierten Überlebensprogramm. Vom kindlichen Käfertraum ist damit nur noch der Wunsch nach Ohnmacht und Verantwortungslosigkeit übrig geblieben. Das Allmachts- und Kreativitätsphantasma hat sich in ihn aufgelöst.

Wie verschieden auch Rabans Nachfolger in Kafkas Romanen agieren werden, in einem, dem entscheidenden Punkt unterscheiden sich alle drei von ihm: Karl Roßmann, Josef K. und der Landvermesser K. erwarten sich dringend etwas von der Welt, in die sie hineinerzählt werden. Ihr Blick ist daher auch episch produktiv, er bringt etwas zur Erscheinung. Und ihr Anspruch, auf Erfolg, auf Gerechtigkeit, auf Integration, ihr ständiges Auftrumpfen also bringt auch sie selbst zur Erscheinung. Sie setzen sich in Szene, als Helden oder Komödianten oder Opfer, jedenfalls als dramatis personae. Keiner von ihnen versinkt in den Lyrismen seiner Weltscheu wie Raban.

Der letzte Rettungsversuch, den Kafka in einer kurzen zweiten Fassung an seinem Romanprojekt unternimmt, scheint von seiner Einsicht in die epische, gestische und dramatische Schwäche der Raban-Figur bestimmt. Denn er versucht, wie schon in der ersten Fassung durch den bläßlichen Freund Lement, Raban von der ersten Seite an mit einer Gegen- und Dialogfigur abzustützen, zu reizen und womöglich gegen sie zu profilie- ren: Raban wird verwickelt in die Auseinandersetzung mit einem Unbe- kannten, einem älteren Herrn. Die Ansichten der beiden sind undeutlich kontrovers, der Ton wird zunehmend gereizt. Doch aus dem knappen, nur lückenhaft überlieferten Manuskript läßt sich kaum mehr erkennen als eben ein Bedürfnis, die Erzählung von Anfang an aufzuladen mit einer Binnenspannung. Ihre formale Zerstreutheit sollte offenbar überwunden werden durch einen Akt formaler Energie, doch bevor diese thematisch zu greifen beginnt, bricht auch der zweite Anlauf in den ersten Roman ratlos in sich zusammen.

Kafkas Versuch, geduldig und Schritt für Schritt sein Erzählen in Gang zu bringen in die unabsehbare Weite eines Romans, einem nicht planba- ren Ziel entgegen, hat offenbar Schritt für Schritt alles verschluckt, was Kafka sagen wollte. Als die »Hochzeitsvorbereitungen« liegen bleiben, versucht er noch einmal, die »Beschreibung eines Kampfes« mit ihrer Episoden- und Sprungtechnik zu aktivieren. Nachdem ihm auch diese zweite Fassung steckengeblieben ist, scheint nur noch ein Ausweg offen: in die Skizze, die Miniatur. Als er seine erste schmale Mustersammlung dieser wohleingegrenzten Prosakunst zusammenstellt, steht er schon in seinem dreißigsten Jahr. Aber im gleichen Jahr 1912 arbeitet Kafka auch an jener frühen Fassung seines Amerika-Romans, die wir weder kennen, noch uns auch nur ahnungsweise vorstellen können. Sobald er dann Ende September, nach dem ersten Brief an Felice Bauer und der Niederschrift von »Das Urteil«, diesen Roman wiederaufnimmt – »Kafka in unglaublicher Ekstase«, notiert Brod in sein Tagebuch –, wird gleich im ersten Kapitel klar, daß sich in Karl Roßmanns Geschichte alle Schwächen der »Hochzeitsvorbereitungen« verwandelt haben in Stärken. Von Anfang an bestimmt hier die Hauptfigur, in ihrem Erkenntnis- und Handlungsinteresse klar umrissen, eine streng eingehaltene Erzählperspektive. Aus dem erwartungs- und anspruchsvollen, neugierigen und auch berechnenden Blick des jungen Ausgesetzten und Einwanderers entwickelt sich eine Prosa, die alles Additive, Zerstreute, Widersprüchliche und Zögernde, das den ersten Romanansatz so zart zerbröckeln ließ, nun energisch in eine durchlaufende, ja dynamische Sprachbewegung hineinintegriert. Die Frische und Strenge, Einheit und Vielfalt gleich des ersten Kapitels »Der Heizer« sollte eigentlich nach der langsamen und gehemmten Entwicklung des Autors mehr überraschen als ein binnen acht Stunden mit traumwandlerischer Konsequenz durchgeschriebenes Nachtgesicht wie »Das Urteil«. Als Erzähler erlebt Kafka seinen Durchbruch erst in diesem kraftvoll gegliederten Romaneinsatz. Das läßt sich kaum vollkommen erklären, aber doch näher beschreiben.

»Der Roman ist so groß, wie über den ganzen Himmel hin entworfen«, schreibt Kafka im Juli 1912 klagend an Brod, als er mit der Arbeit an der ersten Fassung schon in Schwierigkeiten geraten ist. Als eine »Geschichte«, die »allerdings ins Endlose angelegt ist«, stellt er Felice das Projekt noch am 11. November vor, wenige Tage, bevor auch die sechs Wochen lang mit Emphase geschriebene zweite Fassung sich totläuft. Die lange Strecke also, über die er seine Prosa zum ersten Mal treiben will, scheint auch für ihn die wichtigste Erfahrung, das lockendste und beunruhigendste Risiko dieses Schreibunternehmens zu sein. Felice, ohne ihr Wissen als eine Triebkraft seines Selbstbewußtseins schon in Dienst genommen, gesteht er gleich zu Anfang: »gewiß hätte ich in einer Zeit matten Schreibens niemals den Mut gehabt, mich an Sie zu wenden«. Aber seit dem Abend ihrer ersten Begegnung beherrsche ihn das Gefühl, »als hätte ich eine Öffnung in der Brust, durch die es sausend und unbeherrscht ein- und auszog«. Diese »Öffnung« erinnert sofort an den begeisterten Satz nach der Niederschrift des »Urteils«: »*Nur so* kann geschrieben werden, nur in einem solchen Zusammenhang, mit solcher vollständigen Öffnung des Leibes und der Seele.«

Als Kafka wenige Tage später den ersten Absatz des Amerika-Romans neu niederschreibt, gelingt es ihm wieder den »Zusammenhang« zu erzwingen und in nur zwei Sätzen sowohl sich wie dem Roman Leib und Seele zu öffnen:

Als der sechzehnjährige Karl Roßmann, der von seinen armen Eltern nach Amerika geschickt worden war, weil ihn ein Dienstmädchen verführt und ein Kind von ihm bekommen hatte, in dem schon langsam gewordenen Schiff in den Hafen von New York einfuhr, erblickte er die schon längst beobachtete Statue der Freiheitsgöttin wie in einem plötzlich stärker gewordenen Sonnenlicht. Ihr Arm mit dem Schwert ragte wie neuerdings empor und um ihre Gestalt wehten die freien Lüfte.

In diesen wenigen Zeilen sind alle Handlungsmotive und auch die Widersprüche versammelt, die den Roman in Spannung und in Bewegung halten werden: die Unschuld und die Schuld des Helden, der fast noch ein Kind ist und schon ein Vater, den die »armen Eltern« ausgesetzt haben, doch in ein Land, dessen monumentale Freiheitsverheißung über dem Hafenpanorama aufleuchtet, um sich freilich »wie in einem stärker gewordenen Sonnenlicht« so zu verwandeln, daß statt der Fackel die Statue plötzlich ein Schwert in die nun nicht mehr so zweifellos »freien Lüfte« streckt. Ganz gleich, ob diese Fehlleistung dem sechzehnjährigen Roßmann oder doch Kafka zugeschrieben werden muß, sie verrät etwas prophetisch Richtiges. Dieses Schwert, und zwar eher eines der Rache als der Gerechtigkeit, wird den Weg des jungen Auswanderers durch die neue Welt beschatten. Doch er, der es hier im Hafen kraft einer Augentäuschung entdeckt hat, wird dieses Menetekel später kaum je wiedererkennen.

Gerechtigkeit allerdings, die ihm selbst von den »armen Eltern« höchst zweifelhaft erwiesen worden ist, versucht Karl Roßmann gleich im ersten Kapitel für den Heizer durchzusetzen. Doch als die hochherzige Aktion ihm durch die freundlichen Autoritäten an Bord, den Kapitän wie seinen überraschend aufgetauchten Onkel, aus der Hand gewunden wird, läßt Karl sich selbst zwar erretten, aber den Heizer im Stich und im Ungewissen. Eben noch ganz auf sich selbst gestellt, hat er mit dem Heizer auch einen Menschen in ähnlicher Lage aufgegeben, um sich adoptieren zu lassen vom Onkel, dem Statthalter der väterlichen Autorität. Undeutlich ergreift ihn die scheinbare Zwangsläufigkeit des Geschehens, er beginnt zu weinen, verzweifelt oder doch zweifelnd: »Karl faßte den Onkel, mit dessen Knien sich die seinen fast berührten, genauer ins Auge, und es kamen ihm Zweifel, ob dieser Mann ihm jemals den Heizer werde ersetzen können.«

Diese Frage stellt Kafka mit unschuldiger List: nicht der Onkel, aber doch der Erzähler wird Karl den Heizer immer wieder »ersetzen«. Denn Kapitel um Kapitel wird er nun ein immer ähnliches Spiel der Erwartung und Enttäuschung, Rettung und Ernüchterung mit Karl Roßmann betreiben, und dazu muß jedesmal neu wieder das Konfliktdreieck eingerichtet werden, das im Heizer-Kapitel so verwirrend klar funktioniert hat wie schon in »Das Urteil«. Kafka schüttelt sein Erzählmaterial gewissermaßen immer neu aus wie die Splitter eines Kaleidoskops, das sich immer wieder ordnet zum Muster des Dreiecks.

In seiner Spitze wird dieses Dreieck immer besetzt mit Repräsentanten der väterlichen Autorität oder doch männlicher Gewalt und in einem Eckpunkt seiner Basis mit Karl, dem Erziehbaren und Verführbaren, dem jäh Rebellierenden, aber auch wirr Unterwürfigen, kurz: mit dem Sohn. Weder Raban noch der Icherzähler der »Beschreibung eines Kampfes« hatten sich als Söhne zu erkennen gegeben, waren als Junggesellen außerhalb aller familiaren, ja sozialen Bindungen nie in ein erzählerisch ergiebiges Spannungsfeld geraten, hatten also mit ihrem richtungslosen Taumeln die Erzählbewegung schließlich erlahmen lassen. Erst im Sohn und in dem auf ihm lastenden Autoritäts-, Verantwortungs-, Schulddruck hat Kafka das Konfliktpotential entdeckt, das seine erzählende Prosa über längere Strecken in Atem halten kann. Ab jetzt gilt, was er später an den Vater schreiben wird: »Mein Schreiben handelte von Dir . . .«

Wie aber jener freie dritte Eckpunkt des Dreiecks besetzt wird, aus dem undeutlich immer eine Verführung lockt, von dem aus der Konflikt sich entlädt, das läßt sich mit gleicher Klarheit nicht bestimmen. In der Vorgeschichte des Romans taucht dort das Dienstmädchen Johanna Brummer auf, eine Inkarnation dumpfer, getriebener und aggressiver Sexualität. Im Heizer-Kapitel steht dort der Heizer selbst, der Erniedrigte und Beleidigte, schwach im Kopf, weich im Herzen, kräftig nur von Statur. Im New York-Kapitel wird die Position übernommen von dem dicken, weichen, undeutlich ins Weiblich-Mütterliche verschwimmenden Herrn Pollunder und in dessen Landhaus dann von seiner militant erotischen Tochter Klara. Nach Karls zweiter Aussetzung erscheint im dunklen Eck das Landstreicherpaar Delamarche und Robinson, energisch und sadistisch der eine, passiv und weinerlich der andere. Diese diffus anarchische Gegenwelt zu den Instanzen der Ordnung, der Autorität, der strafenden oder erzieherischen Disziplinierung läßt sich auf eine feste Bedeutung also kaum festschreiben. Klar ist allein ihre Funktion: sie verführt, und zwar Karl so gut wie die Erzählung, verführt beide ins Dunkle, ins Unabsehbare, in Abenteuer und Abstürze. Denn unverkennbar zieht es die Erzählbewegung über trügerische Zwischenhochs stetig nach unten, als sollte Karl, dieser begierige und auch talentierte Aufsteiger, entweder gestraft oder doch blamiert werden. Dieser Amerika- und Einwanderer-Roman läuft also gegen das Muster der success story. Sein Stichwort heißt: failure. Schuld daran könnten, so mutmaßen die Deuter, die amerikanischen Verhältnisse, könnte der Protagonist, könnte auch der Sündenfall sein. Kafka lockt zwar mit Indizien für eine sozialkritische, eine moralische, eine religiöse Lektüre, doch er lockt nur und enttäuscht.

Karl Roßmann aber wandert, trotz aller Anstrengung und Lust, sein Leben selbst zu bestimmen, wie willenlos durch die Staffette seiner Lebensregisseure. Mit ihrem Brief hat ihn die in der Heimat geschwängerte Johanna Brummer dem amerikanischen Onkel ausgeliefert und ihm den Heizer entzogen. Durch seine Einladung lockt ihn Pollunder aus der Ersatzheimat New York und damit aus der Protektion des Onkels. Von der Straße und der Kumpanei mit Delamarche und Robinson errettet ihn zwar die Oberköchin Mitzelbach, um ihn zwei Kapitel weiter doch wieder an die beiden inzwischen seßhaft gewordenen Landstreicher zu verlieren.

Zum ersten Mal hat sich damit die Handlung statt vorwärts zu zwei schon verabschiedeten Figuren zurückbewegt. Aber bis zu diesem Punkt, bis zum Ende des sechsten Kapitels vollzieht sich die Serie von Karls immer nur notdürftig abgefederten Abstürzen mit einer fatalen Folgerichtigkeit, die dem Leser so wenig einsichtig wird wie die hier wirkende Schwerkraft, die Karl, der immer wieder den Blick beflissen nach oben richtet, nach wenigen Schritten immer wieder zu Boden zwingt. In dieser Gegenläufigkeit zwischen Protagonistenerwartung und einer sich gegen sie unbarmherzig durchsetzenden Erzähllogik hat Kafka Thema und Triebkraft seines Erzählens entdeckt. Bewegend im doppelten Wortsinn erweist sich schon hier eine ständig erneuerte Hoffnung als unaufhörlich enttäuschte.

Nur kann ein solcher Prozeß aus sich gegenseitig abarbeitenden Kräften schwerlich ins Unendliche laufen, und tatsächlich scheint er im sechsten Kapitel in einen Kreislauf einzumünden. Im Büro des Oberkellners stellt Kafka wieder, wie im Eingangskapitel im Kapitänsbüro, eine Verhör- und Gerichtsszene. Aus dem Fall des Heizers, in dem Karl noch als Verteidiger und Ankläger auftrat, ist nun ein Fall Roßmann geworden, in dem die klaren Konfrontationen von damals sich verdunkeln, steigern und pervertieren. An Fairness nämlich, an Umsicht, Unvoreingenommenheit und sorgfältiger Indizienprüfung kann es das Tribunal, das Oberkellner und Oberportier nun gegen den nur einen Augenblick pflichtvergessenen Liftjungen Karl veranstalten, mit den Prozeduren der Moskauer Schauprozesse aufnehmen. Das hat jene Kafka-Exegeten, die darauf konditioniert sind, jede harte Lesart immer einer vermeintlich sentimentalen vorzuziehen, nicht davon abgehalten, den Irrwitz solcher Rechtsprechung dadurch zu salvieren, daß sie Punkt für Punkt im Zweifel gegen den Angeklagten votieren. Nun hat Kafka zugegebenermaßen mit der Rechten den Furor der seinen Helden niederwalzenden Verurteilungsmaschinerie mit ungerührter Komik protokolliert, während er mit der Linken dem Angeklagten zunächst nur eine wendige und geschmeidige Rechtfertigungssuada gönnt, die fast an Felix Krulls Auftritt vor der Musterungskommission erinnert. So windig mag einer bei Thomas Mann Obrigkeiten düpieren, nicht bei Kafka. Der richtet Karls Lage so aussichtslos ein, daß nicht einmal die wohlwollende Frau Oberköchin oder ihre aufschluchzende »Schreibmaschinistin« Therese den kaum Belasteten entlasten können, denn der ist längst verstummt, trotzig und beleidigt. In diesem ohnmächtigen und sprachlosen Karl Roßmann, gesenkten Haupts und mit niedergeschlagenen Augen, ist die ursprüngliche Figur kaum noch wiederzuerkennen. Der Erzähler hat seinem Geschöpf, wenn nicht das Rückgrat gebrochen, so doch das Temperament und Wesen ausgelöscht. Wer davor die Augen verschließt wie vor der Ranküne dieser ganzen Gerichtsszene, versperrt sich auch eine Antwort auf die Frage, warum Kafka die Romanarbeit nach dieser Szene wie erschöpft oder ratlos abgebrochen hat und warum sich der Roman von dieser Krise auch während der versuchten Fortsetzung nie mehr ganz erholen sollte.

Am 13. November 1912, als Kafka an Brod den Abbruch der Arbeit meldet, ist plötzlich »der ganze Roman unsicher«. Das sechste Kapitel hat er am Vortag nur »mit Gewalt, und deshalb roh und schlecht beendet«. Als Beweis erwähnt er zwei Figuren, die er in diesem Kapitelende unterdrückt hat: »Die ganze Zeit, die ich geschrieben habe, sind sie hinter mir her gelaufen, und da sie im Roman selbst die Arme hätten heben und die Fäuste ballen sollen, haben sie das gleiche gegen mich getan.« Wir können diese Andeutungen leider nicht auflösen, doch offenbar hat sich irgendein Protestpotential gegen Karls Erniedrigung und Verstoßung nicht entladen dürfen. Was Kafka stattdessen in dieses Kapitelende hineingeschrieben hat, ist alles andere als »roh«, aber doch erzähltaktisch befremdend, ja »schlecht«: jene brillante Studie nämlich über die beiden »Auskunftserteiler« in der Portiersloge, die der eben abgestrafte und nun im Polizeigriff abgeführte Karl plötzlich mit einer Neugier, Präzision und Ausdauer beobachtet und analysiert, die seiner Lage Hohn spricht und in der sein Autor sich allerdings »mit Gewalt«, wenn auch kunstfertig, über seine Figur hinwegsetzt. Rätselhaft bleibt, warum und aus welcher Verlegenheit er sich in diese Zugabe und Einlage flüchtet, die den szenischen Ablauf gerade deshalb so empfindlich stört, weil sie als slapstick aus dem Leben der Angestellten so triumphal gelungen ist.

Zu sich und damit zu ihrer höhnischen Trostlosigkeit darf Karl Roßmanns Geschichte erst wieder kommen, als der Verstoßene sich fliehend endgültig von dem Hotel befreit hat, um draußen im »Freien« von der Schlange der »geradezu ineinandergefahrenen« Automobile gleich wieder aufgehalten zu werden. Als Karl dann neben seinem Freund und Feind Robinson, ein Opfer neben dem anderen, selbst »im Dunkel des Automobils« abtransportiert wird, beschließt Kafka das Kapitel und damit die glückliche Zeit dieser Romanarbeit mit einer Wendung, die aufhorchen läßt: »gleich nahm der alles umfassende Verkehr auch die schnurgerade Fahrt dieses Automobils ruhig in sich auf«. Genauso hatte »ein geradezu unendlicher Verkehr« sieben Wochen vorher »Das Urteil« abgeschlossen, den Sturz und die letzten Worte des Selbstmörders Georg Bendemann verschluckend. Diese Schlußformel konnte Kafka inzwischen so wenig vergessen haben wie die orgastische Ergießung, an die er dabei hatte denken müssen. Doch gerade dieser gleiche Schlußakkord täuscht. Er erst macht schlagend klar, was der Romanfigur verweigert und dem jungen Bendemann geschenkt wird: eine Fallhöhe, die Weihe des Opfers, aber auch die Tücke der letzten Worte an die doch immer geliebten Eltern und schließlich noch die sich undeutlich andeutende Möglichkeit der Versöhnung. Karl Roßmann also wird auf seiner Fahrt in den Haushalt zweier Ganoven und der weiblichen Fleischmasse Brunelda kenntlich als ein in die Niederungen der Travestie, in eine jämmerliche

Komik und einen ausweglosen Realismus hinunterversetzter Georg Bendemann. Ob die auf unermüdliche Hoffnung angelegte und mit der Energie eines Stehaufmännchens begabte Figur dem Druck dieser Trostlosigkeit gewachsen sein wird?

In diesen dramatischen Novembertagen, in denen Kafka seine Roßmann-Gestalt zu verstoßen und der Roman ihn zu verstoßen beginnt, wirft er seine Schreibschwierigkeiten mächtig hinaus in die sogenannte Wirklichkeit und inszeniert seine erste Briefkrise mit Felice. Die »Sie«-Anrede springt verzweifelt auf »Du« und wieder zurück. In einem nicht abgeschickten Brief steht am Ende die Bitte: »Vergessen Sie rasch das Gespenst, das ich bin, und leben Sie fröhlich und ruhig wie früher.« Doch auch in einem abgeschickten liest Felice: »lassen wir alles, wenn uns unser Leben lieb ist«. Darauf folgen Rosen und ein Widerruf, der auch gleich halb widerrufen wird durch die Versicherung: »ich hätte mich an Deiner Stelle nach Kräften beeilt, die Hand davon zurückzuziehen.« Einen Tag (und drei Briefe) später liest die in Briefen Geliebte dann seinen »Wunsch«: »erlaube mir, doch nur in der Ahnung, doch dieses eine Mal, Deinen geliebten Mund zu küssen.« So wetterleuchtet der Briefschreiber mit Himmel und Hölle der Ambivalenzen, zaubert Ferne in Nähe und entzaubert Nähe als eine immer nur aufgeschriebene. Doch am 17. November, nachdem er eine ganze Nacht von ihren »Zauberbriefen« geträumt und einen ganzen Morgen nicht aufstehen wollte, bevor er einen wirklichen Brief aus Berlin empfangen hatte, der dann endlich auch eintrifft, da löst sich das Glücks- und Unglücksgewitter auf in Euphorie: es ist ihm in seinem »Jammer im Bett« nämlich »eine kleine Geschichte« eingefallen. So beginnt als Erlösung vom Roman die Niederschrift von »Die Verwandlung«. Gregor Samsa wird sein müssen, was Eduard Raban nur zu sein wünschte, ein Käfer, doch diesem Tiermenschen wird beschert, was Karl Roßmann verwehrt werden soll, eine Auflösung seiner Geschichte in Tod und Verklärung.

Überleben ist schwerer, und es erzählt sich auch mühsamer. Das stellt sich gleich wieder heraus, als Kafka ab 9. Dezember die Romanarbeit fortzusetzen beginnt. Nun hören die Klagen über das mühselige, zähe und sich mehr und mehr aus dem »Zusammenhang« mit dem Autor lösende Projekt nicht auf, bis er am 26. Januar 1913 Felice schließlich gestehen muß: »Mein Roman! Ich erklärte mich vorgestern abend vollständig von ihm besiegt. Er läuft mir auseinander, ich kann ihn nicht mehr umfassen . . .« Das Resultat läßt sich ablesen an der niedergeschriebenen Geschichte der Gefangenschaft Roßmanns im Haushalt von Delamarche, Robinson und Brunelda, wo das alte Dreieck zwar noch einmal andeutungsweise etabliert wird, aber sich nicht mehr konfliktträchtig aufladen will. Es häufen sich nun Wiederholungen, Zustandsbeschreibungen, Abschweifungen, und Roßmanns Hoffnungselan scheint zu ersticken im Dunst einer grotesken Milieustudie. Denn in der entscheidenden, der dritten und dunklen Ecke des Dreiecks, von der aus immer wieder die Handlung weiter provoziert wurde, hat sich in ihrer lähmenden, atemlosen Leibesfülle Brunelda eingerichtet. Dieses Fleischgebirge beginnt auch Kafkas Erzählphantasie unter sich zu begraben. Solcher monströs aufgedunsenen Schreckgestalt des Ewig-Weiblichen ist schließlich nur noch eine unermüdlich ermüdende Umschreibungs- und Beschreibungskunst gewachsen.

Lähmend, doch aus anderen Gründen, wirkt auch die zweite neue Figur des Kapitels, der Nachtstudent Josef Mendel, mit dem Karl von Balkon zu Balkon ein Desillusionsgespräch führt, das alle amerikanischen Verheißungen und damit das Bewegungsgesetz des Romans und seines Protagonisten trostlos in sich zusammenbrechen läßt. Auch die Niederschrift dieser Szene wird in den Briefen an Felice begleitet mit den üblichen Verzweiflungsseufzern über den »elenden Roman«, den »stumpf« zusammengeschriebenen, in dem er sich »an Ort und Stelle ein Grab graben« möchte. Dann aber folgt eine übermütige Volte: »Gerade unterhalten sich zwei seit gestern recht matt gewordene Personen auf zwei benachbarten Balkonen im 8ten Stockwerk um 3 Uhr in der nacht. Wie wäre es, wenn ich ihnen von der Gasse aus ein ›Adieu‹ zuriefe und sie gänzlich verließe. Sie würden dort auf den Balkonen zusammensinken und mit Leichengesichtern durch die Geländer einander ansehen.« Allmachtstraum des Erzählers angesichts seines moribunden Romans: er könnte ihn jederzeit sterben lassen, um aufzutauchen wie aus einem Traum, der eine schlechte Wendung genommen hat.

Der Schluß, den Kafka dann diesem Kapitel und dem »matt gewordenen« Karl Roßmann verordnet, liest sich wie ein Todesurteil anderer Art, milde und höhnisch. Karl wünscht sich plötzlich ein ewiges, träges, eifriges und monotones Leben als − »Bürobeamter«: »Die guten Vorsätze drängten sich in seinem Kopf, als stehe sein künftiger Chef vor dem Kanapee und lese sie von seinem Gesicht ab.« Das klingt zwar wie ein konventionell munterer Anschluß nach vorn, zum nächsten Kapitel, und außerdem wie ein Wiederbelebungsversuch an der Figur unter der Aufsicht eines wohlwollenden oder prüfenden Vaterblicks. Doch alle weiteren Schreibversuche bis Ende Januar 1913 erweisen immer nur, daß Karl Roßmann sich von seinen Erniedrigungen und Beleidigungen nicht erholt. Er ist, anders als Georg Bendemann und Gregor Samsa, dem Todesurteil entgangen, aber gerade dieses Verschontsein kostet ihn paradoxerweise sein erzählerisches Leben.

Das Kaleidoskop will keine neuen Dreiecke mehr auswerfen und ein Erzählunternehmen, das durch die Variationskraft seiner Serien »ins Endlose angelegt« schien, erschöpft sich in einem nicht mehr von sich überzeugten, nur noch fleißigen Weiterschreiben. »Ein Text«, so überlegen Deleuze und Guattari in ihren Unterscheidungen zwischen Kafkas Romanen und Erzählungen, »der vielleicht Keimzelle eines Romans sein könnte, wird aufgegeben, wenn Kafka einen Tierausweg sieht, durch den er zu einem Ende gelangen kann.« Mit einem solchen »Tierausweg«, mit der Niederschrift der »Verwandlung« hatte Kafka seinen Roman tatsächlich unterbrochen. Außerdem könnte der Versuch des Romanautors, Karl Roßmann stillzulegen durch den Wunsch, sein Leben zu beenden als Bürobeamter, auch als eine weitere, eine trostlose Variation der Käferphantasie gelesen werden. Doch ein Käfer kann sich für Kafka nur totstellen − wie Raban − oder zum Tode verurteilt werden − wie Samsa. Der eine regrediert in einen träge infantilen Allmachts-, Ohnmachts- und Kreativitätstraum, der andere gerät wider Wissen und Willen in ein Martyrium. Mit seinen Tiermetaphern also fällt Kafka Entscheidungen, seine Romane dagegen brauchen einen Fortsetzungszwang wie ins Unendliche. Karl Roßmanns Geschichte aber will sich nun weder kristallisieren noch weiter bewegen. Sie gerät unter keinen Druck mehr und in keinen Sog. Ohne den Entschluß zu enden und ohne eine Phantasie fürs Unendliche bleibt der Romanarbeit nur die traurige Alternative: zu verenden.

Die Entdeckung des Vaters

Mühsam und schlingernd sind wir der auch schlingernden und mühseligen Entwicklung des Autors Kafka bis in sein dreißigstes Jahr gefolgt, um vorwärtsschreitend wieder zurückzukehren zum Ausgangspunkt, dem schriftstellerischen Durchbruch Ende 1912. Was in diesem Prozeß entdeckt werden sollte, wenn auch sicher unvollständig und fragmentarisch, waren Gegenstände und Widerstände, das erzählerische Instrumentarium und Material des Kafkaschen Schreibens in seiner Frühzeit, so reich an Bewegungsenergien wie an Bewegungshemmungen. Warum aber dieses Schreiben immer nur in wenigen Textaugenblicken gelingt und sich zu fertigen Stücken nur in der Kurzprosa des Bandes »Betrachtung« schließt, wurde nur ansatzweise klar. Immer wieder schien es, als wollte der junge Kafka sich selbst, seiner ihm sich aufdrängenden Thematik zunächst lieber ausweichen.

Schon jener »Kampf«, dessen »Beschreibung« Kafkas erster uns bekannter Text doch verspricht, hatte sich in einer Flucht aus Geschichten und Einfällen eher aufgelöst, eben verflüchtigt. Auch die Konflikte, mit denen die vielen folgenden Dialog- und Doppelgängergeschichten zündeln, wollten sich kaum je entladen. Die »Hochzeitsvorbereitungen auf dem Lande« wiederum bringen ihren Erzählgegenstand und -widerstand, verkörpert in der auf dem Lande wartenden Braut, paradoxerweise nur dadurch hervor, daß sie sich ihm verweigern, sich ihn umschreibend nicht an ihn heranwagen, so daß der Text folgerichtig genau in dem Moment abbricht, wo er und der Bräutigam ihr Reiseziel erreichen. Wie auch Kafka – so könnte man nun fortfahren –, bewegte und bewegende Briefe nur schreiben kann, weil und solange er sich selbst auf die angeschriebene Geliebte nicht zubewegt.

Zurückübersetzt in Kafkas Privatmythologie, ließe sich vermuten oder behaupten, daß Eduard Rabans Käfertraum, gelesen als Allmachtstraum eines bewegungslos inmitten seiner Schöpfung ruhenden Künstlers, auch seinen Autor lange in Bann gehalten hat. Als Käfer und ewiges Kind möchte auch er nicht einmal für seine Phantasien die Verantwortung übernehmen dadurch, daß er sich mit vollem Risiko fallen läßt in alle Konsequenzen seiner eingebildeten, angezettelten Handlungen und Konfrontationen. Genau das ändert sich in der dramatischen Schreibnacht vom 22. zum 23. September 1912, als er zum erstenmal, wie er das später nannte, eine »Geschichte durch die Nacht jagt«. Er die Geschichte oder nicht vielmehr sie ihn? Die Kontrolle über den Schreibprozeß verlierend, läßt Kafka eine Handlung endlich in ihre krasseste Entscheidung laufen: in eine Katastrophe. Wer Subjekt und wer Objekt gewesen sein könnte in dieser Schreibnachtaktion, ist nachträglich kaum noch auszumachen, denn der besonnene, allseits berechnende und konfliktscheue junge Bendemann und der bis dahin jeder Konfliktkonsequenz auch lieber ausweichende Autor, beide werden im besinnungslos sich steigernden Tempo der Geschichte zur Selbstaufgabe, zum Fahrenlassen der Vorsichtshaltung und Vorsichtsprinzipien getrieben. Das aber wäre nur der erzählstrategische, allzu formale Aspekt dieser »Öffnung des Leibes und der Seele«. Kafka mußte, damit er es zum Äußersten kommen lassen konnte, erst schreibend in sich die Reizfigur und ihr Folterinstrument entdecken, die sein zögerndes Schreiben ab jetzt herausfordern, den Vater also und die Schuld.

Als er im Jahr 1920 seine Entwicklung als Schriftsteller in den »Er«-Fragmenten zusammenfaßt, formuliert Kafka den entscheidenden Umschlag so:

> Er sieht zweierlei: das Erste ist die ruhige, mit Leben erfüllte, ohne ein gewisses Behagen unmögliche Betrachtung, Erwägung, Untersuchung, Ergießung. Deren Zahl und Möglichkeit ist endlos . . . Das ist das Erste. Das Zweite aber ist der Augenblick, in dem man vorgerufen Rechenschaft geben soll, keinen Laut hervorbringt, zurückgeworfen wird in die Betrachtungen usw., jetzt aber mit der Aussichtslosigkeit vor sich unmöglich mehr darin plätschern kann, sich schwer macht und mit einem Fluch versinkt.

Mit Entschiedenheit und Klarheit wird hier wieder vollkommene Unklarheit darüber bewahrt, wer oder welche Instanz und im Namen welcher unsichtbaren Gesetze zur Rechenschaft aufruft. In den entscheidenden Erzählungen des Durchbruchs Ende 1912 allerdings ist nicht verschleiert worden, vor welchen Autoritäten sich die Protagonisten zu verantworten haben: Georg Bendemann vor einem Vater und vor einem russischen Freund, seinem Ebenbild als Junggeselle, Karl Roßmann immer wieder vor Repräsentanten patriarchaler Gewalt, Gregor Samsa gegenüber Familie, Beruf, Geschäft.

Der Mechanismus, mit dem Kafka plötzlich die idyllische Poesie der »Betrachtung, Erwägung, Untersuchung, Ergießung« aufsprengt, ist der

eines bedrohenden Tagtraums, eingeleitet durch ein »Was wäre, wenn?«
und endend mit einem »Fluch« und »Versinken«, mit dem emphatischen
Selbstmord des jungen Bendemann, mit dem stillen Verscheiden des
Käfers Samsa oder dem kläglichen Überleben Roßmanns, in dem allerdings er und seine Geschichte den Geist aufgeben.

Was wäre, wenn ich heiraten wollte, beflissen mich eingliedernd in die
Normalität des väterlichen Lebens –, dann vernichtet mich (trotzdem)
»Das Urteil« eines unberechenbaren Vaters.

Was wäre, wenn Eltern mich, ein unschuldiges, doch beschmutztes
Kind, früh ausgesetzt hätten ins Freie, nach »Amerika« –, dann würde ich
(trotzdem) mein Leben nicht etwa selbst bestimmen, sondern es würde in
einer undurchschaubar logischen Serie von Errettungen und Verurteilun-
gen von außen über mich verfügt werden.

Was wäre, wenn ich mir die Freiheit nähme, endlich einmal zu
versagen, zum bürgerlichen Leben so untauglich wie ein Käfer –, dann
würde »Die Verwandlung« gerade meine Nächsten keineswegs rühren,
sondern sie könnten mich vielmehr (endgültig) fallen lassen als einen
Fremden, wie ein schmarotzendes Tier, ich aber könnte sie und mich
(endlich, endgültig) befreien durch meinen Tod, also sterben als mein und
ihr Erlöser.

So schematisch zurückübersetzt in die Verläufe eines in der Phantasie
durchgeführten Probehandelns, offenbaren Kafkas Durchbruchsge-
schichten zwar die erstaunliche Naivität und Privatheit ihrer vermutba-
ren autobiographischen Ansätze, aber zugleich erweist sich doch, wie
solche Tagtraumschemata und die autobiographische Reduktion den
Reichtum der Geschichten, ihren Reichtum vor allem an Uneindeutigkeit verkürzen. Von diesem ließe sich eher ein Begriff bilden durch eine
andere, komplexere Rekonstruktion der literarischen Durchbruchslei-
stung Kafkas Ende 1912, durch einen zusammenfassenden Rückblick auf
das mächtige Repertoire an Schreiberfahrungen, das Kafka in einem
Jahrzehnt voller Selbstzweifel, Müdigkeit, Resignation trotz aller Rück-
schläge doch gesammelt hat. Erst dann könnte klarer werden, wie, warum
und zu welchem Ziel sich dieses Repertoire nach der Begegnung mit
Felice Bauer entzündet, um unter dem Überdruck der plötzlich hervor-
brechenden Vater-, Schuld- und Strafphantasien sein gewaltiges erzählerisches Potential (beziehungsweise erzählerisches Gewaltpotential) zu
entfalten.

Entdeckt hatte Kafka als mächtige Klammer zwischen Leben und

Schreiben die Briefe, ein Medium, in dem er sich (fast schon mit der ersehnten »vollständigen Öffnung des Leibes und der Seele«) buchstäblich verwandeln konnte in Schrift, in Sprachhandlungen des Begehrens und Zweifelns, aufgerieben im Widerspruch zwischen Sich-Bekennenwollen und Sich-Unkenntlichhalten, redselig aufdringlich, doch wortreich sich immer wieder entziehend. Wenn man Kafkas Briefe mit Deleuze und Guattari begreifen will als »Ausdrucksmaschine«, so sind sie vor allem ein Offenbarungs- als Verleugnungstriebwerk, der Versuch also, ein perpetuum mobile in Gang zu setzen und zu halten. Denn Genauigkeit und Wahrhaftigkeit sollen erreicht werden, gerade im Briefwechsel mit Felice. Also wandert der Blick durch eine Unendlichkeit der Perspektiven, in denen sich der Gegenstand, diese angebetete und verfluchte Liebe, immer neu erkennen und immer vergeblich verstehen lassen sollte. Schließlich aber verläuft sich der Wahrhaftigkeitssucher dann doch samt seiner Wahrhaftigkeitssehnsucht in dieser Unendlichkeit, nicht ganz zu seinem Unglück. Anders gesagt: seine inständige Selbstreflexion erweist sich immer wieder als eitel, als ein sich selbst bespiegelndes und damit sich selbst vereitelndes Ringen um Wahrhaftigkeit.

Wiederentdeckt war damit in den Briefen, was Kafkas erzählende Prosa von früh an gehemmt und enthemmt hatte: das Schreibdilemma des Endenmüssens und eines Nichtendenwollens. Zunächst versucht der junge Autor sich zu retten in kühne Geschichtenfluchten und in vorsichtige Miniaturen, die beide keinen Schlußpunkt setzen, keine Entscheidung erreichen, sondern ins Unendliche hinausverweisen, vor allem in Zirkel und offene Fragen. Die Briefe entwickeln dann mit ihrem unermüdlich durch alle Bedenklichkeiten und Perspektiven hindurchwandernden Blick schon erste Litaneien seriellen Schreibens, Kettenreaktionen eines phantastischen Reflektierens. Die strukturelle Entsprechung zu dieser Dynamisierung des Schreibens wird erst in den späteren Erzählungen gefunden: das Labyrinth. Aber nie werden wir entscheiden können, ob in diesen Texten das Labyrinth eine Struktur der Wirklichkeit sein soll, oder ob nicht vielmehr Kafkas Schreiben wie ein Maulwurf, von früh an eines seiner Wappentiere, die Wirklichkeit erst labyrinthisiert, um sie seinen Bedürfnissen und Talenten anzupassen.

Entdeckt hatte Kafka aber auch als einen Gegenstand und Widerstand seiner schreibenden Unruhe die Frauen, die zunächst aus seiner erzählenden Prosa fast vollkommen ausgeschlossen waren, um erst in den Tagebüchern in Serien von Porträtskizzen aufzutauchen. Dort wie in den kommenden Erzählungen erscheinen Frauen immer als Objekte eines männlichen Blicks, fremd, rätselhaft in sich abgeschlossen, Inkarnationen der Unbedenklichkeit und Selbstverständlichkeit. Letztlich sind diese als Objekte wahrgenommenen weiblichen Subjekte also von außen und durch Reflexion gar nicht zu begreifen. Ihr Instinkt scheint ihre Vernunft. Kein Glück oder Unglück kann sie ganz und gar aus der Ruhe ihrer Selbstgewißheit werfen. Während doch der Motor des Kafkaschen Schreibens gerade eine durch nichts zu beschwichtigende Unruhe ist.

Entdeckt hat er schreibend von Anfang an als Strahlungszentrum seines unruhigen männlichen Blicks sich selbst als einen immer anderen, spaltbar in Doppelgänger. Immer wieder repräsentieren diese eine Alternative zwischen Anpassung an die vorhandene, konventionelle Welt und Weltflucht in ein endgültiges Junggesellentum. Doch auch diese Alternative erweist sich, immer wieder durchgespielt, als trügerisch. Wer nämlich eine Bindung eingeht, wird sich zwar selbst verlieren, wer aber Reinheit sucht, verliert sich schließlich auch, in Eitelkeit. Der Verlust des Gesichts, der Wahrhaftigkeit droht in der ständigen Reflexion des eigenen Spiegelbilds.

Entdeckt werden schon in der Frühzeit auch erste Metaphern für den radikalsten, aber womöglich fragwürdigsten, eitelsten Versuch einer Weltflucht, für die künstlerische Existenz. Der »Beter« will in seiner ekstatischen Hingebung (oder »Ergießung«) beim Beten doch vor allem von den Leuten gesehen werden. Der »Käfer« dagegen bleibt ruhig, genußvoll, verantwortungslos liegen und bevölkert mit seinen Stellvertretern doch eine Welt, in der alles den Weisungen seiner Imagination folgt. Wie ein neues Paradies lockt in diesem Regressions- und Kreativitätstraum das vollkommene kontemplative Dasein, jenseits aller Selbstreflexion oder Praxis, ohne Verantwortung, schuldunfähig, schuldlos. Oder doch nur »teuflisch in aller Unschuld«? Das ist der Verdacht, der auch dieses Stilleben schließlich stört, ja zerstört.

Das Stichwort »teuflich in aller Unschuld« fällt, wie wir gesehen haben, in keiner Kafkaschen Geschichte, sondern für eine Station seiner Lebensgeschichte: als er zur Entlobung im Juli 1914 im Askanischen Hof zu Berlin vor Gericht sitzt. Die Versammelten müssen ihm sogar »recht geben«, es ist »nicht viel« gegen ihn vorzubringen, eine Schuld scheint nicht beweisbar, doch in gerade dieser scheinbar unangreifbaren Unschuld steckt eben das »Teuflische«, uneinsehbar und offenbar in einem. Kafka hat sich schon verwandelt in Josef K.

In »Das Urteil« waren die Schichten der Unschuld und des »Teuflischen« unterschieden worden als Altersschichten: »Ein unschuldiges Kind warst du ja eigentlich, aber noch eigentlicher warst du ein teuflischer Mensch!« verkündet dort der Vater dem Sohn zur Begründung des Todesurteils. Daß man »noch eigentlicher« als »eigentlich« kaum sein kann, dürfte auch Kafka gewußt haben. Die grammatische Fehlleistung setzt ihren Akzent auf das Falsche dieses väterlichen Urteilsspruchs, der »eigentlich« gerecht ist, aber »noch eigentlicher« ein Verbrechen. Um die Möglichkeit und Unmöglichkeit, sich gegenseitig und zwar in jeder Tiefenschicht wahrzunehmen, wird es in allen Konfrontationen zwischen Vater und Sohn gehen, die Kafka bis zum abschließenden »Brief an den Vater« von 1919 imaginiert hat.

Das ist vor jener Nacht Ende September 1912 tatsächlich nur einmal in einem der uns überlieferten Texte Kafkas geschehen –, wie vollkommen dieses lebens- und werkentscheidende Thema im Frühwerk fehlt, ob verdeckt oder verschoben, darüber lohnt sich immer wieder zu staunen. Plötzlich, in einem Anfang 1911 unter dem Titel »Die städtische Welt« ins Tagebuch eingetragenen Fragment hebt ein Vater drohend, schreiend, anklagend die Stimme. Wie unvorbereitet läßt der Text sich selbst und einen Sohn, den hoffnungslos verlotterten Studenten Oskar M., in die väterliche Aggression laufen. Diese aber rechtfertigt sich vollkommen anders als anderthalb Jahre später in »Das Urteil«. Dort wird den jungen Bendemann, den Bräutigam, Karrieristen und Opportunisten, gerade seine bürgerliche Orientierung auf Erfolg, seine rücksichtslose Agilität und Diplomatie das Leben kosten. Oskar M. dagegen, seit zehn Jahren über seiner Dissertation brütend, gerät unvermittelt in eine väterliche Schimpfkanonade, die ihn offenbar mit guten Gründen seiner »Faulheit«, »Verschwendung«, »Bosheit« und auch »Dummheit« anklagt. Können es Söhne, ob als Anpasser oder als Versager, einem Vater nie recht machen? Oder geht es Kafka von Anfang an um eine undurchsichtige Verteilung der Schuld auf beide Parteien im Konflikt? Oder wollte er zunächst nur schreibend irgendeine und also jede mögliche Konfrontation zwischen patriarchaler Autorität und dem Autonomieanspruch eines Sohns hochreizen, ausreizen, erkunden?

Der dumpfe, aber nicht unverständliche Wutausbruch von Oskars Vater jedenfalls war für Kafka offenbar doch allzu verständlich, um jenen irrationalen Schrecken patriarchaler Gewalt auszulösen, den er schreibend noch suchte. Auffallend rasch und widerstandslos entgleitet ihm der

Text in Spannungslosigkeit und Beliebigkeit. Obwohl doch schon diesen »Vater, einen glattrasierten Mann mit schwerem Fleischergesicht«, der auch, »wie es seine Gewohnheit war, durch regelmäßiges Beklopfen der Tischplatte darauf aufmerksam (macht), wie die Zeit verging«, alle die düsteren Insignien von Macht, launischer Willkür, Sentimentalität und auch Verwahrlosung auszeichnen, mit denen Kafka ab jetzt seine Autoritätsfiguren so erschrocken wie denunzierend auszustatten liebt. Nur läuft diesmal das Barbarische und Archaische der väterlichen Ausbrüche auch deshalb ins Leere, weil der Sohn ihnen wortreich und redundant und unangreifbar ausweicht. Es ist das gleiche wendige und windige Ausweichen, das auch Georg Bendemann, Karl Roßmann, Gregor Samsa, das also alle Kafkaschen Söhne, aber auch seine K.-Figuren beherrschen oder das vielmehr sie beherrscht. Hier aber läßt diese Taktik eine drohend begonnene Geschichte abrutschen ins harmlos Komödiantische, sie gerät außer Reichweite einer Katastrophe. Ödipus, als verlotterter Student, will sich einfach nicht stellen. Sein Vater dagegen hat zuviel Vernunft und Recht auf seiner Seite. Damit ist das mögliche Gewalt- und Schreckenspotential ihrer Konfrontation nach kurzem Aufflackern wieder erloschen. Auch das Zwielicht aus Komödie und Tragödie, aus chargiertem und vernichtendem Ernst, das in »Das Urteil« dann die Szene verdunkelt und erleuchtet, will sich nur für einige Momente herstellen.

Doch ein Motiv dieser ersten Vater-und-Sohn-Geschichte Kafkas wird sie lange überleben: Oskars kläglicher Versuch, den grollenden und tobenden Vater zu beschwichtigen mit jenem unmitteilbaren, unaussprechlichen »Einfall«, der ihn gerade auf der Gasse erleuchtet hat und der ihn »zu einem tätigen Menschen machen wird, wie du es dir nur wünschen kannst«. Sollte er etwa heiraten, also ein Georg Bendemann werden wollen? Wir werden es nicht erfahren, wir ahnen nicht einmal, ob dieser »Einfall« irgendeinen greifbaren Inhalt hatte. Das wußte vermutlich nicht einmal Kafka, als er sich suchend in diesen Text und diese geheimnisvolle Leerstelle im Innersten seiner ersten Sohnfigur hineinschrieb. Wahrscheinlich sah und hörte er nur, wie wir Leser nun auch, diese lächerlich und pathetisch sich um ihr Geheimnis, um die »Ideen«, die »gute Überlegung«, die »Neuigkeit«, den »Plan«, die »gute Absicht« herumwindende Figur. Alles wird sich, so beteuert die Geschichte wie ihr Protagonist, klären, sobald Oskar sich dem Vater offenbart hat. Der große Versöhnungsaugenblick, die Wiedervereinigung von Vater und Sohn im gegenseitigen Vertrauen, steht unmittelbar bevor. Beim Nachtmahl, beim

Abendmahl wird sich das himmlisch irdische Wunder ereignen, und Oskar bricht auf, um dafür einen Freund als Zeugen zu holen. Doch in dem hilflos verplauderten Dialog dieser beiden spürt man, daß Kafka jedes Vertrauen in eine mögliche Fortsetzung der so groß wie vage entworfenen Geschichte nun verloren hat – er bricht ab.

Was aus dem Fragment unvergeßlich bleibt, ist also zweierlei: der donnernde Vaterkopf und die Komödie einer Innerlichkeit, die redselig und unaussprechlich nicht nach außen zu dringen vermag und womöglich auch gar nicht will, denn als veräußerte wäre sie keine Innerlichkeit mehr. Womit allerdings verhindert wird, daß der Vater seinen Sohn bis ins Innerste erkennt und wiedererkennt. Denn »in meinem Innern war ich immer ein guter Sohn«, beteuert dieser, »nur daß ich es nach außen nicht zeigen konnte . . .« Das klingt, als wäre er »eigentlich« zwar ein teuflischer Mensch, aber »noch eigentlicher« ein unschuldiger Sohn. Wie fast alles, was Kafka erzählt, läuft auch diese seine erste auf eine Konfliktentscheidung zusteuernde Geschichte schließlich, hineingedreht in den Teufelskreis wechselnder Perspektiven, entschieden ins Unentschiedene.

Aufzählen läßt sich und damit im ersten Ansatz auch verstehen, was diesem Fragment fehlt, um als ein Drama mit finalem Ausgang, als Urteils-, Verwandlungs-, Prozeß- und Strafvollzug sich in Gang zu setzen wie die entscheidenden Erzählungen 1912 und 1914. Kafka kann die Geschichte als nackten Konflikt nur zwischen Vater und Sohn, also ohne alle vermittelnden und handlungstreibenden Figuren und Motive offensichtlich nicht erzählen. Es fehlen Freund, Brief und Braut, die »Das Urteil« vollstrecken helfen, es fehlen die dreieinige Familie aus Vater, Mutter und Schwester sowie die Repräsentanten der Berufswelt, die den Käfer Samsa ausstoßen, es fehlt eine Gerichtsschimäre, die das Teuflische in der Unschuld zur Verantwortung, zum »Prozeß« aufruft, und es fehlt die Schuldschreibmaschine, die »In der Strafkolonie« Sühne, Tod und Verklärung offenbaren soll.

»Das ist das Erste«, so könnte man nun in Kafkaschem Wortlaut fortfahren. »Das Zweite aber ist«, daß Kafka, anderthalb Jahre vor seinem Durchbruchserlebnis noch einmal vor seinem Schreibauftrag zurückschreckend, sich damit wieder eine Geschichte mit tödlichem Ausgang versagt. Gerade das Schreiben solcher tödlicher Finalszenen wird er aber in den emphatischsten seiner emphatischen Selbstzeugnisse später sowohl für die Vollendung wie für die sozusagen wahre Lüge seines Schriftstellertums erklären.

Im Dezember 1914, während der Arbeit also am Prozeß-Roman, gesteht er dem sicher erstaunten Max Brod, daß er auf dem Sterbebett »sehr zufrieden sein werde«. Den Grund dafür verrät er freilich nur seinem Tagebuch: er hat zu oft mit seinen sterbenden Helden, um die Leser zu rühren, »im geheimen ein Spiel« getrieben. »Ich freue mich ja in dem Sterbenden zu sterben, nütze daher mit Berechnung die auf den Tod gesammelte Aufmerksamkeit des Lesers aus, bin bei viel klarerem Verstande als er, von dem ich annehme, daß er auf dem Sterbebett klagen wird, und meine Klage ist daher möglichst vollkommen, bricht auch nicht etwa plötzlich ab wie eine wirkliche Klage, sondern verläuft schön und rein.« Doch acht Jahre später, in einem berühmten Verzweiflungsbrief an Brod vom 5. Juli 1922, scheint der Gedankengang wie umgedreht: er wird, sagt Kafka nun, in schrecklicher Todesangst sterben, weil er sein Leben schreibend verspielt hat, weil er in sein Schreiben hinaus gestorben ist, in »Eitelkeit und Genußsucht«. »Was ich gespielt habe, wird wirklich geschehen. Ich habe mich durch mein Schreiben nicht losgekauft. Mein Leben lang bin ich gestorben und nun werde ich wirklich sterben. Mein Leben war süßer als das der anderen, mein Tod wird umso schrecklicher sein.«

Leicht ließen sich diese scheinbar gegenläufigen Bekenntnisse voreilig harmonisieren durch ihre bloße Relativierung als Äußerungen aus einer Phase gesteigerten Selbstbewußtseins oder zerrüttenden Selbstzweifels. Doch der Triumph, sich im »Spiel« um Leben und Tod, mit »Berechnung« und »bei klarem Verstande« in Kunst und Schrift zu verwandeln, und die Zerknirschung über den Lebens- und Leidensverlust in diesem Triumph, das sind ohnehin Erfahrungen ein und derselben Situation. In dem schon einmal zitierten Abschiedsbrief an Felice Ende 1917 wird eine unmenschliche Neutralität des Schreibenden erklärt mit seinem »Endziel«, »die ganze Menschen- und Tiergemeinschaft zu überblicken«, zu welchem Zweck er auch »als der einzige Sünder, der nicht gebraten wird, die mir innewohnenden Gemeinheiten offen, vor aller Augen, ausführen dürfte«. Er will nämlich, so wird er gleich fortfahren, mit seinem allumfassenden Lebensüberblick und seiner Gemeinheitsoffenbarung »betrügen, aber ohne Betrug«.

Diese Vision eines verantwortungslos verantwortlichen Künstlertums reimt sich nicht nur auf die Formel »teuflisch in aller Unschuld«. Sie erinnert auch noch einmal gegen Ende des Lebens an die Vision des Kindes Kafka, das sich aus seiner schreibenden »Eitelkeit« von einem

Onkel aufstören läßt und nun, »aus der Gesellschaft ... mit einem Stoß vertrieben«, hinausblickt »in den kalten Raum der Welt, den ich mit einem Feuer wärmen müßte, das ich erst noch suchen wollte«. Vor allem aber verweist der Allmachtstraum eines »Betrügens ohne Betrug« noch einmal zurück auf Eduard Raban, der als Kind und Käfer seinen »angekleideten Körper«, seinen »traurigen Körper« stellvertretend hinausschickt in eine auch nur geträumte Welt: »Und ich lisple eine kleine Zahl Worte, das sind Anordnungen an meinen traurigen Körper, der knapp bei mir steht und gebeugt ist. Bald bin ich fertig – er verbeugt sich, er geht flüchtig und wird alles aufs beste ausführen, während ich ruhe.«

Alle diese Zeugnisse aus fünf Lebensphasen beschreiben, wie der Verzweiflungs- und Geständnisbrief 1922 klagt, »Konstruktionen der Genußsucht«. Schreibend will und muß man sich ums Leben betrügen, um eine Leserschaft zu betrügen mit einem »aufs beste ausgeführten«, alle dem Autor »innewohnenden Gemeinheiten vor aller Augen« schriftlich simulierenden und vor allem die Todesszenen »mit Berechnung« und »möglichst vollkommen«, also »schön und rein« zur Wirkung bringenden Schriftlichkeits- und Scheinleben. Aber der sich seiner Eitelkeit, Genußsucht, Betrügerei so hingebungsvoll bezichtigt, erklärt sich im gleichen Atemzug immer auch zum Sterbenden oder doch Scheintoten, ja sogar zu einem »Leichnam«. Das alles zielt auf »Selbstvergessenheit«, denn so lautet mitten in dem späten Klagebrief, versteckt in einer Parenthese, die zentrale Erkenntnis: »Selbstvergessenheit – nicht Wachheit, Selbstvergessenheit ist die erste Voraussetzung des Schriftstellertums.«

Zieht man solche Bekenntnisse noch zusammen mit Kafkas Geständnissen im »Brief an den Vater«, er wäre (erstens) im Schreiben »tatsächlich ein Stück selbständig von Dir weggekommen, wenn es auch ein wenig an den Wurm erinnerte, der, von hinten von einem Fuß niedergetreten, sich mit dem Vorderteil losreißt und zur Seite schleppt« –, er hätte (zweitens) auch die kränkende Mißachtung des Schreibens durch den Vater sich immer wieder in die Formel übersetzt: »Jetzt bist du frei!« –, und (drittens) hätte dieses ganze Schreiben über den, gegen den, weg vom Vater ihm »in der Kindheit als Ahnung, später als Hoffnung, noch später als Verzweiflung« das Leben bestimmt, ja »beherrscht« –, so könnte endlich aus allen diesen Elementen zwar nicht die Kafkasche Autorenposition etwa vollständig rekonstruiert werden, aber doch eine Einsicht vermittelt werden in die Gründe für ihre über ein Jahrzehnt sich hinschleppende Entwicklung. Dann wäre der Zusammenhang zwischen

dieser Position und den Schuld- und Strafphantasien geklärt, die Kafka
endlich wie süchtig von ihr aus schreiben kann und muß.

»Selbstvergessenheit« oder »Eitelkeit«, ein genußreiches Schreiben
vom Tode oder ein verantwortungsfreies Ausphantasieren aller ihm »innewohnenden Gemeinheiten«, das alles sind nur unendlich variable
Umschreibungen für die fundamentale Ausgeschlossenheit, Alltagsun-
tauglichkeit, Asozialität, die Kafka von Kind auf erlebt haben muß, als
Schuld gegenüber einer vom Vater überlebensgroß verkörperten Normalität, aber eben auch als eine (erst geahnte, dann erhoffte, später ver-
eitelte) Chance, sich gerade von dieser Vaterwelt schreibend zu befreien.
Sogar der selbstvergessene, verlotterte, seit zehn Jahren über seiner Dissertation brütende Student Oskar M. kann also gelesen werden als vage
Chiffre oder doch Karikatur einer schriftstellerischen Existenz, die sich
vor keinem Vater dieser Welt offenbaren und rechtfertigen kann.

Als Kafka Ende 1912 und in einem neuen Anlauf Ende 1914 das
Schreiben in vollkommener »Selbstvergessenheit« gelingt, in einer »vollständigen Öffnung des Leibes und der Seele«, da stürzt ihn der Triumph
mit paradoxer Logik in eine Katastrophe: die schreibende Selbstverwirklichung gelingt in Strafgerichten, die gerade den Motor des Schreibens,
eben die produktive »Selbstvergessenheit« mit Vernichtung bedrohen
und tatsächlich vernichten.

Wenn das in vereinfachtem Grundriß erklären hilft, warum Kafkas ab
1912 endlich zu erzählerischer Konsequenz, in Katastrophen getriebene
Lebens- und Schreibkrise für ihn nicht – wie für Thomas Mann oder
Brecht – eine Konfliktlösung und eine Befreiung zu einer Werk auf Werk
sich beglaubigenden Produktivität brachte, warum für ihn die Krise nicht
nur eine Entwicklungsbedingung war, sondern eine Lebensbedingung
blieb –, dann reicht diese Erklärung doch nur bis zum endgültigen
Abschied von Felice Bauer 1917 und bis zur Abrechnung mit dem Vater
1919.

Befreit von der väterlichen Aufsicht und Vernichtungsdrohung, aber
auch vom Normalisierungszwang durch eine Ehe und schließlich sogar
durch einen Beruf, hätte die »Selbstvergessenheit« des Autors sich nun
»eigentlich« freier entfalten können. Aber »noch eigentlicher« mochte sie
doch versucht sein, die Lust und die Zweifel am selbstvergessenen Schreiben zu dessen wesentlichem, sich immer wieder aufreibenden und immer
wieder entzündenden Thema zu machen. Welchen Weg Kafka wählte –
wohl ohne die Chance einer Wahl – ist bekannt. Eine vierte Phase seiner

Produktivität, eine endgültig in Klassizität aufgelöste Krise, könnte als mögliche Zukunft zwar aus seinen späten Werken herausgelesen werden, doch er, seine Tuberkulose und sein früher Tod haben sie ihm und uns verweigert. Was auch heißt, daß Kafka sich die Werke versagt hat, für die er keine Vernichtung mehr hätte wünschen müssen.

Zweiter Teil

AM ZIEL

Drei Strategien

Nichts scheint uns heute hinfälliger als Meisterwerke, jedenfalls solche, in die ihre Meisterwerkhaftigkeit als feste Struktur, entschlossene Bedeutung, als ästhetische wie moralische Durabilität von vornherein eingeschrieben und eingeplant scheint. Genau das aber glaubt heute ein auf aktuelle Leseerwartungen verengter Blick an Brechts großer Stück-Trias »Leben des Galilei«, »Mutter Courage und ihre Kinder« und »Der Gute Mensch von Sezuan« wahrzunehmen. In dieser Produktion des Stückeschreibers Ende der dreißiger und Anfang der vierziger Jahre war endlich erreicht, wovon er zwanzig Jahre früher geträumt hatte: der Standard eines Klassikers und in ihm die Aufhebung des eigenen Sturm und Drang.

Natürlich werden auch derartige Meisterwerke interessanter, als sie zunächst scheinen mögen, sobald man sie als Stationen wieder auflöst in die Produktionsgeschichte ihres Autors, um sie dann eben nicht auszulegen als Werke, sondern zu verstehen als Leistungen. Brecht mit Anfang vierzig, zehn Jahre nach dem radikalen Scheitern am »Fatzer« und dem Radikalitätstriumph in »Die Maßnahme«, auf dem Höhepunkt seiner »milden« Phase, in der Mitte seines Exils, fast vollkommen abgeschnitten vom Produktionsmittel Theater, die vorgeschobenen avantgardistischen Positionen Zug um Zug zurücknehmend, doch fieberhaft, trotzig weiterproduzierend, auch während der Flucht von Land zu Land, nicht gelähmt vom Anblick eines offenbar unaufhaltsamen Welterfolgs des Naziregimes, von den Moskauer Prozessen, vom anrollenden Weltkrieg oder dem Nichtangriffspakt zwischen Hitler und Stalin –, es gäbe genügend Perspektiven, ästhetische, biographische, historische, in denen die drei Meisterwerke sich begreifen und auch bestaunen ließen als nüchterne, bewundernswerte, ja sanft heroische Widerstandsakte, als Bewährungen eines großen Talents unter hohem zeitgeschichtlichen Druck.

Doch genau diese im ersten Teil fast durchgängig an den Texten Brechts wie Kafkas und Thomas Manns versuchte Auflösung in ihre Produktionsgeschichte, die alles Geglückte relativieren und alles Gescheiterte rehabilitieren kann, soll nun weitgehend aufgegeben werden. Auch deshalb wird der Sprung vom dreißigjährigen Brecht zum Werk des Vierzigjährigen versucht, genau wie später der fast gleich lange Sprung vom »Zauberberg« in den dritten Josephsroman, vom Kafka Ende 1912 zum Autor des Schloßromans. Freigestellt, herausgehoben aus ihrer Produktionsgeschichte, sollen die Werke nun verraten, was ihre Autoren erreicht haben in den langsamen, mühseligen, widersprüchlichen Entwicklungsprozessen, die bisher untersucht worden sind. Zu fragen wäre vor allem, wie sich die jeweils erreichte Schreibposition, vorläufig auf die Formeln Selbstzerspiegelung, Selbstverleugnung, Selbstvergessenheit gebracht, in den Werken wiederentdecken ließe, als eine Energie, die Thematik und Struktur prägt oder doch mitprägt.

Brechts Zurücknahmen und Umwertungen

Brecht, der Klassiker, untersucht in seinen Stücken Anfang der vierziger Jahre, was für den Klassiker der »Iphigenie« die Bedingungen »reiner Menschlichkeit« waren, was der ihm so fremde, doch, wie sich noch zeigen wird, nicht gleich ferne Thomas Mann festrednerisch als »die ewige Rätsel-Frage der Humanität« beschwört, und was Brecht selbst mit dem leuchtenden, wärmenden Zentralbegriff seiner »milden« Phase gern »Freundlichkeit« nannte. Wieder und immer noch wird gefragt: Darf, soll, kann man Mitleid empfinden und mitleidig handeln auch in »finsteren Zeiten«? Die genau das doch, wie Brecht als ihr Chronist immer wieder demonstriert hat, bei Todesstrafe für jeden von Mitleid Heimgesuchten verbieten? Die neuen Stücke statuieren auch neue Exempel: freundlich zu sein gestattet sich der betrunkene Herr Puntila, freundlich handelt die verstummte Tochter der Mutter Courage, freundlich die verliebte, die gegen ihren Eigennutz rücksichtslos gewordene Shen Te. Freundlich also, so ließe sich daraus schließen, kann in finsteren Zeiten und ungerechter Gesellschaft nur ein an deren Rand Abgetriebener sein, ein Verliebter, ein Betrunkener, ein Krüppel, jemand also, der nach den gegebenen Regeln ohnehin nicht funktionieren kann oder will. Freundlichkeit wird unter solchen Bedingungen für Brecht offenbar eine Leistung, die nur Asoziale sich leisten können.

Einleuchtend wird damit auch, wohin es solche Exempel in ihrer dramatischen Fassung treibt: weg vom kathartischen »Iphigenie«-Muster und hinein in die Komödie. Im Sezuan-Stück, nüchtern besehen eine Hosenrollen-Komödie, ist dieses Ziel erreicht. In den Courage-Szenen dagegen geraten die eigentlich komödienhaft angelegten Figuren und Konflikte in eine effektvolle, dissonante Spannung zu Konfliktlösungen mit tödlichem Ausgang. Denn die robuste Anpassungsstrategie der Courage mag zynisch, realitätsgerecht und auch komisch sein, doch kostet sie leider ihren drei Kindern das Leben. Nur der »Galilei«, dieses erste und schwerfälligste Werk in Brechts kanonischer Serie, entzieht sich beidem, dem Komödien-Mechanismus, aber auch einer tragischen Zuspitzung oder Verklärung, auf die der Entwicklungsgang der Titelfigur doch angelegt scheint.

In diesem »Schauspiel«, eine bei Brecht ungewöhnliche, neutrale Gattungsbezeichnung, läßt sich nicht einmal das Thema »Freundlichkeit« deutlich greifen. Aber daß auch hier gut und treu humanistisch die Möglichkeiten der Tugend abgehandelt werden, tönt aus dem Text an

allen Scheitelpunkten der Handlung. Mit Galilei hat Brecht seinen Baal
– man könnte auch sagen: seinen Götz oder Karl Moor –, ins Klassische
und damit ins fast Unkenntliche fortgeschrieben, aufgelöst.

Das signalisiert gleich die breit und triumphal entworfene Eingangs-
szene, wenn der Held der Wissenschaft »prustend und fröhlich« mit der
freien Fleischesmasse seines Oberkörpers über dem Waschzuber hängt,
um dann, sich behaglich frottierend, einem Kind das neue Himmelssy-
stem zu erklären. Mens sana in corpore sano: in dieser vital humanistischen Erscheinungsform, genußvoll die Gesundheit und Harmonie des
eigenen Organismus und des Kosmos darstellend, ist Baal auf den ersten
Blick kaum wiederzuerkennen. Doch erinnern wir uns an Brechts späten
Kommentar zu seinem ersten Stück: »Es ist nicht zu sagen, wie Baal sich
zu einer Verwertung seiner Talente stellen würde . . .«, nämlich in »einer
Welt, die . . . eine ausnutzbare«, statt »nur eine ausbeutbare Produktivität
anerkennt«. In genau solche glücklichen Umstände sieht sich Galilei
versetzt. Frühstückend begrüßt er »ein großes Zeitalter, in dem zu leben
eine Lust ist«.

Prustend und dozierend, essend und optimistisch, neugierig, ja gierig
noch beim Blick durchs Fernrohr –, in immer neuen Haltungen präsentiert sich der Held als verkörperte Einheit von Sinnlichkeit und Er-
kenntnistrieb und dazu noch, wieder im Gegenzug zum »bösen Baal,
dem asozialen«, als ein volksverbundener Intellektueller. Unmöglich,
diesem Kerl rauchend, kennerisch, distanziert begutachtend zuzusehen,
als braver epischer Musterzuschauer, wie ihn die gegen das »Mitreißen«
entworfene Theatertheorie Brechts sich wünscht. Galilei ist, wenn nicht
auf Einfühlung, so doch auf Sympathie angewiesen, ja unverhohlen angelegt, ein Held nach allen Regeln der Konvention, der also auch sorgfältig in eine schöne, festliche Fallhöhe hinaufgeführt wird, um dann
durch seinen Sturz umso heftiger zu bestürzen. Glücklich das Zeitalter,
so scheint das Stück zunächst Szene für Szene auszurufen, das solche
Helden gebrauchen kann. Galilei selbst wird solcher frohen Ansicht von
Heldentum später bekanntlich ins Wort fallen, nachdem er vor der Inquisition unheldisch versagt hat: »Unglücklich das Land, das Helden
nötig hat.« Um schließlich verwirrenderweise auch diesen Widerruf
noch zu widerrufen oder doch in Frage zu stellen. Über den Nutzen und
Nachteil großer Männer für den Fortschritt verweigert das Stück also
eine klare Auskunft, während es die theatralische Wirkungskraft einer
großen Figur mit allen einschlägigen Spannungs- und Imponiertricks

des Historienstücks so unverschämt bedient wie der Verfasser des »Wallenstein«.

»Baal, der provokatör, der verehrer der dinge, wie sie sind, der sichausleber und andereausleber«, so heißt es in einer schon einmal zitierten Notiz aus dem gleichen Herbst 1938, in dem auch die erste Niederschrift des »Galilei« entsteht: erstaunlich, wie auch diese Formulierung die anarchische Figur plötzlich aufs Positive und Produktive festlegen möchte und sie damit verkürzt. Denn nun fehlt ihr, wie erst recht dem nützlichen Baal Galilei, alle Lust an Destruktion und Untergang, jene aggressive Tendenz, die sich im dramatischen Erstling vor allem an und gegen Frauen »ausgelebt« hatte. Aber Frauen, die rüstige Volksfigur der Frau Sarti und die streng beschränkte Tochter Virginia, führen im Stück ohnehin nur ein Schattendasein. Als müßten diesem forschenden Baal, damit seine Sinnlichkeit nur ja zahm bleibt, konzentriert auf die Kulinarik des Essens, Trinkens und der Wahrheitssuche, die Weiber aus dem Weg geräumt, unschädlich gemacht werden, so reiz- wie geistlos. Kein Wunder, daß wir in Galilei den Baal, Brechts Musterbild männlicher Vitalität, kaum noch wiedererkennen: gerade seine Sexualität scheint ausgenüchtert oder wegsublimiert bis ins fast Unsichtbare.

Ein Weib allerdings hält sich im Stück gut verborgen, nämlich jene durch lauter Männer repräsentierte Große Mutter, als deren Sohn sich auch Galilei bekennt und die ihn schließlich in die Knie zwingt: die Kirche. Auf deren verschwiegen und doch unübersehbar weibliche Rolle im »psychodramatischen« Gefüge des Stücks hat erst Friedrich Dieckmann forciert hingewiesen: »an Stelle der übermächtigen Vaterfigur als Objekt von Rebellion und Emanzipation ist eine – ins Kollektive geweitete – Mutterfigur getreten, die noch viel mächtiger ist als jene, weil es ihr gegenüber nicht nur keine Sieges-, sondern nicht einmal eine Konfrontationsmöglichkeit gibt . . . An Stelle der offenen Lossagung tritt die versteckte; der Aufruhr, der sich nicht erklären kann, sinnt auf Umwege und bemerkt, daß sie nicht aufrechtzuerhalten sind; sie laufen melancholisch in sich selbst zurück.« War nicht schon Baal, alle Frauen zwar als Beute angreifend und verbrauchend, dann wegwerfend, gegenüber der eigenen Mutter bemerkenswert ohnmächtig, ja dumpf gehorsam geblieben? Als Brecht dann mit Laughton den Galilei umzuschreiben beginnt – wohl mehr im Banne dieses genial zwielichtigen Schauspielers als beeindruckt, wie die Legende will, vom Abwurf der ersten Atombombe –, da setzt er plötzlich immer krassere Züge eines gierigen, rücksichtslosen Baalschen

Genießens in die Rolle, um die Figur ins Schillernde, Feige, tückisch Egozentrische zu treiben. Erst jetzt wird die mächtige, saugende Sinnlichkeit des »Weinschlauchs! Schneckenfressers!«, der nur die »geliebte Haut rettet«, denunziert als asozial. Das leuchtende Bild des optimistisch Frühstückenden verdämmert in seiner letzten Szene zu dem eines melancholisch mampfenden Verräters. Was bleibt, ist Stoffwechsel. In diesem Schlußbild ist Brecht, womöglich unbewußt, jene große Zurechtweisung, ja szenische Hinrichtung der frühen Grund- und Bekenntnisfigur seines Schreibens gelungen, an der er sich in den zwanziger Jahren so erschöpfend wie ergebnislos versucht hatte.

Lauter Zurücknahmen also kennzeichnen das Stück, das aber dadurch nicht etwa geschwächt wird, sondern im Gegenteil sich auflädt mit innerer Spannung. Denn die Zurücknahmen geschehen immer nur halb, tilgen nicht einen Widerstand gegen sie. Zurückgenommen wird zwar die rückhaltlose Identifikation mit dem Baalschen Anarchismus und Vitalismus, aber noch und gerade wenn Galilei am Ende zugerichtet ist zu einer Ruine seiner selbst, fällt er nicht aus aller Sympathie, auch wenn Brecht das noch im Todesjahr in einem verzweifelten Regiekampf gegen den Galilei-Darsteller Ernst Busch durchsetzen wollte. Zurückgenommen ist zwar auch das aggressive Frauenbild, an dem der Urbaal als »Provokatör« sich austoben konnte, aber eine milde Verachtung des anderen Geschlechts hat an den schrecklich eingeengten Figuren der Sarti und der Virginia deutlich genug mitgeschrieben. Zurückgenommen werden im prachtvollen Bilderbogen von Aufstieg und Fall des Galilei schließlich alle in langen praktischen und theoretischen Qualen ehrgeizig vorangetriebenen Positionen eines epischen Theaters. Genau das hat Brecht selbst schon während der Niederschrift bemerkt und notiert, und folglich hat auch nur diese unter allen hier vollzogenen Zurücknahmen oder Milderungen das Gros seiner beflissenen Ausleger nachhaltig beschäftigt.

Nirgends aber ist von Brecht und auch nicht in der offiziellen Brecht-Forschung, soweit ich sehen kann, die erstaunlichste Umwertung einer früheren Position bemerkt worden, obwohl sie doch gerade den thematischen Kern des Stücks bildet: die emphatische Begrüßung nämlich eines Weltbilds, in dem die Erde, statt weiterhin als Mittelpunkt des Alls zu gelten, zum Punkt unter Punkten in einem grenzenlos weiten Kosmos heruntergeschrumpft ist. Denn was die Partei Galileis nun als Befreiungsschock feiert, das war für den Dichter der Baal-Zeit ein in Psalmen, Szenen oder Geschichten beschworener horror vacui, die nie verwundene

Beleidigung seiner auf Geozentrizität offenbar angewiesenen Egozentrik (um einen so altmodischen und neutralen Begriff hier einzusetzen statt den modischen des Narzißmus). Wie naturwüchsig, ganz unreflektiert schien damals aus der Erfahrung kosmischer Weite, Kälte, Anonymität die Erkenntnis auch der gesellschaftlichen Kälte und Rücksichtslosigkeit hervorzugehen. Gefolgert wurde aus beiderlei Befund: die Unverbindlichkeit aller Moralen, die lächerliche Illusion persönlicher Verantwortung, ja verbindlicher Individualität. Denn um noch einmal drei Bekenntnissätze aus dieser Zeit zu zitieren: »Das Gestirn ist rein vorläufig. Es saust mit allerlei andern, einer Reihe von Gestirnzeug, auf einen Stern der Milchstraße zu. Auf einem solchen Gestirn hat man keine Verantwortung.«

Brecht mochte diese zynische oder melancholische Reaktion auf die kopernikanische Wende am Himmel längst vergessen, verdrängt haben, das Galilei-Stück aber, obwohl es doch diese pessimistische Interpretation so festlich verkehrt ins Positive, holt sie trotzdem zurück ins Spiel: es ist Mutter Kirche, die vielstimmig, vom Sehr alten Kardinal bis zum Kleinen Mönch, warnt vor den irdischen Folgen einer rücksichtslos dezentralisierten Himmelsordnung, vor der Auskältung, Sinnlosigkeit, Verwahrlosung des individuellen wie gesellschaftlichen Lebens, sobald das Schutzdach aller gütigen Illusionen von der Menschheit im Mittelpunkt des Alls über ihren Köpfen zerreißt. »Ich höre«, ruft der Sehr alte Kardinal, »dieser Herr Galilei versetzt den Menschen aus dem Mittelpunkt des Weltalls irgendwo an den Rand. Er ist folglich deutlich ein Feind des Menschengeschlechts!« Denn wie könnte Gott den Menschen, »ein solches Wunderding, eine solche Anstrengung, auf ein kleines, abseitiges und immerfort weglaufendes Gestirnlein setzen?« Das ist genau eine der Stellen, wo Brecht als Autor mehr zu wissen und zu erinnern scheint als dem gerade schreibenden Brecht wohl paßte, denn »eine Anstrengung Gottes« wurde tatsächlich zwei Jahrzehnte vor diesem Sehr alten Kardinal auch der untergehende Freibeuter Bargan in seiner Geschichte genannt, in deren kalt ins Kosmische aufrauschender letzter Satzperiode, die abschließt mit den Worten: »so unsicher sind wir alle auf diesem Stern«.

So unsicher wie – um auch daran zu erinnern –, der arme B. B. in der Maske des »Beleidigten« unmittelbar nach dem Tod seiner Mutter, »preisgegeben dem Stern Erde, der in einem System, das ich nie gebilligt habe, im kalten Raum umgeht«. Nun also billigt Brecht, zwanzig Jahre nach dem Tod der Mutter, nach dem Kälteschock und der »Beleidigung«, erst in der Maske des Galilei wissenschafts- und fortschrittsgläubig (»Ich glaube an die Vernunft«) das neue »System« als eines der Freiheit, um dann doch in der Maske des Sehr alten Kardinals im Namen der Mutter Kirche Sorgen auszusprechen, die mütterlicher, besorgter, »freundlicher« klingen als das Aufklärungspathos des verlorenen und dann der römischen Mutter doch melancholisch gehorsamen Sohns. Hier, wo Brecht gegen Brecht argumentiert, wo jede der beiden Parteien, Kirche und Wissenschaft, mit Recht und Unrecht der jeweils anderen Zynismus und sich selbst »Freundlichkeit« attestiert, hier läuft der Riß durch das Stück, der ihm jenseits von aller Thesentheaterrhetorik eine bis zum Ende unaufgelöste Spannung sichert.

Denn plötzlich, wenn Galilei in der jäh verschärften kalifornischen Fassung seiner Selbstanklage diese am Ende steigert bis zu einer Zerstörung seiner Figur, scheint ein Echo der Stimme des Sehr alten Kardinals aus ihm mitzureden. »Wie kann es Leute geben, so pervers, daß sie diesen Sklaven der Rechentafeln Glauben schenken!« hatte dieser ausgerufen. »Ihr mögt«, sagt nun resümierend Galilei, »mit der Zeit alles entdecken, was es zu entdecken gibt, und euer Fortschritt wird doch nur ein Fortschreiten von der Menschheit weg sein.« Der Vater einer neuen Wissenschaft und Sohn der alten Kirche erklärt sich im Namen dieser Wissenschaft, aber durchaus auch im Sinn der Kirche nun selbst zum »Feind des Menschengeschlechts«. Damit hat die Dialektik der Aufklärung, von der Brecht als Ideologe der Dialektik sicher nichts wissen wollte, ihn als Stückeschreiber doch eingeholt.

So neugierig gelesen, als ein kunstvolles, spannungsreiches Geflecht von Zurücknahmen und Umwertungen, als ein dramatisches Gespräch des jungen Brecht mit dem »reifen«, verliert das »Leben des Galilei« bald den abweisenden Schein des endgültig, meisterwerkhaft Geglückten und gewinnt jene gespenstische Vielgesichtigkeit, die seine anhaltende Wirkung auf der Bühne genauer erklären hilft als der schlichte Hinweis auf die Spielbarkeit einer Paraderolle.

So gelesen, läßt sich der seine Forschung verratende und dann doch klammheimlich weiter betreibende Forscher auch verstehen als Pendant zum Jungen Genossen in »Die Maßnahme«. Auch der hatte mit seinem »Mein Herz schlägt für die Revolution« seine Gesinnung zunächst so arglos offen und idealistisch auf der Zunge getragen wie Galilei mit seiner »Lust zu leben« und seinem »Ich glaube an die Vernunft«. Doch während der Junge Genosse nur vorübergehend verschwindet hinter der Maske der

Illegalität, um aus ihr schließlich hervorzubrechen, weil »der Mensch, der lebendige, brüllt« angesichts von Ungerechtigkeit und Elend, hält Galilei sich in der Maske seiner Illegalität verborgen bis zum Ende. Genauer: er spaltet sich, genau wie später die Courage und Shen Te. Durch seine Maske redet er nicht nur zur eigenen kirchenfrommen Tochter, sondern schließlich auch zu seinem Schüler und Komplizen Andrea, agiert also scheinbar als ein Fremder, um doch, ebenso scheinbar, im Verborgenen immer er selbst zu bleiben. Selbst schuldig erklärt er sich hinter einer Maske, in der Rolle seines eigenen Richters und in einer Rede, die nicht nur, wie wir inzwischen wissen, in einzelnen rhetorischen Wendungen der demütig hochmütigen Selbstverurteilung Bucharins in seinem Moskauer Prozeß folgt, sondern diese auch als einen musterhaften Akt von Überheblichkeit reproduziert, sodaß Galilei noch in seiner souveränen Selbstvernichtung seine Souveränität genießen kann. Das Spiel solcher sich immer auch selbstrechtfertigenden Selbstanklage wird Brecht weiterspielen, bis er am Ende von »Böser Morgen« in den Elegien aus Buckow ausruft: »Unwissende! Schrie ich, schuldbewußt.« Bucharin in der Maske Galileis in der Maske Brechts in der Maske Baals – und kein Ende abzusehen.

Alle die im »Leben des Galilei«, ob planvoll oder nicht, unaufgelösten Fragen: Was nützt, was schadet die Autorität eines großen Mannes? Befördern oder lähmen Tugenden die Durchsetzung vernünftiger Verhältnisse? Darf, soll, muß sich »in finsteren Zeiten« Humanität, »Freundlichkeit« verbergen, schützen, überwintern hinter Masken? –, alle diese Fragen werden weitergetragen in die nächsten Stücke Brechts. »Klassische« Fragen erkennt man auch daran, daß sie sich als dauerhaft erweisen.

Thomas Manns Widerspruchsharmonie

Vor einem regelrecht tragischen Scheitern hat Brecht seinen Humanisten dadurch bewahrt, daß er Galilei seine moralische Exekution an sich selbst vollstrecken läßt. Thomas Mann dagegen sorgt in seinen dreißiger Jahren von vornherein für freundlichere Spielbedingungen: sein Joseph wird aus allen Heimsuchungen gerettet von Gnaden des Märchens, sein Goethe versöhnt sich mit seinen Opfern im Geist der Komödie, nach dem Vorbild des Götterspiels im Kleistschen »Amphitryon«. Auch in diesen Romanen werden die klassischen, die humanistischen Probleme der Größe, der sozialen Tugenden (Thomas Mann spricht lieber von »Güte« statt von »Freundlichkeit«), des Rollenspiels und des Maskenwesens verhandelt, doch eben als mindestens literarisch lösbare, dafür sorgen die Lösungsmodelle von Märchen und Komödie. Sie garantieren auch, daß ein historischer Stoff sich nicht wie bei Brecht ins melancholisch Unentschiedene verläuft, daß er spielbar und kontrollierbar bleibt, daß er sich gängeln läßt zum glücklichen Ende.

Auch Thomas Mann operiert, sogar bewußter als Brecht, nun mit Zurücknahmen, Milderungen alten Konfliktpotentials. Autobiographischer Stoff wird immer freier, artistischer, »selbstvergessener« überführt und aufgehoben in Spielsysteme. »Heimsuchung«, diese Grundfabel Mannschen Erzählens, dieses »Lied vom errungenen, scheinbar gesicherten Friedens und des den treuen Kunstbau lachend hinwegfegenden Lebens«, wie es in »Joseph in Ägypten« heißt –, solche Heimsuchung wird allen drei überragenden Protagonisten der alttestamentarischen Tetralogie zugemutet, Jaakob wie Joseph wie Mut-em-enet, Potiphars Weib, doch dreimal ohne tödlichen, katastrophalen Ausgang. Selbst Mut, die durch ihre Leidenschaft zu Joseph am trostlosesten Heimgesuchte, darf sich schließlich zurückkretten in den restaurierten »Kunstbau« ihrer hocharistokratischen Damenexistenz. Lauter Verschonung regiert, bezahlt allerdings mit jener Entsagung, die man besser Behagen im Unglück nennen sollte.

Vor allem für Joseph, das verwöhnte Lieblingskind nicht nur Jaakobs, sondern auch des Erzählers, erweist sich jeder Sturz als wunderbar abgefedert, als Absprung in eine Erhöhung, jede Grube als Auferstehungsgrab. Diese in Josephs Geschichte ineinandergreifenden Erhöhungen und Erniedrigungen funktionieren musterhaft nach dem Modell des über den ganzen Roman ausgebreiteten Systems von Doppeldeutigkeiten: dauernd erscheinen Götter- als Menschengeschichten, blenden sich Unten und Oben, Einst und Damals und Künftig, Diesseits und Jenseits, Unbewußtes und Bewußtes ineinander. So dicht, so hermetisch ist dieses Netz der Widerspruchsharmonien geknüpft, daß die Romanpartitur jede Frage von außen, etwa nach dem hier strukturbildenden Erzählinteresse des Autors, streng abzuweisen scheint. Falls mit diesem Interesse nämlich etwas Elementareres gemeint sein soll als nur jene »Psychologie des Mythos«, die Thomas Mann so unermüdlich als Generalformel und Arbeitsabsicht für den Roman verkündet hat.

Auf eine elementarere Erzählmotivation zielt die Vermutung, daß in dem beherrschenden Dreieck Jaakob-Joseph-Mut, in Vater, Sohn und mütterlicher Geliebter sich ihr Autor dreifach verbergen und offenbaren konnte. Obwohl sich das nur für Jaakobs Vaterrolle wie für alle ihr nachfolgenden väterlichen Gönner Josephs, für Mont-kaw, Potiphar oder Mai Sachme von selbst zu verstehen scheint. Doch auch in Joseph spiegeln sich noch einmal alle jungen Figuren, in die Thomas Mann sich schon hineinerzählt hat: Hans Castorp und Tonio Kröger, Krull und sogar die Königliche Hoheit. Genau wie sie steht zwar auch Joseph im Aktions- und Passionszentrum des Romans, aber gerade an ihren wichtigsten Wendepunkten wird seine Geschichte nicht mehr von ihm aus, sondern auf ihn zu erzählt, aus den Augen des Vaters oder der Brüder, mit dem Stutzen und Staunen seiner ägyptischen Förderer und vor allem aus der rasenden Liebesphantasie der Mut-em-enet. Damit verrät sich, daß Joseph eben nicht nur wie seine jungen Vorgänger eine perspektivenbestimmende Mittelpunktsfigur ist, sondern auch ein Angeschauter, Bewunderter, Lockender, Begehrter, der sich in den Augen der anderen spiegelt wie im eigenen Glanz: Tadzios Nachfolger also, ein Heilsversprecher und Unheilbringer, dessen Geschichte diesmal aber auch aus einer weiblichen Perspektive erzählt wird. Endlich hat Thomas Mann den Blick des Begehrens umspringen lassen: Subjekt ist nun eine Frau, Objekt der Jüngling, und das wird sich wiederholen bis zur letzten Novelle von der Betrogenen. Der Erzähler allerdings wird nicht müde, zu kokettieren mit der peinlichen Uneindeutigkeit von Muts Rolle, die doch als Fordernde und schließlich Befehlende handelt, als »Herrin« eben, und »das ist, körperlich gesehen, ein Herr in Weibesgestalt, geistig gesehen aber ein Weib von herrenhaftem Gepräge«. Genauso könnte sich auch der Autor vorgekommen sein in seiner Passion für Paul Ehrenberg und später für Klaus Heuser. Daß er die alten Aufzeichnungen über diese Heimsuchungen an Leib und Seele herangezogen hat, um den Liebeswahn der Mut-em-enet zu erzählen, wissen wir inzwischen aus seinen Tagebüchern.

Was für ein schillerndes Dreieck, in dem in jede Position der Erzähler selbst sich hineinblenden kann, als besorgter Vater, lockender, leidender Sohn und sogar als weiblicher Verführer, unheiliger Geist der Erotik. Aus jeder Ecke der Trinität scheint er uns anzublinzeln wie Joseph mit seinem schwindelerregenden »Ich bin's«. Was ja auch immer bedeuten will, daß er's ist und eben doch nicht ganz ist, nämlich einerseits nur Joseph und andererseits eben doch möglicherweise bedeutend mehr, etwa der wiederauferstandene Usir oder des Vaters Braut, des Vaters im Himmel oder in Kanaan, aber auch Gilgamesch oder Hermes. Oder eben ein in solche Fiktionen hineingemischter Klaus Heuser oder Klaus Mann. Doch zuallererst und zuallerletzt bleibt dieser Joseph in allen seinen Gestalten ein Blendwerk seines Erzählers, das schönste, unerreichbarste, sprachgewordene Objekt homoerotischer Bewunderung und Begierde.

Wohin man in diesem Roman auch blickt, immer verliert man sich in Spiegelungen, Transparenzen, in Entzugserscheinungen. Weder die Personen, noch ihr Geschlecht halten ihren eindeutigen und ordentlichen Umriß. Der gram- und lustvoll trauernde Jaakob kann sich zeitweise verwandelt meinen in seine verstorbene Rahel, die er aber auch in Joseph wiedererstanden sieht. Die in Freud und »Parsifal« eingeweihte Mut alias Kundry wiederum, der »Herr in Weibesgestalt«, lockt Joseph an mit der Frage: »Mit der Mutter schläft jeder — weißt du das nicht?« Während Joseph selbst doch zuweilen wähnt, die eigene Mutter zu sein, doch dann wieder eine keusche Gottesbraut.

Wer sich ins Spiegelkabinett solchen exzessiven »Beziehungszaubers« verliert, der gerät also scheinbar in ein Tohuwabohu androgynen Mischmaschs. In diesem Zerschmelzen, Zerblenden der festen Geschlechtsrollen spürt man das heimliche Begeisterungszentrum arbeiten, aus dem sich die umfassende Doppeldeutigkeitsstrategie des Romans entfaltet haben könnte. Wie süchtig, wie wüst der Erzähler sich in die »Einheit des Doppelten« oder der »Zweiheit« hineinschwärmt, das wird freilich sorgfältig abgedeckt durch die gravitätische Rationalität, den rhetorischen Humor des Vortrags, durch die unzerreißbare, wenn auch phantastische Stimmigkeit des Motivgewebes und durch dessen gelehrte oder scheingelehrte Absicherung. Schließlich, so wird immer wieder beteuert, wiederholt dieser Roman samt ausführlichem Kommentar nur, was sich längst als Ereignis leibhaftig »erzählt« hat und auch in unzähligen Variationen schon mündlich wie schriftlich nacherzählt worden ist. Auch diese Inszenierung von sozusagen Sekundärliteratur feiert hier ihre Premiere im Ouevre Thomas Manns. Sie garantiert dem Erzähler eine noch nie genossene »Schattensicherheit«: er muß die Verantwortung für die Geschichte gar nicht tragen, darf sie zelebrieren als ein Spiel, in dem alles, Figuren, Regeln und vor allem der Spielverlauf schon vorgegeben sind oder doch scheinen.

So jedenfalls wird beteuert: »Niemals sind wir darauf ausgegangen, die Täuschung zu erwecken, wir seien der Urquell der Geschichte Josephs. Bevor man sie erzählte, geschah sie ... Seitdem ist sie in der Welt ... Hundertmal ist sie erzählt worden und durch hundert Mittel der Erzählung gegangen.« Nur eine weitere »Vermittlung« also wird versprochen, demütig und doch selbstbewußt, denn diesmal soll die Geschichte eine »Selbstbesinnung« dadurch gewinnen, »daß sie zugleich quillt und sich erörtert«. Womit der Vermittler, der sich doch unübersehbar in alle tragenden Rollen hineingeblendet hat, sich listig wieder ausgeblendet hätte. Aber noch im redseligen Kommentieren aller Regungen und Bedenklichkeiten der Handlung, in dieser penetranten Mündlichkeit des Erzählens bringt der Autor sich immer wieder zum Vorschein. Als wollte er, wieder blinzelnd wie Joseph, wieder bedeuten: »Ich bin's«, nämlich einerseits nur Thomas Mann am Schreibtisch in Küsnacht, andererseits Jaakob Buddenbrook oder Joseph Kröger oder Mut-em-enet Aschenbach und hinter allen diesen vieldeutigen Masken wieder nur die redselige, allmächtige Zunge eines anonymen, ubiquitären »Geists der Erzählung«.

Es ist dieses ganz und gar von sich Absehen und sich doch in keinem Augenblick aus den Augen und Sinnen Verlieren, diese, um Kafka ins Paradox zu wenden, überwache Selbstvergessenheit, die das Spiel- und Spiegelwerk des Romans unerschöpflich in Gang hält. Auch jene Redseligkeit, die das Spiel der entgleitenden Identitäten und der Widerspruchsharmonie regiert, wird redselig immer wieder bedacht. In ihr scheint nicht nur der Sprechende, sondern die Sprache selbst auf der Flucht. Als gelte es etwas zu übertönen, wortreich zu verschweigen. »Oft kam's mir vor«, so sinnt der alte ismaelitische Kaufmann vor dem redegewandten Joseph, »als ob die Welt nur darum so voller lauten Geredes sei, daß sich besser darunter verberge das Verschwiegene und überredet werde das Geheimnis, das hinter Menschen und Dingen ist.« Was sich hier nur zart raunend zu verstehen gibt, wird in einer konkreten Situation konkreter, als nämlich Mut dem ihr in seinen süßen, geschmeidigen Wortreichtum ausweichenden Joseph vorwirft: »Oh, Osariph, du bist schrecklich in deiner redenden Schönheit, die dich den Menschen göttlich erscheinen läßt und sie dir alle gefügig macht, mich aber in Verzweiflung stürzt durch ihre Gewandtheit! Eine schreckliche Gottheit ist das, die Gewandtheit, des Witzes Kind und der Schönheit, – für das schwermütig liebende Herz ein tödlich Entzücken! . . . denn wie der Tod will die Liebe schweigen . . .«

Mut-em-enet selbst, wenn sie schließlich mit zerbissener Zunge ihre Liebesgeständnisse nur noch lispeln und lallen kann, macht so durch ihre verstümmelte Rede leibhaftig klar, daß Passion sich weder deutlich artikulieren kann noch will. Wer sie in Kunst rettet, hat sie schon verraten. Das wußte Tonio Kröger, und daran wird noch der Goethe in »Lotte in Weimar« erinnern, wenn er die literarische Kühnheit und Feigheit seines »Werther« lobt: »Gut gemacht, talentvoller Grasaff', der schon von Kunst so viel wußt' wie von der Liebe und heimlich jene meint', wenn er diese betrieb, – spatzenjung und schon ganz bereit, Lieben, Leben und Menschheit an die Kunst zu verraten.«

Joseph allerdings wird auf dem kitzligen Höhepunkt seiner Keuschheit der Liebesverrat und die Flucht vor Potiphars Weib ganz makellos nicht gelingen. »Ein Widerspruch entwickelte sich«, heißt es, »während er unglaublich flüssig und gewandt dahinredete, . . . stand sein Fleisch auf gegen ihn, sodaß er unter den geläufigsten und gescheitesten Reden zum Esel wurde . . .« Nackter kann kein »Geheimnis« in die »redselige Welt« ragen als dieses phallische, dem die unglückliche Mut nur noch ihr »Me'ni nachtef!« nachrufen kann: »Ich habe seine Stärke gesehen!« Doch die weiterströmende Rede der Erzählung wird das Menetekel sofort wieder in sich verschwinden lassen, indem sie es eben beredet und zerredet, wird beflissen das Vaterbild in Joseph aufrichten gegen den Aufstand seines Fleisches und dann ihre Anmut und Geläufigkeit weiterströmen lassen, bis sich mit dem milden Urteilsspruch Potiphars die patriarchale, begütigende Redewelt des dritten Josephsromans gerundet und geschlossen hat, wie ungefährdet. Denn in ihr werden alle Gefahren wie alle Geheimnisse so unermüdlich wie erschöpfend durchartikuliert und eben dadurch: unschädlich gemacht.

Deswegen kann nun das Heimsuchungsspiel von »Lotte in Weimar« bis zu »Die Betrogene« heiter durch immer neue Varianten getrieben werden. Die (wie Thomas Mann das nannte) »Durchheiterung« des Stoffs und der alten Konflikte, ihre (wie man vielleicht besser sagen sollte)

»Durchmilderung« ist garantiert einmal durch die Entsagungsbereit-schaft aller beteiligten Figuren, aber auch durch die schon in Josephs Geschichte verkündete, beruhigende Spielregel und -bedingung: »Schrill soll man weinen und jammern und nur ganz unter der Hand versichert sein, daß es gar keine Niederfahrt gibt, der nicht ihr Zubehör folgte, das Auferstehn.«

Die einzige, die düstere Ausnahme, der »Doktor Faustus«, geht nicht von ungefähr zurück auf eine Idee und auf Stoffreize aus einer Zeit weit vor aller Spielfreiheit, auf die Jahre zwischen »Buddenbrooks« und »Tonio Kröger«. Immer wieder reiben sich während der Arbeit das alte Material und die neuen Absichten aneinander. Was für eine Mühsal, der Heimsuchungsfabel ein Erklärungsmodell für die Entstehung des Fa-schismus abzupressen. Eine zähe Aufgabe, zäh und fleißig erledigt, fast ohne alle Spielfreude. Wohl auch, weil der Autor sich diesmal nur hinter zwei Masken authentisch verbergen konnte, die eine zu düster, die andere zu blaß, hinter Leverkühn, dem Dämon, und hinter Zeitblom, dem Philister. Außerdem führte der Roman zu tief ins zwanzigste Jahrhun-dert, dem der Zauberer sonst lieber peinlich ausgewichen war, und zu unweigerlich drohte am Ende eine Katastrophe, die sich kaum noch in eine Himmelfahrt hinüberblenden ließ.

Kafkas blendender Leerlauf

Auch Kafka ist, wie Brecht und Mann, der Welt seiner Strafgerichte und Schuldphantasien entkommen, als er den Schloßroman schreibt, das zeigt gleich der Anfang des Textes und erst recht sein entschlossen schlingernder Fortgang. Die lockend und drohend, wie im Nebel leuchtende und den Roman überragende Phantasmagorie des Schlosses macht leicht vergessen, wie zögernd, aber auch wie merkwürdig spielerisch Kafka seine Geschichte einsetzen läßt. Nicht mit einem emphatischen Bild der Erwartung und eines Freiheitsversprechens wie den Amerikaroman, doch erst recht nicht mit einem ein ganzes Leben in ein neues, grelles Licht reißenden Schock wie der Verhaftung Josef K.s im »Prozeß«.

Der dritte Roman Kafkas spielt und probiert vielmehr einige Seiten lang zunächst »Komödie«. Denn dieses Lieblingswort Kafkas für undurchsichtiges Simulieren gebraucht auch K. gleich nach dem ersten Wortwechsel für sein eigenes Verhalten. Er gibt nämlich erst einmal vor, gar nicht zu ahnen, daß in dem Dorf ein Schloß überhaupt existiert. Um sich dann doch als einen vom Schloß bestellten Landvermesser erkennen zu geben, dessen Gehilfen noch nachkommen würden. Trotzdem scheint er verblüfft, als ihn eine Telefonstimme aus dem Schloß vorläufig als Landvermesser bestätigt. Auch seine nie nachrückenden Gehilfen scheint er zu vergessen, ebenso wie »Frau und Kind«, die er doch irgendwo zurückgelassen haben will. Eine denkbar undurchsichtige Spieleröffnung. Sie möchte offenbar keinerlei Vorbedingungen anerkennen und von keiner Vorgeschichte etwas wissen, weder im Kopf des Autors noch in der Erzählwelt, die sich nun wie voraussetzungslos vor uns aufrollt.

Doch hat der Roman seine unübersehbare Vorgeschichte in Kafkas Werk. In K., dem angeblichen Landvermesser, sind sowohl der Auswanderer Karl wie Josef K., der Angeklagte, gemeinsam wiederauferstanden. Das Freiheitsbedürfnis und eine von keiner Enttäuschung zu erstickende Erwartungshaltung hat er vom ersten seiner Vorgänger geerbt, ein süchtiges, mißtrauisch advokatorisches Berechnen aller Bewegungen um ihn herum teilt er mit seinem Buchstabenvetter. Das macht diesen dritten, wieder unvollendeten Roman Kafkas zu einem Gebilde, in dem seine beiden Vorläufer immer wieder durchzuschimmern scheinen, bald der Erwartungsglanz des Amerikabuches, bald das süchtige Erschrecken aus dem Prozeßroman. So daß sich in keinem Augenblick verläßlich abschätzen ließe, wie kräftig oder wie hinfällig diese neue K.-Figur wohl sein mag. Wie wir auch unserer Sympathie oder unserer Verachtung für diesen neuen K. nie ganz sicher sein dürfen, weil Kafka selbst sich zu ihm so unerbittlich neutral stellt.

Zweierlei läßt Kafka den Landvermesser immer wieder beteuern oder sich einbilden: daß er »kämpfen« und daß er »frei« sein wolle. Kämpfen möchte er nämlich »für etwas lebendigst Nahes, für sich selbst«, kämpfen aber auch, um nur seine Durchsetzungskraft zu messen an der undurchsichtigen Verfügungsmacht der Repräsentanten des Schlosses, manchmal wie in einer kindlichen oder sportlichen Mutprobe, »Aug in Aug«, Mann gegen Mann. So, wenn er dem allgewaltigen Klamm während der ersehnten Begegnung nur eben »standhalten« möchte: »dann ist es gar nicht nötig, daß er mit mir spricht, es genügt mir wenn ich den Eindruck sehe, den meine Worte auf ihn machen und machen sie keinen oder hört er sie gar nicht, habe ich doch den Gewinn frei vor einem Mächtigen gesprochen zu haben.« Derart bramabarsierend scheint K. sich zu verlieren in leere männliche Behauptungs- und Renommiergesten, die seinen »Kampf« und seine »Freiheit« zu reinen Formalitäten ohne Ziel und Inhalt werden lassen.

Auf solchen Rausch folgt unweigerlich der Kater, am deutlichsten im berühmten Ende des achten Kapitels, wenn K. sich nach seiner Belagerung der Klammschen Kutsche eine ganz und gar freie Position vor den Stallungen des nächtlichen Herrenhofs ertrotzt, »erkämpft« hat, stolz, weil von niemandem mehr anrührbar, unvertreibbar von diesem doch »verbotenen Ort«, während es ihm zugleich vorkommt, »als gäbe es nichts Sinnloseres, nichts Verzweifelteres als diese Freiheit, dieses Warten, diese Unverletzlichkeit«. Frei sein und verloren sein, selbstbewußt, doch gerade dadurch abgeschnitten von aller Kommunikation mit anderen, das wird in diesem triumphalen und verzweifelten Moment ein und dasselbe. Denn ausgerechnet diesen Freiheitskämpfer K. sehen wir doch auf allen seinen Irrwegen bemüht um Verbindungen, Verbindlichkeiten, Bindungen zwischen sich und den Schloßbehörden. Dieser Landvermesser – ein Titel, der seinen wahren Status »Landstreicher« womöglich nur feierlich ironisiert –, möchte nichts so dringend wie ankommen, angestellt, seßhaft werden, also von seiner Freiheit sich befreien, wenn auch zu einem hohen Zweck: um eine Existenz zu gründen. Eine Redewendung, die sich damit freilich mit ungeheurer Bedeutung auffüllt.

Alle seine Berechnungen sind folglich, auf ihren nackten Kern gebracht, immer ökonomische Kosten-Nutzen-Rechnungen. Welcher Einsatz könnte mit welchem Risiko welchen Gewinn abwerfen? Welche Schuld und Schuldigkeit könnte entstehen, wenn man diese oder jene Verbindlichkeit einginge, bei folgender Sicherheit, abzuwägen gegen etwa dieses Risiko? Nur drehen sich K.s sorgfältige Kalkulationen vor allem deshalb immer wieder in Spiralen und verlieren sich im Unendlichen oder doch Unabsehbaren, weil in ihnen eine Unbekannte immer imaginär bleibt: das letztlich unkalkulierbare Interesse der Gegenpartei, des Schlosses. Es gibt sich schlichtweg nicht zu erkennen. Das zwingt auch K.s Berechnungskunst und Berechnungssucht schließlich in blendende Leerläufe, ihre angestrengte Rationalität ins Irrationale. Am Ende kreist seine hellwache Kombinatorik immer zielloser, wahnhafter um sich selbst.

So verlaufen sich Kampfbereitschaft, Freiheitsdrang und Scharfsinn, diese entscheidenden Anstrengungen und liberalen Energien K.s schließlich ins Schimärische. Wieder sind es ein unverkennbar männlicher Blick und Zugriff auf die Welt, die sich in immer neu ansetzenden Handlungs- und Gedankenläufen blamieren. Das bestätigt sich, sobald der Roman K. auf die Gegenwelt der Frauen treffen läßt, so gleich in der ersten bedeutungsvoll arrangierten Erscheinung des Weiblichen, in dem figuralen Stilleben einer Madonna mit Kind, als das Frau Brunswick aus den Wasserdämpfen der Lasemannschen Stube vor K. und dem Leser auftaucht: »Aus einer großen Luke, der einzigen in der Stubenrückwand, kam dort, wohl vom Hof her, bleiches Schneelicht und gab dem Kleid einer Frau, die tief in der Ecke müde fast lag, einen Schein wie von Seide. Sie trug einen Säugling an der Brust.« Später wird K. bemerken, daß »sie lag wie leblos, nicht einmal auf das Kind an ihrer Brust blickte sie hinab, sondern unbestimmt in die Höhe«. Lange betrachtet er »dieses sich nicht verändernde traurige Bild«, um darüber schließlich – einzuschlafen.

Einschlafen wird K. immer gern, wenn es scheinbar nichts mehr zu kämpfen oder zu berechnen gibt. Doch diese stumme Madonna bringt er, wieder aufgewacht, immerhin einen Satz lang zum Sprechen. Vor seiner Frage, wer sie denn sei, blickt sie ihn erst an »aus müden blauen Augen« und antwortet dann: »Ein Mädchen aus dem Schloß.« Womit die Marienerscheinung, als Bild einer Heimgesuchten, einer Geopferten und doch geheimnisvoll Erhöhten, sich erklärt und gerechtfertigt hat. Unentschlüsselt dagegen bleibt zunächst in ihrer rätselhaften Ruhe die zweite, abweisend große Frauenerscheinung, die Kafka dem K. im nächsten Kapitel gegenüberstellt, Amalia »mit ihrem ernsten geraden unrührbaren vielleicht auch etwas stumpfen Blick«. Ein Blick, wie wir erst später aus der Geschichte ihrer Verweigerung begreifen werden, der zu verstehen gibt, daß sie gerade nicht »ein Mädchen aus dem Schloß« werden wollte.

Doch zunächst wird im dritten Kapitel ein dritter Frauenblick, Friedas »Blick von besonderer Überlegenheit« und dazu ihre »ungemein weiche Hand« K.s Schicksal in Regie nehmen. Resolut, mit Hausfrauenkraft, mit »ihren flinken, vielerfahrenen Bewegungen«, jeder Lage intuitiv, spontan und improvisierend gewachsen, mütterlich, kokett, hurenhaft, schnell tränenüberströmt und ebenso rasch wieder versöhnt –, zwar in wetterleuchtendem Wechsel, doch treu erfüllt Frieda ein Stereotyp des Weiblichen, das den demütigen und stolzen, den geopferten oder unberührbaren Madonnen und ihrer phlegmatischen Ruhe oder Würde oder gar Heiligkeit entgegengesetzt wird.

Zwischen K., den Frauen und dem Schloß geraten wir also wieder in das Spannungsfeld eines Kafkaschen Dreiecks. Doch diesmal scheinen dessen Spitzen weniger klar und scharf als im Amerika- oder gar im Prozeßroman, so weich, so diffus, als wollten sie jederzeit schmelzen. Dieser Auflösungsprozeß hat vor allem die dritte, die scheinbar höchste Spitze im Dreieck ergriffen, die Position der Autorität, besetzt mit den vielgesichtigen Repräsentanten des Schlosses. Nur eines läßt sich immerhin mit Sicherheit über sie ausmachen: sie sind männlich. Was aber nur heißt, daß es eben keine Beamtinnen, Sekretärinnen, Dienerinnen gibt im Bereich des Schlosses. Soviel steht fest, und das ist wenig genug.

Denn die Vertreter dieser Behörde orientieren sich kaum an irgendeinem geläufigen Code männlichen oder gar väterlichen Verhaltens. Im Gegenteil: sie agieren oder reagieren eher empfindsam, launisch, kindisch, ängstlich, eben weich, diffus, unberechenbar. Ja, die Behörde als Gesamtkörper führt sich gegenüber K. auf wie eine Kokotte, lockend und sich entziehend, sich anbietend und sich ebenso launenhaft und jäh wieder verhüllend –, genau das macht diese zentrale Institution des Romans so ungreifbar und mit ihr den Roman selbst. Deshalb wird auch K.s rationalistischer Erklärungs- und Berechnungswahn vom Schloß so erfolgreich in Leerläufe getrieben, ähnlich wie alles begriffs- und regelsüchtige Deutungsinteresse an diesem Roman.

In »Der Prozeß« waren die Gerichtsbehörden, wie pervertiert auch immer, angelegt immerhin in Analogie zur Maschinerie des Justizwesens. Daß diese Behörden, wenn auch in rätselhaft geregelten Verfahren, so doch Urteile, Schuld- oder Unschuldsbefunde produzieren, ließ sich er-

warten. Sie appellierten damit auch an ein Schuld- oder eben Unschulds-
bewußtsein im Angeklagten, in Josef K., und operierten möglicherweise
als dessen Projektionen. Daß dagegen der K. im Schloßroman sich versteht als eine Person, in der »ein unruhiges Gewissen – ein unruhiges,
kein schlechtes –« arbeitet, markiert schon in dieser knappen Unterscheidung die Differenz zwischen jenem K. und diesem, zwischen Kafka 1914
und Kafka 1922, zwischen der gespenstischen Entschiedenheit des Pro-
zeß- und der schwierigen Weite des Schloßromans. Hier hat die Behörde
unwägbar mehr zu beurteilen und zu entscheiden als eine möglicherweise
verfehlte Existenz, nämlich offenbar K.s Recht, eine Existenz überhaupt
erst zu gründen. Darum jedenfalls meint K. im Dorf zu »kämpfen«. Aber
fragwürdig wie sein Anspruch und seine Methoden zu dessen Durchsetzung bleiben bis zuletzt auch die lasziven Allüren der Schloßbehörde, ja
sogar ihre Legitimation, ein Existenzrecht zu bestätigen oder zu verweigern. So jedenfalls könnte eine dem Roman durch alle Winkelzüge
vorurteilslos bis in sein fragmentarisches Ende folgende Lektüre meinen.

Dagegen steht nun Max Brods Aussage über den Schluß, auf den Kafka
den Roman angeblich zuschreiben wollte, auf jene Apotheose des sterbenden Landvermessers, den auf dem Totenbett endlich die Botschaft erreicht, er wäre vom Schloß nun endgültig anerkannt, also zum Leben
zugelassen. Diese Behauptung Brods mag sich weder bestätigen noch
widerlegen lassen, doch sie klingt zu schön, zu einleuchtend, um nicht
wahr zu sein. Ich sterbe, also bin ich –, wer, wenn nicht Kafka, hätte je auf
diese paradoxe Variation des Descartschen Existenzbeweises kommen
können? Immer schon, wenn er einer Entscheidung, einer Erlösung nahe
schien, ist der Landvermesser K. in glücklich unglücklicher Erschöpfung
eingeschlafen, zuletzt noch vor dem zwar unzuständigen, aber gerade
deshalb, unter Ausschaltung sozusagen des Rechtswegs zu jedem Entgegenkommen bereiten Sekretär Bürgel. Daß er also angesichts seines
glücklich ausgestandenen »Kampfes« endgültig einschlafen sollte,
scheint die Ironie seiner Geschichte erst zu vollenden. Aber nicht nur sie:
man darf vermuten, daß dieses Schlußbild auch als eine neue Variation
des Rabanschen Käfertraums hätte gelesen werden können, als ein Inbild
also der schriftstellerischen Existenz, in der schreibendes Selbstbewußtsein die Selbstvergessenheit des Schreibenden sowohl voraussetzt wie
aufhebt. Ein Schreibender, der sich immer schon begriffen hat als einen
vom Leben Abgeschiedenen, dürfte auch von sich sagen: Ich sterbe, also
lebe ich.

Womit wir weit über den vorhandenen Text des Schloßromans hinausgeraten sind. Denn der verliert sich in seinem letzten zusammenhängenden Stück, in Pepis Erzählungen, noch einmal in jenem Deutungsfieber, mit dem K. und Kafka in diesem Roman unverhofft auch die Frauen angesteckt haben. »Laß die Deutungen!« hat K. schon vorher seiner Erzähl- und Deutungskonkurrentin Olga entgegengerufen. Als wäre hier ein Privileg, das männliche Erzähl-, Unruhe- und Exegeseprivileg angegriffen. Tatsächlich setzen ja die erzählende Olga und dann die fabulierende Pepi nicht nur K., sondern auch uns in Erstaunen durch die Kompetenz, mit der sie in ihren Binnenerzählungen die Macht übernehmen, die eine durch die Eröffnung einer »so großen, fast unglaubwürdigen Welt«, durch ihre »Umsicht« und »Klugheit«, die K. ausrufen lassen: »Wie erstaunlich klar du denkst!«, die andere mit der ressentimentgeladenen Hellsicht und projektiven Gewalt eines Kellerkindes, das aufsteigen möchte und die Machenschaften dort oben mindestens erzählerisch schon im Griff zu haben meint, so daß K. schließlich bewundernd und vorwurfsvoll staunt: »Was für eine wilde Phantasie du hast, Pepi!«

In der umsichtigen, klugen und klaren Deutungsmanie Olgas wie im wilden Phantasieren Pepis treffen K. und mit ihm Kafka nur auf Spiegelbilder ihres eigenen Vermutens und Erzählens über die unenträtselbaren Machtspiele der Welt. Weniger gefährlich als die Gerichtsbehörden im »Prozeß« mögen die Behörden im »Schloß« zwar sein: sie trachten K. immerhin nicht nach dem Leben, sondern verweigern ihm nur eine ordnungsgemäße Existenz. Doch ihre Allmacht wie ihre Unentschiedenheit in dieser Frage macht die Schloßautorität nur noch uneinsichtiger, fragwürdiger, ungreifbarer und unbegreiflicher. Der Prozeß konnte noch entschieden werden, die Bewerbung beim Schloß erschöpft sich und bricht ab. Wieder entsteht ein Dokument Kafkaschen Scheiterns, ein riesiges Fragment, das aber mehr Offenheit und Zukunft in sich trägt als die früheren. Nicht daß Kafka vor einer unlösbaren Aufgabe zurückgewichen wäre, als er im Herbst 1922 abbrach: er hat diese Unlösbarkeit vielmehr in ihr Recht gesetzt. Kein Meisterwerk ohne Weltbild, und er – darin besteht seine Schwäche und seine Stärke gegenüber Brecht oder Thomas Mann –, er verfügte nun über keines mehr.

Meisterwerke

Gespaltene Welt:
Menschen als Masken

Die Fremdheit, mit der das »Leben des Galilei« Brechts dramatische Produktion am Ende der dreißiger und Anfang der vierziger Jahre überragt, läßt sich vielfach, aber immer nur annähernd erklären. Sicher, das Stück gestattet sich nicht die komödiantische Entlastung, die sich in immer neuem Ansatz selbst der dunkle historische Bilderbogen um Mutter Courage gönnt. Nie sonst hat sich der Stückeschreiber so realistisch eingelassen auf das träge Räderwerk eines Geschichtsablaufs, ohne ihn also utopisch zu überformen und aufzulichten. Doch nie sonst hat er auch gewagt, eine Figur so groß, so vorbildlich, durchaus »mitreißend« auf Heldenformat zu steigern. Genauer: eine männliche Figur. Denn die Gorkische Mutter, Frau Carrar, Shen Te oder die Grusche dürfen ja leuchten auch in ihren finsteren Zeiten. Sie werden auch nicht, wie Galilei am Ende, gebrochen. So beflissen also der »reife« Brecht alles Verhalten auch als sozial bedingt verstehen und demonstrieren möchte, so unbedingt scheint für ihn weiterhin festzustehen: Männer sind geborene Verräter, Frauen geborene Mütter. Den einen muß Opferbereitschaft erst angeprügelt, den anderen mühsam ausgeprügelt werden.

Kein Wunder, daß Galilei, als Forscher ein Triebtäter, die soziale Verantwortlichkeit der Wissenschaft, die er in seiner Selbstanklage schließlich so himmelhoch ansetzt, zunächst höchst widersprüchlich oder doch widerstrebend begreift. Jener Gott, den das kopernikanische System aus dem Himmel geräumt hat, so erklärt er in der dritten Szene emphatisch, ist: »In uns oder nirgends!« Folglich müßte sich, was vernünftig ist, wie gottgewollt auch von selbst durchsetzen, so daß Galilei auf dem Höhepunkt seines Triumphes tatsächlich sagen kann: »Nicht ich habe gesiegt, sondern die Vernunft.« Was er aber im Gespräch mit dem Kleinen Mönch bald widerrufen wird: »Es setzt sich nur soviel Wahrheit durch, als wir durchsetzen. Der Sieg der Vernunft kann nur ein Sieg der Vernünftigen sein.« Dann fordert dieser Sieg aber notwendigerweise auch Opfer, Zeugen und Märtyrer ihres Glaubens an die Vernunft. Genau diesen Opfergang erwarten Galileis Anhänger, als er vor der Inquisition steht: »Unglücklich das Land, das keine Helden hat!« ruft der Lieblingsschüler und -jünger Andrea aus. Was ihm der Meister, der sich so heldenhaft und demütig nicht ans Kreuz seines Glaubens schlagen lassen wollte, darauf dann antwortet, ist nicht nur seine, sondern auch seines Autors trotzige

Überzeugung: »Unglücklich das Land, das Helden nötig hat.« Woraus schon folgt: unkritisch das Stück, das durch Helden den Widerstand gesellschaftlicher Verhältnisse zu transzendieren vorgibt.

Damit sitzen nun Brecht und Galilei endgültig in einer selbstgebauten Falle: das Ideal eines opferbereiten, selbstlosen Verhaltens, vor dem Galilei einzig versagen könnte, dürfte Brecht, wenn er den Prinzipien seiner materialistischen Kritik der Moral treu bleiben will, eigentlich nicht aufrichten. Doch Galilei wird in seinem letzten Aufbäumen diesen Widerspruch wie blind zerschlagen. »Tapferkeit« und »Standhaftigkeit« hätte er verweigert, wirft er sich nun vor, Helden- und Märtyrertum also und die »großen Erschütterungen«, die sein heroisches Beispiel hätte auslösen können. Stattdessen hat er nur listig und klammheimlich hinter der Maske weitergeforscht. Genau das allerdings möchte sein Schüler Andrea, hier wieder ein treuer Schüler Brechts, gerade als neue Ethik, als Subversion des alten Tugendkatalogs verstehen, denn wer weiterlebt und weiterarbeitet, wenn auch mit »befleckten Händen«, handelt doch nach der Maxime: »Besser befleckt als leer.« Worauf der Meister, Galilei in der Maske Brechts, sarkastisch erwidert: »Klingt realistisch. Klingt nach mir.« Um dann eben doch auszubrechen in jene Apotheose des von ihm verweigerten Heldentums, die unrealistisch nicht nur klingt. »Als ob es«, wie Friedrich Dieckman kommentiert, »bloß des heroischen Entschlusses bedürfe, um von Phänomenen des Überbaus her die Basis der Gesellschaft zum Einsturz zu bringen, von dem astronomischen Reflex des sozialen Systems als zu berichtigendem her dieses selbst.« Ein Projekt, so idealistisch wie die Prätention auf Heldentum, durch die es sich kraft »großer Erschütterungen« zu vollstrecken hofft. »Mensch, Kalle, Freund«, stöhnt ein Nachfolger Galileis, der Physiker Ziffel in den materialistischen Niederungen der »Flüchtlingsgespräche«, »ich habe alle Tugenden satt und weigere mich, ein Held zu werden.« Diesem Stoßseufzer ist schließlich auch der Stückeschreiber gefolgt, und das bedeutet: er weicht nach den Galilei-Qualen großen Figuren lieber aus und damit einerseits den allzu prinzipiellen, andererseits den doch peinlich konkreten, weil die eigene Person berührenden Fragen nach der moralischen Belangbarkeit solcher historischer Übergrößen.

Mit den »kleinen Leuten« dagegen, die nun die kommenden Stücke bevölkern, wird beides wieder möglich: Geschichte und Gesellschaft lassen sich aus ihrer Perspektive, von unten her sehen, doch der Blick des Autors darf souverän, von oben her auf sie treffen. Und sobald Brecht nicht mehr in gleicher Augenhöhe mit der Hauptfigur schreiben muß, entkommen ihm auch die Stücke nicht mehr ins Unvorhergesehene und Unabsehbare. Kontrollierte und entspannte Werke, Meisterwerke sind nun erst recht möglich. Sie sollten nur nicht, wie Brecht gleich angesichts der Sezuan-Parabel klagen wird, wie eine »Milchmädchenrechnung« wirken: »schwierig, bei festgelegtem wegziel den winzigen szenchen dieses unverantwortliche, zufällige, passable zu verleihen, das man ›leben‹ nennt!« In einer anderen Klage nennt er das, was der Parabel so leicht durchs allzu grobe Sieb fällt, gerade »luxus«. So entgeht einer angestrengt realistischen Schreibweise offenbar jenes Reale, das sich nicht reduzieren läßt auf Exempel, das Überflüssige, Unausrechenbare, Luxuriöse und Lebendige. Fehlt es den Szenen etwa nur als Reiz oder doch als Widerstand? Oder gar als – Tiefe?

Denn gerade die muß Brecht in seinen allzu gut gemachten Stücken vermißt haben. »wenn man ein thema völlig ausschöpft, entsteht sofort der eindruck der leere«, schreibt er in seinen Arbeitsnotizen im Herbst 1940 und fährt fort: »sein thema vertiefen heißt seinem faß den boden ausschlagen.« Genau das sollte heute auch eine Lektüre von Brechts allzu gebrauchsfertigen Meisterwerken versuchen, um sie zu retten für unser Interesse ein halbes Jahrhundert nach ihrer Niederschrift. Denn wenn sie sich zweifelsfrei und widerstandslos reduzieren ließen nur auf das, was sie meinen oder zu meinen glauben nach den Absichten und Gebrauchsanweisungen des Verfassers und den ihnen blindlings folgenden Deutungen von Anhängern wie Gegnern, dann wäre über sie als ästhetische Gebilde nicht mehr zu reden: längst ausgeschöpft, stünden sie tatsächlich leer.

»Mutter Courage und ihre Kinder«, dessen erste Niederschrift noch während Hitlers Polenfeldzug einsetzt, wäre auf ein Zeitstück aus dem Jahr 1939 verkürzt, wollte man es weiterhin nur auf seiner ideologiekritischen Oberfläche lesen und verstehen. Daß Kriege weder herrlich noch notwendig sind, daß in ihnen gerade für die »kleinen Leute« nichts zu gewinnen und alles zu verlieren ist –, mit solchen Aufklärungen dürfte das Stück heute niemanden mehr schmerzlich überraschen. Aber in derart längst behaglich ins Leere laufenden bitteren Wahrheiten verausgabt es einen guten Teil seiner dialogischen Kraft.

Ganz gleich, ob Brecht seinen Figuren schwachsinnige Affirmation oder listige Subversion einer zur Entstehungszeit gängigen Glorifizierung des Krieges in den Mund schreibt, immer bleibt sein Text, soweit er nur herrschende Ideologie zur Kenntlichkeit entstellt, hoffnungslos an diese fixiert, als bald fideler, bald erbitterter Beweis der Besserwisserei, ja zuweilen auch als jene Ideologie der Ideologielosigkeit, die bis heute in Leitartikeln aus dem nachgewiesenen falschen Bewußtsein der anderen blindlings auf das richtige eigene schließen möchte. Soweit das Stück seine Figuren derart nur vorführt, braucht und verbraucht als Meinungslieferanten und Haltungsmuster, schwächt und verrät es aber nicht nur diese dramatis personae, sondern auch fortlaufend sich selbst. Streckenweise funktioniert es tatsächlich nur noch als eine pfiffige, schlagfertige Shawsche Konversationsmaschine, die alle Ereignisse bespricht und überklebt mit Ansichten und falsche Haltungen zurechtweist mit richtigen, realitätsgerechten.

Daß zwei sich nicht über den Weg traun, denn »wir sind befreundet«; daß die Bestechlichkeit unter Menschen gepriesen wird als irdisches Pendant zur Barmherzigkeit Gottes oder der Krieg gelobt wird als Quelle der Moral, weil »Frieden, das ist nur Schlamperei, erst der Krieg schafft Ordnung«; daß er ein »Glaubenskrieg« genannt wird mit dem Zusatz: »Aber er macht Durst, das müssen Sie zugeben«; daß als blanke Wahrheit herausgesungen wird: »Der Krieg, das ist nix als die Geschäfte / Und statt mit Käse ists mit Blei«: das wären die sanft verruchten Gemeinplätze, auf denen sich inzwischen jedes Publikum dieser Welt kopfnickend ausruhen könnte. Würde nicht das Stück, je zügiger es mit dem Schlag auf Schlag fälligen Tod der drei Courage-Kinder ins Dunkle gerät, desto nachdrücklicher den Verdacht aufkommen lassen, daß die unverwüstlich unbestechlichen Einsichten der Courage und ihrer pfiffigen Gesprächspartner zwar oft das letzte Wort haben, aber letztlich auch immer das Nachsehen. Ob man nämlich den faulen Zauber des Krieges durchschaut oder nicht, macht in der Bilanz keinen Unterschied: der Krieg überrollt auch die Bescheidwisser, vor allem die Courage, jedenfalls als Mutter. So walzt das Stück als »Chronik«, Abbild der Kriegsmaschinerie, immer wieder platt, was sich aus ihm an komischen Maximen, spielerischer List, verbaler Schlagfertigkeit, an Willen zur Komödie auch immer hochrecken mag.

Schon damit beginnt im Faß der Boden brüchig zu werden. Und das nicht etwa, weil es Brecht nicht darauf ankam, wie er zur Berliner Aufführung 1949 schrieb, »die Courage sehend zu machen«, sondern darauf, »daß der Zuschauer sieht«. Vielmehr scheint das Stück gerade kraft seiner Hauptfigur Einsichten zu entwickeln, die noch die Absichten ihres Autors übersteigen. Deutlicher als Galilei, verdeckter als Shen Te oder Puntila, ist nämlich auch die Courage eine gespaltene, eine maskierte Figur. Erst die Risse, die Widersprüche halten sie einerseits zusammen und machen andererseits sie und ihr Stück explosiv.

Denn auch in der Courage steckt immer noch genügend vom Gift und von der Lust aus Brechts frühen Zeiten. Baalscher Nihilismus und Vitalismus tönt auch aus ihr, doch ohne alles Baalsche Pathos, praktisch geworden, schlau, schmallippig, mißtrauisch, also im schönsten Wortsinn heruntergekommen auf bloße Überlebenskunst. Nicht nur ihr Beruf, das Geschäft der Marketenderin, erinnert an Witwe Begbick, die erste Frauenfigur Brechts, die einer Männer-, einer Kriegsgesellschaft spielerisch und berechnend gewachsen war. Doch diese neue Witwe hat eben einen entscheidenden Fehler, den schon der Titel ankündigt: sie ist im Neben- oder Hauptberuf auch Mutter. Das allein macht sie verletzbar und alle ihre Berechnungen falsch. Die Courage überlebt zwar, doch als Mutter toter Kinder. Oder, um das fahle Resultat des Stücks noch weiter zu pointieren: am Ende sehen wir die Courage so zäh, auf sich gestellt, verblendet, rücksichtslos – wie einen Mann. Der einsam kauende Galilei, die allein den Planwagen weiterzerrende, trotzig singende Courage, in solchen ausgenüchterten Schlußbildern verenden die Stücke.

Ihre Kinder verliert die Courage, so soll uns bewiesen werden, weil sie dreimal im entscheidenden Augenblick ihre Mutterpflichten vergißt über Geschäftsinteressen. Doch eindrücklicher als mit diesem kritischen und dramaturgischen Trick beweist das Stück Szene um Szene, ja Satz für Satz, daß die Reden, Haltungen, Handlungen der Händlerin immer etwas vernachlässigen, schuldig bleiben, von etwas ablenken oder etwas überspringen, was aus ihr nicht herausdarf. »Courage«, so überlegt der Feldhauptmann, »ich hab mir oft gedacht, ob Sie mit Ihren nüchternen Reden nicht nur eine warmherzige Natur verbergen. Auch Sie sind ein Mensch und brauchen Wärme.« Worauf die Courage, da sie zurecht gleich wittert, daß hier mit ihrer Wärme nur wieder ein Geschäft gemacht werden soll, situationsgerecht antwortet: »Wir kriegen das Zelt am besten warm, wenn wir genug Brennholz haben.« Sie reagiert zwar richtig, doch der Feldhauptmann behält recht: »Sie lenken ab.« Ihr Ablenken, dieses hinter einer situationsgerechten Rede sich selbst Verborgenhalten, scheint ihr zur zweiten Natur geworden. Gerade als Mutter wagt die Courage nur durch die falsche Maske der großen Tragödin zu tönen: »Oh, ich unglückliche Mutter, schmerzensreiche Gebärerin«, ruft sie.

Diese Frau hat sich vollkommen eingestellt auf die Spielregeln einer verkehrten Welt: ihre Kälte erhält ihr die Wärme, ihre Anpassung ist ihre Tapferkeit, der Schwindel ihre Wahrheit, Rücksichtslosigkeit dient ihr als Vernunft. Immer verdeckt ihre Maske eine Wahrheit und entdeckt damit die wahre Beschaffenheit einer falschen Welt, in der man nur hinter einer Maske überleben kann: das Sezuan-Stück also ist in diesem schon enthalten. Wenn die Courage ihren redlichen Sohn Schweizerkas, dessen Leben sie schachernd verspielt hat, nicht einmal als Toten wiedererkennen darf, wenn der Koch sich ins Vertrauen der Courage und in eine Lebensgemeinschaft mit ihr nur einschleichen kann, indem er ihr den Tod ihres zweiten Sohns verheimlicht, wenn die Stummheit der Tochter Kattrin ein »Gottesgeschenk« genannt wird, weil sie damit befreit ist vom Zwang, die Wahrheit zu sagen –, dann erweist sich, wie in allen schlauen Überlebensspielen das Leben gerade erstickt wird. Vor allem in solchen über einen doppelten Boden laufenden Szenen demonstriert Brechts Stück seine auf keine Parolen reduzierbare Kraft und Wirkung. Durch dieses im Reden Verschweigen, handelnde Unterlassen, im Sichtotstellen Überleben und klarsichtige Erblinden stellt sich nämlich, jenseits von allen leer klappernden Alternativen zwischen aristotelischem oder epischem Theater, auf der Bühne jene genuin theatralische Spannung her, die immer aus dem Widerspruch zwischen der Illusion des Spiels und dem Spielen der Illusion entsteht.

Doch vollständig läßt sich das Kraftfeld des Courage-Stücks erst dann begreifen, wenn man die drei Kinder der unverwüstlichen Händlerin mit einbezieht. Alle drei dürfen, ja müssen sein, was die Courage nicht darf: offen. Sie figurieren geradezu als Allegorien der Tugenden, für die sie stehen und an denen sie, ebenso vorbildlich, untergehen: Eilif für die »Kühnheit« (genauer gesagt: für Aggressivität), Schweizerkas für die Redlichkeit, Kattrin für Freundlichkeit, Mütterlichkeit. Offenbar hat die Courage, so würde heute ein Familientherapeut diagnostizieren, ihr ungelebtes Leben an ihre drei Kinder delegiert, und das wird dreimal ein Todeskommando. Wieder erkennt der Leser und Zuschauer etwas, was die Courage nicht sieht, aber vermutlich auch der Autor, kurzsichtiger als sein Stück, weder durchschauen konnte noch wahrhaben wollte: diese Mutter läßt ihre Kinder nackt, offen, ungeschützt in den sicheren Tod laufen, eben weil sie so lächerlich wie lästig tugendhaft sind –, als wollte sich die Courage, gemeinsam mit ihrem Autor, an diesen drei Kindern rächen für das eigene kluge Untertauchen, für die eigene listige und feige Überlebenskunst.

Getrieben von dieser paradoxen Logik, erreicht auch das Courage-Stück, genau wie der »Galilei«, in seiner vorletzten Szene einen späten und unverhofften Höhepunkt, der seine Grundüberzeugung von der Sinnlosigkeit und Dummheit allen Heldentums in finsteren Zeiten plötzlich in die Luft sprengt. Denn die trommelnde Kattrin, die nun ihr Leben opfert für andere, tut durchaus nichts Revolutionäres, ändert keineswegs die Verfassung der Welt, sondern statuiert wie hinter dem Rücken des Autors ein für ihn vergebliches, ja geradezu verbotenes Exempel: sie übt »reine Menschlichkeit«. Falls Brecht hier seine Überzeugungen nicht nur einem mächtigen Theatereffekt opfern wollte, müssen wir annehmen, daß wieder einmal eine Figur ihren Autor überwältigt hat.

Übrig bleibt für die letzte Szene, entblößt von ihren Kindern, den Repräsentanten ihres abgespaltenen, besseren oder wahren Selbst, die Courage. Nicht ihr, nur uns wird wieder klar, daß sie nun auch ihr kräftigstes Überlebensmittel, nämlich ihre Illusionslosigkeit verloren hat: erst will sie nicht wahrhaben, daß die tote Kattrin mehr als nur schläft, dann rafft sie sich nur auf, weil sie den längst toten Eilif immer noch am Leben glaubt. So verschwindet die Frau, der man nichts vormachen konnte, die sich so redlich bemüht hat, nicht gut zu sein, als eine treuherzig Verblendete und gründlich Getäuschte, hoffnungslos hoffnungsvoll. Ein Schluß auf Beckett-Niveau. Mit ihm hat Brecht seinem Faß endgültig den Boden ausgeschlagen.

Nun konnte freilich, wie der besorgte Chor linientreuer Deuter lange gemurmelt hat, diese »Chronik aus dem Dreißigjährigen Krieg« schwerlich illuminiert werden mit Hoffnungsschimmern von marxistisch erleuchteten Geschichtshorizonten. Einmal allerdings scheint sogar die Courage ergriffen von der Ahnung, daß sich Alles ändern müßte, wenn Nichts beim Alten bleiben soll. Als nämlich einen Soldaten die große Wut über eine kleine Ungerechtigkeit packt, da fährt sie ihn an: »Ihre Wut ist nicht lang genug, mit der können Sie nix ausrichten, schad. Wenn Sie eine lange hätten, möcht ich Sie noch aufhetzen.« Worauf das »Lied von der Großen Kapitulation« folgt, in dem Strophe um Strophe die Anpassung guter Vorsätze an schlechte Gegebenheiten beschrieben, ja provokativ empfohlen wird. Es ist Brechts alte Zwanziger-Jahre-Melodie vom weltgerechten Zynismus, die auch in dem aus der »Dreigroschenoper« herübergenommenen und noch verschärften »Salomo-Song« im Courage-Stück noch einmal ertönt: Weisheit, Kühnheit, Redlichkeit oder gar Selbstlosigkeit –, nichts lohnt sich auf dieser für solche Tugenden nicht eingerichteten Welt.

»Beneidenswert, wer frei davon!« verkündet immer wieder der Refrain. Der Tod der drei Courage-Kinder hat das Schlag auf Schlag bewiesen.

Nur daß sich eben mit der von allen Tugenden beneidenswert befreiten und rüstig überlebenden Courage keine überzeugende Gegenrechnung aufmachen läßt. Es bleibt bei Brechts alter Einsicht, daß entweder Alles sich ändern muß oder Nichts sich ändern wird, bei der Alternative zwischen entweder Fatalismus oder eschatologischer Hoffnung. Auch und gerade mit seinem publikumswirksamsten Stück ist Brecht also keinen Schritt zurückgewichen von den Überzeugungen seiner publikumsfeindlichen Lehrstücke. Nur schien damals zur »Ausmerzung des Urgrunds« auch die Vernichtung der Konventionen des Theaters zu gehören. In Wahrheit vollstreckten gerade der »Fatzer« wie »Die Maßnahme« in fahlem Ernst jenes Spiel von Tod und Verklärung, das Kern und Ziel der klassischen Tragödie war. Diesen Erlösungstableaus setzen nun die neuen Schlüsse, im »Galilei«, in der »Courage« wie im »Guten Menschen von Sezuan«, den nüchternen Widerstand eines offenen Endes entgegen.

Wie sich die Schlußbilder gleichen und doch unterscheiden: Galilei, verdämmernd, verfaulend, über sein Leibgericht wie über eine Henkersmahlzeit gebeugt, nachdem er eben noch als Richter, Henker, Opfer dreifach in seiner Selbstanklage geleuchtet hat; die Courage, verwüstet, beraubt, doch unverwüstlich die Mundharmonika blasend, hoffnungsvoll wider alle Vernunft; schließlich Shen Te, endgültig zerrissen in zwei, in einen Menschen und in ein Maskenwesen, in Barmherzigkeit und Rücksichtslosigkeit, in ihr erlittenes und ihr gespieltes Leben. Was sind das für Zeiten, in denen einer immer mindestens zwei sein muß, niemand identisch mit sich selbst leben darf, solidarisch mit sich wie mit anderen. Oder gebärdet sich das Theater Brechts etwa nur untröstlich darüber, daß es Theater in jedem real existierenden sozialen Leben geben muß, also Rollenspiele und Verhaltensmuster, in denen sich die Personen hinausvermitteln und damit auch entstellen in der Kommunikation mit anderen? Selbst das Sezuan-Stück, das doch soziales Rollenspiel als beherrschendes Thema entfaltet, scheint dieser Frage letztlich auszuweichen. Als ginge es nur um die Dialektik von Gutsein und Bösespielen unter den Druckverhältnissen einer Klassengesellschaft, die allein das Gute, Wahre, Schöne unserer humanen Grundausstattung verderben läßt.

Zwar: nur elende Verhältnisse, so behauptet der »Galilei«, machen Tugenden notwendig, doch in seinem besonderen Fall, so bekennt schließlich Galilei selbst, wären Tugenden für ihn doch sehr wünschenswert gewesen. »In einem guten Land brauchts keine Tugenden«, erklärt dann auch die Courage, aber auch in ihrem wieder besonderen Fall zahlt es sich keineswegs aus, weder durch Glück noch durch bloß Erfolg, daß sie getreu dem Slogan »Beneidenswert, wer frei davon!« durchaus ohne Weisheit, Redlichkeit, Kühnheit, Selbstlosigkeit sich durchzuschlagen versucht. Der Riß, mit dem Brecht seine Figuren so planvoll ausgestattet hat, macht es ihnen offenbar unmöglich, ganz richtig oder aber ganz falsch zu leben. Sie sind immer mindestens zwei, sie verhindern sich selbst und wohl auch: ihr Selbst.

Gilt das aber auch für Shen Te? Ausgerechnet dieser »Gute Mensch von Sezuan«, obwohl Brecht doch mit ihm die Dialektik von falscher Maske und wahrem Gesicht in ein erbarmungsloses Planspiel treibt, ausgerechnet diese Figur soll uns rühren und überzeugen mit ihrer ungespaltenen, unambivalenten, unteilbar guten Seele. Um sich und uns drastisch genug klar zu machen, wie hemmungslos er diesmal zu idealisieren gedenkt, hat Brecht dem Mädchen den Beruf einer Prostituierten angedichtet. Derart holde oder heilige Huren, unberührt und unberührbar vom Schmutz ihrer sozialen Umwelt, haben uns zwar auch Dickens oder Dostojewski zugemutet, doch von Brecht meinen wir in seinen zwanziger Jahren gelernt zu haben, daß eine Frau, die ihren Körper zur Geschäftsgrundlage macht und Liebe zur Ware, für ihn zwar eine zynisch konsequente Anpassung an den Zustand einer ökonomisch sich selbst entfremdeten Welt vollstreckt, daß sie damit aber in einen Sündenfall gerät, den in Brechts männlichen Augen keine Seele und schon gar keine weibliche rein übersteht.

Das alles wird widerrufen durch Shen Te: wie eine rousseausche Exterritoriale, aus einem verlorenen Paradies oder utopischer Zukunft in unsere Gegenwart gefallen, wird sie heiter und feierlich ins Spiel eingeführt. Lassen sich mit einer derart idealisch vorpräparierten Versuchsperson reale gesellschaftliche Verhältnisse überhaupt durchtesten? Oder, dies der Verdacht, soll hier etwa nur das notorisch klassische Thema »Das Ideal und das Leben« neu abgehandelt werden? Keine andere von Brechts dramatis personae darf und muß, sobald sie aus der Handlung heraustritt und mit lyrischen Adressen über die Rampe hinweg das Publikum agitiert, so unverstellt und unverfremdet als Mundstück des Autors verkünden, was dieser inzwischen für unumstößliche anthropologische Wahrheit hält: wie natürlich, angeboren dem Menschen Güte, eben »Freundlichkeit« ist, oder doch, vorsichtiger ausgedrückt, sein sollte.

»Gut sein und doch zu leben«, das ist, von ihr selbst schließlich auf diese schlichteste Formel gebracht, Shen Tes Problem. Auch darin erweist sie sich als strahlendes Pendant zur Courage, die an der Aufgabe scheitert, rücksichtslos zu überleben und doch eine Mutter zu bleiben. Während die Courage ihr besseres und unausgelebtes Selbst delegiert hatte an drei Kinder, erfindet sich Shen Te als Schatten einen Mann, den Vetter Shui Ta, an den sie ihr pragmatisches Überlebensprogramm delegieren kann. Nur ihr männlicher Schatten darf und muß sich also unnatürlich, nämlich nach den Spielregeln der real existierenden Gesellschaft verhalten, wovon aber Shen Tes wahre weibliche Natur ganz und gar unberührt bleiben soll. So erscheint hinter der realistischen Shui Ta-Maske wieder die Shen Te-Maske, die Maske einer Idealgestalt. Die aber soll nicht mehr verbergen als eben – die reine Wahrheit der Menschennatur. Humanität, die geschützt hinter einer Maske überleben soll, erweist sich schließlich selbst: als schöne Maske.

Anders als weiblich, schwach und weltfremd kann der Klassiker Brecht sich diese ideale, angeborene »Freundlichkeit« offenbar nicht vorstellen. Denn nur in der männlichen Maske, als Shui Ta wird die Gute als überlebensfähig, als geschäftstüchtig respektiert. Zwischen männlich und weiblich spaltet sich die Sezuan-Welt, wie das Puntila-Stück zwischen Trunkenheit und Nüchternheit, in eine romantisierende und eine realistische Hälfte. Diesseits des Risses darf Shen Te die gute Seele bewahren, als »Engel der Vorstädte«, verführbar zu Mitleid, Hilfe, Freundlichkeit, sich selbst »verwöhnend« wie andere, als wäre das kein Gegensatz, sondern wechselseitige Bedingung. Treuherzig handelt sie ohne Berechnung und Reflexion, spontan nach Grundsätzen, die nicht etwa höher sind als alle Vernunft, sondern tiefer liegen: eben natürlich sind. Jenseits des Risses aber waltet, nach den »Gesetzen« und »Prinzipien« eines ökonomischen Zweck-Mittel-Kalküls, nicht einmal brutal, doch kühl erfolgsorientiert Shui Ta, die Männlichkeits- und Geschäftsmaske.

Patenter, reinlicher und poetischer, aber auch illusionärer läßt sich die Welt kaum spalten. Dieses Spiel, in dem Shen Te dauernd so herzlich unserer Sympathie angeboten wird wie Shui Ta unserem Vergnügen an der List und Rationalität seines Handelns – unvermeidliches Erbe der Hosenrollen-Dramaturgie –, es müßte sich im freundlichen, faden Zweitakt bald totlaufen, würde Brecht nicht für verschärfte Spielbedingungen sorgen. Auch Shen Te versucht nämlich in ihrer Notlage zunächst etwas Liebloses, nur Zweckmäßiges zu tun, indem sie eine Vernunftheirat ansteuert. Doch ausgerechnet auf ihrem Weg zum entscheidenden Rendezvous wird sie sich verlieben, in einen Mann, der schlimmer und unberechenbarer männlich ist als der Shui Ta, den sie wie eine Marionette führen kann.

In die allzu klare Gleichung männlich gleich weiblich minus Freundlichkeit plus Realitätssinn schiebt sich nun dieser arbeitslose Flieger Sun als eine vorerst noch Unbekannte. Während die Liebe Shen Tes zu ihm einem aus Brechts Frühzeit bekannten Stereotyp folgt: Liebe »schwächt«. So daß die von ihr befallene Shen Te noch weicher wird als bloß weiblich. Noch rücksichtsloser möchte sie nun sich und alle »verwöhnen«, »freundlich« sein: »Wie soll man sich von allen Schwächen frei machen, vor allem von der tödlichsten, der Liebe? Sie ist ganz unmöglich! Sie ist zu teuer!« Zwischen Geschäft und Güte, einer (männlichen) Unverführbarkeit und einer (weiblichen) Verführbarkeit durch das Mitleid mit anderen und mit sich selbst hat das Kräftespiel im Stück sich kunstvoll und zierlich noch ausbalancieren lassen. Doch die herrliche Unvernunft der Liebe und vor allem eine Schwangerschaft treiben Shen Te so weit ins Weiche, daß sie sich zum Ausgleich notwendig weiter verfremden und verhärten muß: ihr Schatten wird Manufakturbesitzer, ein Ausbeuter. Nur teilt er leider mit Shen Te deren Schwangerschaft, die sich bald hinter keiner Maske mehr verbergen läßt.

Das herzzerreißende Unglück der erst unnatürlich verdoppelten, dann aber auf diesem natürlichsten Weg wieder zur Einheit zurückgezwungenen Figur ist nach der Logik aller Komödie das Glück ihres Erfinders. Eine gute lange Weile hat sein Stück nur funktioniert wie eine artige Wetteruhr, mit alternierenden Auftritten des Schönwetterweibchens und Schlechtwettermännchens. Nun verwandelt es sich allmählich in eine Foltermaschine, die Shen Te schließlich ihre Wahrheit und dem Spiel die Wahrheit über eine Welt abpressen soll, in der »Gut sein und doch zu leben« nicht ineinander aufgehen. Trotz Brechts sprichwörtlicher Epilogformel »Der Vorhang zu und alle Fragen offen« ist seine Antwort auf die Frage »Soll es ein andrer Mensch sein? Oder eine andre Welt?« von Anfang an ganz sonnenklar: natürlich eine andere Welt. Sie muß dem Wahren, Guten, Schönen unserer natürlichen Humanität angepaßt werden, und das war bei dieser Spielanordnung und mit dieser Protagonistin so sehr vorauszusehen, daß schon der Prolog hätte bündig enden können mit: »Den Vorhang auf und keine Frage offen.«

Fragwürdig aber ist hier mehr als nur das Unverhältnis zwischen simpler Spielanlage und raffiniertem Spielverlauf, mehr auch als die Plausibilität oder Wünschbarkeit oder Durchführbarkeit des Spielergebnisses, dieses Postulats einer von Grund auf veränderten Welt, und mehr als die Versuchsanordnung mit einer so vorpräparierten Versuchsperson. Denn zu fragen wäre zunächst einmal, was Brecht von seinen seit zwanzig Jahren bearbeiteten Problemen im klassischen Wortsinn dreifach aufgehoben hat in dieser dünnen, leichten, hellen Luft, durch die sich das Sezuan-Stück bewegt wie widerstandslos.

Spuren der vorangegangenen Stücke, Spaltungserscheinungen vor allem, lassen sich auch in diesem wiederentdecken. So wie Galilei kraft seiner Sinnlichkeit zugleich zum Forscher wird und zum Faun, also einerseits kühn, optimistisch, selbstbewußt, neugierig, andererseits aber auch feige, bequem, melancholisch, so erweist sich auch die scheinbar so einheitlich Gute Shen Te als widersprüchlich, bald kopflos, bald herrlich klar, so sanft wie wirr wie unbeirrbar direkt und dann doch wieder erfinderisch verschlagen. Geradezu töricht erscheint diese Inkarnation einer verklärenden Brechtschen Vision von Weiblichkeit, wenn sie ihr künftiges Kind begrüßt als Sohn, als neuen »Flieger«, »Forscher«, ja als »Eroberer«: als könnte Brecht sich einfach nicht vorstellen, daß sich eine Frau etwas anderes vorstellen könnte als Söhne, musterhafte »Kinder des wissenschaftlichen Zeitalters«, die eine Versöhnung von Technologie und Freundlichkeit vorbildlich besorgen werden, zwischen archaisch weiblicher und aufklärerisch männlicher Vernunft endlich Frieden stiftend. Obwohl gerade dieses Szenchen so adrett zu passen scheint ins neue Konzept einer ökologischen Weltgemütlichkeit, verblaßt es in Postkartenposen.

Auf seiner Schattenseite aber zeigt auch das Sezuan-Stück die gleichen extremen Reaktionen auf die vorhandene Welt wie die Courage-Szenen. Im »Lied vom Rauch«, diesem grauen Abgesang auf Redlichkeit, Klugheit, Hoffnung, aber auch Unredlichkeit, wird alles höhere wie niedere Streben abgefeiert mit dem fatalistisch sich wiederholenden Refrain: »Darum sag ich: laß es!« Doch ins andere Extrem fällt der Gute Mensch mit seinen jähen Ausbrüchen in »wölfischem Zorn«:

Was ist das für eine Stadt, was seid ihr für Menschen!
Wenn in einer Stadt ein Unrecht geschieht,
    muß ein Aufruhr sein
Und wo kein Aufruhr ist, da ist es besser,

daß die Stadt untergeht
Durch ein Feuer, bevor es Nacht wird.

Gutsein macht kopflos sehnsüchtig, wie Shen Tes Wunschvorstellung vom Sohn als Kleinem Mann und freundlichem Eroberer zeigt, Gutsein kann aber auch böse, ungeduldig, verfluchungssüchtig machen, wie diese Ausbrüche verraten. In ihnen reißt plötzlich die Glasur auf dem Antlitz dieser Guten Seele und jäh sieht man wieder die vom Elend entsetzten Wutgesichter der Schlachthof-Johanna und des Jungen Genossen der »Maßnahme«. Der Schoß ist fruchtbar noch, aus dem das kroch.

Denn auch die kunstvoll und doch schlicht gespaltene Welt der Sezuan-Parabel führt mit Spieluhrenmechanik und -leichtigkeit noch einmal jenen umfassenden Spaltungsversuch durch, mit dem Brecht sich von Anfang an dichtend in der Welt zu orientieren suchte, um sie dann dichtend, versuchs- und vorschlagsweise zu heilen. Auch die Alternativen zwischen kleiner Revolte und großer Umwälzung, zwischen einem fatalistischen »Laß es!« und dem kategorischen »Verändert die Welt, sie braucht es« gehören seit jeher zum antagonistischen System. In seinen ersten Ausprägungen, in der Dichtung des Zwanzigjährigen, hatte diese Zerrissenheit sich noch in kräftigen und grell extremistischen Unterscheidungen manifestiert: Ordnungen der Wärme und der Kälte, der Nähe und der Distanz, des Schmutzes und der Reinheit, der Liebe und der Geschäfte, des Dschungels und des Asphalts, der Auflösung und der Härte, der authentischen Nacktheit und des verlogenen Maskenspiels, der Schwäche und der Gewalt, der lustvollen Mimesis und der schneidenden Reflexion, des »Mitreißens« und »Verfremdens«, der natürlichen Landschaft und des städtischen Markts wurden gegeneinander ausgespielt. Doch zu ahnen war immer hinter allen diesen Gegensatzpaaren deren Ursprung oder doch Urbild im Gegensatz zwischen einer Geborgenheit im Mütterlichen, im Mutterleib und einer Ausgesetztheit in der Weite, Kontingenz und Kälte eines unmenschlichen Kosmos und einer ihm sozusagen kongenialen Gesellschaft. Je energischer Brecht sich dann bemüht, seine manichäische Vision der Welt sozial und historisch zu interpretieren und die Spannungen als heilbare aufzulösen in einen Geschichtsprozeß, desto dialektischer versucht er auch die Statik seines Systems aus Welten und Gegenwelten in Bewegung zu bringen. So planvoll er dabei aber auch vorgeht, so blind stellt er sich gegen die in sein Weltbild hinausprojizierte eigene Zerrissenheit, auch wenn er sie in

seinen Figuren, ob in Galilei oder der Courage, darstellt und auch an-
greift.

Shen Te freilich wird weder angeklagt noch klagt sie sich selbst an. Sie
klagt nur, über ihre reale Existenz in einer von »Göttern« als Idealver-
waltern so wohlmeinend, im Lichte nämlich des Guten, Wahren, Schönen
betrachteten Welt. »Ja, ich bin es. Shui Ta und Shen Te, ich bin beides«,
ruft endlich der vor Gericht gestellte schlechte Gute Mensch. Und tatsächlich ist er und ist sie, sind diese beiden ja durch alle angebotenen
Positionen gelaufen, die männliche und die weibliche, die rücksichts- und
die selbstlose, die überlegene und die mitleidige, die harte und die weiche,
die liebevolle und die geschäftstüchtige, die ausdrucksvolle und die
reflektierte, die authentische und die maskenhafte, die wahre und die
listige, die archaisch gute und die unternehmerisch erfolgreiche. Denn
»Freundlichkeit« und alle von ihr abgeleiteten Tugenden mögen zwar,
wie Shen Te als Seele des Stücks unermüdlich doziert, unsere natürliche
Mitgift sein, doch erweisen sie sich in unnatürlichen Verhältnissen als
unendlich korrumpierbar, als unbrauchbar, ja lebensgefährlich. Womit
sich Brechts altgewohnter Antagonismus verhärtet hat zu einem simplen,
doch nicht hoffnungslosen Paradox: der Mensch scheint unveränderlich
gut, doch unendlich korrumpierbar, die Welt dagegen zwar unmenschlich
schlecht, doch utopisch perfektionierbar. Dieses Planspiel aus Sezuan hat
seine Risse vielleicht doch allzu säuberlich gesetzt. Erschrecken sollten
sie, doch sie entzücken.

Wie aussichtslos und hoffnungsvoll die Lage in Wahrheit ist, können
die Räsonnierfiguren Kalle und Ziffel in den »Flüchtlingsgesprächen«
genauer und bündiger beschreiben als die in ihren fiktionalen Reichtum
verstrickten und größer angelegten Stücke. In seinem Schlußwort nennt
Kalle den Zustand, in dem Ideal und Wirklichkeit sich endlich decken,
sodaß sich ohne die Anstrengungen und Heucheleien der Tugend dennoch menschenwürdig leben läßt –, diesen wirklichen Idealzustand nennt
Kalle, nicht unerwartet, Sozialismus. Nur leider sind, wie Kalle hinzufügen muß, zur Erreichung eben dieses Zustands alle nur möglichen
Tugenden nötig: »Nämlich äußerste Tapferkeit, der tiefste Freiheitsdurst,
die größte Selbstlosigkeit und der größte Egoismus.«

»Ich habs geahnt«, erwidert darauf Ziffel. Es ist dieser Seufzer, den wir
in Brechts fünfziger Jahren aus seinen Texten beständig durchzuhören
meinen. Mehr als nur ahnungsweise war er inzwischen in Berührung
gekommen mit jenem muffig und real existierenden Idealismus, der sich

zäh, borniert und wütend abmühte mit dem Aufbau einer sozialistischen Gesellschaft. Worauf in Brechts letzten Gedichten der große antagonistische Weltentwurf seines Werks samt allen darüber ausgespannten utopischen Regenbogen wie lautlos in sich zusammenzustürzen beginnt.

Ein Entsagungsprogramm:
Behagen im Unglück

Immer wieder scheinen sie sich erstaunlich nahe zu rücken, diese beiden einander so herzlich Fremden, Thomas Mann und Brecht, so 1938, als sie beide im Schatten Hitlers den Nutzen und Nachteil historischer Größe untersuchen, der eine an Galilei, der andere an Goethe. Daß Brecht sich einen faunischen Forscher, Mann sich einen großbürgerlichen Dichter als Untersuchungsobjekt wählt, markiert zwar wieder den Unterschied, doch auch die Vergleichbarkeit: beide operieren an einer historischen Maske als an einem heimlichen Ebenbild, in Augenhöhe.

»Der große Mann ist ein öffentliches Unglück«, dieses chinesische Sprichwort zitiert Thomas Manns Goethe seiner Tischgesellschaft am Frauenplan, die darauf hemmungslos in ein Gelächter ausbricht, das zu protestieren vorgibt, aber insgeheim zuzustimmen scheint. Während Brecht seinen vor der Inquisition gescheiterten Galilei in einsamer Vorlesung vor dem Theatervorhang darüber meditieren läßt, daß große Körper, Maschinen, Tiere überraschenderweise weniger widerstandsfähig und ausdauernd, verletzlicher sind als kleine.

Galilei wie Goethe, beide werden in einen Anklagezustand versetzt, und unüberhörbar schreibt dabei das Schuld-, aber auch das Selbstbewußtsein ihrer Autoren mit. Brecht treibt seinen Galilei in eine Selbstverurteilung, ja Selbstvernichtung, die ebenso zerknirscht wie souverän vollzogen wird, demütig und arrogant. Während sich Goethe von seiner Lotte in Weimar verabschiedet mit einem Stirb-und-Werde-Abgesang, in dem er sich als Gott und Opfer noch einmal, wenn auch gütig und versöhnlich, über die wahren und realen Opfer seines Genielebens hinausschwingt. Die Rolle der Selbstverklärung, die Rolle der Selbstverdammung, beide werden erhobenen Hauptes gespielt.

Auch Zeichen einer gespaltenen Welt lassen sich ablesen an den zerrissenen Figuren, die der bürgerliche wie der kommunistische Emigrant und Humanist nun auf ihrem riskantesten artistischen Niveau entwerfen, am Guten Menschen von Sezuan wie am keuschen Joseph in Ägypten. Doch wie Brecht und wie Thomas Mann ihre Welten spalten und ihre Risse setzen, wo vor allem für sie Oben und wo Unten ist, und wie sie diese Differenz bewerten, das allerdings macht die Fremdheit zwischen beiden sofort wieder einleuchtend und klar.

Für Brecht wird natürliche Güte sich selbst entfremdet erst in der

Wolfsgesellschaft, unter Klassendruck, in der Ökonomie der Ausbeutung und des Profits. Zwischen Macht und Ohnmacht, ökonomischer Gewalt und ökonomischem Elend läuft für ihn eine unüberschreitbare Grenze durch die Welt: der Gute Mensch, der in Sezuan mit einem Bein je hier wie dort Fuß fassen möchte, sich also mitleidig und rücksichtslos, weiblich und männlich wie gegrätscht über dieser Grenze zu behaupten versucht, wird eben durch sie zerrissen. Brechts offener Schluß scheint gerade in seiner Offenheit, Unversöhnlichkeit realistisch, und doch verdankt er sich wie das ganze Stück der Spielbedingung, daß Güte der Naturzustand des Menschen wäre und Aggression nur eine Entartung –, eine Annahme, für die wenig mehr als ihre milde poetische Schönheit spricht.

Thomas Mann dagegen, obwohl er doch seinen Josephs- wie den Goetheroman so inständig in versöhnliche und harmonisierende Schlüsse treibt, wird zu diesen ganz offensichtlich bewegt durch eine eher düster melancholische und konservative Vision der Welt. Ganz gleich, ob man die Josephsromane reduziert auf schopenhauerische, nietzschesche oder freudsche Erklärungsschemata, auf einen Antagonismus also von Wille und Vorstellung, Dionysisch und Appolinisch, Es und Ich, oder gar, noch allgemeiner und altertümelnder, von Schicksal und Freiheit –, eines bleibt immer gleich: nicht ökonomisch und nicht sozial wird hier der Riß interpretiert, der durch die Welt geht, sondern in nie ganz aufzuklärender Mischung psychisch und metaphysisch, als ein Leiden, das grundsätzlich und heillos ist.

Da trifft es sich gut, daß die Hauptrolle in diesem Weltmärchen besetzt ist mit Joseph, in dem so versöhnlich eine zerrissene Welt sich zusammenfindet: »mit Segen oben vom Himmel herab und mit Segen von der Tiefe, die unten liegt«. Es ist dieser Jaakobssegen für den Lieblingssohn, den dann Doktor Riemer auch an Goethe entdecken wird: »Es handelt sich um den Doppelsegen des Geistes und der Natur – welcher, wohlüberlegt, der Segen – aber im ganzen ist es wohl ein Fluch und eine Apprehension damit – des Menschengeschlechts überhaupt ist . . .« Der Segen also als Fluch. Denn wer »mit einem Bein in der einen und mit dem anderen in der anderen Welt« steht, wer es mit der Einheit des Doppelten versucht, dem wird menschlicherweise diese schwierige Balance immer wieder in die eine oder andere Richtung verrutschen, mißlingen.

Davon handeln, wenn man sie so schematisch vereinfachen will, Thomas Manns Romane seit dem »Zauberberg«. Nur werden jetzt jene Geschichten der Heimsuchung, die für den kleinen Herrn Friedemann

oder den erhabenen Aschenbach in Katastrophen endeten, für Joseph wie
für Goethe wie für Gregor den »Erwählten« in das glückliche oder
vielmehr scheinglückliche einer Entsagung geführt, die hier schon mehrfach als Behagen im Unglück definiert wurde. Diesem planvollen Verlauf,
seinen Beweggründen, seiner Überredungskraft und seinen Unkosten
wäre nun nachzugehen.

»Es ist die Idee der Heimsuchung«, so schlägt der Erzähler des über
dreihundert Seiten laufenden Verführungsromans zwischen Potiphars
Weib und Joseph mitten in ihm dessen Generalthema an, »des Einbruchs
trunken zerstörender Mächte in ein Gefaßtes und mit allen seinen Hoffnungen auf Würde und ein bedingtes Glück der Fassung verschworenes
Leben«. Der Satz, schon mehr als einmal zitiert, sollte in seiner manierier-
ten und scheinbar sorglosen Flüssigkeit endlich genauer angesehen werden. Denn in ihm taucht, in Splittern und doch konzentriert, wortwörtlich
das strukturbildende und dynamisierende Motivmaterial des späten Thomas jäh aufstrahlend und jäh wieder verlöschend auf. Gefaßtes steht
gegen Mächte der Zerstörung und Vernichtung, Trunkenheit gegen
Würde, ein Einbruch gegen etwas Gebautes oder Eingefriedetes, das aber
auf Hoffnung eher als auf Sicherheit gebaut scheint. Bedingt wird ein
gefährdetes Glück genannt, das offenbar abwehrend, verschworen gegen
ein nicht näher benanntes Unbedingtes verschlossen bleiben möchte.
Kurz: das zugleich blasse wie energische Vokabular beschwört zivilisato-
rische Anstrengung gegen undeutlich drohende Naturgewalt, die sinnlos,
würdelos, trunken, destruktiv, aber unbedingt scheint. Die folgenden
Sätze werden dann mit ihrer Josephsroman-Redseligkeit diese noch raunend dunkle Sache wieder ins Deutlichere treiben, werden den »fremden
Gott« beim Namen nennen und Mut-em-enet sein »mänadisches Opfer«,
um dann die drohenden »Mächte des Untergrunds« auch mythologisch
im Weiblichen, nämlich in der »schwarz-wasserschwangeren Erde« zu
lokalisieren. Das alles gehört zum System- und Selbsterklärungszwang
des Romans. Wie durchreflektiert er ist, zeigt aber genauer das konzen-
trierte und fragmentarisierte Wortmaterial eines einzigen Satzes, der das
Ganze schon in sich enthält.

Das Ganze nämlich nicht nur der Romankonstruktion, sondern des
Humanitätsentwurfs, an dem Thomas Mann in den dreißiger und vierziger Jahren arbeitet. Auch Lottes Projekt in Weimar war es ja, wenn
sie das auch erst am Ende gesteht, den dortigen Geheimrath »heimzu-

suchen«. Denn in ihr verkörpert sich eine Erinnerung an den in Goethe längst unter »Würde« und »Fassung«, zugunsten eines »bedingten Glücks« begrabenen Werther. Auch in Lottes Weimarer Gesprächen taucht leitmotivisch der Widerstreit zwischen einem Unbedingten und dem Bedingten auf, die im Goetheroman das »Mögliche« und das »Wirkliche« genannt werden. Denn wie Goethes verkümmertstes Opfer, sein Sohn August sinniert: »daß es das Mögliche gibt, wenn auch nur als Tatsache unserer Ahnung und Sehnsucht, als ›Wie nun erst‹ und als flüsternder Inbegriff dessen, was allenfalls hätte sein können, das ist das Wahrzeichen der Verkümmerung«. Auch Lotte, obwohl sie dem Goethesohn zunächst resolut widerspricht, wird am Ende doch von Goethe selbst wissen wollen: »alter Freund, ... fragst du nicht auch mitunter dem Möglichen nach in den Würden deiner Wirklichkeit? Sie ist das Werk der Entsagung, ich weiß es wohl, und also doch wohl der Verkümmerung, denn Entsagung und Verkümmerung, die wohnen nahe beieinander, und all Wirklichkeit und Werk ist eben nur das verkümmerte Mögliche.«

Weit abgekommen, scheinbar, von Muts und Josephs leidenschaftlich ergebnisloser Affäre, sind wir wieder auf den zwanghaften Zusammenhang zwischen Passion und Entsagung gestoßen, den wir aus der Lebensgeschichte des Autors schon kennen, aus der »zentralen Herzenserfahrung« mit dem Schwabinger Paul Ehrenberg und aus deren später, alles »Mögliche« wie auch das »verkümmert Mögliche« noch einmal und intensiver auskostender Wiederholung mit dem jungen Klaus Heuser. Kein Wunder, daß die einschlägigen Tagebuchaufzeichnungen herangezogen werden, um die Geschichte von Josephs Keuschheit zu erzählen als einen Musterfall dafür, wie in »Wirklichkeit und Werk« untergeht und verkümmert, »was allenfalls hätte sein können«. Als dann »Joseph in Ägypten« längst der möglichen Verführung entkommen und in seine zweite Grube gerettet ist, beginnt der Erzähler in der Maske Goethes von neuem genüßlich zu grübeln: »Gibt's irgendetwas in der sittlichen, sinnlichen Welt, worein vor allem mein Sinnen sich innigst versenkt in Lust und Schrecken dies ganze Leben lang, so ist's die Verführung – die erlittene, die tätig zugefügte –, süße, entsetzliche Berührung, denn der Verführung widerstehen, heißt nicht aufhören, verführt zu sein ...«

Heimsuchung und Verführung, erlittene und tätig zugefügte, heil überstanden und immer wieder auferstehend, geheilt in den Würden einer Wirklichkeit, in der doch, unwürdig, ein Mögliches verkümmert, das jederzeit wieder ausbrechen möchte und auch wird –, im Spannungsfeld solcher Widersprüche hat Thomas Mann nun den Spielraum seiner Romane gefunden. Verloren in die phantastische Unendlichkeit des Möglichen und Unerlaubten, scheinen sie zu romantisieren, um sich zum guten märchenhaften Ende doch immer wieder zu retten in klassische Haltung. Was sie aber verkünden und versprechen, Mitte, Maß und Gleichgewicht, Würde, Verzicht und Wirklichkeitssinn, und wie sie auf dieses Ziel hin erzählen, schweifend nämlich und ausschweifend, irrlichternd und zwielichtig, das kann ihren inneren Widerspruch in jeden einzelnen Satz übertragen. Alterserotik, gehemmt und hemmungslos, raffiniert im Verhüllen, weil gierig auf Entblößung, hat mit ihren Zweideutigkeiten die Mannsche Prosa nun im Innersten so infiziert, daß sich in ihr das Kühne und das Ängstliche, das Gravitätische und das Lüsterne nicht mehr klar entmischen wollen. Wodurch auch jede Beschreibung dieser Prosa, wie sich hier zeigt, ins Zweideutige verführt wird, um etwas zu fassen, was ihr doch notwendig entgleitet, ja geradezu wegglitscht.

Und wieder wäre kaum schlüssig zu beweisen, was sich als Vermutung doch nicht unterdrücken läßt: daß alle Lust und aller Schrecken angesichts der »Einheit des Doppelten« ihr Erfahrungs- und Inspirationszentrum in der geschlechtlichen Ambivalenz ihres Autors haben. Um *von* dieser Quelle nicht zu reden und doch *aus* nichts anderem als ihr, wird Doppeldeutigkeit und Transparenz als Strukturprinzip über eine ganze Erzählwelt verhängt. Denn nirgends kann man sich vollständiger und unauffindbarer, aber auch leuchtender verbergen, als eben: in Allem.

Auf die rituelle Deutlichkeit, mit der im »Zauberberg« das homoheterosexuelle Doppelgesicht einer Liebe enthüllt wird durch die Verwandlung von Pribislav Hippe in Madame Chauchat, kann der Josephsroman-Erzähler nun verzichten. Denn der riesige Roman ist ja, längst bevor mitten in ihm Mut »ihre Augen wirft auf Joseph«, schon eingerichtet als ein System der Spiegelungen, Täuschungen, Verdoppelungen, Vervielfältigungen, Durchblicke. Was immer jetzt auch gespielt wird, gerät unweigerlich in dieses Netz- und Blendwerk. Folglich kann auch Muts Geschichte durchaus konventionell, nach allen Regeln der Kunst exponiert werden, als ein üblicher Skandal von amour fou.

Anstößig und unerlaubt ist diese Liebe aus mehr als einem Grund: als Passion einer hohen Dame für einen Sklaven, einer Ägypterin zu einem Fremden, einer verheirateten, doch unberührten und unberührbaren »Mondnonne« zu einem verführerisch schönen Jüngling. Innere Widerstände und psychische Schranken müssen also durchbrochen, doch nach außen, im sozialen Bereich muß diskrete Heimlichkeit gewahrt bleiben. Erst in dieser ständigen Reibung zwischen innerer Anarchie und äußerer Förmlichkeit beginnt sich Muts Leidenschaft zu steigern und zu erhitzen. Auch, weil ihre Passion immer deutlicher nicht nur ihre moralische, sondern auch ihre faktische Unmöglichkeit einsieht: sie ist unerfüllbar.

Was im Wirklichen so wenig Platz und Sicherheit findet, muß umso unendlicher ausschweifen ins Mögliche: Muts Liebe wuchert sich aus zu einem redseligen Phantasma aus Plänen, Schwärmereien, Bedenken, Hoffnungen, Erinnerungen, Berechnungen, Lyrismen und Tricks. Was für eine herrliche und ungeahnte Entgrenzung und Enthemmung darf sich nun Aschenbachs Passion erlauben, weil der Blick auf einen schönen, so begehrenswerten wie unerreichbaren Jüngling hier aus weiblicher Perspektive fällt. Auch bleibt der Unerreichbare selbst diesmal nicht stumm, ein Standbild nur der Schönheit. Auf dem Höhepunkt, in den Zwiegesängen der beiden, erweist sich Josephs Keuschheit als genauso wortselig, einfallsreich, wendig wie Muts Passion. Denn seine Suada darf mit dem Möglichen zweideutiger spielen als ihre, sie lockt und sie entzieht sich, das Standbein haftet immer fest auf dem Grund hoher Prinzipien, das Spielbein tändelt kokett über dem Abgrund. Das heißt: in diesem reizend sich anbietenden und reizvoll sich entziehenden Hauptdarsteller hat der Geist der Erzählung, dieser mit Begehren und Widerstand erotisch aufgeladenen Prosa sich wahrhaft verkörpert. Joseph betreibt wie sein Roman zwar das poetische, »trunkene« Geschäft der Heimsuchung, sorgt aber zugleich kühl und besonnen für die perfekte Heimsuchungs-Verhinderung.

Damit wächst diese Verführungsgeschichte weit über ihren baren Inhalt hinaus und steigert sich zu einem Inbild der Kunst, wie sie Thomas Mann seit dem »Zauberberg« unermüdlich dozierend und räsonnierend verstehen wollte: als Einheit aus Widersprüchen, Produkt aus Spiel und Trieb, Zauber und Aufklärung, Verführung und Verzicht, als ein fortlaufend ins »Wirkliche« des Erzählten hineingezähmtes und dort auch in allem Glanz »verkümmertes« Mögliches.

Und doch stattet der Roman die Geschichte der unbedenklich rasenden Mut und des kokett bedenklichen Joseph mit noch höheren Bedeutungen und Würden aus. Für Joseph steht hier schließlich die Bewährung vor dem Vater, dem irdischen wie dem himmlichen, auf dem Spiel. Hinter Mut dagegen inszeniert der Erzähler eine Krise der ägyptischen Zivilisation, zwischen drohendem Rückfall in animistisches Dunkel und einer

Aufklärung von oben, unter der Schirmherrschaft des neuen Sonnengotts, und auch diese Krise soll mitentschieden werden durch den Verlauf und Ausgang einer verbotenen Liebe. Was für eine ungeheuerliche Maschinerie hat da erzählerische Phantasie entworfen, um jene Erfahrung diskreter, rasender, unmöglicher Leidenschaft aufs Format von Himmels- und Welttheater zu bringen, die der Autor selbst damals in Schwabing zu Anfang des Jahrhunderts durchlaufen hatte, ohnmächtig leidend und doch schon damals ihre literarische Verwertbarkeit witternd. Jetzt, wo er endlich aus beiden Rollen agieren kann, als Verfallener und als Verführer und Verzichtender, weiblich und männlich, jetzt endlich ist die »zentrale Herzenserfahrung« vollkommen spielbar und kontrollierbar geworden, entschärft und umso reizvoller.

Sieben Gründe für Josephs Keuschheit und damit für den glücklichen Ausgang seiner Geschichte weiß der Erzähler in einem seiner pedantischen Gelehrsamkeitsanfälle ausführlichst zu nennen, doch so beflissen er sie auch aufzählt und auseinanderdifferenziert, sie laufen letztlich doch zusammen auf einen einzigen Grund: die Rücksicht auf den Vater, auf die in Jaakob personalisierte Autorität einer väterlichen Vernunft, die sich als göttliche legitimieren möchte, aber doch irdisch für nichts weiter steht als für ein eifernd und gütig, eben väterlich verwaltetes Patriarchat. Diese schlichte Zusammenfassung unterschlägt jedenfalls von der siebenfach ausführlichen Begründung kaum mehr als eben nur deren siebenfache Umständlichkeit, die den schlichten, kräftigen Hauptgrund umtanzt wie eine nackte Peinlichkeit.

Furcht nämlich vor »Entblößung«, und genauer vor »Vaterentblö- ßung«, wird schließlich als letzter und entscheidender Grund für Josephs Keuschheit genannt, und es kostet den gelehrten Kommentar einige List und windungsreiche Mühe, um Josephs Scheu vor Frau Potiphar als Schrecken vor »Vaterentblößung«, vor dem »tödlich blutschänderischen Anschauen eines Nahverwandten« und als »Sohneseinbruch ins väterlich Vorbehaltene« geheimnisvoll zu erklären. Klarer wird dadurch zwar nichts, aber zwielichtig alles. Wir erkennen nun immerhin Joseph als einen vielfach Gehemmten: weder darf er wie Ödipus aufbegehren gegen den Vater, noch soll er als Narziß untergehen im Spiegelbild seiner eigenen Schönheit, also des Nächstverwandten, weder darf er als ein Gottverlobter sich tödlich verlieren ans weibliche Geschlecht noch als Jüngling einer Herrin, dem »Herrn in Weibesgestalt« verfallen. Doch Joseph wird dank dem übermächtig in ihm aufgerichteten Vaterbild allen diesen Gefahren entkommen, und sein Erzähler ist genau genug, um uns im Augenblick seiner keuschen Flucht davon zu unterrichten, daß aus dem Vaterbild nicht nur Jaakob und Jahwe, sondern auch die anderen Vertreter väterlicher Autorität über ihn wachen, unter deren Augen er in Ägypten Karriere gemacht hat, Mont-kaw also und Potiphar. Es ist eine restitutio ad ordinem, die der Zögling des Patriarchats durch seine Flucht vor Muts »Hexenschönheit« besorgt.

Die Folgen von Josephs Folgsamkeit und Verschonung sind dann aus dem vierten Josephsband reichlich abzulesen, so fleißig auch dagegen anerzählt wird. Nicht nur bleibt die Erzählung nun allzu verschont vom Fluch wie vom Segen aus der erfolgreich abgewehrten Dunkelheit und Tiefe, sondern auch Joseph will sich kaum lösen aus seinem Jünglings-, Keuschheits- und Entsagungsstatus, um glaubwürdig selbst ein Mann und Vater zu werden. Immer bleibt er Jaakobs Sohn und Liebster, so noch in ihrem letzten gemeinsamen Auftritt, als der sterbende Vater ihn endgültig »aussondert« aus der Heilsgeschichte und ihm den Segen aus Höhe und Tiefe zuspricht, diese herrliche Vollkommenheit, die doch nur, trauriger und genauer betrachtet, aus doppelter Halbheit oder vollkommener Zweideutigkeit besteht. Womit sich die Figur noch einmal verklärt und erklärt als Allegorie der Mannschen Kunst, »gesegnet mit Heiterkeit und mit Schicksal, mit Witz und mit Träumen«, spirituell frei und begehrlich verstrickt, rein und unrein, vollkommen fiktiv und tief autobiographisch, gebunden ans Wirkliche und verführbar durchs Phantasma des Möglichen, das allerdings nun im Schlußband der Tetralogie so vernünftig verkümmert scheint.

Mit Szenen der Demut und des Verzichts versucht der Roman in seinem Finale zu bewegen, ja zu rühren. Wenn Joseph sich den Brüdern endlich zu erkennen gibt, wenn er dem Vater wiederbegegnet, wenn er vom sterbenden Jaakob seinen ihn absondernden und erhöhenden Segen empfängt, so wird dabei jedesmal eine größere, doch illusionäre Rolle aufgegeben zugunsten einer bescheideneren, doch realen. Zuerst, als Joseph vor den Brüdern sein »Ich bin's« ausspricht und damit sein hochstaplerisches Götter- und Erlöserspiel fahren läßt, um wieder ein Bruder zu sein unter Brüdern. Dann, wenn er von Jaakob die Botschaft »absprechender Liebe« hört, die ihn und seinen Roman aus der Heilsgeschichte versetzt in die, so könnte man pointieren, Literaturgeschichte. Und schließlich, als ihm der Vater seinen Segen nicht nur verkündet, sondern auch auslegt: »Wie sich Heiterkeit und Traurigkeit darin vermischen, das ergreift mein Herz mit Liebe, – so liebt dich keiner, Kind, der nur deines Lebens Glanz, nicht auch, wie das Vaterherz, seine Traurigkeit sieht.«

Auch Jaakob redet aus einem Gefühl heraus und von einem Gefühl, das hier immer wieder Behagen im Unglück genannt worden ist. Denn die hohen wie die bescheidenen Helden der späten Mannschen Entsagungsmärchen sollen nicht nur darstellen und wissen, daß sie verschont worden sind, sondern immer auch andeuten, was ihnen damit entgangen ist. Unübersehbar steht deshalb am Eingang zu Josephs ägyptischer Karriere sein väterlicher Gönner Mont-kaw, ausgezeichnet durch eine »Art eingeborener Resignation«. Dienst ohne Ehrgeiz, Sorge für andere, für Feinere, Höhere, Gefährdetere wie Potiphar, Genügsamkeit auf der ihm zugewiesenen Stufe der ägyptischen Hierarchie, geduldige Vermittlung von unten nach oben und von oben nach unten erfüllen sein Leben. Wie eine menschliche Säule trägt dieser Garant des Nichts-Begehrens und Nicht-Aufbegehrens eine konservativ gedachte und konservativ zu erhaltende Ordnung. Für ihn ist alles, was ist, auch vernünftig, und was sein könnte, nur gefährlich. Mont-kaw allerdings, ein Engel im Beamtenstatus, erlebt sein Behagen, da unangefochten, noch diesseits von Glück oder Unglück.

Anders Mut-em-enet, die im vierten Band noch einmal kurz auftaucht, um die (wie es früher einmal hieß) »Einfriedung und wohltuende Vergleichgültigung« ihrer drei Jahre langen Passion zu beglaubigen. Und doch ist dann noch die Rede von einem »tief versunkenen Schatz, der aber immer still heraufleuchtete in den trüben Tag ihrer Entsagung«, der sie mit »Lebensstolz« erfüllt, wofür als Grund genannt wird »das Bewußtsein der Rechtfertigung, das Bewußtsein, daß sie geblüht und geglüht, daß sie geliebt und gelitten hatte«. Dieses heimliche Bekenntnis eines »Lebensstolzes«, eines »Schatzes« unterhalb aller »Entsagung«, eines Behagens im Unglück hat der Erzähler aus eigenen Tagebuchseufzern übernommen, dabei deren bemüht saloppen Ton freilich in eine höhere, festliche, eben »mythische« Höhenlage transponierend: »Nun ja, ich habe gelebt und geliebt, ich habe ›das Menschliche ausgebadet‹«, so hatte er befriedigt resümiert, als er im Mai 1934 »in Hinsicht auf die Passion der Mut-em-enet« sich die Kindheits-, Jugend- und Altersphase seiner homoerotischen Heimsuchungen schön geordnet vor Augen rückt. Er selbst, der mit dem »Schatz« der verkümmerten Möglichkeiten zu wuchern wußte wie kaum ein anderer, wollte also von einem »Schatz« beileibe nicht reden. Das ausgebadete Menschliche klingt eher nach Initiation in lauwarm schmutzigem Wasser. Doch sein Behagen im Lebensverzicht, das gerade in den Tagebüchern unter Unglück und Melancholie als deren noch tieferes, festeres Fundament fühlbar wird, konnte sich anders als das einer Mut-em-enet eben produktiv verwirklichen, im Schreiben. Kein Wunder, daß er dann, je sicherer, unangefochtener vom nur Möglichen und allzu Menschlichen er sich im Schreiben eingeschlossen fühlt, desto sonorer ein Entsagungs- als trauriges Glücksprogramm verkündet.

Darauf baut auch die zwar gefährdete, aber doch harmonische Ordnung des Goetheromans, dieser altersmilden Heimsuchung, die Hofräthin Kestner für den Geheimrath Goethe veranstaltet. Mit ihrer »kleinen Wirklichkeit«, wie nicht unkokett sagt, bedrängt sie Goethes »große«, seine von Kunst geprägte Existenz, die sich nun Zug um Zug befragen lassen muß nach ihren Unkosten. Was als groß gilt und was klein ist, wo oben ist und wo unten in der Hierarchie des Romans, das allerdings wird dabei nicht in Frage gestellt und damit auch nicht, daß sich die Unkosten der Größe letztlich lohnen, daß also das für sie verratene, verkümmerte, enttäuschte Leben, die Opferspur von Sesenheim bis zum Frauenplan sich rechtfertigen läßt. Doch schon hier betreibt Thomas Mann wie später mit Zeitblom und Leverkühn ein Doppelspiel, agiert zwar in der Maske des Genies, doch simuliert auch treu die Rollen der Opfer und Trabanten. Acht Kapitel lang erfassen deren verehrende, zweifelnde, liebende und ressentimentgeladene Blicke, erfaßt diese Perspektive von unten, die letztlich auch Thomas Manns eigene ist, diesen seinen Goethe, der nur einmal im siebenten Kapitel aus seiner Gegenperspektive zu Wort kommt.

Behagen im Unglück — könnte davon auch angesichts dieser »großen Wirklichkeit« Goethes die Rede sein? Auf dem schwindelerregenden Höhepunkt seiner Goethe-Analyse spekuliert Doktor Riemer, nun ganz und gar ein Bauchredner des Goethe-Essayisten Thomas Mann, auch über die Gottähnlichkeit, das Proteische und den »Nihilismus« der Goetheschen Größe, und ringt mit dem widersprüchlichen Gefühl, das jeden in Goethes Nähe befalle, gemischt aus sinnlichem »Wohlgefühl« und »äußerstem Unbehagen«. Auch er kann sich das Phänomen nur dadurch erklären, »daß dort das Glück nicht wohnt«, nämlich in der »Sphäre der absoluten Kunst und allumfassenden Ironie«. In diesem unbehaglichen Wohlgefühl oder eben Behagen im Unglück leben in Thomas Manns Weimar alle, der Dichtergott und seine Opfer, denn alle haben sie ihr Mögliches hineinverraten, hineinverkümmern lassen in ein Wirkliches.

Doch am Ende der Bilanz wird verkündet: Gewinn durch Verlust. So findet Fausts Erbitterungs- und Wutschrei »Entsagen sollst du, sollst entsagen!« im Stimmengewirr der »Lotte in Weimar« ein fein abgedämpftes und auch harmoniesüchtiges Echo, ganz gleich ob Riemer spricht oder Lotte, Sohn August oder am Ende der übergroße Alte selbst, die »steifbeinige Excellenz in allen Würden der Entsagung«, wie Lotte sie nun zu nennen wagt. Doch bevor dieser Goethe ihr und uns in seinem Abgesang die ganze Welt als eine des Opfers und der Verwandlung in eine einzige festlich illusionäre Harmonie verklärt, sich ewig revolutionierend und konservierend in einem Arbeitsgang, vorher wagt diese kleine weibliche Stimme aus der Erfahrung und mit der Vernunft ihrer »kleinen Wirklichkeit« auf einen unauslöschlichen Unterschied zwischen oben und unten hinzuweisen:

> Es ist etwas Fürchterliches um die Verkümmerung, das sag' ich dir, und wir Geringen müssen sie meiden aus allen Kräften und uns ihr entgegenstemmen . . . Bei dir, da war's was anderes, du hattest was zuzusetzen. Dein Wirkliches, das sieht nach was aus, nicht nach Verzicht und Untreue, sondern nach lauter Erfüllung und höchster Treue und hat eine Imposanz, daß niemand sich untersteht, dem Möglichen davor auch nur nachzufragen. Meinen Respekt!

Kaum auszurechnen, wie weit hier nur Lotte, wie weit da auch Thomas Mann respektvoll zu Goethe emporspricht. Denn soviel »zuzusetzen« wie der großartig »Verkümmerte« in Weimar hatte auch er sicher nicht. Doch eigensinnig wird er trotzdem Werk auf Werk sein Programm der Entsagung und eines behaglichen, weil produktiven Unglücks weitersingen, das damals von Hans Castorp mit Madame Chauchat durch einen russischen Kuß begründet und besiegelt worden ist, im Dreieck mit Mynheer Peeperkorn. Das Auge eines Vaters muß offenbar immer über einer Entsagung wachen. Schließlich hält sie die Welt, wie sie laut patriarchalischer Auslegung immer war und auf ewig bleiben möge: in Ordnung.

Womit Brecht und Mann, die als Klassiker und Humanisten zunächst in eine Verwandtschaft gerückt schienen, sich nun doch wieder in der Distanz und Fremdheit gegenüberstehen, in der sie selbst sich sahen. Daß die Welt sich ändern »muß, muß, muß!« ruft noch die letzte Zeile des Sezuan-Stücks dem Publikum als Aufgabe zu. Daß die Weltgeschichte sich in ihrer Nacherzählung und Reflexion dem beschaulichen Leser als ein Fest der Wiederkehr, als eine sich immer wieder ordnende Ordnung darstellt, zeigen der Josephs- und der Goetheroman. Jene fordernde Ungeduld und diese melancholische Geduld deuten auf mehr als nur verschiedene Temperamente, eine aktivistische und eine kontemplative Ästhetik, eine sozialistische oder konservative Gesinnung. Neutraler und genauer ließe sich sagen, daß Brecht seit den Erlösungsritualen seiner Lehrstücke daran arbeitet, eine auf ihre Zukunft hin offene Welt zu dichten, in die freilich das Modell ihrer wünschbaren Zukunft immer schon insgeheim eingeschrieben ist, während Thomas Mann seine Erzählwelt aus allen Heimsuchungen sanft oder erschüttert immer wieder zurückstürzen läßt in eine immer schon vorgegebene Ordnung. Brechts künftiges Reich der Freundlichkeit, in dem alle Verzichts- wie alle Leistungstugenden entbehrlich sein sollen, läßt sich begreifen als Wiederherstellung eines ursprünglichen Paradieses und dieses als verklärte Mutterwelt. Thomas Manns imaginierte Weltordnung dagegen ist und bleibt milde und aufgeklärt patriarchalisch, hierarchisch gegliedert, durchaus nicht herrschaftsfrei, geprägt durch Verzicht, auch durch den erhofften Gewaltverzicht väterlicher Güte.

Gerade der Schimmer aus solchen utopischen Goldhintergründen sichert den kanonischen Werken der beiden ihre emotionale Wirkung, ihre klassische Statur und Dauerhaftigkeit, ihren schönen, aber auch verstörenden Irrealitätszauber. Doch in seinen letzten Jahren wird auch Thomas Mann, wie Brecht, die Geschlossenheit seines Weltbilds noch einmal riskieren und in ein Auflösungsspiel hineintreiben.

Im Labyrinth:
Ohne Weltbild

Die beiden Arbeiten, mit denen Kafka sein Schreibjahr 1922 eröffnet und damit die vorletzte Produktionsphase seines Lebens, die kurze Geschichte »Erstes Leid« und die Erzählung »Ein Hungerkünstler«, beide lassen nicht ahnen, welche neue, ungeahnte Welt sich dem Schreibenden im Schloßroman eröffnen wird, den er im gleichen Jahr beginnt und im Herbst wieder unabschließbar liegen lassen wird. Im Gegenteil: in beiden Texten läßt sich Kafka sanft zurückstürzen auf frühere Positionen seines Schreiblebens, um ein, wenn nicht zwei Jahrzehnte. Noch einmal scheint die heitere und schmerzliche Grundstimmung des ersten Prosabändchens »Betrachtung« aufzuleben, ja sogar die Atmosphäre des Jahrhundertanfangs, in der Kafka zu schreiben begann.

Wie damals im von Kafka so bewunderten »Tonio Kröger«, wie auch in Picassos fast gleichzeitiger Blauer Periode, so wird nun in einer späten, durchsichtigen, einer ephebischen Prosa Künstler- und Bürgerleben noch einmal weit und weh auseinandergerückt. Hoch der Welt entrückt hockt Kafkas erste Beispielfigur im Trapez unter der Zirkuskuppel, leise verkümmert und erlischt das Leben der zweiten im Stroh eines Zirkuswagens. Ob Balancekunst oder Hungerkunst, beide sind zweckfrei, ebenso demütige wie hochmütige Fertigkeiten. Zarter läßt sich das weltabgewandte Wesen der Kunst nicht zugleich feiern und denunzieren. Nach dem Weinen des Trapezkünstlers verhaucht sein »erstes Leid«, und die Geschichte endet mit der Bemerkung des Impresarios, »daß die ersten Falten auf der glatten Kinderstirn des Trapezkünstlers sich einzuzeichnen begannen«. Während der Hungerkünstler seine lebensuntüchtige oder -unwillige Kindlichkeit mit einem stillen Tod bezahlt, um so einem jungen Panther, diesem überdeutlich strahlenden Inbegriff einer »Freude am Leben« den Käfig zu räumen.

Besonders diese zweite Geschichte reizt mit überaus lesbaren Rätseln, die Kafka in einer bei ihm seltenen Übersichtlichkeit und Lesebuchvollkommenheit in den Text verteilt hat. Ordentlich und unversöhnlich stehen die Welten der Askese und der Animalität sich gegenüber. Eine körperlos spirituelle Existenz, die sich verzehrt im l'art pour l'art, in einem Martyrium pour rien, wird fasziniert, doch verständnislos begafft von einer robust vergnügungssüchtigen Menge. Was immer unsagbar oder unsäglich sein sollte an dieser Hungerkunst, es definiert sich doch unübersehbar, eben lesebuchreif am Gegenbild der gaffenden Masse des Publikums, des pragmatischen Impresarios, der hilflosen jungen Damen, der spießigen Familienväter, des vor Kraft und Freiheit bebenden Panthers, im Gegensatz zu allen diesen Erscheinungsformen der Normalität und Vitalität. Die Erzählung wird also regiert von einem festumrissenen Weltbild, genau wie damals das Ende von »Die Verwandlung«. Wie dort die Überreste des verendeten Käfers Gregor Samsa auf einer Kehrschaufel, so werden diesmal die Reste des Verhungerten samt Stroh weggeräumt, um das Bild freizugeben für den Schlußauftritt einer Inkarnation des Lebens, damals durch die »ihren jungen Körper dehnende« Schwester, nun mit der »starken Glut aus dem Rachen« eines Tiers.

Das alles liest sich wie Wiederholung und Abgesang, meisterhaft, doch kaum überraschend. Erst wenn man sich aber dieses schwerelose Gelingen vor Augen führt, läßt sich das Wagnis abschätzen, das Kafka dann mit seinem dritten und wieder unvollendeten Roman eingeht. Auch »Das Schloß« entfaltet zwar einen Kosmos, in dem sich die Energien von Reinheit und Schmutz, Macht und Ohnmacht, Männlichkeit und Weiblichkeit, Gesetz und Anarchie und am allgemeinsten auch ein Oben und ein Unten klar bis kraß unterscheiden lassen, doch diese Gegensätze werden nicht mehr klar vorbewertet wie eben noch in »Ein Hungerkünstler«, organisieren sich also gerade nicht zum lesbaren Weltbild, weder durch planvolle Spaltung wie bei Brecht, noch durch sorgfältig durchgespielte und harmoniesüchtige Ambivalenz wie bei Thomas Mann. Wenn etwas diesen Roman in Gang setzt und in Gang hält, dann gerade ein Pathos der strengen Orientierungslosigkeit. »Daher«, schreibt Marthe Robert, »ist die innere Topographie von Kafkas Erzählung notwendigerweise absolut unbestimmt; genau darin liegt das Hindernis, das man im allgemeinen beiseite schiebt, indem man die Unbestimmtheit durch eine Verteilung der Orte entsprechend derjenigen einsetzt, welche die traditionellen Symbole festlegen – das Oben ist der Sitz der edlen und erhabenen Dinge, das Unten ist trivial und irdisch, was aus Kafkas Sicht gerade der gröbste Irrtum ist.«

Noch konkreter begründet das jene authentische Zeugin, deren Geschichte mit Kafka der Schloßroman miterzählt (und mitverschweigt), also Milena Jesenská: »Gewiß steht die Sache so, daß wir alle dem Augenschein nach fähig sind zu leben, weil wir irgendeinmal zur Lüge geflohen sind, zu Blindheit, zu Begeisterung, zum Optimismus, zu einer Überzeugung, zum Pessimismus oder zu sonst etwas. Aber er ist nie in ein schützendes Asyl geflohen, in keines ... Er ist wie ein Nackter unter Angekleideten. Es ist das nicht einmal Wahrheit, was er sagt und lebt. Es ist solch ein determiniertes Sein an und für sich, von allen Zutaten entledigt, die ihm helfen könnten, das Leben zu verzeichnen – in Schönheit oder in Elend, einerlei.« Das sollte in den Ohren behalten, wer sich auf die schwindelerregende Schloßwelt einlassen möchte, in der nicht einmal Oben und Unten das halten, was sie versprechen, nämlich Orientierung.

Die Lesarten der Kritischen Ausgabe, die seit 1982 einen Einblick in Kafkas Arbeitsprozeß gewähren, in verworfene oder verbesserte Passagen und abgebrochene Irrwege, dokumentieren eindrucksvoll, wie er die Eigenart und Eigengesetzlichkeit des Romans immer wieder zu sichern wußte, sobald ihm sein Erzählen voreilig in irgendeine Überdeutlichkeit zu entlaufen drohte. Gestrichen wird nämlich nicht nur, wenn die nachlassende Schreibenergie den Text sich ins Beliebige und Redundante verlieren läßt – Erschöpfungserscheinungen, die bezeichnenderweise gegen Ende des riesigen Fragments zunehmen –, sondern getilgt werden vor allem Stellen, an denen Figuren, ihre Funktionen, Relationen oder Absichten überklar und allzu eindeutig gezeichnet scheinen. Als müßte der Autor Kafka eine Spielregel peinlich genau einhalten: daß er zwar etwas, nämlich um Haaresbreite mehr weiß als seine Beispielfigur K., aus dessen »einsinniger« Perspektive hier fast durchgehend erzählt wird, daß er aber nie entscheidend und überlegen mehr wissen darf. Nur so kann das Schreiben methodisch jene Haltung bewahren, die für Kafka die produktivste bleibt, die der erschrockenen Recherche.

Gestrichen wird immer dann, wenn Strukturelemente des Romans allzu nackt in Erscheinung treten. So etwa jene Passage, in der K. plötzlich beschuldigt wird, er wolle bei Klamm, seinem Sehnsuchtspartner aus der Schloßhierarchie und seinem vermeintlichen oder wirklichen Konkurrenten bei Frieda, wie bei einem »Brautvater« um Friedas Hand anhalten. Gegenüber dem Wiener Ehemann von Milena mochte sich Kafka in solche kindlichen Wahnvorstellungen hineinphantasiert haben, doch in die Romankonstruktion würde dieses verrückte ödipale Dreieck nur eine falsche Klarheit hineinschwindeln. Wie überhaupt erstaunlich viele Striche dafür sorgen müssen, gerade K.s Verhältnis zu Frieda die Kraft seiner unauflöslichen Vieldeutigkeit zu lassen. Ein Protokoll, das der Schloßsekretär Momus darüber anfertigt und dessen kritische Deutungen leicht wirken könnten wie letztgültige Aussagen, verschwindet also nach mehrmaligen Besserungsversuchen ebenfalls aus dem Text. Seine Wertungen werden dann von Frieda vorgetragen als Meinungen der Brückenhofwirtin, als Mutmaßungen also aus interessierter Perspektive, bedenkenswert und doch unzuverlässig, wieder nur ein Strahl in dem unaufhörlich durch den Roman zuckenden Lichtbündel der Deutungen.

Zensiert werden aber auch Sätze, in denen die Neigung zwischen K. und der »klugen helläugigen Olga« sich allzu warm und bekenntnishaft ausspricht und damit die kühle Vieldeutigkeitshermetik des Werks verletzt. Gelöscht wird auch die Szene einer jähen dritten Umarmung zwischen K. und Frieda, die plötzlich einen Streit über die lästigen beiden Gehilfen beendet:

> »Es sind Abgesandte Klamms«, sagte K., zog Frieda näher zu sich und
> küßte sie auf den Nacken, so daß sie zusammenzuckte und an ihm
> hochsprang und beide dann zu Boden glitten und einander durchwühl
> ten in Eile, ohne Atem, ängstlich, als suche einer im andern sich zu
> verbergen, als gehöre die Lust, die sie genossen einem Dritten, dem sie
> sie entwendeten, und sei es auch schon alles offenbar geworden, denn
> er stehe

An dieser Stelle, mitten im Satz zurückschreckend vor der überdeutlichen Offenlegung wieder eines Dreiecks, das mit den »Gehilfen Klamms«, den immer gutgelaunten Voyeuren von K.s und Friedas Liebesleben, ohnehin schon kraß genug etabliert ist –, hier also hat Kafka abgebrochen. Klamm darf sich nicht enthüllen als der »Dritte« im Bunde, als Auge des Vaters. Er soll undechiffrierbar bleiben, aufgelöst in seine vielen, scheinbar unvereinbaren Erscheinungsformen im Roman, ein »Adler«, aber auch ein biertrinkender und Virginia schmauchender Spießer, ein unnahbarer Beamter und dann wieder ein zugleich wirrer, ängstlicher und doch unvergeßlicher Liebhaber – kurz: ein mächtiges Gerücht. Dem Vaterbild wäre ein Ödipus gewachsen, doch an diesem Wirrbild verzweifelt nicht nur K., sondern auch ein deutungssüchtiger Leser. Gerade die Autoritätsbilder im Roman werden unklar und unscharf gehalten, also auch die mächtig, schwerleibig im Buch thronende Brückenhofwirtin, Inbild einer Großen Mutter, einer Mutter allerdings ohne eigene Kinder, die dafür den eigenen Mann und Frieda umsorgt und beherrscht. Auch aus diesem Denkmal mütterlicher Autorität hat Kafka während des Schreibens, wie die Lesarten zeigen, die allzu eindeutigen Zeichen einer womöglich mutterrechtlichen Macht gelöscht: einmal war sie vorlaut sogar ein »Gelehrter« genannt worden. Was nicht zu tilgen und zu verbergen war und woran die Einzigartigkeit dieses Werks unter allen anderen Kafkas am deutlichsten abgelesen werden kann, das allerdings ist gerade die Rolle, die Frauen und die Weiblichkeit in dieser Geschichte K.s spielen. Im Prozeßroman hatten Frauen nur die Ränder beherrscht, jetzt aber dringen sie ins Zentrum. Der streng nach oben, in Gottesbeweise, die Transzendenz oder die Geheimnisse bürokratischer Herrschaft verlorene Blick mindestens der ersten Generation der Kafka-Deuter hat gerade das geflissentlich übersehen. Sie alle wollten, wie ihr K., eindringen ins Schloß. Aber vom Schloß wissen wir, um es noch einmal zu wiederholen, nur das eine ganz gewiß: daß dort oben keine Frauen walten. Ob der Roman, anders als K., dort hinauf womöglich gar nicht will?

In dem ebenfalls von Kafka aufgegebenen ersten Versuch des Romananfangs taucht ein Stubenmädchen des Brückenhofs auf, »ein schwaches, förmlich allzujunges, zartes Mädchen«, das den verärgerten, schon wieder abreisewilligen Gast K. aufzuhalten sucht, indem es ihn »mit gesenktem Kopf« bittet: »Geh nicht fort. Ja wir haben dich erwartet . . .«, denn: »Das ganze Dorf weiß von Deiner Ankunft, ich kann es nicht erklären, es geht wohl vom Schloss aus, mehr weiß ich nicht.« Zu früh und zu deutlich, so mußte der Redaktor Kafka gefürchtet haben, taucht in diesem Anfang eine Spur auf, die später immer wieder, aber immer nur kurz und trügerisch aufleuchten wird, die Spur einer starken, doch undeutlichen Hoffnung oder auch Furcht, die das Kommen des Landvermessers und sein »Kampf« unter den Dorfbewohnern auslösen. Zu früh offenbar ergreift auch der Reisende sofort die Hand dieses Mädchens und drückt sie, ein gestischer Versuch, Vertrauen, Nähe, Sympathie herzustellen, der sich im Roman unzählige Male wiederholen wird. Mit dem Satz: »Du hast kein Vertrauen zu mir« wird das Zimmermädchen dem Gast zwar langsam die Hand entziehen, doch dem gleich darauf wie ohnmächtig auf sein Bett Fallenden wird es sofort mit einer knieend vollzogenen Waschung wieder beistehen. Als diese Maria Magdalena schließlich noch sagt: »Du willst etwas von uns und wir wissen nicht was. Sprich offen zu mir und ich werde dir offen antworten«, da läßt Kafka diesen wahrhaft offenherzigen Romananfang endgültig fahren. In der neuen Fassung verschwindet das Stubenmädchen, samt seiner Hand, den Blicken, seinen vertrauensvollen

Auskünften und viel zu direkten Fragen, die, ebenso direkt und vorlaut beantwortet, den Roman schon auf den ersten Seiten sein Geheimnis gekostet und ihm ein rasches, energisches Ende aufgezwungen hätten. Und doch wird auch in der endgültigen Fassung nichts verloren gehen von den Motiven des Vertrauens, der Erwartung und Hilfsbereitschaft, die im Dorf dem kampfbereiten, mißtrauischen, ungeduldigen und rücksichtslosen Reisenden entgegenschlagen. Vor allem Frauen hat Kafka in diese Funktion eingesetzt. Sie beherrschen das Dorf zu Füßen des Schlosses so unübersehbar, daß Reiner Stach mit Recht hingewiesen hat auf eine »Asymmetrie« zwischen »patriarchaler Organisation« und »matriarchaler Funktion«, denn verwaltet wird die Macht zwar auch im Dorf von Männern, doch tatsächlich ausgeübt von Frauen.

Das begreift auch K., der Abgesandte der Kafkaschen Instinkte im Roman, wenn er die Staffel der Begegnungen mit Amalia, Olga und Frieda zum ersten Mal durchlaufen hat. Wieviele Frauenblicke ihn dabei und danach noch treffen, jeder immer anders erfüllt von Macht- oder gar Siegesbewußtsein und einem nicht artikulierbaren, umso schwersinnigeren weiblichen Wissen, wieviele Mädchen- und Frauenhände er werbend ergreifen wird, wann sie stillhalten, wann und warum sie sich ihm entziehen –, das soll und kann hier im einzelnen nicht nachgerechnet werden. Noch am Ende des Fragments jedenfalls werden auf K. vier fest verabredete Treffen mit Frauen warten, mit der Herrenhofwirtin, angeblich zur Besichtigung ihres neuesten Kleides, mit Pepi zwecks Überwinterung mit ihr und zwei Kameradinnen in deren lichtlos enger Kammer, mit Frau Brunswick, der geheimnisvollen Madonna mit Säugling aus dem ersten Kapitel, und schließlich mit der alten Frau Gerstäcker, die K. auf der letzten Seite die letzte weibliche, ihre »zittrige Hand« reicht. Zählt man hinzu, daß K. sicher auch Olga und Amalia hätte wiedertreffen müssen und wahrscheinlich doch die kaum endgültig verlorene Frieda und dazu noch die Brückenhofwirtin, so darf man behaupten: der Roman endet und verendet genau in jener nicht mehr kontrollierbaren weiblichen Beziehungsvielfalt und -wirrnis, in die Kafka seinen K. so süchtig und ängstlich, so mißtrauisch wie vertrauensselig hineingeschrieben hat. Wer die Beziehungen dieser Frauenwelt zur Schloßwelt endgültig aufgeklärt hätte, der wüßte auch endgültig, wo Oben und Unten ist im Roman, der hätte ihn damit sicher auserraten oder besser gesagt: er hätte ihn zu Ende geschrieben, über Kafka hinweg und an Kafka vorbei. Wir sollten uns hüten.

Dreimal zeigt der Roman K. in drei leuchtend herausgestellten Szenen im Gefühl eines »Sieges«, in Siegerposen. Zunächst in einer Erinnerung an jenen Vormittag in seiner Kindheit, an dem es ihm endlich gelungen ist, die scheinbar unbezwingliche Friedhofsmauer zu erklettern, auf der er nun eine kleine Siegesfahne einrammt: »niemand war jetzt und hier größer als er«. Später in jenem schon einmal zitierten Eroberungs- und Freiheitsgefühl auf dem nächtlichen Herrenhof, das so trostlos zusammenbricht in der Ahnung, es gäbe »nichts Sinnloseres, nichts Verzweifelteres als diese Freiheit, dieses Warten, diese Unverletzlichkeit«. Und schließlich fällt, schon höhnisch, das Stichwort »Sieg« gleich dreimal zu Beginn jenes Kampf-, Toast- und Triumphtraums, in den K. wegdämmert, während ihm der Sekretär Bürgel gerade die Möglichkeit einer kampflos errungenen Anerkennung durch das Schloß umständlichst zu erklären beginnt. So verschieden diese drei Szenen auch geführt sind und ausgehen, betont wird doch in allen die Einsamkeit des Kämpfers und Siegers, das Illusionäre seines Selbstbewußtseins, die Eitelkeit seines Erfolges – Eitelkeit durchaus im Doppelsinn von Glanz und Nichtigkeit.

Wieder kann eine vorlaute, folglich gestrichene Stelle dem Verständnis auf die Sprünge helfen. »Das Recht seines Anspruchs sei ihm so klar«, so sagt in der ersten Fassung K. am Ende seiner Ansprache an Pepi, »daß er manchmal glaube, er könnte sich sorglos ins Bett legen – zuerst müßte er sich freilich das Bett erobern – und nur das Recht seines Anspruchs für sich kämpfen lassen, es würde genügen.« Die Welt regieren im Schlaf: da kehrt er wieder, der alte, also unvergessene Traum des Eduard Raban, der träumerische Allmachtswahn eines Kindes und Schriftstellers, getragen von der Hoffnung, daß sich hinter geschlossenen Augen, so wie drinnen in der selbstvergessenen Imagination, so auch draußen in der Realität alle Wünsche utopisch verkörpern, erfüllen könnten, »wie von selbst«. Diesem Wahn ist offenbar auch K. in seinen Halluzinationen vom einsamen, glatten Siegen immer noch nachgelaufen.

Kindlich wird er tatsächlich immer wieder genannt, vor allem vorwurfsvoll von der Brückenhofwirtin. Kindlich, das heißt für sie: nicht realitätsbewußt, blind gegen die Vorschriften des Schlosses, ahnungslos. Kindlich aber wirken auch seine Zugriffe zur nächstbesten, möglichst weiblichen Hand, sein ungeduldiges Forschen wie auch sein mißtrauisches Zurückweichen und Fremdeln. Und wieder paßt ins Bild, daß auch in der ersten, dann gestrichenen Beschreibung der Barnabas-Familie, dieser Parias im Dorf, verräterisch deutlich von deren »Unbeholfenheit, durch kindlich langsames, kindlich scheues Denken« die Rede war und dann von K.s Hoffnung, diese Menschen könnten ihn tragen, »wohin er wollte und überdies mit der Leidenschaftlichkeit von Kindern«.

Diese Kindlichkeit setzt überall im Dorf und im Roman Zeichen für eine Gegensphäre zur Akten-, Verfügungs-, Kontrollwelt des Schlosses, am deutlichsten in den Vertraulichkeits- und Zärtlichkeitsgesten, mit denen sich K. immer wieder weiblicher Sympathie zu versichern sucht. Schriftverkehr und die von ihm eingerichteten Distanzen bestimmen die Kommunikation (oder eben Nicht-Kommunikation) zwischen dem Schloßamt und dem Dorfleben. Mit Berührungen dagegen und seiner redselig mündlichen Kontaktsuche versucht K., Distanzen zu überwinden, Möglichkeiten der Solidarität mindestens zu erkunden. Solange er sich nicht verrennt in die kalten Illusionen eines einsamen Siegens.

Auch diese Alternative zwischen K.s Konzept eines listig die anderen nur benutzenden Einzelkampfes und seiner unklareren Vision eines Zusammengehens mit allen Kräften, die sich im Dorf undeutlich regen gegen die Schloßgewalt, bleibt wie alles Entscheidende im Roman bis zu seinem Abbruch unentschieden. Bündnisse sucht der Fremde, seit er eingesehen hat, daß er »als Dorfarbeiter« die »Leute im Dorf« nur dann zur Kommunikation bewegen kann, »wenn er, wo nicht ihr Freund, so doch ihr Mitbürger geworden war«. Bündnisse sucht er, doch er scheut Abhängigkeit. Auch private Beziehungen möchte er politisch instrumentalisieren, als Kampfmittel einsetzen, vor allem Friedas Liebe, was sie ihm schließlich mit überwältigendem Beweismaterial vorhalten wird. Doch ähnlich wird ihm später Pepi vorrechnen, daß auch Frieda ihren Skandal mit K. nur benutzt hat, um ihre Position wieder zum Leuchten zu bringen. Beide, Rechnung wie Gegenrechnung, scheinen einander aufzuheben, wie alle Beziehungsberechnungskünste des Romans, und zu keinem anderen Zweck werden sie offenbar gegeneinander aufgeboten.

Bleibt Friedas unschlagbarer Trumph: mehr als einmal fordert sie K. auf, doch Schloß und Dorf mit ihr zu verlassen, auszuwandern. Dieser Wegweiser ins Exterritoriale, in ein Diesseits oder Jenseits zu der doch hermetisch in sich abgeschlossenen Romanwelt, gehört zu den kühnsten Signalen Kafkas im Text, und das nicht nur, weil Friedas Klagelaute in diesen Ausbrüchen eine betörende Verführungskraft und Echtheit ausstrahlen. Aber auswandern wohin? Wirklich nur »irgendwohin, nach Südfrankreich, nach Spanien«, wie Frieda zunächst vorschlägt, offenbar von nichts weiter motiviert als Wärmebedürfnis? Oder doch, wie sie sich später vorstellt, lieber und sicherer in »ein Grab ...«, tief und eng, dort halten wir uns umarmt wie mit Zangen, ich verberge mein Gesicht an Dir, Du Deines an mir, und niemand wird uns jemals mehr sehn«? Ob in einem schlagerhaften Süden oder blind ineinander verschmelzend im Grab –, es ist die Utopie einer äußersten Nähe, selbstvergessen, weltvergessen, in die Friedas Verzweiflung sich hineinschwärmt: »Deine Nähe ist, glaube mir, der einzige Traum, den ich träume, keinen andern«, gesteht sie K. noch gegen Ende – allerdings zum Abschied. Sodaß wir wieder nicht ausrechnen können, ob selbst ihre Liebestod-Lyrik nur ein taktisches Manöver, also Berechnung war.

Immerhin: »selbstvergessen beide« seien sie in ihrer ersten Nacht gewesen, sagt auch K. in einem traurigen Rückblick. Das gewichtige Stichwort taucht nur noch einmal im Text auf, als K. nämlich dem Boten Barnabas eine Antwort ans Schloß ins Gedächtnis diktiert, in »Selbstvergessenheit gesprochen«. Daß Kafka diese beiden Selbstvergessenheiten und damit einen Sinnreim zwischen ihnen bewußt eingesetzt hat, mag unwahrscheinlich sein, und doch erinnern sie daran, daß sich Kafka offenbar immer noch zwei Arten eines lebendigen Verschwindens von der Welt vorstellt, die »Ergießung« in der Liebe und die im Schreiben. Beide Hoffnungen zielen auf einen utopischen Ort, an dem Selbstbewußtsein und Selbstvergessenheit sich ineinander auflösen könnten.

Für K. wie für Frieda kann dieser Ort nur als einer außerhalb des Romans halluziniert werden. Dorthin können selbst ihre Vorstellungen, Wünsche, Sätze immer nur kurz »auswandern«. Wie alle übrigen Figuren des Romans bleiben auch diese beiden mit ihren Bewegungen, Berechnungen, Hoffnungen gefangen im Spannungsfeld zwischen der schimärischen Macht des Schlosses und dem, was K. früh »das außeramtliche, völlig unübersichtliche, trübe, fremdartige Leben« genannt hat. Ließe sich aber nicht auch das »amtliche Leben« genauso nennen: unübersichtlich, trübe, fremdartig?

Denn diese nur scheinbar hohe Autoritätssphäre des Schlosses ist geradezu aufgeladen mit lauter Triebenergien, die wir traditionellerweise als untere einordnen und als unbewußte und irrationale verstehen. Deshalb scheitert K.s rationalistischer Deutungs- und Berechnungswahn so aussichtslos an den offenbaren, doch regellosen Geheimnissen des Schlosses, genauso wie alle von ihm angesteckte begriffs- und regelsüchtige Lektüre, der auch die Botschaften, Beamten, Machenschaften des Schlosses sich immer wieder entziehen. Es sei denn, wir finden uns damit ab, daß sich hinter den Aktenstapeln, Orakeln und Ritualen eine Herrschaft verbirgt, deren Wesen tatsächlich so launisch, geil, konfus, empfindsam, kindisch, paranoid, weltfremd ist, wie sie sich in allen ihren ins »Dorf« eingreifenden Aktionen offenbart.

Das könnte, wer die Bequemlichkeit solcher Reduktionen liebt, sich dann erklären als eine Phantasmagorie des untergehenden Habsburgerreiches oder einer aufdämmernden totalitären Bürokratie, mit Lukács als die »Transzendenz der kafkaschen Allegorien: das Nichts« oder mit der freudschen Metapsychologie als die Festung des Es, aufgeladen mit vorzivilisatorischer Energie. Der Uneindeutigkeitsgewalt des Romans allerdings werden mit solchen Übersetzungsversuchen nur die Zähne gezogen und seiner Torsogestalt eine falsche Endgültigkeit aufgezwungen.

Wenn nicht alle Zeichen trügen, die hier höchst unvollständig zusammengetragen worden sind, und wenn zwischen ihnen ein plausibler Zusammenhang mindestens entworfen werden kann, dann bewegt sich der Roman durch zwei Zeichensysteme, die sich zwar ineinanderschlingen und das auch bis zur schieren Unentwirrbarkeit, die aber nie produktiv ineinandergreifen. Das eine operiert, in nie ganz aufklärbarer Vermischung, mit bürokratischen und sexualistischen Symbolen und Aktionen, das andere lockt mit erotischen und verschwörerischen. Sodaß sich das erste, das Schloßsystem immer wieder verdichtet zum Bild einer verkommenen, verdämmernden und verfaulenden Herrschaft, während das andere, das Dorfsystem sich, ebenso ungenau und trügerisch, immer wieder verklärt zur Fata Morgana eines noch gehemmten und verschämten Solidaritäts-, ja Rebellionsbedürfnisses. Aggressives und blindes Agieren zeichnet das eine, Zärtlichkeit und blindes Reflektieren das andere System aus. Beide sind voneinander fasziniert und gelähmt. Kontakte, Berührungen und Durchdringungen finden zwar statt, doch nichts will sich bewegen oder gar entscheiden.

So anämisch sich eine derartige Strukturskizze lesen mag, so deutlich macht sie immerhin die Grenze, die Kafka schreibend hätte überschreiten müssen, um den Roman aus seiner Lethargie wie aus seiner Unruhe zu befreien, um ihn in Bewegung und an ein Ende zu bringen. Er hätte den Kampf, von dem er K. so froh und leer schwadronieren läßt, mit einer klaren Unterscheidung zwischen Verteidigung und Angriff entfesseln müssen, wie damals, als er Söhne und Väter, teuflische Unschuld und rechtloses Gericht noch aueinanderzuhalten wagte. Er hätte also dafür, wie der Spalter Brecht und der Harmoniker Mann, über ein Weltbild und

Konfliktlösungsmodell verfügen müssen, mindestens einsetzbar als Gold-hintergrund oder Schwarze Wand. Doch solchen Sicherheiten ist der Roman bestenfalls nur auf der Spur. Er kennt, wiederum im Unterschied zu Brecht und Mann, weder in der Horizontale, also für Einst und Künftig, noch in der Vertikale, also für Oben und Unten, klar wertende Unterscheidungen und Erwartungen. Derart ausgerüstet, läßt sich ein Ineinanderstürzen von »Dorf« und »Schloß«, von »Amt« und »Leben« und damit die Heraufkunft eines Dritten nicht einmal als Fiktion einer Ahnung entwerfen, anders als in den Zeiten, da Kafka schreibend noch Strafgerichte riskierte und die Möglichkeit einer Katharsis immerhin andeutete. So bleibt ihm nur diese unermüdliche und dann doch sich erschöpfende Schreibbewegung auf ein zwar überhelles, doch blendend undeutliches Ziel zu, ins Labyrinth einer leeren Hoffnung.

Das schließt Humor überraschenderweise nicht aus. »Das Schloß« unterscheidet sich vom Prozeßroman auch dadurch, daß die Erzählung über den besessenen und bornierten Ernst der Figuren immer wieder hinwegsieht. Damals herrschte auch zwischen den Geschlechtern nur aggressive, promiskuitive Kälte. Jetzt ist das Klima deutlich wärmer oder doch schwüler, ist das Licht diesiger und zwielichtiger geworden. Das trifft vor allem zu auf die Schlußpassagen des Fragments. In ihnen beginnt die Schreib- und Verwirrungsenergie zwar langsam nachzulassen, aber dafür wird eine Lockerheit und unbeirrbare Leichtigkeit des Erzählens freigesetzt, ein Atem für weite Strecken wird spürbar wie selten bei Kafka. Freilich führt ihn dieses Schweifen auch in Abschweifungen, wie schon damals in den zugleich ratlosen, entschlußlosen, doch virtuosen Passagen am Ende des Amerikaromans. Wieder breiten sich Slapstick-Etüden aus wie der morgendliche Aktenverteilungskampf auf den engen Korridoren des Herrenhofs, und wieder führen längliche Exkursionen in die diffus lockenden Reize der Weiblichkeit.

Karl Roßmann und seinem Roman versperrt schließlich der mächtige Leib der Brunelda alle weitere Aussicht. Jetzt läuft erst die frei strömende Plapperrede der Pepi aus aller Funktionalität der Handlung, dann rauscht die Herrenhofwirtin mit ihrer Kleiderpracht und Puffmutterschwüle in die Szene. Selbstvergessen hält zwar die Prosa Kafkas immer noch ihren Rhythmus, ihre Kadenz, probt ihre raschen Sprachzugriffe, selbstvergessen reflektiert sie noch einmal, schon mehr amüsiert als noch staunend oder gar erschrocken, jene Erscheinungen der Weiblichkeit, denen der Roman vor allem sein Leben, seinen Hoffnungsglanz, seine Vielfalt verdankt, doch sein Thema, die Energie seines unruhigen Fragens scheint ihm sanft entglitten zu sein.

Als Kafka dann im letzten Jahr seines Lebens wieder zu schreiben beginnt, wird ihm gerade die Bewegung des schreibenden Forschens so sehr zu einem alles beherrschenden Thema werden, daß fast alles an Inhalten, was noch in diesen Sog gerät, sich in ihm aufzulösen, zu zerstäuben oder zu verwehen droht. Und doch sieht dieses Ende trostloserweise aus wie die Vorbereitung eines neuen Anfangs, wiederum anders als die Endspiele, die Thomas Mann und Brecht betreiben, dreißig Jahre nach Kafkas Tod.

Dreierlei Endspiel

Redseligkeit

Redseligkeit, in des Wortes schönster, aber auch fataler Bedeutung, treibt als zarter Motor die späte Prosa Thomas Manns. Alles zieht sie ungehemmt und auch ungerührt, scheinbar schamlos in ihre Wirbel und Spiralen. Nichts bleibt ihr fremd, alles wird ausgesprochen und verraten. Nur sollte man, hineingedreht in diesen Redestrom, nicht vergessen, daß es schon dem alten ismaelitischen Kaufmann im dritten Josephsband so vorkam, »als ob die Welt nur darum so voller lauten Geredes sei, damit sich besser darunter verberge das Verschwiegene und überredet werde das Geheimnis, das hinter den Menschen und Dingen ist«.

Redselig zum Beispiel setzt Thomas Mann in den Anfang seiner Fortsetzung des »Felix Krull« ein leuchtendes Zwei-Figuren-Bild, von dem Krull nicht müde wird zu betonen, daß es ihm unvergeßlich geblieben sei »trotz seiner Unbedeutendheit, ja Nichtigkeit«, daß es die Handlung durchaus nicht fördere, weil ja »platt gesagt ›nichts dabei herauskommt‹«, also: »Noch einmal, es war nichts, es war nur reizend.« Aber darauf folgt eben der ganz und gar auf Bedeutung hin inszenierte Auftritt eines reichen, schönen Zwillingspärchens, »Herrlein und Fräulein«, auf einem ins Abendlicht gesetzten Balkon des Hotels Frankfurter Hof. Die Erscheinung wird auch prompt, kaum verschwunden, von dem entzückten Erzähler Krull sofort in ihrer durchaus bedeutenden Unnichtigkeit entziffert und auserraten. Sie steht natürlich für die »Schönheit ... im Doppelten, in der lieblichen Zweiheit«, die gerade im Hochstapler Krull Träume entzündet, »Liebesträume, die ich liebte, eben weil sie von – ich möchte sagen – ursprünglicher Ungetrenntheit und Unbestimmtheit, doppelten und das heißt doch erst: ganzes Sinnes waren, das berückend Menschliche in beiderlei Geschlechtsgestalt selig umfaßten.«

Womit die redselige Beteuerung, daß »nichts dabei herauskommt«, sich als Finte verraten hat und ihr Geheimnis lüftet: herausgekommen ist nun alles, das zentrale Thema nämlich und der Treibsatz dieses späten Erzählens, das so beharrlich den Verschmelzungen, den Transparenzen und Spiegelungen, der Einheit des Doppelten, der Wiederkehr des Gleichen und der ursprünglichen Einheit alles Getrennten hinterher ist, den Realitäten also der Illusion.

Ein ähnliches Zwillingsbild im Zeichen des Luxus, einer weltfernen und zweckfreien Schönheit, das schon die alte Heimsuchungsgeschichte »Wälsungenblut« beherrscht hatte, wird dann im »Erwählten« noch einmal aufscheinen und ausführlich beredet und bedacht werden. Wieder geben Geschwister, sich ineinander spiegelnd, der Verführungskraft des Narzißmus nach, wieder sollen in inzestuöser Umarmung nicht nur die Differenzen zwischen Individuen, sondern auch zwischen den Geschlechtern zerschmelzen in Androgynität, dem verkörperten Traum »ursprünglicher Ungetrenntheit und Unbestimmtheit«. Wenn aber alles eins wird, dann fühlt sich alles auch an wie – ich. Redselig also umkreist Thomas Manns späte Prosa ihr zwar offenbares, doch unanrührbares Zentrum und Geheimnis: das Paradies einer vollkommenen Regression. Denn von diesem Zustand und in ihm könnte nicht mehr geredet werden. Selbst das wird Krull am Ende seiner Beschwörung der Zwillingserscheinung im Namen des Erzählers verraten oder doch andeuten: »Nur an den beiden Polen menschlicher Verbindung, dort, wo es noch keine oder keine Worte mehr gibt, im Blick und in der Umarmung, ist eigentlich Glück zu finden, denn nur dort ist Unbedingtheit, Freiheit, Geheimnis und tiefe Rücksichtslosigkeit. Alles, was an Verkehr und Austausch dazwischen liegt, ist flau und lau, ist durch Förmlichkeit und bürgerliche Übereinkunft bestimmt, bedingt und beschränkt. Hier herrscht das Wort . . .« Ein Geständnis, das es in sich hat, bedenkt man seine Konsequenzen: Im Flauen und Lauen also, diesseits vom Absoluten und vom Geheimnis, bewegt sich die Mannsche Redseligkeit. In ihrem Eifer und Entzücken verbirgt sich Trauer, und auch aus der spricht wieder – Behagen im Unglück.

Lakonik

Brechts letztes Jahrzehnt, von Mitte der vierziger Jahre bis Mitte der fünfziger, also fast deckungsgleich mit dem letzten Thomas Manns, entwickelt sich literarisch in konsequenter Gegenrichtung: aus der Lakonik, statt aus Redseligkeit, beziehen vor allem die späten Gedichte ihre Kraft, ihre Helligkeit wie ihre Dunkelheit. Aus genauen Augenblicken und um ebenso genau gesetzte Lücken ist hier wortkarg alles zusammengefügt. Offenbar unbewußt und doch programmatisch führt die Tagebucheintragung ausgerechnet zum Kriegsende am 8. Mai 1945 Material und Methode der späten lyrischen Produktion vor:

> *nazideutschland kapituliert bedingungslos.* früh sechs uhr im radio hält der präsident eine ansprache. zuhörend betrachte ich den blühenden kalifornischen garten.

Wieviel ist hier in drei unscheinbaren, mehr verschweigenden als aussprechenden Prosasätzen versammelt und gegenseitig in Spannung gebracht: ein ferner Krieg und die friedliche Nähe, der Radioapparat und der Garten, eine Stimme und das Schweigen, Weltgeschichte und geschichtslose Natur, ein Telegrammsatz, ein Fremdwort, ein juristischer Terminus, die ohne Jubel den plötzlich ausgebrochenen Frieden verkünden, ein ebenfalls fremder, ein kalifornischer Garten als Zeichen für Glück, Ruhe, aber auch Emigration. Denn unter und hinter diesen trockenen, vielsagenden Wortzeichen verbirgt sich ja unhörbar, unsichtbar die Anwesenheit dessen, der hier zuhört, blickt, sinnt und dem Lesenden aufgibt, die ganze Vergangenheits- und Zukunftsdimension dieses Augenblicks mitzubedenken, die privaten und historischen Folgen.

Immer wieder wird sich Brecht, der Praktiker und Theoretiker eines »eingreifenden Denkens«, in den Gedichten der Spätzeit verlieren in ein ungeduldig geduldiges Betrachten, das schon diese Tagebuchzeilen vom Morgen des Kriegsendes so exemplarisch leisten. Immer wieder wird er aus unscheinbar privater Situation, in einem Garten, an einem Straßenrand, im idyllischen Blick auf ein Haus oder eine Wasserfläche eine weit über diese Anlässe hinausgreifende politische und historische Reflexion entfalten, immer wird die Stimme des Sprechenden dabei einen Tonfall der Selbstvergessenheit erreichen, so persönlich wie vollkommen anonym, daß der patente literaturwissenschaftliche Terminus vom »lyrischen

Ich« kaum etwas von diesem nüchternen Zauber einfängt. Der »arme B. B.« hat lange grölen und posaunen, sich erst aufblähen und dann hinuntersprechen müssen auf »die kleinste Größe«, um endlich diesen kräftigen lyrischen Sprachschatten seiner selbst zu finden. Gedichte wie unter einer Tarnkappe entstehen. Bis zu diesem fast letzten, abschiednehmenden, das dem Bannbereich der Lakonik schon knapp entkommt und zögernd fast wieder zu singen anfangen möchte:

Als ich im weißen Krankenzimmer der Charité
Aufwachte gegen Morgen zu
Und die Amsel hörte, wußte ich
Es besser. Schon seit geraumer Zeit
Hatte ich keine Todesfurcht mehr. Da ja nichts
Mir je fehlen kann, vorausgesetzt
Ich selber fehle. Jetzt
Gelang es mir, mich zu freuen
Alles Amselgesangs nach mir auch.

Der Augenblick des Aufwachens, die Erinnerung an die seit geraumer Zeit verschwundene Todesfurcht und die Erinnerung an eine Zeit nach dem eigenen Tod, dieses Ineinander von Jetzt, Vorher, Künftig bildet ein Zeitkontinuum, durch das fast alle späten Gedichte Brechts sich bewegen, so statisch fest sie auch zu stehen scheinen. Und immer sehen sie dabei schließlich ab von dem, der hier doch unüberhörbar sieht und spricht. Er nimmt sich wichtig, um dann gerade in der Reflexion seiner selbst alles Gewicht zu verlieren. So erfüllt das lakonische Sprechen ein stoisches Programm.

»Nichts an Stimme«

Und Kafkas späte, letzte Prosa? »Forschungen eines Hundes« betreibt sie in der gleichnamigen Geschichte, die Ängste eines Dachses oder Maulwurfs artikuliert sie in »Der Bau«, die Vermutungen einer Maus bewegt sie in »Josefine, die Sängerin oder Das Volk der Mäuse«. Locker und doch dicht sitzt das Tierfell auf Sprachbewegungen, die auch schnüffelnd, bohrend, scharrend, grabend, trippelnd, Haken schlagend, flitzend und witternd, flüchtend, unermüdlich und erschöpft unterwegs sind, also eine animalische Beweglichkeit und Unruhe simulieren. Diese Motorik fällt an den Geschichten deutlicher ins Auge als die Gegenstände und Themen, an denen sie sich abarbeiten.

»Wie sich mein Leben verändert hat und wie es sich doch nicht verändert hat im Grunde!« – mit diesem sich selbst aufhebenden Satz setzen die »Forschungen eines Hundes« ein, und mit der Feststellung »Aber alles blieb unverändert« endet das Fragment »Der Bau«, jedenfalls in seiner von Max Brod überlieferten Fassung. Eine Rekapitulation seines Lebens und Schreibens, immer die erreichten und die unerreichbaren Veränderungen abschätzend, betreibt Kafka tatsächlich in seinen letzten Prosaläufen, getreu einem wohl Anfang 1922 skizzierten »Plan der selbstbiographischen Untersuchungen«, der so erläutert wird: »Nicht Biographie, sondern Untersuchung und Auffindung möglichst kleiner Bestandteile. Daraus will ich mich dann aufbauen, so wie einer, dessen Haus unsicher ist, daneben ein sicheres aufbauen will, womöglich aus dem Material des alten.« Die Not, der atemlose Eifer dieser Rekonstruktionsarbeit ist den späten Erzählungen Seite für Seite anzumerken, aber auch, daß sie sich eben zusammenfügen aus »möglichst kleinen Bestandteilen«, aus einem höchst zersplitterten motivischen Material, zusammengehalten allein durch die Energie der Unruhe, des Sprachflusses, bald nur mühsam, bald so anstrengungslos, daß die Mosaiksteine sich tatsächlich schließen zum Bild.

Wer aber spricht? In der Fiktion ein forschender Hund, dann ein sich ängstlich, mißtrauisch, aber auch behaglich in die Erde wühlendes Tier, dann die vox populi des Mäusevolks, doch durch alle diese Masken hindurch auch der »Selbstbiograph« Franz Kafka, der nun mit den »Berechnungskünsten« seiner K.-Figuren zum letzten Mal Labyrinthe der Bedenklichkeit baut, vor allem mit einem nichtendenwollenden Einsatz seiner Rhetorik der adversativen Einschränkungen, des Selbstwiderspruchs: einerseits / andererseits / wenn auch / dennoch / obwohl / trotzdem – undsoweiter undsofort. Einerseits also steht Josefine für »die Macht des Gesangs«, aber andererseits: »Ist es denn überhaupt Gesang?« Vielleicht eben doch nur ein Pfeifen und schließlich: »Alle pfeifen wir, aber freilich denkt niemand daran, das als Kunst auszugeben . . .« Wenn auch dann erst recht an Josefine »das Rätsel ihrer großen Wirkung zu lösen wäre«. Obwohl: beweist diese Wirkung denn ihren Gesang oder gar dessen Kunst? Immerhin: »das Volk ist Josefine doch ergeben«. Wenn auch: »nicht bedingungslos«. Trotzdem: dieser Gesang oder eben dieses Pfeifen »kommt fast wie eine Botschaft des Volkes zu dem Einzelnen . . . Josefine behauptet sich, dieses Nichts an Stimme, dieses Nichts an Leistung behauptet sich und schafft den Weg zu uns . . .« So wie Kafkas letzte Prosa sich mit ihrem Nichts an Gewißheit behauptet und uns erreicht, denn daß sie hier redet von sich selbst, ist so unüberhörbar wie auch, daß sie um ihre Kunst und Wahrheit ringt, indem sie unablässig von deren Nichtigkeit und Unbeweisbarkeit spricht und alle sicheren Entscheidungen wieder einmal ins Unendliche verweist.

Die Jahre 1922, 1923, 1924, in denen das und so geschrieben wird, geben sich in diesen späten Erzählungen nicht mehr zu erkennen: jeder zeit- oder gar weltgeschichtliche Bezug ist in ihnen wie ausgelöscht. Während der Lyriker Brecht noch in jedem scheinbar idyllischen Bild historische Spannung entdeckt, während selbst der späte Thomas Mann, so zeitenthoben er das Repertoire seiner Themen auch noch einmal durchspielt, immerhin festhält an seinem doch durch Zeiterfahrung geprägten Geschichts- und Weltmodell, an einem melancholischen Konservativismus, der sich bestätigt sieht durch die Wiederkehr des Immergleichen und zugleich doch ein »Lob der Vergänglichkeit« singt. Zwar spürt man auch in Kafkas Prosa bis zuletzt die Lockung, so schön und bündig den Sinn des Daseins zu entziffern, doch ungleich lockender scheint es ihr dann immer, sich diesen Sinn entgleiten zu lassen. Auch die Sängerin Josefine, die am Ende ihrer Erzählung untertaucht, wird ganz folgerichtig in ihrem Volk nicht entbehrt: »War ihr wirkliches Pfeifen nennenswert lauter und lebendiger, als die Erinnerung daran sein wird?« Womit sich in einem Kafkaschen Paradox die Unvergeßlichkeit der Kunst gerade beweist durch ihre Entbehrlichkeit. Wie auch umgekehrt.

Bewegung in der Windstille:
Brechts Elegien

Dauerten wir unendlich
So wandelte sich alles
Da wir aber endlich sind
Bleibt vieles beim alten.

Unter diesem Motto betreibt in den fünfziger Jahren, in einer Zeit des Stillstandes oder der Restauration, der Elegiker Brecht seine Art von selbstbiographischen Untersuchungen. Sanft zerfällt in seinen Gedichten dabei sein zerklüftet und ordentlich antagonistisches Welttheater. Doch gefragt wird immer noch, ob laut oder leise, nach Dauer und Wandel, nach dem, was an Veränderung erwartet wurde und auch versprochen schien, nach dem, was stattdessen nun eingetroffen ist, und schließlich nach allem, was sein sollte, sein könnte und vielleicht auch einmal sein wird. Alle Spannungen werden also in die Horizontale verlegt, wirken zwischen Jetzt und Einst und Künftig, zwischen wahrgenommener konkreter Gegenwart, einer diffuser erinnerten Vergangenheit und einer nur andeutend erhofften Zukunft. Das kann wie im Exerzitium und Modell in jeder Alltagssituation durchgeprobt werden:

Schwierige Zeiten

Stehend an meinem Schreibpult
Sehe ich durchs Fenster im Garten den Holderstrauch
Und erkenne darin etwas Rotes und etwas Schwarzes
Und erinnere mich plötzlich des Holders
Meiner Kindheit in Augsburg.
Mehrere Minuten erwäge ich
Ganz ernsthaft, ob ich zum Tisch gehen soll
Meine Brille zu holen, um wieder
Die schwarzen Beeren an den roten Zweiglein zu sehen.

Nur mit der Brille könnte das Gegenwärtige, also der Holunderstrauch draußen im Garten, dem alten Auge so deutlich werden wie der viel fernere, nur erinnerte aus der Kindheit in Augsburg mit seinen, wie es verklärend heißt, »Zweiglein«. Aber die Brille wird der Sprechende,

Schreibende sich offenbar nicht holen. Er scheint, wie im berühmten »Radwechsel«, nicht gern da, wo er ist, möchte sich aber auch nicht nostalgisch dahin wegstehlen, wo er herkommt. Schwierige Zeiten. Das jähe Innehalten bei der Arbeit, der schöne, doch unklare Ausblick, die schönere Erinnerung an etwas doch unerreichbar Vergangenes, diese knappe Besinnung, das Zögern, die Lähmung machen die Schwierigkeit klar, ohne sie aufzulösen.

Denn »wie in alten Zeiten« möchte dieser Elegiker im Unterschied zu anderen eben keineswegs leben: das Gedicht, in dem diese vier Stichworte der Nostalgie am Ende mit Bitterkeit und Ausrufezeichen wiederholt werden, nachdem draußen auf dem Wasser ein Kahn mit Nonne, Priester und einem aus vollen Kräften rudernden Kind durchs Gesichtsfeld geglitten ist –, dieses Gedicht »Heißer Tag« will gerade durch diese vorwurfsvoll hämmernde Wiederholung dem Lockbild der guten alten Zeit allen falschen Zauber austreiben. Und doch tauchen Jugendbilder in den späten Gedichten immer wieder auf, sanft, nicht wie etwas krampfhaft Verdrängtes, angestaunt, doch mit einer vernünftigen Trauer. Auch an solche Funde aus der eigenen Lebensgeschichte wird die Frage nach dem »Wechsel der Dinge« gerichtet. Falls es den überhaupt gibt, außer nur im Wünschen:

Wechsel der Dinge

I
Und ich war alt, und ich war jung zu Zeiten
War alt am Morgen und am Abend jung
Und war ein Kind erinnernd Traurigkeiten
Und war ein Greis ohne Erinnerung.

II
War traurig, wann ich jung war
Bin traurig, nun ich alt
So, wann kann ich mal lustig sein
Es wäre besser bald.

Das schlicht Doppelbödige solcher Notate, ihr leichter Wechsel vom Feststellen zum Fragen, das Überblenden von Melancholie zu Heiterkeit, von Jugendzeit auf Greisenzeit, vom Alleshinnehmen zum Sichdochnichtabfinden –, das alles findet sich auch in jenen Gedichten wieder, die im scheinbar Idyllischen und Privaten den Geschichtsmoment, die Stagnation der Hoffnungen, die Abwesenheit des Wünschbaren mitreflektieren. Ein Traum kann das Gedicht auslösen, ein Fensterausblick, die Beobachtung eines Radwechsels, eines einarmigen Reisigsammlers im Gehölz oder eines hoch über einer Seelandschaft fliegenden Bombers. Immer bleibt dieses Anfangsbild zwar klar und umrißscharf stehen, ein Objekt aus Sprache, das sich nicht voreilig auflöst in Bedeutung, doch in Spannung tritt zu einem nun auftauchenden weiteren Sprachbild. Die Fugen zwischen solchen Gedichtteilen, die Bildsprünge, die Fermaten im lyrischen Wortlaut bleiben deutlich bis überdeutlich, manchmal hart. In diesen Lücken, diesen Schweigestellen scheint es zu flimmern oder zu knistern: aus ihnen entfaltet die Lakonik der Spätgedichte ihre vieldeutige, meditative Kraft. Lesend soll das nicht Ausgesprochene, aber doch Mitgedichtete nachvollzogen werden. Nur wird es sich auch in der sorgfältigsten Interpretation nicht vollkommen auserraten lassen. Nicht etwa, weil Brecht plötzlich eine Strategie der Esoterik betreibt oder unauffindbar bedeutende Ostereier feierlich und listig in die Texte hineinversteckt hätte. Eher, weil er die lyrische Struktur mit Gegengewichten zur Schlichtheit des baren, lapidaren Wortlauts belasten mußte, um sie nicht zu statischen Gedichten werden zu lassen, sondern ihnen eine versteckte Dynamik zu sichern. So bleibt ein vexatorischer Eindruck: alles scheint zwar klar ausgesprochen, aber diesem Alles, dem Ausgesprochenen und seiner Klarheit kann letztlich doch nicht getraut werden. Immer wieder scheint gerade das Wesentliche verschwiegen.

Laute

Später, im Herbst
Hausen in den Silberpappeln große Schwärme von Krähen
Aber den ganzen Sommer durch höre ich
Da die Gegend vogellos ist
Nur Laute von Menschen rührend.
Ich bin's zufrieden.

Bleibt nach dem Lesen eines solchen Gedichts noch irgendetwas zu wünschen, zu raten übrig? Zufrieden ist der Sprechende doch offenbar mit allem, mit den Krähen im Herbst und den Menschenlauten in einer vogellosen Saison und Gegend, zufrieden mit dem, was ist, was war und was kommen wird, auch damit, daß er die Krähen offenbar sieht, doch von den Menschen nur etwas hört –, dieser einsame Naturbeobachter und von den Menschen sich fernhaltende Menschenfreund. Aber sobald man so das Gedicht von seinem sanft und satt zufriedenen Schlußsatz her scheinbar auserraten hat, beginnt ausgerechnet dieses affirmative Resümee zu schillern. Müßte es sich so deutlich aussprechen, wenn es sich ganz und gar von selbst verstünde? Wie trotzig konnte Brecht ein Vierteljahrhundert vor diesem faulen Frieden in der Ulbricht-Republik sein Pathos des Einverständnisses formulieren, damals, als der welthistorische Wind noch in Richtung einer Großen Zeitenwende zu blasen schien. Das Motto zu den Buckower Elegien dagegen:

> Ginge da ein Wind
> Könnte ich ein Segel stellen.
> Wäre da kein Segel
> Machte ich eines aus Stecken und Planen.

– diese vier Zeilen über die real existierende Windstille setzen dem Gedichteschreiben die Spielregeln und definieren auch den Spielraum. Lakonisch, stoisch widersteht Brecht bis zuletzt allem möglichen Umschlag der Enttäuschung in Resignation. Behutsam wird jedes Zeichen für Hoffnung, Bewegung wahrgenommen. Die Gedichte retten sich in einen Gestus leisen Widerstands, einer abgedämpften Bitterkeit, einer Melancholie, um die immer noch eine dünne Aura von Hoffnung steht. Dauerten wir unendlich, wäre das alles anders. Da wir aber endlich sind, stoßen wir dauernd auf Grenzen, allzu geduldig und gelähmt. Von Behagen im Unglück dennoch keine Spur. Aber – um die Lieblingsworte des späten Brecht noch einmal auf ihn selbst anzuwenden – die »Freundlichkeit« und »Weisheit«, die aus den elegischen Notaten der letzten Gedichte spricht, schmeckt trotzdem, mit einem älteren Klassikerwort ausgedrückt, nach »Entsagung«. Gerade weil auch der Lyriker Brecht sich nicht abfinden will mit einem allen Verlustschmerz anästhesierenden »real existierenden Sozialismus«.

Auflösungszauber:
Thomas Manns späte Prosa

Welche Pracht entfaltet, gemessen an Brechts Lakonik freundlicher Erbitterung, die Redseligkeit des späten Thomas Mann. Nur dreht sie sich um einen unvergleichbaren Grundbefund: Dauerten wir unendlich, dann würde sich alles nicht immer nur wiederholen. Da wir aber endlich sind, verstricken wir uns unwillkürlich in immer schon vorgegebene Lebensmuster. Was Brecht erbittert, die ewige Wiederkehr des Gleichen, der alten Zeiten, das versteht und genießt der redselige Erzähler seit dem Josephsroman gerade als das »Fest«, das seine Erzählung zelebriert.

Doch stoßen der konservative Autor wie sein Leser dabei schließlich auf ein Paradox. Denn wir sind zwar, so wird uns erzählend klargemacht, mit unseren nur scheinbar individuellen Lebensmustern festlich eingebunden in eine unendliche Kette musterhafter Wiederholungen, also eben durchaus nicht einzigartig – aber »trotzdem« sterblich. So überlagern sich zwei Themata melancholischer Reflexion: das semper idem und das media vitae in morte. Auch in der weitausholenden Lektion Professor Kuckucks wird Felix Krull mit beidem bekannt gemacht, mit der geheimen Identität aller auseinander abstammenden Lebensformen auf dieser Erde und andererseits mit der Verlorenheit, der verschwindend kurzen Dauer dieser Episode organischen irdischen Lebens im Kosmos. »Das nimmt mich ein für dasselbe«, bekennt Krull, der Allsympathisant, und erinnert an ein Liedchen aus seiner Jugend: »Freut euch des Lebens, weil noch das Lämpchen glüht.« Womit nach den Strategien des Behagens im Unglück die Melancholie sich wieder erleichtert hätte in Humor.

Mit diesem Verwandlungszauber ist Thomas Mann nach dem »Doktor Faustus« Werk auf Werk beschäftigt. Aller Gegenwartsbezug wird dabei aus dem Erzählen ausgeschaltet. »Die Betrogene« gibt zwar vor, in den zwanziger Jahren dieses Jahrhunderts zu spielen, doch um die Behauptung leicht und notdürftig zu stützen, werden nur luftige Pappkulissen in die Erzählung hineingepinselt. Auch im »Felix Krull« verklärt sich die Belle Epoque zum Bühnenbild und das Netz der sozialen Bezüge wird geknüpft nach den Mustern einer Operettendramaturgie. Denn gesucht und eingerichtet wird jedesmal ein Spielfeld, das von aller Realität abgehoben sein soll, damit auf ihm das längst erprobte Motivmaterial noch einmal virtuos mit seinen Spannungen, Durchführungs- und Auflösungsmöglichkeiten durchgenommen werden kann.

Das funktioniert besonders leichtfüßig, widerstandslos in »Der Erwählte« und »Die Betrogene«, den beiden letzten Metastasen des alten
Heimsuchungstraumas, die beide kaum noch wegblenden und verbergen,
welches »tödlich blutsündliche Anschauen eines Nahverwandten«, welche homoerotischen Phantasien nämlich sich in diesen beiden Skandalen
entladen, im narzißtischen Inzest und in der Passion einer alternden
rheinischen Dame für den herrlich gewachsenen amerikanischen Hauslehrer. Beide Male allerdings baut Thomas Mann, wie er das schon mit
der Zeitblomfigur im »Doktor Faustus« erprobt hatte, in den Phantasie-
strom einen Filter ein: den erzählenden Mönch in den Sünder- und
Papstroman und die durch ihren Klumpfuß zum Hinken, Leiden, Zuschauen, Räsonnieren gezwungene Tochter der Rosalie von Tümmler in
der rheinischen Novelle. Diese zugleich prüde und voyeuristische Perspektive schafft Widerstand und garantiert Spannung. In der Maske des
Mönchs und der sanft Verkrüppelten genießt der Erzähler wieder die
nötige »Schattensicherheit«, aus der heraus die »blutsündlichen« Probe-
spiele ausagiert, in Kontrolle gehalten und in das vorgesehene glücklich
unglückliche, behagliche Ende gesteuert werden können.

Da dieses Ende von vornherein in Aussicht steht, kann der ganze Weg
dorthin zum schönen Umweg, zum Täuschungsspiel, zur Komödie werden. Wenn in der Finalszene des »Erwählten« das blutschänderische Paar
Sibylla und Gregorius sich als Bußpilgerin und Papst noch einmal begegnen, spielen sie sich ihre Komödie, ihr Sichnichtwiedererkennen zunächst
noch einmal vor, bevor sie sich ihre heillos verwickelten Beziehungen und
Verwandtschaftsgrade offenbaren, stehen sie sich doch als Mutter, Sohn,
Neffe, Frau, Tante, Gatte gegenüber. So heillos dieses Chaos und Tohuwabohu süchtiger Vermischung auch sein mag, der Papst selbst verklärt,
ja heiligt es, wenn er seine Mutter, Frau und Tante schließlich auffordert,
in ihm »die Drei-Einheit zu fassen von Kind, Gatte und Papst«, ein
zärtlich blasphemischer Gegenentwurf zur Trinität von Vater, Sohn und
Heiligem Geist. Doch auch damit will sich der kombinationsselige Roman noch nicht beruhigen, denn als Sibylla den Papst fragt, in welches
Verhältnis sie das ihre denn auflösen sollten, empfiehlt er das von »Bruder
und Schwester«. Womit die heilige Geschichte genau dort endet, wo sie
sündig begann, in Geschwisterlichkeit. Verwegener kann nicht gespielt
werden, blendender nicht abgetröstet werden. Freilich dürfte auch für
dieses allzu harmonische Ende gelten, was der Erzählermönch seufzend
zu einem von ihm geschilderten, doch nie gekosteten Schluck Würzbier

bemerkt: »Sehr oft ist das Erzählen nur ein Substitut für Genüsse, die wir selbst oder der Himmel uns versagen.«

Den »Felix Krull« erzählt Thomas Mann mit der Stimme eines Hochstaplers, dem nichts Menschliches fremd ist, den »Erwählten« aus der Maske eines Mönches, dem alles Menschliche nur vom Hörensagen bekannt sein soll. In »Die Betrogene« hat er solchen Perspektivenschwindel nicht eingebaut, so daß hier alle wichtigen Wendungen der Handlung im Duo zwischen zwei Stimmen von Mutter und Tochter Tümmler gründlichst durchgesprochen werden. Hemmungsloser, redseliger und im einfachen Wortsinn selbstbewußter als seit dem Josephsroman üblich interpretiert diese Erzählung sich dabei selbst, löst jeden Handlungsschritt auf in einen Kommentar, in die Möglichkeiten seiner Bedeutung. Greisenmusik in Prosa entsteht, kühn und doch schon verzittert. Befremdend nackt erscheint das motivische Material, ebenso unverhüllt aber auch die Verarbeitungsvirtuosität, pedantisch, fast besessen wütet der Drang nach Selbstdeutung. Das Innere, das Räderwerk des Mannschen Erzählens liegt frei, entblößt von allem schönen Schein, ohne Hülle und Aura, und exekutiert kunstvoll, verschnörkelt und doch lehrbuchmäßig einen erzählerischen Einfall.

Daß Verführung zunächst und zutiefst ausgeht von der Erscheinung jungen, schönen Fleisches, hat der vorsichtige Erzähler so unverhohlen nie auszusprechen gewagt wie hier. Zum letzten Mal läßt er einen Blick, den einer Alternden, auf einem diesmal männlichen Arm ruhen, »mit einem Ausdruck tiefer, sinnlicher Trauer«. Zum letzten Mal wird das Erschrecken durch die Liebesheimsuchung – »wie mit Blut übergossen und erschreckend bleich«, erscheint Rosalie –, durch alle seine Ambivalenzen getrieben, als Lebenslust und Todestrieb, als selige Anbetung und als Vernichtung der Geschlechtsdifferenz, als erotisch geregeltes Spiel und Durchbrechung aller Regeln gesitteter, dezenter Kommunikation, als Stoff für Redseligkeitspoesie und als dumpf physiologisch ablaufendes Triebgeschehen. Nur liegt eben diesmal das Relais, über das alle Widersprüche laufen, ernüchternd offen auf der ersten Oberfläche des Textes, vor allem dann, wenn die fiebrige Rhetorik des Mutter-Tochter-Dialogs die Geschichte wahrhaft in die Hand nimmt.

Kein Moschus- oder Rosenduft, kein um sein Überleben kämpfender alter Eichbaum auf den Parkspaziergängen der beiden, keine Anspielung auf die »Lebensruten« in alten Volksbräuchen oder auf amerikanische Landschaften »mit nichts dahinter«, kein zischender schwarzer Schwan und nicht einmal ein unschuldiges Jargonwort wie »losgondeln«, kein medizinisches, semantisches, botanisches oder kulturhistorisches Detail, das afunktional, nur um seines epischen Eigenwerts hier eingefädelt wäre in dieses Glasperlenspiel einer sorgfältig entfesselten Dialektik von Tod und Leben, Leib und Seele. Im Streitgespräch wird Tochter Tümmler, obwohl leidend und lebensfremd, mit gesundem Materialismus dafür plädieren, daß der Körper die Seele bestimme, also auch zur Vernunft und Entsagung zwingen könne, während ihre Mutter die froh idealistische Gegenposition vertritt und dafürhält, »daß die Seele sich als Meisterin erweist über den Körper«. Dafür wird »die Betrogene« schließlich bestraft werden, als das, was sie für ein spätes Wiedereinsetzen der »Weiberregel« hielt, diagnostiziert wird als Gebärmutterkrebs im tödlichen Stadium. Diese Diagnose und Zurechtweisung, vorgetragen im saloppen medizinischen Fachjargon, erinnert in dieser professionellen Kälte noch einmal an die mit gleichen Mitteln vollzogene Hinrichtung Hanno Buddenbrooks durch eine aus dem Lexikon bezogene Beschreibung: »Um den Typhus ist es folgendermaßen bestellt«. Doch diesmal behält der medizinische Diskurs nicht das letzte Wort. Das spricht die sterbende Rosalie von Tümmler selbst. Wie nach einer Mund-zu-Mund-Beatmung durch ihren Autor vollzieht sie in seinem Namen die letzte Versöhnung aller Gegensätze: wie der Frühling sich nicht durchsetzen könne ohne Tod, so wäre der Tod allgemein »ein großes Mittel des Lebens«. Was also Betrug schien an der späten Liebeslust der Rosalie von Tümmler, war in Wahrheit »Güte und Gnade«. So, in dieser Festbeleuchtung totaler Transparenz, die Wahrheit und Täuschung, Mensch und Natur, Tod und Leben in einen gütigen Zusammenhang blendet, endet das letzte abgeschlossene Erzählstück Thomas Manns, aufgelöst ins Überdeutliche und Überhelle.

Auflösung, ein durchaus kühner Zerfall hat nun alle so lange »diskreten Formen und Masken« des Erzählens ergriffen. Mit Betroffenheit, mit Rührung, aber auch befremdet liest man die halt- und formlose, wie von einem Tonband abgeschriebene Suada, in der Rosalie dem schönen Muskelmenschen Ken Keaton endlich ihre lange aufgestaute Liebe gesteht:

»Ken, Ken«, stammelte sie, das Gesicht an seinem Halse, »ich liebe dich, ich liebe dich, nicht wahr, du weißt es, nicht ganz hab' ich dir's verbergen können, und du, und du, liebst mich auch, ein wenig, ein wenig nur, sag, kannst du mich lieben mit deiner Jugend, wie die Natur mir gab, dich zu lieben im grauen Haar? Ja? Deinen Mund, oh, endlich denn deinen jungen Mund, nach dem ich gedarbt, so, so – – – Kann ich küssen? Sag, kann ich's, mein süßer Erwecker? Alles kann ich, wie du. Ken, die Liebe ist stark, ein Wunder, so kommt sie, und tut große Wunder. Küsse mich, Liebling!«

Wer mag hier sprechen? Wirklich nur selbstvergessen, wie früher beim stummen Blick auf Kens ausdrucksvolle Arme, Frau von Tümmler? Oder nicht vielmehr der selbstvergessen aus dieser Rolle gefallene, in eine private Wunscherfüllungsphantasie sich verlierende Erzähler? Thomas Manns sorgfältige Prosakunst beginnt in dieser Rede zu zerfallen. Es redet, herausgetreten aus allem Rollensprechen, unverhüllt durch die Schleier der Ironie, hilflos, rührend, fahrig, dringend nur noch das bloße Begehren. Mit einer letzten grellen und damit vielleicht erhellenden Übertreibung dürfen wir noch einmal vermuten: um es möglichst nie so weit kommen zu lassen, hat Thomas Mann die ungeheure Anstrengung seines Erzählens, die Anstrengung einer immer größeren Leichtigkeit in Gang gesetzt, eine ganze Welt illuminierend, damit auf alles, nur nicht in eine einzige trübe Ecke, festlich erzählerisches Licht falle.

»Leicht, flüsternd, vertraulich, manchmal ein wenig heiser«: Kafkas Abschied

Kafka, der sich mit keiner abschließenden Weltformel verabschiedet, läßt sich auch von uns nicht verabschieden in einem bündigen Resümee. Aber auch seine letzten Texte drängt es zu einer Veräußerlichung vieler bis dahin kunstvoll und sorgfältig chiffrierter Geheimnisse: plötzlich treten sie auf die Oberfläche, zur Freude aller jener Deuter, die Kafkatexte schon immer für nichts weiter als besonders ausgeklügelte Allegorien gehalten haben. Doch die Musikhunde in den »Forschungen eines Hundes« zum Beispiel lassen sich tatsächlich nur verstehen als Tiermasken für die ostjüdischen Schauspieler, die 1911 so herrlich wie bestürzend in Kafkas Prager Leben eingedrungen waren. Auch »Der Bau« kann in vielen seiner Einzelheiten nur begriffen werden als (allzu offensichtliches) Inbild der Ausdruckswelt Kunst und des Kafkaschen Werkes. Hundevolk wie Mäusevolk wiederum stehen, daran ist kaum ein Zweifel möglich, als Allegorien für die Judengemeinschaft. Was sich also sonst gegenüber Kafkas in ihre Wortwörtlichkeit verbohrten und in die Traumlogik ihrer Bildersprache verlorenen Texte geradezu verbietet, scheint plötzlich nicht nur erlaubt, sondern geboten: eben die Allegorese, Übersetzungen von einer Bild- in eine Begriffsebene mit wenigen Bedeutungsvarianten. Auch die fiktionale Rede scheint an vielen Stellen alles Rollensprechen zu vergessen und wie unwillkürlich überzugehen in autobiographische Reflexionen ihres Autors. Überlegungen wie die des forschenden Hundes: »Immer mehr in letzter Zeit überdenke ich mein Leben, suche den entscheidenden, alles verschuldenden Fehler, den ich vielleicht begangen habe, und kann ihn nicht finden ...« –, sie könnten wortwörtlich aus den Tagebüchern abgeschrieben sein. Auch das sind zweifellos Auflösungserscheinungen, zu erklären als Schwächeanfälle jener »Selbstvergessenheit«, in der sich früher die radikale Subjektivität der Kafkaschen Introspektion hinüberrettete in die strenge Hermetik objektivierender Fiktionen. Auch Kafkas Masken werden also durchlässig, wie die des späten Brecht und des greisen Hochstaplers, Mönchs, Erotikers Thomas Mann.

Doch wie im Gegenzug zu diesen Zerfallstendenzen verstärkt sich die selbstreflexive Kraft des Kafkaschen Erzählens so, daß es scheinen kann, als wäre sie und nur sie das erste und letzte, das eigentliche Thema der

Texte. Gesucht wird, dringender als je, die Lücke in diesem unaufhörlichen Reden, der Ausgang aus einem Labyrinth, das sich in der Suchbewegung gerade weiter ausbaut, ein Ende der »Forschungen« in einer Gewißheit, ein Ende der Angst im »Bau«, ein Ende des weltfernen josefinischen »Gesangs«, und sei es durch seine endgültige Auflösung im allgemeinen und alltäglichen »Pfeifen« des Volks der Mäuse. Nur verstellt eben die Lust und Energie der Recherche, so demütig sie scheinbar an ihrer Selbstaufhebung arbeitet, sich trostlos und triumphierend selbst den Weg. Vertieft, verbohrt, vergraben ins Bedenken aller Möglichkeiten des Fragens und Antwortens, lassen sich die forschenden Tiere das Wirkliche entgleiten. Offenbar müßte ihr Reflektieren, um an ein Ende zu kommen, sich auch endgültig befreien aus dem, worin sie doch gefangen ist: aus der Sprache. So wird unser Lesen wie Kafkas Schreiben immer wieder in schwindelerregende Zirkel gedreht, und Halt bieten einem Nachdenken doch wieder nur die rätselhaften Figuren, die Kafka in sein spätes Karussell gesetzt hat.

Gefragt werden könnte nun zwar, wenn auch kaum befriedigend beantwortet, welcher Gewißheit die »Forschungen eines Hundes« denn nachspüren, wer oder was das Tier im »Bau« mit dem immer näher dringenden »Zischen« bedroht, doch die Antworten, die sich in Allgemeinheiten wie »Selbstgewißheit« oder »Tod« erschöpfen dürften, werfen nur neue Fragen auf. Produktiver aber ließe sich darüber staunen, daß in Kafkas beiden letzten zu Ende geschriebenen und noch von ihm zum Druck beförderten Geschichten, sicher in »Josefine, die Sängerin«, doch offenbar auch in »Eine kleine Frau«, Kunst als Anstrengung wie als Werk sich plötzlich verkörpert in Frauenfiguren. Denn Frauen, ob als Adressaten der Briefaktionen, als Studienobjekte in den Tagebüchern oder in den weiblichen Figurenserien der Romane, schienen doch immer aus Gegenwelten zum Schreiben und seinen »Berechnungskünsten« aufzutauchen, zweideutig lockend, entweder hinunterziehend in eine vorsprachliche Triebsphäre oder in ein intuitives, kaum artikulierbares Wissen jenseits der Sprache.

Weiblich in durchaus konventionellem Rollenverständnis agiert »Eine kleine Frau« in Kafkas letztem Erzählungsband, also mit »Frauenschlauheit«, launisch, unvorhersehbar und unverständlich. So traktiert sie das erzählende Ich, mit dem sie »unzufrieden« ist, weil »für sie, für ihre fast weißstrahlenden Augen« alles an ihm »ihrem Schönheitssinn, ihrem Gerechtigkeitsgefühl, ihren Gewohnheiten, ihren Überlieferungen, ihren

Hoffnungen widerspricht«. Mit dieser schwierigen, gereizten Person, die sich so undeutlich wie energisch in ihrer Reinheit und Ruhe bedroht fühlt, behauptet das redende Ich in gar keiner »Beziehung« zu stehen: »Sie müßte sich nur entschließen, mich als völlig Fremden anzusehen, der ich ja auch bin . . . Sie müßte sich nur entschließen, meine Existenz zu vergessen.« Trotzdem oder eben deshalb kommen die beiden, die kleine Frau und der sich gegen sie abgrenzende, an ihr haftende Erzählende, nicht voneinander los.

Im Kontext des Bandes »Ein Hungerkünstler«, dessen übrige drei Geschichten von Kunst und Künstlern erzählen, von der Unmöglichkeit, Kunst zu machen und trotzdem zu existieren, kann diese schwierige kleine Frau schwerlich anders denn als das begriffen werden, was der alte Thomas Mann für seinen Hausgebrauch »Geist der Erzählung« genannt hat, »ein bis zur Abstraktheit ungebundener Geist, . . . dessen Mittel die Sprache an sich und als solche, die Sprache selbst ist«, wie in »Der Erwählte« erklärt wird. Nennen wir ihn für Kafka den Geist oder vielmehr Quälgeist der Selbstvergessenheit, dann könnte in seinem Namen die kleine Frau sich mit Recht empören über das selbstbewußt, ängstlich und irritiert um sie herumredende Alltagsich, das diesen lästigen Geist abschütteln möchte und doch nicht kann, das eigensinnig darauf besteht, der »kleinen Frau« ganz und gar »fremd« zu sein, obwohl sie ihn doch unaufhörlich beschäftigt.

Ehestreit wie unter zwei Fremden, doch lästig einander Verbundenen: quälender und entspannter läßt sich das Verhältnis und Unverhältnis zwischen Alltagsich und Schreibich oder zwischen Schriftsteller und Schriftwerk kaum zur Sprache bringen. Freilich flirrt dieser knappe Abgesang auf ein Lebensthema von Nebenbedeutungen, die seine hier vermutete Hauptbedeutung verunsichern und gerade dadurch lebendig halten. »Entscheidung« ist das Leitmotiv im zweiten Teil des Textes, in dem es zu einer Entscheidung oder eben Scheidung zwischen der kämpferischen, doch »leidenden kleinen Frau« und ihrem männlichen und bürgerlichen Schatten nicht kommt. In seinem allerletzten Erzählstück aber riskiert Kafka sogar das: eine Entscheidung und Auflösung, ein Ende mit Aura.

Streit, Launen und Leiden bestimmen auch Josefines, der Sängerin Verhältnis zum Volk der Mäuse. Wieder bäumt sich eine zarte weibliche Figur mit Allüre und Würde auf für die Sache der Kunst, für deren »Vollkommenheit« und »Reinheit«, die von einer sorgfältig und pedantisch dagegen anräsonnierenden Erzählerstimme beharrlich bezweifelt und sanft ironisiert wird. »Weibliche Intuition und männliche Rationalität: zwei Entwürfe des Wissens, die um die Enthüllung der Welt konkurrieren«, so hat Reiner Stach dieses immer wieder aufgenommene Erzählprojekt Kafkas definiert. Doch Josefine herrscht kaum durch Wissen, sondern kraft Ausdrucks. Auch diese »kleine Frau« muß kämpfen gegen ihre Mißachtung, auch sie ist leidend oder beleidigt »schweigsam unter den Plappermäulern, aber aus ihren Augen blitzt es, von ihrem geschlossenen Mund«. Wieder scheint der Kampf um die Ehre einer reinen, weltfremden und welttröstenden Kunst überraschend verweiblicht und in den hochfahrenden Allüren, der primadonnenhaften Empfindlichkeit Josefines auch ironisiert. Doch ihre hysterische Feminität erscheint in einem anderen Licht, wenn immer öfter die Rede ist von ihrer Kindlichkeit. Kindertrotz und kindliche Integrität werden entdeckt als wesentliche Motivation ihres Auftretens, aber auch als die tröstliche Botschaft ihres Gesangs: das verbindet diese letzte Kafka-Figur mit seinem letzten Romanhelden K., der auch immer wieder bestaunt und kritisiert worden war als ein unbelehrbares, eigensinniges, aber auch unbestechliches Kind.

Tastend, taumelnd scheint diese letzte Kafkasche Kunst-Geschichte einem Dritten auf der Spur, in dem sich alle geläufigen Oppositionen versöhnen könnten, die zwischen männlich und weiblich, kindlich und alt, Gesang und Pfeifen, Intuition und Rationalität, Vollkommenheitssucht und Alltagserfahrung, elitärem Selbstverwirklichungswahn und der schlichten Überlebenspraxis eines Volks. Obwohl alle diese Begriffe schon wieder zu hoch greifen und zu festlich leuchten, denn wie es in der Geschichte in heimlicher Selbsteinschätzung heißt: »dies alles ist wahrhaftig nicht in großen Tönen gesagt, sondern leicht, flüsternd, vertraulich, manchmal ein wenig heiser«. Was allerdings auf die letzten Zeilen kaum noch zutreffen dürfte, denn die bescheren der verschwundenen, untergetauchten Josefine und ihrem Gesang und Pfeifen nun doch eine irdische Himmelfahrt: »Vielleicht werden wir sie gar nicht sehr viel entbehren, Josefine aber, erlöst von ihrer irdischen Plage, die aber ihrer Meinung Auserwählten bereitet ist, wird fröhlich sich verlieren in der zahllosen Menge der Helden unseres Volks, und bald, da wir keine Geschichte treiben, in gesteigerter Erlösung vergessen sein wie alle ihre Brüder.« Wobei auch erstaunt, daß in der allumfassenden unio mystica sich offenbar auch Schwestern verwandeln in Brüder.

Das wären, als Ende der letzten von Kafka noch verantworteten Publikation und seiner letzten abgeschlossenen Geschichte, auch Kafkas letzte authentische Worte als Erzähler, befremdend vollmundig, positiv, so entscheidungs- wie verheißungsfreudig. Bleiben die beunruhigend offenen Enden seiner nicht fertig geschriebenen späten Geschichten: das Tier im »Bau«, gelähmt in der Erwartung eines immer näher kommenden, bedrohlich »zischenden« Feindes, und der Hund im Dickicht seiner »Forschungen«, die auf nichts weiter hinauszulaufen scheinen als auf ein auf den Kopf gestelltes Grundaxiom modernen Philosophierens: »Ich denke, also bin ich nicht.«

Aber selbst in diesen Fragmenten beginnt sich gegen Ende, kurz vor dem Abbruch, der Ton zu heben, wie um der Angst im »Bau«, der Vergeblichkeit der »Forschungen« eine Hoffnung auf irgendein Ende der Unruhe zu gönnen. Vielleicht, womöglich existiert dieses fremde, feindlich zischende Tier gar nicht wirklich, außer eben als eine Einbildung der eigenen Angst? Vielleicht, womöglich ist der Hund an allen »Wissenschaften« mit gutem Grund und aus »Instinkt« gescheitert, weil er über sie hinaus auf etwas hinzielte, was in den letzten Zeilen viermal die »Freiheit« genannt wird?

So versucht am Ende seiner letzten Geschichten, der abgeschlossenen und der abgebrochenen, die unruhige, leise, genaue Stimme des Kafkaschen Erzählens sich noch einmal kurz selbst zu übertönen, um gar nicht mehr »leicht, flüsternd, vertraulich, ein wenig heiser« sich zu öffnen für eine Vision, der es dann doch die Stimme verschlägt, weil ihr beim hohen Flug der Atem ausgeht. Thomas Manns späte Redseligkeit wie Brechts Lakonik lassen sich lesen als Systeme des Endes, als Vollendung und Auflösung. Kafkas letzte Anläufe dagegen scheinen überzugehen in einen neuen Anfang, in eine Welt, die von den Obsessionen durch Schuld und Strafe, den Hierarchien zwischen Oben und Unten, von der drohenden Aufsicht der Väter, kurz von allem Kafkaesken nicht mehr beunruhigt und heimgesucht wäre.

ANHANG

Vorbemerkung

Nach einigem Überlegen und längerem Zögern habe ich darauf verzichtet, dieses essayistisch konzipierte Buch mit dem Anmerkungsapparat einer wissenschaftlichen Untersuchung auszustatten. Gereizt hätte mich nur die Gelegenheit zu kurzen Exkursen. Während mir gerade im Laufe dieser Arbeit klar geworden ist, daß Zitatnachweise, solange Jahrzehnt um Jahrzehnt nach immer anderen Ausgaben zitiert wird, eher dekorativ als nützlich sind. Ändern dürfte sich das erst, wenn die Berliner und Frankfurter Ausgabe von Brechts Werken und die Kritische Ausgabe für Franz Kafka endlich vollständig vorliegen. Ein vergleichbares Unternehmen für Thomas Mann allerdings ist für dieses Jahrtausend nicht in Sicht.

So habe ich mich darauf beschränkt, nur auf einige spezielle Ausgaben hinzuweisen, mit denen ich gearbeitet habe. Das Literaturverzeichnis nennt dann die nützlichsten Handbücher und trifft im übrigen eine strikt subjektive Auswahl, indem es nur jene Schriften aufführt, die anregend in meine Arbeit eingegriffen haben, anregend durchaus auch zu Widerstand und Widerspruch.

Das Werkregister soll schließlich ein Buch, das es eher auf Entwicklungen als auf Einzelinterpretationen abgesehen hat, trotzdem nutzbar machen für ein auf einzelne Werke gerichtetes Interesse. Verzeichnet wird allerdings nicht jede, also keine beiläufige Erwähnung von Texten.

319

Zu den Editionen

Die Münchener Notizbücher *Thomas Manns*, deren vollständige Publikation noch bevorsteht, werden zitiert nach der Biographie Peter de Mendelssohns (s.u.), den »Quellenkritischen Studien« von Paul Scherer und Hans Wysling (s.u.) sowie den von Hans Wysling herausgegebenen »Notizen zu Felix Krull · Friedrich · Königliche Hoheit · Versuch über das Theater · Maja · Geist und Kunst · Ein Elender · Betrachtungen eines Unpolitischen · Doktor Faustus und anderen Werken.« Heidelberg 1973.

Bertolt Brechts früher Brief an Therese Ostheimer vom Juli 1916 wurde veröffentlicht in: Sinn und Form 40. Jg. 1988 S. 5-7 (dazu ebenda S. 8-15 Helmut Gier: Der Gymnasiast Brecht und seine erste Liebe), seine frühesten Tagebuchaufzeichnungen vom Oktober 1916 finden sich in: Sinn und Form 38. Jg. 1986. S. 1133-1135.

An Stücktexten, von denen mehrere Fassungen vorliegen, wurden herangezogen:

Bertolt Brecht: Baal. Drei Fassungen. Kritisch ediert und kommentiert von Dieter Schmidt. Frankfurt/M. 1966.

Bertolt Brecht: Baal. Der böse Baal, der asoziale. Texte, Varianten, Materialien. Kritisch ediert und kommentiert von Dieter Schmidt. Frankfurt/M. 1968.

Bertolt Brecht: Im Dickicht der Städte. Erstfassung und Materialien. Ediert und kommentiert von Gisela E. Bahr. Frankfurt/M. 1968.

Bertolt Brecht: Die Maßnahme. Kritische Ausgabe mit einer Spielanleitung von Reiner Steinweg. Frankfurt/M. 1972.

Bertolt Brecht: Stücke 5 (Leben des Galilei in drei Fassungen). In: Werke. Große kommentierte Berliner und Frankfurter Ausgabe hg. von Werner Hecht u. a. Berlin Weimar Frankfurt/M. 1988.

Der Fatzer-Text wird zitiert nach: Der Untergang des Egoisten Fatzer. Fragmente von Bertolt Brecht. In: Theater heute 17. Jg. April 1976. S. 48-57.

Außerdem: Untergang des Egoisten Fatzer. Fassung von Heiner Müller. Bühnenmanuskript Henschelverlag Berlin o.J.

Von *Franz Kafkas* Texten wurden zwei kritische Ausgaben herangezogen:

Franz Kafka: Beschreibung eines Kampfes. Parallelausgabe nach den

Handschriften hg. und mit einem Nachwort versehen von Max Brod. Textedition Ludwig Dietz. Frankfurt/M. 1969.

Franz Kafka: Das Schloß in der Fassung der Handschrift. Textband und Apparatband hg. von Macolm Pasley. Frankfurt/M. 1982.

Literatur zu Thomas Mann

Böhm, Karl Werner: Die homosexuellen Elemente in Thomas Manns »Der Zauberberg«. In: Stationen der Thomas-Mann-Forschung. Aufsätze seit 1970. Hg. von Hermann Kurzke. Würzburg 1985. S. 145-165.

Bürgin, Hans / Mayer, Hans-Otto: Thomas Mann. Eine Chronik seines Lebens. Frankfurt/M. 1965.

Curtius, Mechthild: Erotische Phantasien bei Thomas Mann. Königstein 1984.

Dettmering, Peter: Dichtung und Psychoanalyse. Thomas Mann – Rainer Maria Rilke – Richard Wagner. München 1969.

Dierks, Manfred: Studien zu Mythos und Psychologie bei Thomas Mann. An seinem Nachlaß orientierte Untersuchungen zum »Tod in Venedig«, zum »Zauberberg« und zur »Joseph«-Tetralogie. Thomas-Mann-Studien II. Bern München 1972.

Dierks, Manfred: Über einige Beziehungen zwischen psychischer Konstitution und »Sprachwerk« bei Thomas Mann. In: Internationales Thomas-Mann-Kolloquium 1986 in Lübeck. Thomas-Mann-Studien VII. Bern 1987.

Ezergailis, Inta Miske: Male and Female: An Approach to Thomas Mann's Dialectic. The Hague 1975.

Härle, Gerhard: Männerweiblichkeit. Zur Homosexualität bei Klaus und Thomas Mann. Frankfurt/M. 1988.

Hamburger, Käte: Der Humor bei Thomas Mann. Zum Joseph-Roman. München 1965.

Heller, Erich: Thomas Mann. Der ironische Deutsche. Frankfurt/M. 1959.

Hörisch, Jochen: Gott, Geld und Glück. Zur Logik der Liebe in den Bildungsromanen Goethes, Kellers und Thomas Manns. Frankfurt/M. 1983.

Holthusen, Hans Egon: Die Welt ohne Transzendenz. Eine Studie zu Thomas Manns »Dr. Faustus« und seinen Nebenschriften. Hamburg 1949.

Kristiansen, Børge: Thomas Manns Zauberberg und Schopenhauers Metaphysik. Bonn [2]1986.

Kurzke, Hermann: Thomas-Mann-Forschung 1969-1976. Ein kritischer Bericht. Frankfurt/M. 1977.

Kurzke, Hermann: Thomas Mann. Epoche – Werk – Wirkung. München 1985.

Kurzke, Hermann: Tendenzen der Forschung seit 1976 (S. 7-14) und: Ästhetizistisches Wirkungsbewußtsein und narrative Ethik bei Thomas Mann (S. 210-227). In: Stationen der TM-Forschung s.u. Böhm.

Lehnert, Herbert: Thomas Mann. Fiktion, Mythos, Religion. Stuttgart 1965.

Matt, Peter von: Die Opus-Phantasie. Das phantasierte Werk als Metaphantasie im kreativen Prozeß. In: Psyche, 33. Jg. 1979. S. 193-212.

Mayer, Hans: Außenseiter. Frankfurt/M. 1975.

Mayer, Hans: Thomas Mann. Frankfurt/M. 1980.

Mendelssohn, Peter de: Der Zauberer. Das Leben des deutschen Schriftstellers Thomas Mann. Erster Teil: 1875-1918. Frankfurt/M. 1975.

Mieth, Dietmar: Epik und Ethik. Eine theologisch-ethische Interpretation der Josephsromane Thomas Manns. Tübingen 1976.

Reich-Ranicki, Marcel: Thomas Mann und die Seinen. Stuttgart 1987.

Scherer, Paul / Wysling, Hans: Quellenkritische Studien zum Werk Thomas Manns. Thomas-Mann-Studien I. Bern München 1967.

Sommerhage, Claus: Eros und Poesis. Über das Erotische im Werk Thomas Manns. Bonn 1983.

Winston, Richard: Thomas Mann. Das Werden eines Künstlers. 1875-1911. München 1985.

Wysling, Hans: Narzißmus und illusionäre Lebensform. Zu den Bekenntnissen des Hochstaplers Felix Krull. Thomas-Mann-Studien V. Bern München 1982.

Literatur zu Bertolt Brecht

Adorno, Theodor W.: Engagement. In: Noten zur Literatur III. Frankfurt/M. 1965. S. 105-155.

Bunge, Hans (Hg.): Brechts Lai-Tu. Erinnerungen und Notate von Ruth Berlau. Darmstadt Neuwied 1985.

Buono, Franco: Bertolt Brecht 1917-1922. Jugend, Mythos, Poesie. Aus dem Italienischen von Bernt Ahrenholz und Ursula Ladenburger. Göttingen 1988.

Benjamin, Walter: Versuche über Brecht. Frankfurt/M. 1966.

Dieckmann, Friedrich: Brechts Utopia. Exkurs über das Saturnische. In: Brecht 88 ed. von Wolfgang Heise. Schriftenreihe des Brechtzentrums der DDR. Berlin 1987. S. 69-108.

Dieckmann, Friedrich:»Galilei«-Komplikationen. In: Weimarer Beiträge 34 / 1988. S. 213-229.

Fenn, Bernard: Characterization of Women in the Plays of Bertolt Brecht. Frankfurt/M. 1982.

Flashar, Helmut: Aristoteles und Brecht. In: Poetica 7. Jg. 1974, S. 17-37.

Giese, Peter Christian: Das ›Gesellschaftlich-Komische‹. Zu Komik und Komödie am Beispiel der Stücke und Bearbeitungen Brechts. Stuttgart 1974.

Grimm, Reinhold: Brecht und Nietzsche oder Geständnisse eines Dichters. Frankfurt/M. 1979.

Hamburger, Käte: Das Mitleid. Stuttgart 1985.

Hartmann, Hans A.: Von der Freundlichkeit der Weiten oder Auf der Suche nach der verlorenen Mutter. Der junge Brecht. In: Bertolt Brecht — Aspekte seines Werkes, Spuren seiner Wirkung hg. von Helmut Koopmann und Theo Stammen. München 1983. S. 31-84.

Heinrich, Klaus: Versuch über die Schwierigkeit nein zu sagen. Frankfurt/M. 1964.

Hinck, Walter: Die Dramaturgie des späten Brecht. Göttingen [4]1966.

Kaiser, Joachim: Brechts ›Maßnahme‹ und die linke Angst. In: Neue Rundschau 84. Jg. 1973. S. 96-125.

Knopf, Jan: Brecht-Handbuch. Band I: Theater. Stuttgart 1980. Band II: Lyrik, Prosa, Schriften. Stuttgart 1984.

Knopf, Jan: Bertolt Brechts Buckower Elegien. Frankfurt/M. 1986.

Koopmann, Helmut: Schreiben in Gegensätzen. In: BB — Aspekte s. u. Hartmann. S. 9-30.

Lethen, Helmut: Neue Sachlichkeit 1924-1932. Studien zur Literatur des »weißen Sozialismus«. Stuttgart 1970.

Lethen. Helmut: Lob der Kälte. Ein Motiv der historischen Avantgarden. In: Die unvollendete Vernunft hg. von Dietmar Kamper und Willem van Reijen. Frankfurt/M. 1987. S. 282-324.

Matt, Peter von: Brecht und der Kälteschock. Das Trauma der Geburt als Strukturprinzip seines Dramas. In: Neue Rundschau 87. Jg. 1976. S. 613-629.

Mayer, Hans: Brecht in der Geschichte. Frankfurt/M. 1971.

Mickel, Karl: Brechts Dickicht. In: Sinn und Form 26. Jg. 1974, S. 1052-1064.

Milfull, John: From Baal to Keuner. The »Second Optimism« of Bertolt Brecht. Bern 1974.

Mittenzwei, Werner: Das Leben des Bertolt Brecht oder Der Umgang mit den Welträtseln. Zwei Bände. Frankfurt/M. 1987.

Müller, Heiner: Keuner ± Fatzer. In: Brecht-Jahrbuch 1980 hg. von Reinhold Grimm und Jost Hermand. Frankfurt/M. 1981. S. 14-21.

Müller, Heiner: Ein Gespräch zwischen Wolfgang Heise und HM. In: Brecht 88 s.u. Dieckmann. S. 189-208.

Müller, Klaus-Detlef (Hg.): Bertolt Brecht. Epoche − Werk − Wirkung. München 1985.

Pietzcker, Carl: Die Lyrik des jungen Brecht. Vom anarchischen Nihilismus zum Marxismus. Frankfurt/M. 1974.

Pietzcker, Carl: »Ich kommandiere mein Herz«. Brechts Herzneurose − ein Schlüssel zu seinem Leben und Schreiben. Würzburg/M. 1988.

Schings, Hans-Jürgen: Der mitleidigste Mensch ist der lebendigste Mensch. Poetik des Mitleids von Lessing bis Büchner. München 1980.

Schmidt, Dieter: »Baal« und der junge Brecht. Eine textkritische Untersuchung zur Entwicklung des Frühwerks. Stuttgart 1966.

Sehm, Gunter G.: Moses, Christus, Paul Ackermann. Brechts »Aufstieg und Fall der Stadt Mahagonny«. In: Brecht-Jahrbuch 1976 hg. von John Fuegi, Reinhold Grimm und Jost Hermand. Frankfurt/M. 1976. S. 83-100.

Steinweg, Reiner: Das Lehrstück. Brechts Theorie einer politisch-ästhetischen Erziehung. Stuttgart 1976.

Steinweg, Reiner: »Das Badener Lehrstück vom Einverständnis«. Mystik, Religionsersatz oder Parodie? In: Bertolt Brecht II. Sonderband aus der Reihe Text + Kritik hg. von Heinz Ludwig Arnold. München ²1979. S. 109-130.

Sternberg, Fritz: Der Dichter und die Ratio. Erinnerungen an Bertolt Brecht. Göttingen 1963.

Szczesny, Gerhard: Das Leben des Galilei und der Fall Bertolt Brecht. Frankfurt/M. Berlin 1966.

Völker, Klaus: Brecht-Chronik. Daten zu Leben und Werk. München 1971.

Voigts, Manfred: Brechts Theaterkonzeptionen. Entstehung und Entfaltung bis 1931. München 1977.

Wedel, Ute: Die Rolle der Frau bei Brecht. Frankfurt/M. 1983.

Literatur zu Franz Kafka

Beißner, Friedrich: Der Erzähler Franz Kafka und andere Vorträge. Frankfurt/M. 1983.

Benjamin, Walter: Franz Kafka. In: WB: Gesammelte Schriften hg. von Rolf Tiedemann und Hermann Schweppenhäuser. Band II. 2. Frankfurt/M. 1980. S. 409-438.

Binder, Hartmut: Kafka in neuer Sicht. Mimik, Gestik und Personengefüge als Darstellungsformen des Autobiographischen. Stuttgart 1976.

Binder, Hartmut (Hg.): Kafka-Handbuch. Band I: Der Mensch und seine Zeit. Stuttgart 1979. Band II: Das Werk und seine Wirkung. Stuttgart 1979.

Binder, Hartmut: Kafka-Kommentar zu den Romanen, Rezensionen, Aphorismen und zum Brief an den Vater. München ²1982.

Binder, Hartmut: Kafka-Kommentar zu sämtlichen Erzählungen. München ³1983.

Binder, Hartmut: Kafka. Der Schaffensprozeß. Frankfurt/M. 1983.

Bödeker, Karl-Bernhard: Frau und Familie im erzählerischen Werk Franz Kafkas. Frankfurt/M. 1974.

Böhme, Hartmut: Mother Milena: On Kafka's Narcissism. In: The Kafka Debate ed. by Angel Flores. New York 1977. S. 80-99.

Canetti, Elias: Der andere Prozeß. Kafkas Briefe an Felice. München 1976.

Deleuze, Gilles / Guattari, Félix: Kafka. Für eine kleine Literatur. Aus dem Französischen von Burkhart Kröber. Frankfurt/M. 1976.

Kobs, Jürgen: Kafka. Untersuchungen zu Bewußtsein und Sprache hg. von Ursula Brech. Bad Homburg 1970.

Kraft, Werner: Franz Kafka. Durchdringung und Geheimnis. Frankfurt/M. 1968.

Kreis, Rudolf: Ästhetische Kommunikation als Wunschproduktion. Goethe − Kafka − Handke. Literaturanalyse am ›Leitfaden des Leibes‹. Bonn 1978.

Krusche, Dietrich: Kafka und Kafka-Deutung: Die problematisierte Interaktion. München 1974.

Kurz, Gerhard: Traum-Schrecken. Kafkas literarische Existenzanalyse. Stuttgart 1980.

Kurz, Gerhard (Hg.): Der junge Kafka. Frankfurt/M. 1984.

Mecke, Günter: Franz Kafkas offenbares Geheimnis. Eine Psychopathographie. München 1982.

Nicolai, Ralf R.: Kafkas Amerika-Roman »Der Verschollene«. Würzburg 1981.

Pasley, Macolm / Wagenbach, Klaus: Datierung sämtlicher Texte Franz Kafkas. In: Jürgen Born u.a. (Hg.): Kafka-Symposion. Berlin 1965. S. 55-83.

Pasley, Macolm: Der Schreibakt und das Geschriebene. Zur Frage der Entstehung von Kafkas Texten. In: Franz Kafka. Themen und Probleme hg. von Claude David. Göttingen 1980. S. 9-25.

Pawel, Ernst: Das Leben Franz Kafkas. Aus dem Amerikanischen von Michael Müller. München 1986.

Philippi, Klaus-Peter: Reflexion und Wirklichkeit. Untersuchungen zu Kafkas Roman ›Das Schloß‹. Tübingen 1966.

Politzer, Heinz: Franz Kafka. Der Künstler. Frankfurt/M. 1965.

Robert, Marthe: Einsam wie Franz Kafka. Aus dem Französischen von Eva Michel-Moldenhauer. Frankfurt/M. 1985.

Schirrmacher, Frank: Verteidigung der Schrift. In: Verteidigung der Schrift. Kafkas »Prozeß«. Hg. von Frank Schirrmacher. Frankfurt/M. 1987. S. 138-221.

Sokel, Walter H.: Franz Kafka – Tragik und Ironie. Zur Struktur seiner Kunst. München Wien 1964.

Sokel, Walter H.: Zur Sprachauffassung und Poetik Franz Kafkas. In: FK. Themen und Probleme s.u. Pasley. S. 26-47.

Stach, Reiner: Kafkas erotischer Mythos. Eine ästhetische Konstruktion des Weiblichen. Frankfurt/M. 1987.

Turk, Horst: »betrügen ... ohne Betrug«. Das Problem der literarischen Legitimation am Beispiel Kafkas. In: Urszenen. Literaturwissenschaft als Diskursanalyse und Diskursethik hg. von Friedrich A. Kittler und Horst Turk. Frankfurt/M. 1977. S. 381-407.

Wagenbach, Klaus: Franz Kafka in Selbstzeugnissen und Bilddokumenten dargestellt. Hamburg 1964.

Wagenbach, Klaus: In der Strafkolonie. Eine Geschichte aus dem Jahre 1914. Berlin 1975.

Walter-Schneider, Margret: Denken als Verdacht. Untersuchungen zum Problem der Wahrnehmung im Werk Franz Kafkas. Zürich München 1980.

Werkregister

Thomas Mann

Bertolt Brecht

Franz Kafka